📖 Die Bonus-Seite

Auf der Bonus-Webseite zu diesem Buch finden Sie zusätzliche Informationen und Services.

Halten Sie dazu den unten abgedruckten Zugangscode bereit und gehen Sie auf **www.galileocomputing.de**. Dort finden Sie den Kasten **Die Bonus-Seite für Buchkäufer**. Klicken Sie auf **Zur Bonus-Seite/Buch registrieren**, und geben Sie Ihren **Zugangscode** ein. Schon stehen Ihnen die Bonus-Angebote zur Verfügung.

Ihr persönlicher **Zugangscode**: hk65-9az2-x74t-cgby

Jürgen Wolf

Grundkurs C

Galileo Press

Liebe Leserin, lieber Leser,

ich freue mich, dass Sie sich für das Taschenbuch zur C-Programmierung entschieden haben. Vielleicht kennen Sie bereits einige Bücher aus unserem umfangreichen Buchangebot zur Programmierung. Dann wissen Sie, dass wir unsere Leser gewöhnlich mit ausführlicher Einsteigerliteratur und umfassenden Lehr- und Handbüchern versorgen. Für diejenigen, die einen schnellen und preiswerten Einstieg und Überblick suchen, haben wir jetzt endlich auch das passende Buch.

Jürgen Wolf, Autor des Bestsellers »C von A bis Z«, gibt Ihnen im handlichen Taschenbuch-Format einen schnellen, kompakten Überblick über alle wichtigen Elemente der Sprache C. Er vermittelt kurz und knapp das gesamte Grundlagenwissen, das Sie brauchen, um in C programmieren zu können.

Das Buch ist ideal geeignet für jeden, der Basiswissen zu C erwerben oder seine Kenntnisse auffrischen will. Jedes Thema, seien es Schleifen, Funktionen, Arrays oder Zeiger, wird in einem eigenen Kapitel behandelt. So können Sie schnell nachschlagen, was Sie an Informationen benötigen.

Wenn Sie bislang noch nicht in C programmiert haben und die Sprache lernen wollen, gehen Sie einfach das Buch vom Anfang bis zum Ende durch. Die Kapitel sind so aufgebaut, dass sie Sie von den grundlegenden Sprachelementen hin zu den komplexeren Strukturen in C führen. Jedes Kapitel schließt mit Übungsaufgaben in drei Schwierigkeitsgraden ab. Wenn Sie diese Aufgaben lösen, merken Sie schnell, welche Fortschritte Sie gemacht haben und was Sie gegebenenfalls noch einmal nachlesen sollten.

Übrigens: Anregungen, Verbesserungsvorschläge und Kritik sind herzlich willkommen. Ich freue mich über Ihre Rückmeldung!

Ihre Judith Stevens-Lemoine
Lektorat Galileo Computing

judith.stevens@galileo-press.de
www.galileocomputing.de
Galileo Press · Rheinwerkallee 4 · 53227 Bonn

Auf einen Blick

1	Einstieg in die Welt von C	16
2	Die ersten Schritte	23
3	Grundlegendes zu den Basisdatentypen	37
4	Typenumwandlung (Casts)	76
5	Verzweigungen	88
6	Schleifen – Programmteile wiederholen	114
7	Funktionen erstellen	131
8	Sichtbarkeit, Gültigkeitsbereich und Lebensdauer	150
9	Präprozessor-Direktiven	165
10	Arrays und Zeichenketten (Strings)	183
11	Zeiger (Pointer)	208
12	Dynamische Speicherverwaltung	242
13	Fortgeschrittene Datentypen	262
14	Dynamische Datenstrukturen	295
15	Eingabe- und Ausgabe-Funktionen	309
A	Rangfolge der Operatoren	346
B	Kommandozeilenargumente	350
C	Lösungen der Übungsaufgaben	353

Der Name Galileo Press geht auf den italienischen Mathematiker und Philosophen Galileo Galilei (1564–1642) zurück. Er gilt als Gründungsfigur der neuzeitlichen Wissenschaft und wurde berühmt als Verfechter des modernen, heliozentrischen Weltbilds. Legendär ist sein Ausspruch *Eppur se muove* (Und sie bewegt sich doch). Das Emblem von Galileo Press ist der Jupiter, umkreist von den vier Galileischen Monden. Galilei entdeckte die nach ihm benannten Monde 1610.

Gerne stehen wir Ihnen mit Rat und Tat zur Seite:
judith.stevens@galileo-press.de bei Fragen und Anmerkungen zum Inhalt des Buches
service@galileo-press.de für versandkostenfreie Bestellungen und Reklamationen
britta.behrens@galileo-press.de für Rezensions- und Schulungsexemplare

Lektorat Judith Stevens-Lemoine, Anne Scheibe
Korrektorat Claudia Schulz, Hamburg
Covergestaltung Barbara Thoben, Köln
Typografie und Layout Vera Brauner
Herstellung Iris Warkus
Satz SatzPro, Krefeld
Druck und Bindung Bercker Graphischer Betrieb, Kevelaer

Bibliografische Information der Deutschen Nationalbibliothek
Die Deutsche Nationalbibliothek verzeichnet diese Publikation in der Deutschen Nationalbibliografie; detaillierte bibliografische Daten sind im Internet über *http://dnb.d-nb.de* abrufbar.

ISBN 978-3-8362-1546-6

© Galileo Press, Bonn 2010
1. Auflage 2010

Das vorliegende Werk ist in all seinen Teilen urheberrechtlich geschützt. Alle Rechte vorbehalten, insbesondere das Recht der Übersetzung, des Vortrags, der Reproduktion, der Vervielfältigung auf fotomechanischem oder anderen Wegen und der Speicherung in elektronischen Medien. Ungeachtet der Sorgfalt, die auf die Erstellung von Text, Abbildungen und Programmen verwendet wurde, können weder Verlag noch Autor, Herausgeber oder Übersetzer für mögliche Fehler und deren Folgen eine juristische Verantwortung oder irgendeine Haftung übernehmen. Die in diesem Werk wiedergegebenen Gebrauchsnamen, Handelsnamen, Warenbezeichnungen usw. können auch ohne besondere Kennzeichnung Marken sein und als solche den gesetzlichen Bestimmungen unterliegen.

Inhalt

Vorwort 15

1 Einstieg in die Welt von C 16

- 1.1 Es war einmal 16
- 1.2 Der ANSI-C-Standard 17
- 1.3 Was brauche ich für C? 18
- 1.4 Welches Betriebssystem ...? 20
- 1.5 Listings zum Buch 20
- 1.6 Schreibkonventionen im Buch 21
- 1.7 Aufgaben im Buch 22
  - 1.7.1 Level 1 22
  - 1.7.2 Level 2 22
  - 1.7.3 Level 3 22

2 Die ersten Schritte 23

- 2.1 Das erste Programm in C 23
- 2.2 Die Funktion »printf« 25
- 2.3 Zeichensätze 28
  - 2.3.1 Basis-Zeichensatz 28
  - 2.3.2 Ausführungszeichensatz 28
- 2.4 Symbole von C 30
  - 2.4.1 Bezeichner 30
  - 2.4.2 Schlüsselwörter 31
  - 2.4.3 Literale 31
  - 2.4.4 Einfache Begrenzer 33
- 2.5 Kommentare 34
- 2.6 Aufgaben 35
  - 2.6.1 Level 1 35
  - 2.6.2 Level 2 36
  - 2.6.3 Level 3 36

3 Grundlegendes zu den Basisdatentypen ... 37

- 3.1 Deklaration und Definition ... 37
- 3.2 Initialisieren einer Variablen ... 38
- 3.3 Datentypen für Ganzzahlen ... 39
  - 3.3.1 Vorzeichenlos und vorzeichenbehaftet ... 41
- 3.4 Die Funktion scanf ... 44
- 3.5 Fließkommazahlen ... 45
  - 3.5.1 N-stellige Genauigkeit ... 47
  - 3.5.2 Nix als Probleme mit Fließkommazahlen ... 49
  - 3.5.3 Komplexe Gleitkommatypen (C99-Standard) ... 50
- 3.6 Rechnen mit Zahlen ... 52
  - 3.6.1 Arithmetische Operatoren ... 52
  - 3.6.2 Erweiterte Darstellung arithmetischer Operatoren ... 55
  - 3.6.3 Mathematische Funktionen ... 55
  - 3.6.4 Exkurs für Fortgeschrittene: Wertebereich beim Rechnen überschritten ... 60
  - 3.6.5 Inkrement- und Dekrement-Operator ... 63
  - 3.6.6 Bit-Operatoren ... 64
  - 3.6.7 sizeof-Operator ... 68
- 3.7 Datentyp für Zeichen ... 69
  - 3.7.1 Der Datentyp »char« ... 69
  - 3.7.2 Der Datentyp »wchar_t« ... 72
- 3.8 Boolescher Datentyp (C99) ... 73
- 3.9 Aufgaben ... 74
  - 3.9.1 Level 1 ... 74
  - 3.9.2 Level 2 ... 74
  - 3.9.3 Level 3 ... 75

4 Typenumwandlung (Casts) ... 76

- 4.1 Implizite Umwandlung des Compilers ... 76
  - 4.1.1 Die Regeln der impliziten Umwandlung ... 77
- 4.2 Explizite Umwandlung durchführen ... 84
- 4.3 Aufgaben ... 85
  - 4.3.1 Level 1 ... 85
  - 4.3.2 Level 2 ... 86
  - 4.3.3 Level 3 ... 87

5 Verzweigungen ... 88

- 5.1 Bedingte Anweisung ... 88
  - 5.1.1 if-Verzweigung ... 88
  - 5.1.2 Vergleichsoperatoren ... 90
  - 5.1.3 Alternative else-Verzweigung ... 92
  - 5.1.4 else-if-Verzweigung ... 94
  - 5.1.5 Verschachteln von if-Verzweigungen ... 97
- 5.2 Der Bedingungsoperator ?: ... 98
- 5.3 Logische Verknüpfungen ... 100
  - 5.3.1 Der !-Operator ... 101
  - 5.3.2 Der &&-Operator – Logisches UND ... 102
  - 5.3.3 Der ||-Operator – Logisches ODER ... 103
- 5.4 Die Fallunterscheidung – switch ... 105
- 5.5 Aufgaben ... 110
  - 5.5.1 Level 1 ... 110
  - 5.5.2 Level 2 ... 111
  - 5.5.3 Level 3 ... 112

6 Schleifen – Programmteile wiederholen ... 114

- 6.1 Die Zählschleife – for ... 114
- 6.2 Die kopfgesteuerte while-Schleife ... 118
- 6.3 Die fußgesteuerte do-while-Schleife ... 120

6.4	Kontrollierte Sprünge aus Schleifen		122
6.5	Endlosschleifen		125
6.6	Fehlervermeidung bei Schleifen		126
6.7	Aufgaben		128
	6.7.1	Level 1	129
	6.7.2	Level 2	129
	6.7.3	Level 3	130

7 Funktionen erstellen ... 131

7.1	Funktionen definieren		131
7.2	Funktionen aufrufen		132
7.3	Funktionsdeklaration (Vorwärts-Deklaration)		133
7.4	Funktionsparameter (call-by-value)		134
7.5	Rückgabewert von Funktionen		136
7.6	Exkurs: Funktion bei der Ausführung		139
7.7	Inline-Funktionen (C99)		140
7.8	Rekursionen		142
7.9	main-Funktion		143
7.10	Aufgaben		146
	7.10.1	Level 1	146
	7.10.2	Level 2	147
	7.10.3	Level 3	147

8 Sichtbarkeit, Gültigkeitsbereich und Lebensdauer ... 150

8.1	Lokale und globale Variablen		150
	8.1.1	Lokale Variablen	150
	8.1.2	Globale Variablen	151
8.2	Gültigkeitsbereich		154
8.3	Lebensdauer		155
8.4	Speicherklassen-Spezifizierer		156
	8.4.1	Das Schlüsselwort »auto«	156
	8.4.2	Das Schlüsselwort »extern«	157

		8.4.3	Das Schlüsselwort »static«	158
		8.4.4	Das Schlüsselwort »register«	160
	8.5	Typ-Qualifizierer		160
	8.6	Aufgaben		163
		8.6.1	Level 1	163
		8.6.2	Level 2	163

9 Präprozessor-Direktiven ... 165

	9.1	Dateien einfügen mit »#include«		165
	9.2	Konstanten und Makros mit »#define« und »#undef«		167
		9.2.1	Symbolische Konstanten mit »#define«	167
		9.2.2	Makros mit »#define«	170
		9.2.3	Symbolische Konstanten und Makros aufheben (#undef)	172
	9.3	Bedingte Kompilierung		173
	9.4	Weitere Präprozessor-Direktiven		176
	9.5	Aufgaben		179
		9.5.1	Level 1	180
		9.5.2	Level 2	180
		9.5.3	Level 3	181

10 Arrays und Zeichenketten (Strings) ... 183

	10.1	Arrays verwenden		183
		10.1.1	Arrays definieren	183
		10.1.2	Arrays initialisieren und darauf zugreifen	184
		10.1.3	Arrays mit »scanf« einlesen	191
		10.1.4	Arrays an Funktionen übergeben	192
	10.2	Mehrdimensionale Arrays		193
		10.2.1	Zweidimensionale Arrays initialisieren und darauf zugreifen	194

		10.2.2	Zweidimensionale Arrays an eine Funktion übergeben	197

- 10.2.2 Zweidimensionale Arrays an eine Funktion übergeben 197
- 10.2.3 Noch mehr Dimensionen 199
- 10.3 Strings (Zeichenketten) 199
  - 10.3.1 Strings initialisieren 200
  - 10.3.2 Einlesen von Strings 202
  - 10.3.3 Stringfunktionen der Standard-Bibliothek – <string.h> 203
  - 10.3.4 Umwandlungsfunktionen zwischen Zahlen und Strings 205
- 10.4 Aufgaben 205
  - 10.4.1 Level 1 205
  - 10.4.2 Level 2 206
  - 10.4.3 Level 3 207

11 Zeiger (Pointer) 208

- 11.1 Zeiger deklarieren 208
- 11.2 Zeiger initialisieren 209
- 11.3 Zugriff auf dem Inhalt von Zeigern 212
- 11.4 Speichergröße von Zeigern 216
- 11.5 Zeiger-Arithmetik 216
- 11.6 Zeiger als Funktionsparameter (call-by-reference) 217
- 11.7 Zeiger als Rückgabewert 218
- 11.8 Arrays bzw. Strings und Zeiger 221
  - 11.8.1 Zugriff auf Array-Elemente über Zeiger 221
  - 11.8.2 Array und Zeiger als Funktionsparameter 223
  - 11.8.3 char-Arrays und Zeiger 224
- 11.9 Zeiger-Arrays 225
- 11.10 Zeiger auf Arrays 228
- 11.11 Zeiger auf Zeiger (Zeigerzeiger) 229
- 11.12 void-Zeiger 230

11.13 Typ-Qualifizierer bei Zeigern 232
    11.13.1 Konstanter Zeiger 232
    11.13.2 Readonly-Zeiger (Konstante Daten) 232
    11.13.3 Konstante Parameter für Funktionen 233
    11.13.4 restrict-Zeiger (C99) 233
11.14 Zeiger auf Funktionen 235
11.15 Aufgaben 238
    11.15.1 Level 1 238
    11.15.2 Level 2 239
    11.15.3 Level 3 241

12 Dynamische Speicherverwaltung 242

12.1 Neuen Speicherblock reservieren 243
12.2 Speicherblock vergrößern oder verkleinern 247
12.3 Speicherblock freigeben 250
12.4 Die Heap-Fragmentierung 254
12.5 Zweidimensionale dynamische Arrays 257
12.6 Aufgaben 259
    12.6.1 Level 1 259
    12.6.2 Level 2 259
    12.6.3 Level 3 261

13 Fortgeschrittene Datentypen 262

13.1 Strukturen 262
    13.1.1 Struktur deklarieren 263
    13.1.2 Definition einer Strukturvariablen 264
    13.1.3 Deklaration und Definition zusammenfassen 264
    13.1.4 Synonyme für Strukturtypen erstellen 265
    13.1.5 Zugriff auf Strukturelemente 266
    13.1.6 Strukturen initialisieren 268
    13.1.7 Nur bestimmte Elemente initialisieren (C99) 269

	13.1.8 Operationen auf Strukturen	270
	13.1.9 Strukturen, Funktionen und Strukturzeiger	270
	13.1.10 Arrays von Strukturen	273
	13.1.11 Strukturen in Strukturen	275
	13.1.12 Zeiger in Strukturen	279
13.2	Union	281
13.3	Bitfelder	285
13.4	Das offsetof-Makro	289
13.5	Der Aufzählungstyp »enum«	289
13.6	Eigene Typen mit »typedef«	291
13.7	Aufgaben	292
	13.7.1 Level 1	292
	13.7.2 Level 2	292
	13.7.3 Level 3	293

14 Dynamische Datenstrukturen ... 295

14.1	Verkettete Liste	295
	14.1.1 Neues Element in der Liste einfügen	300
	14.1.2 Element ausgeben (und suchen)	302
	14.1.3 Element aus der Liste entfernen	303
14.2	Doppelt verkettete Listen	306
14.3	Aufgaben	307
	14.3.1 Level 1	307
	14.3.2 Level 2	307
	14.3.3 Level 3	308

15 Eingabe- und Ausgabe-Funktionen ... 309

15.1	Verschiedene Streams und Standard-Streams	309
	15.1.1 Text-Streams	309
	15.1.2 Binäre Streams	310
	15.1.3 Standard-Streams	310

15.2	Dateien	311
15.3	Dateien öffnen	311
15.4	Dateien schließen	315
15.5	Lesen und Schreiben	316
15.6	Funktionen zur unformatierten Ein-/Ausgabe	316
	15.6.1 Einzelne Zeichen lesen	316
	15.6.2 Einzelne Zeichen schreiben	317
	15.6.3 Zeilenweise (bzw. String) einlesen	319
	15.6.4 Zeilenweise (bzw. String) schreiben	320
	15.6.5 Blockweise lesen und schreiben	323
15.7	Funktionen zur formatierten Ein-/Ausgabe	326
	15.7.1 Funktionen zur formatierten Ausgabe	327
	15.7.2 Funktionen zur formatierten Eingabe	333
15.8	Wahlfreier Dateizugriff	335
	15.8.1 Dateiposition ermitteln	336
	15.8.2 Dateiposition ändern	336
15.9	Fehlerbehandlung	339
	15.9.1 Fehler-Flag von Stream überprüfen – »ferror()«	339
	15.9.2 Dateiende von Stream überprüfen – »feof()«	340
	15.9.3 Die Fehlervariable »errno«	341
	15.9.4 Fehler- und EOF-Flag zurücksetzen – »clearerr()«	342
15.10	Datei löschen oder umbenennen	342
15.11	Pufferung	342
15.12	Aufgabe	343
	15.12.1 Level 1	343
	15.12.2 Level 2	343
	15.12.3 Level 3	345

A Rangfolge der Operatoren 346

    A.1   Operatoren-Priorität 346
    A.2   ASCII-Code-Tabelle 348
    A.3   Reservierte Schlüsselwörter in C 349
    A.4   Standard-Headerdateien der ANSI-C-Bibliothek 349

B Kommandozeilenargumente 350

C Lösungen der Übungsaufgaben 353

Index 398

Vorwort

Kennern meines wesentlich umfangreicheren C-Buches (C von A bis Z) vom selben Verlag sei gesagt, dass dieses Buch keine Light-Version davon ist. Mindestens 90% dieses Buches wurden in den letzten fünf Monaten komplett neu geschrieben. Es ging mir und dem Verlag darum, eine Lücke zum eben genannten Buch zu schließen. Viele Programmierer wollen oder müssen häufig nur die Grundlagen und den Standard von C lernen.

Wenn Sie also Einsteiger, Wiedereinsteiger, Umsteiger, Hobby-Programmierer oder Student sind und pures C mit allen Facetten des aktuellen Standards kennenlernen wollen, liegen Sie mit diesem Buch genau richtig. System-, Hardware- oder GUI-Programmierung werden Sie hier vergeblich suchen. Noch ein Hinweis: Unter *www.galileocomputing.de/bonus-seite* finden Sie eine komplette Standard-C-Funktionsreferenz und ein paar Extra-Kapitel zum Thema C.

Sollten beim Lesen dieses Buches Fragen oder Probleme auftauchen, können Sie sich gerne bei mir melden. Auch über Feedback zum Buch würde ich mich freuen.

Ich wünsche Ihnen viel Spaß mit diesem Buch und natürlich beim Programmieren mit C.

Ihr Jürgen Wolf

1 Einstieg in die Welt von C

Im ersten Teil des Buches können Sie sich noch gemütlich zurücklehnen, einen Kaffee, Tee oder Kakao trinken, Ihrem Rechner noch eine Pause gönnen und Strom sparen. Sie erfahren hier zunächst ein wenig über die Geschichte von C, dem vorhandenen Standard, was Sie für C benötigen und welche Schreibkonventionen im Buch verwendet werden. Wenn wir alle Formalitäten geklärt haben, können Sie mit Teil zwei schon anfangen, erste Programme zu schreiben.

1.1 Es war einmal ...

Ok, die Geschichte ist wirklich passiert, aber ich muss ja nicht eine Überschrift verwenden wie gefühlte 125 C-Bücher vor mir. Viele der Leser werden zu dieser Zeit noch gar nicht mal das Licht der Welt erblickt haben. Das gilt übrigens auch für den Autor, der bei 30 zu zählen aufgehört hat. Die Geschichte begann anno 1969 in den Kellern von Bell Laboratories vor nicht ganz so augenfreundlichen Bildschirmen. Dort hatten die beiden Informatiker **Dennis Ritchie** und **Ken Thompson** die Einschränkungen der Vorgängersprache B(CPL) (kurz für *Basic Combined Programming Language*) satt und entwickelten die Nachfolgersprache C. Ken war es übrigens auch, der die erste Version des Unix-Betriebssystems entwickelt hat. C wiederum wurde ursprünglich für Unix entwickelt.

A, B, C, C++ und D

Abgesehen von A wurden diese Buchstaben ausgehend von der Sprache B(CPL) hochgezählt. C hieß zunächst nur NB (für *new B*), wurde aber dann in den nächsten Buchstaben des Alphabets lexikographisch nach C umbenannt. Da C++ zunächst eine Erweiterung zu C war, wurden die beiden ++ (Inkrementoperator) vorangestellt, welche programmtechnisch den Wert einer Variablen um 1 erhöhen. Die Programmiersprache D gibt es seit 2007 (nach 8 jähriger Entwicklung) auch als stabile Version und ist ebenfalls eine Erweiterung zu C. Sie ist voll kompatibel mit C. D vereint die Vorteile vieler bekannter Programmiersprachen miteinander und stellt neue Features bereit. Allerdings wird dieser Sprache bisher noch nicht so viel Beachtung geschenkt. Aber C stand auf der Beliebtheitsskala ja auch nicht gleich ganz oben.

1.2 Der ANSI-C-Standard

Was zunächst wie ein Märchen begann, wurde schnell zu einer babylonischen Sprachverwirrung. Ursprünglich war C entwickelt worden, damit Programmierer eigene Compiler schaffen konnten. Es ließ jedoch nicht lange auf sich warten, dass jeder Compiler-Hersteller für sich arbeitete und die Programmiersprache erweiterte oder, noch schlimmer, einen Teil davon ausließ. Das Ergebnis waren viele verschiedene C-Dialekte, die den Programmierern das Leben schwer machten.

Dieses Problems nahmen sich **Brian W. Kernighan** (der Dritte der drei Weisen) und Dennis Ritchie (er war ja auch schon bei der Entwicklung von C beteiligt) an. 1978 veröffentlichten sie das Buch »The C Programming Language« und legten damit einen ersten Standard fest, der als **K&R-Standard** bekannt wurde. 1983, an meinem 9. Geburtstag, wurde der K&R-Standard von einer Gruppe von Compiler-, Hardware- und Software-Entwicklern übernommen, um die Vielfalt der Sprachdialekte zu beheben. In diesem Jahr rief das »American National Standard Institute« (kurz ANSI) ein Komitee namens X3J11 ins Leben. Dieses hatte die Aufgabe, die Sprache C weiter zu standardisieren.

Innerhalb einiger Jahre wurde der Entwurf für einen gemeinsamen Standard entwickelt, 1989 vorgelegt und von der »International Organization for Standardization« (ISO) übernommen. Der **C89-Standard** (genauer ANSI Standard X3.159-1989) war geboren. Bei diesem Standard waren glücklicherweise auch gleich die Software-Bibliotheken Teil des Standards.

Bei einer späteren Revision des C Standards wurden neue Headerdateien zu der Bibliothek hinzugefügt. 1995 kamen bspw. die Headerdateien <iso646.h>, <wchar.h> und <wctype.h> hinzu, welche als *Normative Amendment 1* bezeichnet wurden (kurz **NA1**). Vier Jahre später, 1999, wurden die Headerdateien <complex.h>, <fenv.h>, <inttypes.h>, <stdbool.h>, <stdint.h> und <tgmath.h> hinzugefügt. Diese Revision wurde als **C99-Standard** bekannt.

Natürlich wurden nicht immer nur Headerdateien hinzugefügt, sondern auch wesentliche Schwächen von C verbessert. Dies muss an dieser Stelle erwähnt werden, da unter den Titeln einiger Bücher häufig zu lesen ist: »Entspricht dem C99-Standard«. Diese Aussage bezieht sich auf die wesentlichen Verbesserungen von C und nicht auf die neuen Bibliotheken.

1 Einstieg in die Welt von C

Der C99-Standard (ISO/IEC 9899:1999) aus dem Jahr 1999 ist der derzeit aktuelle Standard, der mittlerweile bei vielen Compilerherstellern angekommen und größtenteils implementiert ist.

> **Blick in die magische Zauberkugel**
>
> Seit 2007 arbeitet das Standardisierungskomitee an einer neuen Revision des C-Standards. Derzeit wird dieser Standard als C1x bezeichnet. Daraus kann man schließen, dass dieser Standard zwischen 2010 und 2019 erscheinen dürfte. Dann wird auch die Thread-Programmierung im Standard implementiert sein, was gerade angesichts der Mehrprozessorsysteme unumgänglich wird. Es dürfte auch zu erwarten sein, dass der neue C1x-Standard neue Funktionen für eingebettete Systeme, verschiedene Zeichensätze (Unicode-Unterstützung), Funktionen für eine dynamische Speicherreservierung und Überprüfung von Speicher- bzw. Pufferüberläufen usw. enthalten wird.

1.3 Was brauche ich für C?

Um aus einem einfachen C-Quellcode eine ausführbare Datei zu erstellen, gibt es im Grunde zwei Wege – einen ungemütlichen und einen gemütlichen Weg. Der unbequeme lautet:

1. Den Quellcode in einen beliebigen **ASCII-Texteditor** eintippen und abspeichern.
2. Den Quellcode mit einem **Compiler** übersetzen, wodurch eine Objektdatei (*.obj oder *.o) erzeugt wird.
3. Die Objektdatei mit einem **Linker** binden, woraus eine ausführbare Datei erzeugt wird. Der Linker sucht außerdem alle benötigten Funktionen aus den Standard-Bibliotheken heraus und fügt diese anschließend dem fertigen Programm hinzu.

Für diesen Weg brauchen Sie also nur einen einfachen ASCII-Texteditor (*American Standard Code for Information Interchange*), einen Compiler und einen Linker. Den Compiler und Linker müssen Sie hierbei in der Kommandozeile aufrufen. Die Abbildung 1.1 zeigt diesen Übersetzungsvorgang.

1.3 Was brauche ich für C?

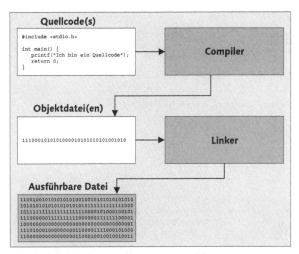

Abbildung 1.1 Dies sind die Grundlagen, um aus einem Quellcode mit einfachsten Mitteln eine ausführbare Datei zu erstellen.

Der bequemere Weg führt über eine All-in-one-Lösung, eine **Entwicklungsumgebung**. Wie der Name schon vermuten lässt, finden Sie hier alles, was Sie zum Programmieren benötigen, in einem Fenster. Sie müssen sich also nicht mühsam Programm für Programm besorgen und sich durch die Fenster klicken. Eine Entwicklungsumgebung bietet natürlich weitaus mehr als nur Texteditor, Compiler und Linker. Häufig finden Sie hier auch noch einige Debugger zum schrittweisen Durchlaufen einer Anwendung, eine Projektverwaltung, um die Übersicht zu behalten, oder einen Profiler, um die Laufzeit des Programms zu analysieren.

Anleitungen zur Verwendung von Compilern

Damit Sie sich nicht mit der Installation und Ausführung eines Compilers bzw. einer Entwicklungsumgebung herumärgern müssen, habe ich für Sie einige Dokumentationen geschrieben.

Darin finden Sie Informationen zu vielen gängigen Compilern und Entwicklungsumgebungen auf den verschiedensten Systemen, die Sie benötigen, um mit dem Programmieren anzufangen. Sie finden diese Dokumentationen auf der Webseite des Verlags unter *http://www.galileopress.de/bonus-seite* oder auf *http://www.pronix.de/*.

1 Einstieg in die Welt von C

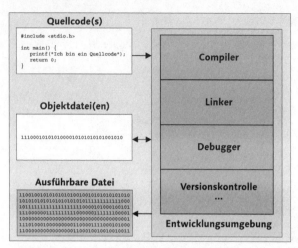

Abbildung 1.2 Der komfortablere Weg, ein ausführbares Programm zu erstellen, geht über eine Entwicklungsumgebung.

1.4 Welches Betriebssystem ...?

Das Buch ist völlig unabhängig von Betriebssystem und Compiler konzipiert, weil hier der ANSI-C-Standard beschrieben wird. Probleme könnte es allerdings bei einigen Kapiteln geben, die als C99-Standard ausgezeichnet sind, denn einige Compiler-Hersteller haben diesen Standard immer noch nicht implementiert.

1.5 Listings zum Buch

Zwar wäre es empfehlenswert, wenn Sie die hier aufgeführten Beispiele selbst eintippen, aber es ist verständlich, dass bei dem einen oder anderen Beispiel einfach die Lust dazu fehlt. Daher können Sie die Listings aus dem Buch und auch die Musterlösungen zu den Aufgaben von den Webseiten *http://www.galileopress.de/bonus-seite* oder *http://www.pronix.de* herunterladen. Die Listings zum Buch wurden auf vielen gängigen Systemen (Windows, Linux, Mac OS X) und Compilern getestet.

1.6 Schreibkonventionen im Buch

In diesem Buch werden nicht viele Schreibkonventionen verwendet. Listings werden im Buch wie folgt gedruckt:

```
00  // teil001/name_des_lisings.c
01  #include <stdio.h>

02  int main() {
03      printf("Ich bin ein Blindtext\n");
04      return 0;
05  }
```

In der ersten Zeile **(00)** finden Sie immer einen Kommentar mit dem Namen des Listings und in welchem Verzeichnis Sie das Beispiel finden, wenn Sie die Listings heruntergeladen haben.

Bei **fett** hervorgehobenen Zeilen wie hier in der Zeile **(02)** handelt es sich in der Regel um die Zeilen, um die es sich hauptsächlich im Listing dreht und welche in der Regel nach dem Listing genauer beschrieben werden.

Wenn es nicht völlig eindeutig ist, finden Sie nach dem Listing eine Art Ausgabe des Programms, die wie folgt aussehen kann:

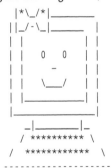

```
--- Männlich oder Weiblich ---
Ist Ihr Computer vom Charakter her eine
Frau oder ein Mann? Denken Sie doch mal
darüber nach, wenn Sie das nächste Mal
wieder Flüche aussprechen oder gar
danach treten. Weibliche Teilnehmer
einer Studie behaupten, der Computer sei
typisch männlich. Männliche Teilnehmer
wiederum behaupten, ihr Computer verhält
sich typisch weiblich.
```

> **Zeilennummerierungen**
>
> Damit Sie in der anschließenden Erläuterung eines Listings die entsprechende Codestelle schneller finden, wurden diese Zeilen nummeriert. Sollten Sie den Quellcode abtippen, geben Sie diese Nummern natürlich nicht mit ein.

1.7 Aufgaben im Buch

Nach langjähriger Erfahrung mit Experimenten an lebenden Probanden, die mit C-Codes gequält wurden, habe ich eine örtlich anerkannte Überprüfung des Wissensstandes in C entwickelt, die wahrscheinlich in ferner Zukunft weltweit Anwendung finden wird. Ich werde das vermutlich patentieren lassen müssen. Da die Probanden bisher zu dem Test gezwungen werden mussten, sind Sie, liebe(r) Leser(in), die erste freiwillige Person, die sich diesen Tests unterzieht. Sie finden am Ende eines jeden Kapitels im Buch einige Aufgaben, die in drei Levels aufgeteilt sind. Ziel und Zweck dieser Tests ist es, zunächst einmal zu überprüfen, ob das Minimum an Gelesenem verstanden wurde oder ob Sie gar das Zeug dazu haben, beim nächsten Treffen der drei Weisen mitmachen können.

1.7.1 Level 1

Bei Level 1 handelt es sich um einfache Grundfragen, ob das Gelesene verstanden wurde. Sollte dies nicht der Fall sein, wird empfohlen, das Kapitel nochmals durchzulesen, weil sonst die Grundlagen für weitere Kapitel (und C im Allgemeinen) nicht vorhanden sind. Das Ziel sollte immer sein, die Fragen von Level 1 zu bestehen.

1.7.2 Level 2

Bei Level 2 werden Code-Ausschnitte gezeigt, und Sie müssen herausfinden, was daran falsch oder schlecht ist. Hier werden Sie manchen Aha-Effekt erleben. Diesen Level werden Sie übrigens auch in Ihrer künftigen Laufbahn durchlaufen, und zwar häufiger, als Ihnen lieb ist. Allerdings wird es sich meistens um Ihren eigenen Code handeln, den Sie selbst analysieren bzw. verbessern müssen.

1.7.3 Level 3

Der dritte Level ist der Praxis-Level. Hier sollen Sie anhand einer Aufgabenstellung und dem im Kapitel Gelernten ein eigenes Listing entwerfen. Sie finden am Ende des Buches in der Auflösung immer eine mögliche Musterlösung. Natürlich gibt es zur Lösung einer Programmieraufgabe aber viele Wege, die ans Ziel führen.

2 Die ersten Schritte

Jetzt ist die Kaffeepause vorbei, und es wird Zeit, dass Sie etwas für Ihr Geld bekommen. In diesem Kapitel werden Sie die ersten Schritte mit C machen. Sehr wichtig hierfür ist übrigens, dass Sie sich bereits für eine Entwicklungsumgebung bzw. für einen Compiler entschieden haben. In diesem Kapitel müssen wir leider auch noch einige theoretische Regeln von C behandeln, ohne die es nicht geht.

> **Anleitungen zu Entwicklungsumgebungen bzw. Compilern**
>
> Ich habe es bereits in Kapitel 1, »Einstieg in die Welt von C«, in einer Hinweisbox erwähnt, aber falls Sie dieses Kapitel nur überflogen haben, will ich es nochmals erwähnen. Anleitungen zu den gängigsten Compilern bzw. Entwicklungsumgebungen habe ich für Sie auf den Webseiten *http://www.galileopress.de/bonus-seite* und *http://www.pronix.de* bereitgestellt. Bei jedem der dort hinterlegten Tutorials habe ich außerdem beschrieben, wie Sie das einfache Hallo-Welt-Programm übersetzen können. Diese Anleitung können Sie für die restlichen Beispiele im Buch übernehmen.

2.1 Das erste Programm in C

Ihr erstes Programm wird zunächst einmal nur eine Textfolge auf dem Bildschirm ausgeben. Tippen Sie daher im Texteditor Ihrer Wahl (oder in einer Entwicklungsumgebung) folgenden Quellcode ein:

```
00  // kap002/listing001.c
01  #include <stdio.h>

02  int main(void) {
03     printf("Ich werde ein Filmstar\n");
04     return 0;
05  }
```

Wenn Sie das Listing zu einer ausführbaren Datei übersetzt haben, wird das Programm die Textfolge »Ich werde ein Filmstar« ausgeben. Zugegeben, zunächst ist das noch nicht sehr beeindruckend, aber hier haben Sie schon ein komplettes Grundgerüst für ein typisches C-Programm vor sich. In den folgenden Zeilen wollen wir das erste Programm ein wenig analysieren.

Die Zeile **(00)** ist lediglich ein Kommentar und wird beim Übersetzen des Programms verworfen. In der Zeile **(01)** finden Sie mit #include einen Befehl des Präprozessors. Der Präprozessor ist ein Teil des Compilers. Damit weisen Sie den Compiler an, dass dieser die nötigen Bibliothek-Quellcodes aus der dahinter angegebenen Datei stdio.h einfügen soll. Entfernen Sie diese Zeile, bekommen Sie die Fehlermeldung, dass die Funktion printf einen Prototyp benötigt. Diese Funktion wurde in der Zeile **(03)** verwendet. Der Compiler kann somit mit der Funktion printf nichts anfangen, weil die Headerdatei stdio.h nicht mit einkopiert wurde. Übrigens: Ein noch sinnloseres Programm als das erste Beispiel können Sie erstellen, wenn Sie die Zeilen **(01)** und **(03)** entfernen. Dabei können Sie auch schlussfolgern, dass printf kein Teil der Sprache C ist, sondern eine Funktion der ANSI-C-Standard-Bibliothek.

In der Zeile **(02)** sehen Sie mit main() die Hauptfunktion eines jeden Programms. Jedes fertige und ausführbare Programm benötigt eine main-Funktion. Diese main-Funktion ist sozusagen der Einsprungspunkt, wenn Sie ein Programm starten. Von dort aus werden gewöhnlich weitere Funktionen aufgerufen. Ohne eine main-Funktion kann der Linker später kein ausführbares Programm erstellen. Das void innerhalb der runden Klammern von main steht für einen leeren Datentyp, die Funktion hat also keine Parameter. Aber dazu später mehr.

Der Anfang und das Ende einer jeden Funktion wird zwischen geschweifte Klammern gestellt. Im Beispiel unserer main-Funktion wird diese in der Zeile **(02)** hinter der main-Funktion geöffnet und in der Zeile **(05)** geschlossen. Alles zwischen diesen geschweiften Klammerungen wird als Anweisungsblock bezeichnet. Hier werden praktisch alle Anweisungen ausgeführt, welche die Funktion main auszuführen hat. Die geschweiften Klammern fassen somit Anweisungen zu einem Block zusammen. Beachten Sie, dass die Position der geschweiften Klammern nicht so gesetzt werden muss wie in unserem Beispiel. Dies entspricht nur meinem Schreibstil. Sie können die geschweiften Klammern auch folgendermaßen formatieren:

```
{ /* Anweisungen */ }
```

Oder:

```
{
   /* Anweisungen */
}
```

Im Anweisungsblock wird die Funktion mit der Zeile **(03)** `printf` ausgeführt. Die Funktion ist in der Headerdatei `stdio.h` deklariert und wird für die formatierte Ausgabe von Text verwendet. Der auszugebende Text muss immer zwischen doppelte Hochkommata (`"Ich werde ein Filmstar\n"`) gestellt werden.

In der Zeile **(04)** geben Sie der Hauptfunktion `main` mit `return` den Rückgabewert 0 zurück. Das bedeutet, dass das Programm sauber beendet wurde. Mehr zur `main`-Funktion und den Rückgabewerten erfahren Sie noch in Abschnitt 7.9.

Jetzt kommen wir zu einem ganz wichtigen Zeichen, dem **Semikolon** (;). Dieses wurde am Ende der Anweisungen von Zeile **(03)** und **(04)** verwendet. Das Semikolon wird benutzt, um das Ende einer Anweisung anzuzeigen. In unserem Beispiel ist hinter `printf` die Anweisung zu Ende. In der nächsten Zeile geht es mit der nächsten Anweisung weiter. Merken Sie sich daher folgende zwei wichtige Regeln:

- Geschweifte Klammern fassen Anweisungen zu einem Anweisungsblock zusammen.
- Anweisungen ohne einen Anweisungsblock werden mit einem Semikolon abgeschlossen.

> **Hilfe, ich kapiere nichts ...!**
>
> Es kann und wird wohl zunächst so sein, dass Sie einiges aus dem ersten Beispiel zunächst nicht nachvollziehen können. Das macht aber nichts, weil sich das meiste in den nächsten Kapiteln von selbst klären wird. Versprochen!

2.2 Die Funktion »printf«

Da Sie `printf` in den noch folgenden Beispielen häufig verwenden werden, soll diese Funktion hier etwas genauer behandelt werden. Aus Abschnitt 2.1 wissen Sie bereits, dass die Funktion `printf` dazu verwendet wird, um einen beliebigen Text, genauer gesagt spricht man hierbei von einer Stringkonstante, formatiert auf dem Bildschirm auszugeben. Die Stringkonstante steht hierbei immer zwischen zwei doppelten Hochkommata. Die Funktion ist in der Headerdatei `stdio.h` deklariert. Sie müssen diesen Header also immer mit `#include` einfügen, wenn Sie diese Funktion verwenden wollen.

2 Die ersten Schritte

> **Die Headerdatei »stdio.h«**
>
> Die Headerdatei stdio.h müssen Sie im Grunde genommen bei jedem C-Programm inkludieren. Dort sind nämlich alle Standard-Funktionen für die Standard-Ein-/ und Ausgabe deklariert. Ohne diese Funktionen würde fast kein C-Programm auskommen. Der Name *stdio* leitet sich von **St**andard **I**nput **O**utput ab.

Möchten Sie eine Stringkonstante über das Zeilenende fortsetzen, so müssen Sie das Backslash-Zeichen (\) an das Ende der Zeile setzen. Ein Beispiel:

```
// Ausgabe über mehrere Zeilen
printf("Ich werde ein \
Filmstar\n");
```

Beachten Sie hierbei allerdings, dass alle Leerzeichen nach dem Backslash in der nächsten Zeile ebenfalls bei der Ausgabe berücksichtigt werden. Die Stringkonstante von printf muss allerdings nicht zwangsläufig nur aus einem **Formatstring** bestehen. Über eine **Formatanweisung** in der Stringkonstanten kann auch eine **Variablenliste** ausgewertet werden.

Funktionsaufruf	Formatstring	Formatanweisung	Variablenliste
printf(	"Gib mir zehn:	%d"	,10);

Abbildung 2.1 »printf« in die Einzelteile zerlegt

Natürlich können hierbei auch mehrere solcher Formatanweisungen, wie in der Abbildung 2.1 gezeigt, verwendet werden. Diese Formatanweisung wird von printf mit den entsprechenden Parametern der variablen Liste ausgegeben. Formatanweisungen (oder auch Umwandlungszeichen) beginnen mit einem %-Zeichen. Dahinter folgt ein Buchstabe, der den Datentyp des Formates angibt. %d steht z. B. für eine dezimale Ganzzahl. Die Formatanweisung lässt sich natürlich noch erweitern. Die Variablenliste kann auch ein Basisdatentyp oder gar eine arithmetische Berechnung sein.

2.2 Die Funktion »printf«

> **Umwandlungsvorgaben**
>
> Mehr zu den vielen Umwandlungsvorgaben von printf finden Sie in Abschnitt 15.7, »Funktionen zur formatierten Ein-/Ausgabe«. Weitere Formatanweisungen (bzw. die Umwandlungszeichen) von Basisdatentypen dagegen lernen Sie in Kapitel 3, »Grundlegendes zu den Basisdatentypen«, kennen – und dabei auch den weiteren Umgang mit printf.

Hierzu ein einfaches Beispiel zu printf:

```
00  // kap002/listing002.c
01  #include <stdio.h>

02  int main() {
03      int val=1;
04      // Auswertung von rechts nach links
05      printf("val=%d   val=%d\n", val, val++);
06      // Auch Rechnungen sind möglich
07      printf("123+345=%d   10-3=%d\n", 123+345, 10-3 );
08      return 0;
09  }
```

Das Programm gibt Folgendes auf dem Bildschirm aus:

```
val=2   val=1
123+345=468   10-3=7
```

Bei der ersten Ausgabe mit der Zeile **(05)** wollte ich Ihnen demonstrieren, dass die Auswertung der Variablenliste bei printf von rechts nach links erfolgt. Wäre dies nicht der Fall gewesen, so würde die erste Ausgabe beide Male den Wert 1 ausgeben. Machen Sie sich jetzt noch keine Gedanken um den hier verwendeten Inkrementoperator (++). Die Zeile soll nur darauf hinweisen, dass es bspw. bei mehrmaliger Verwendung mit derselben Variablen in der Variablenliste zu unerwarteten Seiteneffekten kommen kann.

In der Zeile **(07)** sehen Sie, dass auch arithmetische Berechnungen in der Variablenliste durchgeführt werden können und dass das entsprechende Ergebnis in der Formatanweisung ausgegeben wird. Vorausgesetzt wird natürlich, dass Sie immer die richtige Formatanweisung verwenden. Aber darauf kommen wir noch in Kapitel 3, »Grundlegendes zu den Basisdatentypen«, genauer zu sprechen, wenn es um die Basisdatentypen von C geht.

2.3 Zeichensätze

In C wird zwischen dem Basic-Zeichensatz, dem Ausführungszeichensatz und den Trigraph-Zeichen unterschieden. Der Basic-Zeichensatz beinhaltet alle Zeichen, die für das Schreiben von Programmen verwendet werden können. Wie der Name unschwer erkennen lässt, werden die Zeichen des Ausführungszeichensatzes hingegen erst bei der Ausführung des Programms interpretiert. Der Trigraph-Zeichensatz dürfte heute kaum noch Anwendung finden. Daher wird hier auch nicht näher darauf eingegangen.

2.3.1 Basis-Zeichensatz

Zum Schreiben für Ihre C-Programme stehen Ihnen folgende Zeichen zur Verfügung (hierzu gehört natürlich auch der Ausführungszeichensatz):

- Dezimalziffern: 1 2 3 4 5 6 7 8 9 0
- Buchstaben des englischen Alphabets:

  A B C D E F G H I J K L M N O P Q R S T U V W X Y Z
  a b c d e f g h i j k l m n o p q r s t u v w x y z

- Grafiksymbole:

  ! " % & / ( ) [ ] { } \ ? =
  ' # + * ~ - _ . : ; , | < > ^

- Whitespace-Zeichen, Leerzeichen, Tabulatorzeichen, neue Zeile und neue Seite.

2.3.2 Ausführungszeichensatz

Zum Ausführungszeichensatz gehören die Steuerzeichen, auch Escape- oder Flucht-Sequenzen genannt. Dies sind nicht druckbare Zeichen in char-Konstanten. Mithilfe der Steuerzeichen können Sie die Ausgabe auf dem Bildschirm steuern. Ein solches Zeichen beginnt immer mit dem Backslash-Zeichen gefolgt von einem konstanten Zeichen. In der folgenden Tabelle finden Sie alle Steuerzeichen und deren Bedeutung aufgelistet:

Steuerzeichen	Bedeutung
\a	akustisches Warnsignal (beep)
\b	Setzt den Cursor um eine Position nach links (backspace).

Tabelle 2.1 Steuerzeichen in Zeichenkonstanten

2.3 Zeichensätze

Steuerzeichen	Bedeutung
\f	Löst einen Seitenvorschub aus. Macht Sinn bei Programmen, die etwas ausdrucken (formfeed).
\n	Setzt den Cursor auf den Anfang der nächsten Zeile (newline).
\r	Setzt den Cursor auf den Anfang der aktuellen Zeile (carriage return).
\t	Führt einen Zeilenvorschub aus und setzt den Cursor auf die nächste horizontale Tabulatorposition, meistens acht Leerzeichen weiter (horizontal tab).
\v	Setzt den Cursor auf die nächste vertikale Tabulatorposition (vertical tab).
\"	Gibt das Zeichen " aus.
\'	Gibt das Zeichen ' aus.
\?	Gibt das Zeichen ? aus.
\\	Gibt das Zeichen \ aus.
\nnn	Gibt einen Oktalwert aus (bspw. \033 = Escape-Zeichen).
\xhh	Gibt einen Hexadezimalwert aus.

Tabelle 2.1 Steuerzeichen in Zeichenkonstanten (Forts.)

Das folgende Listing demonstriert die Verwendung der Steuerzeichen in einem C-Programm:

```
00  // kap002/listing003.c
01  #include <stdio.h>

02  int main() {
03      printf("Ich bin ein Blindtext\n");
04      printf("\tIch bin auch blind\n");
05      printf("Ich werde ueberschrieben\r");
06      printf("Von mir, einem weiteren Blindtext\n");
07      printf("Das Leer \bzeichen wird entfernt\n");
08      return 0;
09  }
```

Die Ausgabe des Programms lautet:

```
Ich bin ein Blindtext
        Ich bin auch blind
Von mir, einem weiteren Blindtext
Das Leerzeichen wird entfernt
```

Die Ausgabe spricht eigentlich schon für sich, aber ich möchte das Beispiel dennoch kommentieren. In der Zeile **(03)** wird der Cursor mit \n auf die nächste Zeile gesetzt. Zeile **(04)** löst einen Tabulatorvorschub mit \t aus. Zeile **(05)** wird zwar ausgegeben, aber am Ende wird der Cursor mit \r auf den Anfang der Zeile gesetzt. Daher wird die Ausgabe der Zeile **(05)** von der Ausgabe der Zeile **(06)** überschrieben. In der Zeile **(07)** wird der Cursor mit \b um eine Position nach links geschoben.

2.4 Symbole von C

Jede Programmiersprache hat gültige Symbole, und es ist daher unerlässlich, dass Sie die von C kennen.

2.4.1 Bezeichner

Bezeichner sind in einem Programm Namen für Objekte wie Variablen oder Funktionen. Es gelten folgende Regeln für einen gültigen Bezeichner:

- Namen bestehen aus Buchstaben, Ziffern und Unterstrichen.
- Das erste Zeichen eines Bezeichners muss ein Buchstabe sein. Es darf auf keinen Fall eine Ziffer sein.
- Es wird zwischen Groß- und Kleinbuchstaben unterschieden (englisch: *case sensitiv*). Somit sind »fun«, »Fun« und »FUN« drei verschiedene Bezeichner.
- Als Bezeichner darf kein Schlüsselwort von C verwendet werden (siehe Anhang A.3).

Zur Demonstration sollen hier einige falsche und richtige Bezeichner aus einem Codeausschnitt gezeigt werden. Bei allen Beispielen wird als Datentyp eine Ganzzahl (int) verwendet. Mehr zu den Basisdatentypen erfahren Sie in Kapitel 3, »Grundlegendes zu den Basisdatentypen«. Hier geht es nur um die Bezeichner hinter dem Datentypen.

```
    ...
01  int ival=100;
02  int 0val=0;
03  int ival=200;
04  int iVal=400;
05  int for=600;
    ...
```

Der Bezeichner von Zeile **(01)** ist in Ordnung. Der Bezeichner `0val` in der Zeile **(02)** hingegen ist ungültig, weil er mit einer Ziffer beginnt. Der Bezeichner von Zeile **(03)** ist zwar von der Syntax her in Ordnung, aber der Compiler wird trotzdem eine Fehlermeldung ausgeben, weil der Bezeichner `ival` bereits in der Zeile **(01)** verwendet wurde. Eine Neudefinition innerhalb des gleichen Gültigkeitsbereichs ist nicht möglich. Der Bezeichner von Zeile **(04)** hingegen ist in Ordnung, weil C zwischen Groß- und Kleinbuchstaben unterscheidet. In der Zeile **(05)** wiederum wird mit `for` ein C-Schlüsselwort verwendet. Somit ist dieser Bezeichner nicht erlaubt und falsch.

2.4.2 Schlüsselwörter

Schlüsselwörter sind Bezeichner mit einer vorgegebenen Bedeutung in C. Sie dürfen nicht anderweitig verwendet werden. So dürfen Sie bspw. keine Variable mit dem Bezeichner `int` verwenden, da es auch einen Basisdatentyp hierzu gibt. Der Compiler würde sich ohnehin darüber beschweren. Eine Liste der Schlüsselwörter in C finden Sie in Anhang A.3.

2.4.3 Literale

Als Literale werden Zahlen, Zeichenketten und Wahrheitswerte im Quelltext bezeichnet. Diese müssen ebenfalls nach einem bestimmten Muster aufgebaut sein. Einfach ausgedrückt sind Literale von einer Programmiersprache definierte Zeichen(folgen) für die Darstellung der Werte von Basisdatentypen.

Ganzzahlen

Neben den üblichen Dezimalzahlen können Sie auch Oktal- und Hexadezimalzahlen verwenden. Folgende Regeln müssen Sie für die Verwendung von Ganzzahlen beachten:

- **Dezimalzahlen** mit der Basis 10 müssen aus einer Ziffernreihe mit den Zeichen 0 bis 9 zusammengesetzt werden. Die erste Ziffer darf hierbei nicht 0 sein.
- **Oktalzahlen** mit der Basis 8 müssen immer mit der Ziffer 0 anfangen, gefolgt von einer Reihe von Oktalzahlen mit den Zeichen 0 bis 7.
- **Hexadezimalzahlen** mit der Basis 16 beginnen immer mit der Sequenz 0x bzw. 0X, gefolgt von einer Reihe Hexadezimalzahlen mit den Zeichen 0 bis f bzw. F (0-f = 0 1 2 3 4 5 6 7 8 9 a b c d e f (oder eben Großbuchstaben: A B C D E F).

Man kann hinter den Dezimal-, Oktal- und Hexadezimalzahlen noch ein Suffix anhängen, um den Wertebereich einer Zahl genauer zu spezifizieren. Das Suffix u bzw. U deutet bspw. an, dass es sich um eine vorzeichenlose (unsigned) Zahl handelt. l bzw. L gibt an, dass es sich um eine long-Zahl handelt.

Im folgenden Codeausschnitt sehen Sie Beispiele, wie Sie diese Literale für Ganzzahlen verwenden können:

```
// alle drei Werte haben den dezimalen Wert 123
int dval = 123;   // Dezimale Darstellung
int oval = 0173;  // Oktale Darstellung
int hval = 0x7B;  // Hexadezimale Darstellung

// alle drei Werte haben den dezimalen Wert 66
int udval = 66u;   // Dezimale Darstellung
int loval = 0102L; // Oktale Darstellung
int uhval = 0X42u; // Hexadezimale Darstellung
```

Fließkommazahlen

Wie eine korrekte Fließkommazahl dargestellt wird, wird in Abschnitt 3.5., »Fließkommazahlen«, genauer beschrieben, wenn es um die Basistypen von Fließkommazahlen geht. Wie bei den Ganzzahlen können Sie den Fließkommazahlen ebenfalls ein Suffix hinzufügen. Mit dem Suffix f oder F kennzeichnen Sie eine Fließkommazahl mit einer einfachen Genauigkeit (bspw.: 123.123f). Das Suffix l oder L hingegen deutet auf eine Fließkommazahl mit erhöhter Genauigkeit (bspw. 123.123L) hin.

Zeichenliteral

Ein Zeichenliteral wird in einfache Hochkommata (Single Quotes) eingeschlossen ('A', 'B', 'C', ... '$', '&' usw.). Wenn Sie nichtdruckbare Zeichen (siehe Abschnitt 2.3.2) wie bspw. einen »Tabulator« oder einen

»Zeilenvorschub« darstellen wollen, müssen Sie eine Escape-Sequenz (auch Steuerzeichen oder Flucht-Sequenz genannt) verwenden. Escape-Sequenzen werden mit einem Backslash (\) eingeleitet (z. B. ein Tabulator = '\t' oder ein Zeilenvorschub = '\n').

Der Basisdatentyp für Zeichen ist char und wird, wie alle Basisdatentypen, in Kapitel 3, »Grundlegendes zu den Basisdatentypen«, beschrieben. Ich möchte Ihnen dennoch auch hierzu einige richtige und falsche Zeichenliterale zeigen.

```
   ...
01 char ch1 = 'A';
02 char ch2 = B;
03 char ch3 = "C";
   ...
```

Das Zeichenliteral in der Zeile **(01)** ist richtig. Bei der Zeile **(02)** handelt es sich syntaktisch um eine Variablenzuweisung, falls es eine Variable mit dem Bezeichner B geben würde. In diesem Fall war aber die Zuweisung eines Zeichenliterals beabsichtigt, und daher fehlen die einfachen Hochkommata hier. Das Beispiel in der Zeile **(03)** würde sich zwar mit Protesten des Compilers übersetzen lassen, ist aber trotzdem falsch. Hier wurde dem Bezeichner ch3 nämlich eine Zeichenkette statt eines Zeichenliterals zugewiesen.

Zeichenkette

Eine Zeichenkette, häufig auch String genannt, ist eine Sequenz von Zeichen, die zwischen doppelte Hochkommata gestellt wird (z. B. "Ich bin eine Zeichenkette"). Es ist im Zusammenhang mit einer Zeichenkette sehr wichtig zu wissen, dass jede dieser Ketten um ein Zeichen länger ist als (sichtbar) dargestellt. Gewöhnlich werden Zeichenketten durch das Zeichen mit dem ASCII-Wert 0 (nicht der dezimalen Null) abgeschlossen (0x00 oder als einzelnes Zeichen '\0'). Diese ASCII-0 kennzeichnet immer das Ende einer Zeichenkette. Somit enthält bspw. die Zeichenkette "C++" vier Zeichen, weil am Ende auch das Zeichen 0x00 (oder '\0') abgelegt ist.

2.4.4 Einfache Begrenzer

Um einzelne Symbole voneinander zu trennen, werden sogenannte Begrenzer benötigt. Fast alle dieser einfachen Begrenzer haben Sie bereits in Ihrem ersten Listing verwendet. In der folgenden Tabelle werden die wichtigsten Begrenzer zusammengefasst.

Begrenzer	Bedeutung
Semikolon (;)	Das Semikolon ist der wichtigste Begrenzer. Es dient als Abschluss einer Anweisung. Jeder Ausdruck, der mit einem Semikolon endet, wird als Anweisung behandelt. Der Compiler weiß dann, dass hier das Ende der Anweisung ist, und fährt nach der Abarbeitung der Anweisung (Befehl) mit der nächsten Zeile bzw. Anweisung fort.
Komma (,)	Mit dem Komma trennt man die Argumente einer Funktionsparameterliste oder bei der Deklaration mehrere Variablen desselben Typs.
Geschweifte Klammern ({ })	Zwischen den geschweiften Klammern wird ein Anweisungsblock zusammengefasst. In diesem Block befinden sich alle Anweisungen (abgeschlossen mit einem Semikolon), die in einer Funktion ausgeführt werden sollen.
Gleichheitszeichen (=)	Mit dem Gleichheitszeichen trennen Sie die Variablendeklaration von den Initialisierungslisten: Typ bezeichner = wert;

Tabelle 2.2 Einfache Begrenzer in C

2.5 Kommentare

Kommentare sind Textteile in einem C-Quelltext, die vom Compiler ignoriert werden. Kommentare können an einer beliebigen Stelle im Quelltext stehen. Sie können auf eine Programmzeile beschränkt sein oder sich über mehrere Zeilen erstrecken. Die Verwendung von Kommentaren beeinflusst weder die Laufzeit des übersetzten Programms noch dessen Größe, weil sie bei der Übersetzung in Maschinencode entfernt werden.

Kommentare gibt es in zwei Ausführungen. Entweder schreiben Sie den Kommentar hinter zwei // oder zwischen /* Bin ein Kommentar */. In Kommentaren müssen Sie sich nicht nach den Regeln der Zeichensätze richten und können beliebige Zeichen verwenden.

> **Vorsichtig mit dem Backslash-Zeichen hinter »//«**
>
> Sollten Sie einen //-Kommentar mit dem Backslash-Zeichen (\) beenden, wird die Zeile dahinter auskommentiert, weil die Regel, dass das Backslash-Zeichen als Zeilenfortsetzungszeichen gilt, auch hier, wie in Abschnitt 2.2 mit printf beschrieben wurde, gültig ist.

Sicherlich stellen Sie sich nun die Frage, welche Schreibweise Sie verwenden sollen. Hier kann ich keine allgemeingültige Empfehlung abgeben. Ich persönlich verwende aber die Version mit // am liebsten, um hinter einer Anweisung eine Zeile zu kommentieren. /* Huhu */ benutze ich hingegen als Einleitung für einen mehrzeiligen Kommentar, um die Funktion eines Quellcodes zu beschreiben. /* Buh */ wird allerdings häufig verwendet, um einen Teil des Quellcodes auszukommentieren. Hierzu ein paar Ausschnitte, wie Kommentare sinnvoll verwendet werden können:

```
/**************************************/
/*      Ich beschreibe etwas          */
/*      Wert 1 = ...                  */
/*      Wert 2 = ...                  */
/*      Rückgabewert = ...            */
/**************************************/

int fun = ON;   // Spass muss immer auf ON stehen

/*
printf( Der Code enthält einen Fehler );
printf Daher ist er auskommentiert;
*/
```

2.6 Aufgaben

Gratulation, Sie haben Ihre ersten Schritte in C gemacht. Ob Sie das gelesene verstanden haben, können Sie jetzt anhand der folgenden Tests überprüfen.

2.6.1 Level 1

1. Nennen Sie den Unterschied zwischen dem Basic-Zeichensatz und dem Ausführungszeichensatz.
2. C ist *case sensitiv*. Was versteht man darunter?
3. Mit welchem einfachen Begrenzer werden Anweisungen beendet?

2.6.2 Level 2

1. Bringen Sie das folgende Listing zur Ausführung:

   ```
   00  // kap002/aufgabe001.c
   01  #include <stdio.h>

   02  int Main(void) {
   03     printf('Ei-Pod\n');
   04     return 0
   05  }
   ```

2. Bei diesem Listing wurde etwas vergessen. Was fehlt hier?

   ```
   00  // kap002/aufgabe002.c

   01  int main(void) {
   02     printf("Was ist hier falsch?\n");
   03     printf("Kein Syntaxfehler!\n");
   04     printf("Hier fehlt was...!\n");
   05     return 0;
   06  }
   ```

2.6.3 Level 3

Erstellen Sie mit Steuerzeichen ein Programm, das mit maximal zwei printf-Befehlen folgende Ausgabe erzeugt:

```
J
u
s
t for F
        u
        n
```

3 Grundlegendes zu den Basisdatentypen

Ebenso wie Kochen nicht ohne Kochtopf geht, funktioniert eine Programmiersprache auch nicht ohne grundlegende Datentypen, mit denen man Daten zwischenspeichern kann. Während Sie allerdings in einen Kochtopf alles hineinschnippeln können, müssen Sie bei den Basisdatentypen genau auf die »Zutaten« achten. In C sind hierfür vordefinierte Datentypen für Ganzzahlen, Fließkommazahlen und Zeichen vorhanden. Bevor wir zu diesen Datentypen kommen, müssen Sie jedoch noch die Grundlagen »Deklaration und Definition« und »Initialisieren von Variablen« durcharbeiten.

3.1 Deklaration und Definition

Mit einer **Deklaration** machen Sie den Namen (Bezeichner) der Variable bekannt und verknüpfen diesen mit einem Datentyp. Anhand des Datentyps wiederum wird bestimmt, welche impliziten Aktionen auf das Speicherobjekt zulässig sind (bspw. arithmetische Operationen). Die Syntax einer einfachen Deklaration sieht immer folgendermaßen aus:

```
Datentyp Name;
Datentyp Name1, Name2, Name3;
```

Auf den Datentyp folgt der Name (Bezeichner) für die Variable. Wie ein gültiger Bezeichner aussieht, wurde bereits in Abschnitt 2.4.1 beschrieben. Sie sehen bei dieser Syntaxbeschreibung, dass sich auch gleich mehrere Bezeichner eines Datentyps von einem Komma getrennt deklarieren lassen.

Nach aktuellem Standard können Sie eine solche Deklaration überall im Quelltext vornehmen. In der Praxis wird allerdings empfohlen, die Deklaration vor die arbeitenden Anweisungen zu setzen. Das erleichtert die Lesbarkeit erheblich.

Mit einer Deklaration geben Sie dem Compiler Informationen zum Typ bekannt. Bis dahin wurde noch keine Zeile Maschinencode erzeugt geschweige denn ein Speicherobjekt (Variable) angelegt.

Für das konkrete Speicherobjekt im Programm bzw. in dem ausführbaren Code wird die **Definition** vereinbart. Somit ist jede Definition gleichzeitig auch eine Deklaration. Gleiches gilt häufig auch andersherum. Die Deklaration einer Variablen vom Datentyp int gibt bspw. in der folgenden ausgeführten Art

3 Grundlegendes zu den Basisdatentypen

```
int i;
```

den Namen des Speicherobjekts bekannt. Sie vereinbart somit auch den Speicherplatz für das Objekt. Ebenso kann der Name einer Variablen mit dem Speicherklassenattribut `extern` vereinbart werden, ohne dass ein Objekt (also keine Definition) erzeugt wird. Damit kann es für jedes Objekt im Programm zwar beliebig viele Deklarationen geben, aber nur eine einzige Definition.

> **Was ist eine Variable genau?**
>
> Eine Variable ist im Grunde genommen nichts anderes als eine Adresse im Hauptspeicher. Dort legen Sie einen Wert ab und greifen später, wenn Sie diesen wieder benötigen, darauf zurück. Um programmtechnisch auf diese Adressen ohne kryptische Adressangaben im Arbeitsspeicher zurückgreifen zu können, benötigen Sie einen eindeutigen Namen (Bezeichner) dafür. Der Compiler wandelt diesen Bezeichner später in eine Adresse um. Natürlich belegt jede dieser Variablen einen gewissen Speicherplatz. Wie viel das ist, hängt davon ab, welchen Datentyp Sie verwendet haben, wie viel Platz dieser auf einem bestimmten System (16-bit, 32-bit, 64-bit) verwendet und mit welchen Werten er implementiert wurde. Der Standard schreibt hierbei oft nur eine Mindestgröße für die einzelnen Typen vor.

Damit Sie jetzt nicht komplett verwirrt sind, finden Sie hier nochmals zwei Stichpunkte, die Sie sich in punkto Deklaration und Definition merken können:

- Bevor Sie eine Variable verwenden können, müssen Sie dem Compiler den Datentyp und den Bezeichner mitteilen. Dieser Vorgang wird als Deklaration bezeichnet.
- Wenn ein Speicherplatz für die Variable reserviert werden muss, spricht man von der Definition der Variablen. Während eine Deklaration mehrmals im Code vorkommen kann, darf eine Definition nur einmal im Programm vorhanden sein.

3.2 Initialisieren einer Variablen

Nachdem Sie eine Variable definiert haben, besitzt diese noch keinen festen Wert, sondern lediglich den Inhalt, der sich bereits in diesem Speicherbereich befunden hat (genauer gesagt einen undefinierten Wert). Einen Wert müssen Sie der Variablen erst zuweisen. Dies können Sie bspw. mit dem Zuweisungsoperator (=) oder mit einer Eingabefunktion wie bspw. `scanf` machen. Der folgende theoretische Codeausschnitt zeigt einige Möglichkeiten, wie Sie einer Ganzzahlvariablen mit dem Zuweisungsoperator einen Wert zuweisen können. Den Datentyp müssen Sie hierbei durch einen echten Ganzzahltypen ersetzen:

```
Datentyp val01 = 123;                // val01=123
Datentyp val02 = 10, val 03 = 20;    // val02=10, val03=20

// val04=nicht initialisiert, val05=30
Datentyp val04, val05 = 30;

Datentyp val06;
Datentyp val07 = val06 = 1;          // val07=1, val06=1

Datentyp val08 = 99;
Datentyp val09 = val08;              // val08=99, val09=99
```

Nun aber genug der Theorie. Jetzt wird es Zeit, dass Sie die echten Basisdatentypen in C besser kennenlernen.

3.3 Datentypen für Ganzzahlen

Für die Speicherung von Ganzzahlen bietet C folgende in der Tabelle aufgelisteten Datentypen an. Zusätzlich finden Sie in der Tabelle die vom Standard vorgeschriebenen **Mindestgrößen von Werten** und das **Formatzeichen**, um den Typ formatiert mit den Funktionen der `printf`-Familien auszugeben oder mit Funktionen der `scanf`-Familie einzulesen. Die tatsächlichen Wertebereiche sind besonders beim Typ `int` meistens größer.

Datentyp	Wertebereich (min.)	Formatzeichen
char	−128 +127	%c
short	−32768 +32767	%d oder %i

Tabelle 3.1 Grundlegende Datentypen für Ganzzahlen

3 Grundlegendes zu den Basisdatentypen

Datentyp	Wertebereich (min.)	Formatzeichen
int	−32768 +32767	%d oder %i
long	−2.147.483.648 +2.147.483.647	%ld oder %li
long long	−9.223.372.036.854.775.808 +9.223.372.036.854.775.807	%lld oder %lli

Tabelle 3.1 Grundlegende Datentypen für Ganzzahlen (Forts.)

Der natürlichste aller Ganzzahl-Datentypen ist der Datentyp int. Er hat per Standard eine natürliche Größe, die von der »Ausführumgebung« vorgegeben wird. Das wären dann z. B. auf einer PDP10-Maschine 36 Bit, auf einem modernen Pentium 32 Bit und auf einem beliebigen 64-Bit-Prozessor-System eben 64 Bit. Somit reicht der Wertebereich vom Datentyp int auf einem 32-Bit-Rechner gewöhnlich von −2.147.483.648 bis +2.147.483.647.

64-Bit-Architektur

Sicherlich stellen Sie sich jetzt die Frage: Was ist dann mit der neuen 64-Bit-Architektur? Theoretisch hätte hier int ja eine Wortbreite von 64 Bit. Auch die Zeiger hängen entscheidend von der Wortbreite ab. Daher hat man beim Übergang von der 32-Bit- zur 64-Bit-Architektur den Zeiger und den Typ long auf 64 Bit verbreitert und int weiterhin auf 32 Bit belassen. Dies wird kurz auch mit LP64 abgekürzt.

Der Standard schreibt vor, dass short kleiner oder gleich groß wie int sein muss. int wiederum muss kleiner oder gleich groß wie long sein.

Wenn Sie wissen wollen, welchen Wertebereich int oder die anderen Ganzzahl-Datentypen auf Ihrem System haben, finden Sie in der Headerdatei <limits.h> entsprechende Konstanten dafür. Bezogen auf den Datentyp int finden Sie hierfür die Konstanten INT_MIN für den minimalen Wert und INT_MAX für den maximalen Wert auf Ihrem System. Um diese Werte zu ermitteln, müssen Sie selbstverständlich auch den Header im Programm inkludieren. Das folgende Listing soll Ihnen den tatsächlichen Wertebereich für die Datentypen char, short, int, long und long long auf Ihrem System ausgeben:

3.3 Datentypen für Ganzzahlen

```
00  // kap003/listing001.c
01  #include <stdio.h>
02  #include <limits.h>

03  int main(void) {
04     printf("min. char-Wert      : %d\n", SCHAR_MIN);
05     printf("max. char-Wert      : +%d\n", SCHAR_MAX);
06     printf("min. short-Wert     : %d\n", SHRT_MIN);
07     printf("max. short-Wert     : +%d\n", SHRT_MAX);
08     printf("min. int-Wert       : %d\n", INT_MIN);
09     printf("max. int-Wert       : +%d\n", INT_MAX);
10     printf("min. long-Wert      : %ld\n", LONG_MIN);
11     printf("max. long-Wert      : +%ld\n", LONG_MAX);
12     printf("min. long long-Wert: %lld\n", LLONG_MIN);
13     printf("max. long long-Wert: +%lld\n", LLONG_MAX);
14     return 0;
15  }
```

Die Ausgabe des Programms hängt natürlich von der Implementierung ab. Bei mir sieht diese wie folgt aus:

```
min. char-Wert      : -128
max. char-Wert      : +127
min. short-Wert     : -32768
max. short-Wert     : +32767
min. int-Wert       : -2147483648
max. int-Wert       : +2147483647
min. long-Wert      : -2147483648
max. long-Wert      : +2147483647
min. long long-Wert: -9223372036854775808
max. long long-Wert: +9223372036854775807
```

Einen Überblick über alle Konstanten in der Headerdatei <limits.h> und deren Bedeutungen finden Sie auf der Webseite *www.galileocomputing.de/bonus-seite*.

3.3.1 Vorzeichenlos und vorzeichenbehaftet

Wenn Sie eine Integer-Variable vereinbaren, ist diese per Standard immer vorzeichenbehaftet. Das heißt, wenn Sie eine Variable wie folgt vereinbaren,

```
int var;
```

so beträgt der Wertebereich von `int` abhängig von der Implementierung (siehe `INT_MIN` und `INT_MAX`) mindestens –2147483648 bis +2147483647. Sie können aber auch festlegen, dass eine ganzzahlige Variable ohne Vorzeichen vereinbart wird. Hierfür müssen Sie lediglich das Schlüsselwort `unsigned` voranstellen. Das sieht bspw. so aus:

unsigned int var;

In diesem Fall könnten Sie keine negativen Werte mehr speichern. Dafür wird der positive Wertebereich von `int` (abhängig von der Implementierung von `UINT_MAX`) natürlich größer.

> **Größer ist nicht gleich größer**
>
> Damit Sie das jetzt nicht falsch verstehen: Rein physikalisch betrachtet bleibt der Datentyp `int` natürlich weiterhin gleich groß (2 bzw. 4 Bytes). Mit `unsigned` verschiebt sich lediglich der Wertebereich (abhängig von der Implementierung) von mindestens –2147483648 bis +2147483647 auf mindestens 0 bis 4294967295.

Gleiches wie für `int` gilt natürlich auch für die Datentypen `short`, `long` und `long long`. Bei dem Datentyp `char` ist das etwas komplizierter. Allerdings wird dieser Datentyp eher selten für Ganzzahlen verwendet. Der Datentyp `char` wird gesondert in Abschnitt 3.7. behandelt.

Natürlich gibt es mit `signed` auch ein Schlüsselwort, um eine Variable explizit als vorzeichenbehaftet zu vereinbaren. Allerdings entspricht die Schreibweise von

signed int var;

der von

int var;

Somit ist die Verwendung des Schlüsselwortes `signed` überflüssig, weil ganzzahlige Datentypen ohne Verwendung von `unsigned` immer vorzeichenbehaftet sind.

Der Vollständigkeit halber finden Sie hier einen Überblick über die `unsigned`-Gegenstücke bei den Ganzzahlen. Die Wertebereiche in der Tabelle entsprechen auch hier wieder dem Mindestwert. Der tatsächliche Wert hängt von der Implementierung ab, und Sie können auch hier die maximalen Werte über die Headerdatei <`limits.h`> ermitteln (siehe *www.galileocomputing.de/bonus-seite*).

3.3 Datentypen für Ganzzahlen

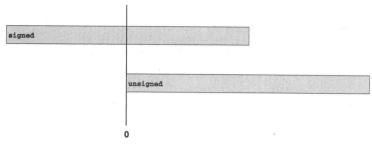

Abbildung 3.1 Mit »unsigned« ändert sich nicht die physikalische Größe, sondern es wird lediglich der Wertebereich verschoben.

Datentyp	Wertebereich (min.)	Formatzeichen
unsigned char	0 bis 255	%c
unsigned short	0 bis 65535	%u
unsigned int	0 bis 65535	%u
unsigned long	0 bis 4.294.967.295	%lu
unsigned long long	0 bis 18.446.744.073.709.551.615	%llu

Tabelle 3.2 Grunddatentypen für vorzeichenlose Ganzzahlen

»long long« ist der längste Datentyp

Ganz klar, wenn es auf die Größe ankommt, ist long long der Längste. Aber beachten Sie bitte, dass long long erst mit dem C99-Standard eingeführt wurde und es vielleicht einige Compiler-Hersteller noch nicht geschafft haben, diesen Datentypen zu implementieren.

Ganzzahlige Typen mit vorgegebener Breite <stdint.h> (C99)

Die grundlegenden Datentypen für Ganzzahlen haben Sie bereits näher kennengelernt. Mit dem C99-Standard wurden weitere ganzzahlige Typen mit einer vorgegebenen Breite eingeführt. In der Praxis werden diese Typen von den Programmierern aber nicht so angenommen wie erwartet.

> Das liegt vermutlich an der etwas umständlichen Verwendung und an der unvollständigen Implementierung durch die Compiler. Wie dem auch sei, einen Überblick über diese Typen finden Sie ebenfalls auf der Webseite *www.galileocomputing.de/bonus-seite*.

3.4 Die Funktion scanf

Damit Sie auf den nächsten Seiten etwas mehr Praxisbeispiele erstellen können, benötigen Sie noch Kenntnisse über die Funktion scanf. Mit dieser können Sie formatiert von der Standardeingabe einlesen. Die Funktion ist das Gegenstück zu printf (siehe Abschnitt 2.2). Eingelesen wird dabei von der Standardeingabe (stdin), was gewöhnlich die Tastatur ist. scanf ist ebenfalls in der Headerdatei <stdio.h> deklariert, weshalb Sie auch hier wieder diesen Header inkludieren müssen. Hierzu ein Beispiel:

```
00  // kap003/listing002.c
01  #include <stdio.h>

02  int main(void) {
03      int var;
04      printf("Bitte eine Zahl eingeben: ");
05      scanf("%d", &var);
06      printf("Die Zahl lautete %d\n", var);
07      return 0;
08  }
```

Wenn das Programm abläuft, werden Sie durch die Ausgabe der Zeile **(04)** nach einer Zahl gefragt. scanf in der Zeile **(05)** wartet jetzt auf die Eingabe einer Zahl, die Sie mit ⏎ bestätigen müssen. Anschließend wird der so eingelesene Wert in die Ganzzahlvariable var in der Zeile **(06)** ausgegeben. Das Beispiel bei der Ausführung:

```
Bitte eine Zahl eingeben: 123
Die Zahl lautete 123
```

scanf ist ähnlich aufgebaut wie printf. Wie bei printf werden hier zwei Klammern und zwei Hochkommata verwendet. Es wird also formatiert eingelesen. Das Formatzeichen (bzw. auch Umwandlungszeichen) %d steht für die formatierte Eingabe einer dezimalen Ganzzahl vom Datentyp int. Was aber bedeutet hier das Zeichen »&«?

Das &-Zeichen ist ein Adressoperator und bedeutet im Beispiel, dass der Variablen mit dem Bezeichner var vom Typ int mit einer bestimmten Speicheradresse der Wert zugewiesen wird, den Sie eingegeben haben. Ohne den Adressoperator kann der eingegebene Wert von `scanf` keiner Speicheradresse im Arbeitsspeicher zugewiesen werden.

Sie können mit dem Adressoperator direkt auf eine Adresse im Speicherbereich zugreifen und somit eine solche Adresse mit `printf` ausgeben. Ich greife hier ein wenig vor, denn das Thema gehört eher zu dem Kapitel über Zeiger (siehe Kapitel 11), aber für Demonstrationszwecke ist es sinnvoll, hier schon darauf einzugehen. Das Formatzeichen (bzw. Umwandlungszeichen) für eine Adresse im Speicher lautet %p. Wollen Sie also die Speicheradresse einer Variablen formatiert ausgeben, können Sie dies wie folgt realisieren:

```
00  // kap003/listing003.c
01  #include <stdio.h>

02  int main(void) {
03      int var;
04      printf("Die Adresse von var lautet: %p\n", &var);
05      return 0;
06  }
```

Die Ausgabe des Programms könnte wie folgt aussehen:

```
Die Adresse von var lautet: 001AFCB0
```

Beachten Sie auf bitte, dass Sie bei den `scanf`-Funktionen und dem Einlesen von Ganzzahlen oder (später auch) Fließkommazahlen immer den Adressoperator & benötigen, damit das Programm weiß, wo es den eingelesenen Wert ablegen soll.

3.5 Fließkommazahlen

Neben den Ganzzahlen gibt es drei grundlegende Datentypen für Fließkommazahlen, womit Sie Zahlen mit Nachkommastellen speichern können. Im Standard finden Sie die folgenden Fließkommatypen:

Datentyp	Wertebereich	Formatzeichen	Genauigkeit
float	1.2E-38 3.4E+38	%f	einfach (6-stellig)

Tabelle 3.3 Datentypen für Fließkommazahlen

3 Grundlegendes zu den Basisdatentypen

Datentyp	Wertebereich	Formatzeichen	Genauigkeit
double	2.3E-308 1.7E+308	%lf	doppelt (15-stellig)
long double	3.4E-4932 1.1E+4932	%Lf	zusätzlich (19-stellig)

Tabelle 3.3 Datentypen für Fließkommazahlen (Forts.)

Beachten Sie, dass die Genauigkeit und die Wertebereiche dieser Typen komplett implementierungsabhängig sind. Es ist lediglich gewährleistet, dass bei float, double und long double (hier von links nach rechts) jeder Typ den Wert des vorherigen aufnehmen kann.

Bevorzugter Fließkommatyp

In der Praxis empfiehlt es sich, immer den Fließkommatyp double zu verwenden, weil der Compiler intern den Typ float häufig ohnehin in den Typ double umwandelt.

Auch bei Fließkommazahlen gibt es eine Headerdatei mit Konstanten, in der Sie die Wertebereiche ermitteln können. Alle implementierungsabhängigen Wertebereiche für Fließkommazahlen sind in der Headerdatei <float.h> deklariert. Die einzelnen Werte der Headerdatei <float.h> finden Sie auf der Bonus-Seite zum Buch. Zur Demonstration zeige ich Ihnen nachfolgend ein einfaches Listing. Dieses ermittelt die Genauigkeit der Dezimalziffern aus den Konstanten FLT_DIG (für float), DBL_DIG (für double) und LDBL_DIG (für long double), die im Header <float.h> deklariert sind:

```
00  // kap003/listing004.c
01  #include <stdio.h>
02  #include <float.h>

03  int main(void) {
04      printf("float Genauigkeit       : %d\n", FLT_DIG);
05      printf("double Genauigkeit      : %d\n", DBL_DIG);
06      printf("long double Genauigkeit : %d\n", LDBL_DIG);
07      return 0;
08  }
```

3.5 Fließkommazahlen

So sieht die Ausgabe des Programms bei mir aus:

```
float Genauigkeit       : 6
double Genauigkeit      : 15
long double Genauigkeit : 15
```

> **Compiler mit nur zwei Fließkommatypen**
>
> Bei Compilern mit nur zwei Fließkommatypen gilt, dass float die geringere Genauigkeit bietet und long double die doppelte. double ist hier mit float oder long double identisch.

Außerdem gibt es, im Gegensatz zu den Ganzzahlen, bei den Fließkommazahlen keine Unterschiede zwischen vorzeichenbehafteten und vorzeichenlosen Zahlen. In C sind alle Fließkommazahlen vorzeichenbehaftet.

Beachten Sie außerdem, dass die Kommastellen bei den Fließkommazahlen in US-amerikanischer Schreibweise verwendet werden. Statt eines Kommas zwischen den Zahlen müssen Sie einen Punkt verwenden. Man spricht hierbei von *floating point variables*:

```
double pi = 3,14159265;   // FALSCH
double pi = 3.14159265;   // RICHTIG
```

3.5.1 N-stellige Genauigkeit

Eine Fließkommazahl mit 6-stelliger Genauigkeit wie float kann sechs Dezimalstellen nicht immer korrekt unterscheiden. Wenn bspw. die Zahl vor dem Komma (etwa »1234,1234«) bereits vier Stellen besitzt, so kann sie nach dem Komma nur noch zwei Stellen unterscheiden. Somit wären die Gleitpunktzahlen 1234,12345 und 1234,123999 als float-Zahlen für den Computer nicht voneinander zu unterscheiden. Mit 6-stelliger Genauigkeit sind die signifikanten Stellen von links nach rechts gemeint. Der Typ float ist also ungeeignet für kaufmännische und genaue wissenschaftliche Berechnungen. Apollo 11 hätte wohl wieder ein Problem an Houston gemeldet. Allerdings war C damals noch nicht fertig. Sehen Sie dazu folgendes Beispiel, welches einen Dollarbetrag von »100100.12« in Euro umrechnen soll. Als Wechselkurs wurde »1,4906« verwendet:

```
00  // kap003/listing005.c
01  #include <stdio.h>
```

```
02  int main(void) {
03     float wkursF = 1.4906;
04     float betragF = 100100.12;

05     double wkursD = 1.4906;
06     double betragD = 100100.12;

07     printf("[float]  : %f Dollar = %f Euro\n",
                        betragF, betragF/wkursF );
08     printf("[double] :%lf Dollar = %lf Euro\n",
                        betragD, betragD/wkursD );
09     return 0;
10  }
```

Das Programm bei der Ausführung:

```
[float]  : 100100.117188 Dollar = 67154.245181 Euro
[double] : 100100.120000 Dollar = 67154.246612 Euro
```

float ist nach sechs Dezimalstellen am Ende. Mit double haben Sie dagegen die Möglichkeit, eine auf 15 Stellen genaue Zahl zu erhalten (beides natürlich implementierungsabhängig). Daher hat float bei unserem Listing bereits mit dem Betrag »100100.12« seine Schwierigkeiten, bei der Ausgabe in Zeile **(07)** den richtigen Betrag auszugeben. Dass die Rechnung daraufhin nicht mehr stimmen kann, ist klar. Anders hingegen sieht es mit double aus, was die Ausgabe der Zeile **(08)** auch bestätigt.

Was ist zu tun, wenn diese Genauigkeit nicht ausreichen sollte? In diesem Fall müssen Sie sich nach sogenannten Festkomma-Algorithmen umsehen. Denn Festkomma-Darstellungen wie die BCD-Arithmetik gibt es in C nicht.

BCD (Binary Coded Decimals)

BCD steht für *Binary Coded Decimals* und bedeutet, dass die Zahlen nicht binär, sondern als Zeichen gespeichert werden. So wird bspw. der Wert 56 nicht wie gewöhnlich als Bitfolge 00111000 gespeichert, sondern als die Werte der Ziffern im jeweiligen Zeichensatz. In unserem Fall wäre das der ASCII-Code-Zeichensatz. Dabei hat das Zeichen »5« den Wert 53 und das Zeichen »6« den Wert 54. Somit ergibt sich folgende Bit-Stellung: 00110101 (53) 00110110 (54). Damit benötigt der Wert 53 allerdings 16 statt der möglichen 8 Bit. Für die Zahl 12345 hingegen benötigen Sie schon 40 Bit.

Es wird zwar erheblich mehr Speicherplatz verwendet, doch wenn Sie nur die Grundrechenarten für eine Ziffer implementieren, können Sie mit dieser Methode im Prinzip unendlich lange Zahlen bearbeiten. Es gibt keinen Genauigkeitsverlust.

3.5.2 Nix als Probleme mit Fließkommazahlen

Bei Anwendungen mit Fließkommazahlen müssen Sie nicht nur die n-stellige Genauigkeit von ebenjenen beachten.

Die Fließkomma-Arithmetik ist nur so genau, wie der interne Prozessor rechnen kann. Toll, werden Sie jetzt sagen, dann passt ja alles! Leider nicht! Zum einen müssen Sie sich jetzt auf den Hardware-Hersteller verlassen, zum anderen können reelle Zahlen im Fließkommaformat nicht immer exakt dargestellt werden. Extra-Funktionen in der Standard-Bibliothek würden das Problem auch nicht lösen, weil Sie die Bibliothek für jeden neuen Prozessor und Hersteller anpassen müssten.

Warum eine reelle Zahl nicht immer exakt dargestellt werden kann, möchte ich hier kurz aufklären. Das Fließkommaformat besteht aus einem Vorzeichen, einem Dezimalbruch und einem Exponenten:

$+f.fff \times 10^{+e}$

Zunächst finden Sie mit +– das Vorzeichen, gefolgt vom Dezimalbruch mit den vier Stellen f.fff und am Ende den Exponenten mit einer Stelle ($^{+e}$). Die Zahlen werden gewöhnlich im E-Format (+-f.fffE^{+e}) geschrieben. Zwar hat das IEEE das Gleitpunktformat standardisiert, aber leider halten sich nicht alle Computer daran. So wird bspw. die Zahl 1.0 wie im E-Format mit +1.000E+0 beschrieben oder –0.006321 mit –6.321E-3, und die 0.0 mit +0.000E+0.

So weit, so gut. Wenn Sie nun bspw. 2/6 + 2/6 rechnen, kommen Sie wohl auf das Ergebnis 4/6. Richtig. Aber hier geht das Dilemma mit den Gleitpunktzahlen und den Rundungsfehlern schon los. 2/6 ist im E-Format gleich +3.333E-1. Addieren Sie nun +3.333E-1 mit +3.333E-1, erhalten Sie als Ergebnis +6.666E-1 (bzw. 0.6666). Gut, aber leider falsch, denn 4/6 sind im E-Format +6.667E-1, und nicht wie berechnet +6.666E-1. Mit derartigen Rundungsfehlern haben viele Computer ihre Probleme.

3 Grundlegendes zu den Basisdatentypen

Daher möchte ich Ihnen folgende Ratschläge zu Fließkommazahlen ans Herz legen:

- Überprüfen Sie eine Fließkommazahl nie auf Gleichheit, weil selbst eine Zahl wie 1.0 nicht exakt dargestellt werden kann. Überprüfen Sie immer auf kleiner-als und/oder größer-als. Also statt:

    ```
    // Val ungleich 1.0
    (Val != 1.0)
    ```

    sollten Sie eher Folgendes verwenden:

    ```
    // Val kleiner als 0.9999 oder Val größer als 1.0001
    (Val < 0.9999 || Val > 1.0001)
    ```

- Entwickeln Sie eine Software, die Geldbeträge verwaltet, sollten Sie niemals Fließkommazahlen verwenden. Für einen Geldbetrag wie z. B. 9,99 € sollten Sie als Grundlage Euro-Cent und für die Geldbeträge geeignete Ganzzahlen (int, long oder long long) verwenden. Statt mit 9,99 € würden Sie also mit 999 Euro-Cent rechnen.

- Reicht Ihnen all das nicht aus, kommen Sie nicht um die BCD-Arithmetik herum. Allerdings sollten Sie sich erst damit befassen, wenn Sie die Grundlagen von C beherrschen, also wenn Sie dieses Buch durchgearbeitet haben.

3.5.3 Komplexe Gleitkommatypen (C99-Standard)

Mit dem C99-Standard wurden auch komplexe Gleitkommatypen in der Headerdatei <complex.h> implementiert. Eine komplexe Zahl wird hierbei als Paar aus Real- und Imaginärteil dargestellt, die auch mit den Funktionen creal() und cimag() ausgegeben werden können. Beide Teile der komplexen Zahl bestehen entweder aus den Typen float, double oder long double. Daher gibt es, wie auch bei den reellen Gleitpunktzahlen, folgende drei komplexe Gleitkommatypen:

```
float _Complex
double _Complex
long double _Complex
```

Da komplexe Zahlen einen Real- und einen Imaginärteil haben, beträgt die Größe des Datentyps in der Regel das Doppelte der Größe der grundlegenden Datentypen. Ein float _Complex benötigt somit 8 Bytes, weil im Grunde genommen zwei float-Elemente benötigt werden. Folgendes Listing soll das verdeutlichen:

3.5 Fließkommazahlen

```
00  // kap003/listing006.c
01  #include <stdio.h>
02  #include <complex.h>

03  int main(void) {
04     float f1 = 1.0;
05     float complex fc = 2.0 + 3.0*I;
06     // 4 Bytes
07     printf("sizeof(float) : %d\n", sizeof(float));
08     // 8 Bytes (realer und imaginärer Teil)
09     printf("sizeof(float complex) : %d\n",
10                     sizeof(float complex));
11     // Ausgabe vom Real- und Imaginärteil
12     printf("%f + %f\n", creal(fc), cimag(fc));
13     return 0;
14  }
```

Um nicht die umständliche Schreibweise mit dem Unterstrich _Complex verwenden zu müssen, ist in der Headerdatei <complex.h> das Makro complex definiert. Anstelle des Schlüsselwortes _Complex können Sie auch complex verwenden:

```
float complex        // gleich wie float _Complex
double complex       // gleich wie double _Complex
long double complex  // gleich wie long double _Complex
```

Des Weiteren ist in der Headerdatei das Makro I definiert, das die imaginäre Einheit mit dem Typ const float complex darstellt. Vielleicht hierzu eine kurze Hintergrundinformation zu komplexen Gleitpunktzahlen: Eine komplexe Zahl zVal wird bspw. folgendermaßen in einem kartesischen Koordinatensystem dargestellt:

zVal = xVal + yVal * I

xVal und yVal sind hierbei reelle Zahlen, und I ist der imaginäre Teil. Die Zahl xVal wird hierbei als realer Teil betrachtet, und yVal ist der imaginäre Teil von zVal.

complex.h: no such file or directory

Es kann passieren, dass Sie eine solche Fehlermeldung erhalten. In dem Fall ist es leider so, dass der C99-Standard (noch) nicht komplett im Compiler integriert wurde. Dies wiederum ist ein Grund, weshalb die komplexeren Gleitkommatypen ebenfalls nur eine Randerscheinung in C sind.

3 Grundlegendes zu den Basisdatentypen

3.6 Rechnen mit Zahlen

Nachdem Sie jetzt die Grammatik und die grundlegenden Datentypen für Zahlen von C kennen, können Sie mithilfe der arithmetischen Operatoren und Standard-Funktionen der Headerdatei <math.h> Berechnungen durchführen. Und wenn wir hier schon bei den Operatoren sind, sollen auch gleich die Bit-Operatoren und der Inkrement- bzw. Dekrement-Operator behandelt werden.

3.6.1 Arithmetische Operatoren

Arithmetische Operatoren sind mathematische Gleichungen und binäre Operatoren. Das heißt, der Operator hat immer zwei (*lateinisch* bi) Operanden (bspw.: [Operand][Operator][Operand] oder einfach 10+10). Folgende arithmetischen Operatoren stehen in C zur Verfügung:

Operator	Bedeutung
+	Addiert zwei Werte.
-	Subtrahiert zwei Werte.
*	Multipliziert zwei Werte.
/	Dividiert zwei Werte.
%	Rest einer Division (Modulo). Funktioniert nur mit Ganzzahlen als Datentyp. Kann nicht mit Fließkommazahlen verwendet werden. Außerdem darf niemals eine Division durch 0 mit dem Modulo-Operator gemacht werden.

Tabelle 3.4 Darstellung von arithmetischen Operatoren in C

Natürlich gelten auch hier die Punkt-vor-Strich-Regeln, die Sie aus der Grundschulzeit noch kennen sollten. Dementsprechend ist 5 + 5 * 5 = 30. Verwenden Sie hingegen Klammern, dann binden diese stärker als die Rechenzeichen. In dem Fall ergibt (5 + 5) * 5 den Wert 50. Mehr zur Rangfolge der verschiedenen Operatoren in C finden Sie in Anhang A.

Hier ein einfaches Beispiel, welches diese arithmetischen Operationen in der Praxis zeigen soll:

3.6 Rechnen mit Zahlen

```
00  // kap003/listing007.c
01  #include <stdio.h>

02  int main(void) {
03      int val1, val2, val3;
04      int sum, mul, rest;

05      printf("Rechnen mit 3 Ganzzahlen\n");
06      printf("------------------------\n");
07      printf("Wert 1 : ");
08      scanf("%d", &val1);
09      printf("Wert 2 : ");
10      scanf("%d", &val2);
11      printf("Wert 3 : ");
12      scanf("%d", &val3);

13      sum = val1 + val2 + val3;
14      printf("%d + %d + %d = %d\n",val1, val2, val3, sum);
15      mul = val1 * val2 * val3;
16      printf("%d * %d * %d = %d\n",val1, val2, val3, mul);
17      rest = (val1 * val2) % val3;
18      printf("(%d * %d) / %d = %d (Rest: %d)\n",
                  val1, val2, val3, (val1*val2)/val3, rest);
19      return 0;
20  }
```

Das Programm bei der Ausführung:

```
Rechnen mit 3 Ganzzahlen
------------------------
Wert 1 : 12
Wert 2 : 10
Wert 3 : 11
12 + 10 + 11 = 33
12 * 10 * 11 = 1320
(12 * 10) / 11 = 10 (Rest: 10)
```

In den Zeilen **(07)** bis **(12)** lesen Sie die Werte mit scanf für die anschließenden Berechungen ein. In der Zeile **(13)** werden alle eingegebenen Werte addiert, an die Variable sum mit dem Zuweisungsoperator (=) übergeben, und in Zeile **(14)** wird die Rechnung und das Ergebnis der Summe ausgegeben. In Zeile **(15)** und **(16)** machen Sie nochmals dasselbe, nur jetzt mit einer Multiplikation.

3 Grundlegendes zu den Basisdatentypen

In Zeile **(17)** multiplizieren Sie zunächst die ersten beiden eingegebenen Werte (die Klammern binden immer stärker). Verwenden Sie den Modulo-Operator (%), um den Rest der Division von (val1*val2)/val3 der Variable rest zuzuweisen. Diese Division führen Sie innerhalb der printf-Anweisung in der Zeile **(18)** aus. Geben Sie den Rest davon, den Sie in der Variablen rest gespeichert haben, auf dem Bildschirm aus.

Auf diese Weise lassen sich natürlich auch Rechnungen mit den Fließkommatypen erstellen. Hier ein solches Listing, womit die Fläche eines Kreis anhand des Radius berechnet ($A=r^2*PI$) wird:

```
00  // kap003/listing008.c
01  #include <stdio.h>

02  int main(void) {
03      double r, pi=3.14159265358979;
04      double AKreis;

05      printf("Kreisflaechenberechnung\n");
06      printf("-----------------------\n");
07      printf("Radius eingeben : ");
08      scanf("%lf", &r);
09      AKreis = r * r * pi;
10      printf("Kreisflaeche bei Radius %lf betraegt %lf\n",
                                            r, AKreis);
11      return 0;
12  }
```

Das Programm bei der Ausführung:

```
Kreisflaechenberechnung
-----------------------
Radius eingeben : 19.2
Kreisflaeche bei Radius 19.200000 betraegt 1158.116716
```

Als Fließkommatyp wählen Sie double und übergeben den Wert von Pi bei der Deklaration in Zeile **(03)**. Nachdem Sie den Wert für den Radius in Zeile **(08)** eingelesen haben, wird die Berechnung in Zeile **(09)** durchgeführt und eine Zeile später ausgegeben.

Nicht immer ist allerdings erwünscht, dass die Nachkommastelle so lang ist wie in dem eben gezeigten Beispiel. Hierfür können Sie die Weitenangabe von printf bestimmen. Ändern Sie bspw. die Zeile **(10)** um in:

```
10      printf("Kreisflaeche bei Radius %.2lf betraegt %.2lf\n",
                                            r, AKreis);
```

Nun sieht die Ausgabe des Programms wie folgt aus:

```
Kreisflaeche bei Radius 19.20 betraeg 1158.12
```

Mit der Angabe von ».2« legen Sie das Format der Zahl fest und bestimmen, dass die Ausgabe hier nur zwei Zahlen nach der Kommastelle anzeigen darf. Beachten Sie allerdings, dass diese Angabe sich nur auf das Format für die Ausgabe beschränkt. Intern wird das berechnete Ergebnis nicht angerührt.

> **Weitere Umwandlungsvorgaben**
>
> Viele weitere solcher Umwandlungsvorgaben für die formatierte Ein-/Ausgabe werden in Abschnitt 15.7 beschrieben.

3.6.2 Erweiterte Darstellung arithmetischer Operatoren

Die arithmetischen Operatoren aus dem vorherigen Abschnitt lassen sich auch noch in einer kürzeren Schreibweise verwenden:

Operator	Bedeutung
+=	Val1+=Val2 ist gleichwertig zu Val1=Val1+Val2
-=	Val1-=Val2 ist gleichwertig zu Val1=Val1-Val2
*=	Val1*=Val2 ist gleichwertig zu Val1=Val1*Val2
/=	Val1/=Val2 ist gleichwertig zu Val1=Val1/Val2
%=	Val1%=Val2 ist gleichwertig zu Val1=Val1%Val2

Tabelle 3.5 Erweiterte Darstellung von arithmetischen Operatoren in C

3.6.3 Mathematische Funktionen

Die Standard-Bibliothek beinhaltet mittlerweile eine gewaltige Sammlung von mathematischen Funktionen. Die meisten dieser Funktionen sind in der Headerdatei <math.h> deklariert. Sie sind zu einem großen Teil für Gleitpunktzahlen oder für komplexe Gleitpunkttypen (aus der Headerdatei <complex.h>) geeignet. Zwar bietet die Standard-Bibliothek auch einige Funktionen für ganzzahlige Typen; diese sind aber vorwiegend in der Headerdatei <stdlib.h> bzw. für den Typ intmax_t in <inttypes.h> deklariert.

3 Grundlegendes zu den Basisdatentypen

Des Weiteren sind in der Headerdatei <tgmath.h> typengenerische Makros definiert, mit denen es möglich ist, mathematische Funktionen mit einem einheitlichen Namen aufzurufen, und zwar unabhängig vom Typ des Argumentes.

> **Mathe mit Linux**
>
> Damit Sie auch bei Linux-Programmen die mathematische Standard-Bibliothek verwenden können, müssen Sie den Compiler-Flag -lm (bspw. gcc -o programm programm.c **-lm**) hinzulinken.

Zu jeder dieser mathematischen Funktionen gibt es eine Version mit float bzw. float _Complex, double bzw. double _Complex und eine Version für long double bzw. long double _Complex. Die Versionen von float bzw. float _Complex haben das Suffix f am Ende des Funktionsnamens, und die Versionen für long double bzw. long double _Complex haben das Suffix l. Für die Version von double bzw. double _Complex wird kein Suffix benötigt. Sofern Sie allerdings die Headerdatei <tgmath.h> verwenden, können Sie dies mit dem Suffix ganz außer Acht lassen.

> **<complex.h>: no such file or directory**
>
> <complex.h> wurde erst mit dem C99-Standard eingeführt. Der Compiler unterstützt die komplexen Standard-Funktionen also nur, wenn er C99-konform ist.

Wenn Sie bspw. die Funktion zum Ziehen der Quadratwurzel für reelle double-Zahlen verwenden wollen,

```
double sqrt(double zahl);
```

dann existieren für die Funktion noch die float und long double-Versionen:

```
float sqrtf(float zahl);
long double sqrtl(long double zahl);
```

Gleiches gilt auch für die aufgelistete komplexe Gleitpunkttyp-Version. Diese beginnt zusätzlich mit dem Präfix c:

```
double complex csqrt(double complex z);
```

3.6 Rechnen mit Zahlen

Auch von dieser Version gibt es zwei weitere Versionen:

```
float complex csqrtf(float complex z);
long double complex csqrtl(long double complex z);
```

Ein einfaches Anwendungsbeispiel demonstriert die Verwendung zum Ziehen der Quadratwurzel mit sqrt aus <math.h>. Hierbei soll jeweils einmal der Fließkommatyp float, double und long double verwendet werden.

```
00  // kap003/listing009.c
01  #include <stdio.h>
02  #include <stdlib.h>
03  // Bei Linux den Compilerflag -lm mit angeben
04  #include <math.h>
05  #if __STDC_VERSION__ >= 19901L
06      #include <complex.h>
07  #endif

08  int main(void) {
09      long double ldval=8.8;
10      double dval=5.5, pi;
11      float  fval=3.3;
12  #if __STDC_VERSION__ >= 19901L
13      double complex c;
14  #endif

15      // Quadratwurzel mit reellen Zahlen
16      printf("Quadratwurzel-Berechnungen\n");
17      printf("--------------------------\n");
18      printf("(long double) sqrtl(%Lf) = %Lf\n",
                              ldval,sqrtl(ldval));
19      printf("(double) sqrt(%lf) = %lf\n",dval,sqrt(dval));
20      printf("(float) sqrtf(%f) = %f\n",fval,sqrtf(fval));

21  #if __STDC_VERSION__ >= 19901L
22      // Berechnung mit komplexen Zahlen
23      pi = 4 * atan(1.0);
24      c = cexp(I * pi);
25      printf("%lf + %lf * i\n", creal(c), cimag(c));
26  #endif

27      return 0;
28  }
```

3 Grundlegendes zu den Basisdatentypen

Die Zeilen **(05)** bis **(07)**, **(12)** bis **(14)** und **(21)** bis **(26)** werden nur dann übersetzt, wenn der Compiler, mit dem dieses Listing übersetzt wird, den C99-Standard erfüllt. Ansonsten werden diese Zeilen nicht in das fertige Programm gelinkt, und das Beispiel wird ohne die komplexen Zahlen ausgeführt. Mehr zu dieser bedingten Kompilierung erfahren Sie in Abschnitt 9.3.

In den Zeilen **(18)** bis **(19)** werden jeweils Quadratwurzeln von `long double`, `double` und einer `float`-Zahl mit der entsprechende Version des Fließkommatyps gezogen. In den Zeilen **(23)** bis **(25)** wird die Verwendung von Standardfunktionen für komplexe Zahlen demonstriert. Beachten Sie außerdem, dass Sie bei der formatierten Ausgabe auf die richtige Formatangabe (`%f`, `%lf` und `%Lf`) des entsprechenden Fließkommatypen achten.

> **Auflistung aller mathematischen Standard-Bibliotheksfunktionen**
>
> Eine Übersicht zu allen mathematischen Funktionen der Standard-Bibliothek finden Sie auf der Bonus-Seite zum Buch. Diese Funktionen lassen sich immer so verwenden, wie es im Listing `listing009.c` gezeigt wurde.

Typengenerische Makros <tgmath.h> (C99)

`<tgmath.h>` wurde mit dem C99-Standard eingeführt. In `<tgmath.h>` sind die Headerdateien `<math.h>` und `<complex.h>` inkludiert und die typengenerischen Makros definiert. Der Vorteil dieser Makros liegt darin, dass sie unabhängig vom Typ des Arguments die mathematischen Funktionen mit demselben Namen aufrufen können. Das bedeutet, Sie können außer Acht lassen, welche mathematischen Funktionen Sie für die Typen `float`, `double`, `long double`, `float complex`, `double complex` und `long double complex` aufrufen.

Wollen Sie bspw. eine Funktion zum Ziehen der Quadratwurzel verwenden, so müssen Sie, abhängig vom Datentyp, zwischen sechs verschiedenen Varianten mit `sqrtf()`, `sqrt()`, `sqrtl()`, `csqrtf()`, `csqrt()` und `csqrtl()` unterscheiden.

Mit den typengenerischen Makros in `<tgmath.h>` brauchen Sie sich darum keine Gedanken mehr zu machen. Hier müssen Sie lediglich die Funktionen der `double`- bzw. `double complex`-Variante kennen, und ein Aufruf von `sqrt()` führt automatisch die entsprechende Erweiterung aus. Rufen Sie

3.6 Rechnen mit Zahlen

bspw. sqrt() mit einem float complex-Argument aus, wird automatisch die Erweiterung csqrtf() ausgeführt.

Hierzu folgt ein Beispiel, das diese typengenerischen Makros demonstrieren soll. Für alle reellen und komplexen Gleitpunkttypen wird immer nur die Funktion sqrt() zum Ziehen der Quadratwurzel aufgerufen. Das wäre ohne die typengenerischen Makros nicht denkbar, und bei Compilern, die den C99-Standard nicht vollständig unterstützen, ist es auch nicht möglich. Hier sehen Sie das Listing:

```
00  // kap003/listing010.c
01  #include <stdio.h>
02  #include <stdlib.h>
03  // Bei Linux den Compilerflag -lm mit angeben
04  #if __STDC_VERSION__ >= 19901L
05      #include <tgmath.h>
06  #else
07      #error "Der Compiler ist nicht C99-konform"
08  #endif

09  int main(void) {
10      long double ldval=8.8;
11      double dval=5.5;
12      float fval=3.3;
13      double complex dcval= 1.0 + 2.0*I, dcval_G;

14      // Quadratwurzel mit reellen Zahlen
15      printf("Quadratwurzel-Berechnungen\n");
16      printf("---------------------------\n");
17      printf("(long double) sqrt(%Lf) = %Lf\n"
                        ,ldval,sqrt(ldval));
18      printf("(double) sqrt(%lf) = %lf\n",dval,sqrt(dval));
19      printf("(float) sqrt(%f) = %f\n",fval,sqrt(fval));
20      dcval_G = sqrt(dcval);
21      printf("(double complex) sqrt(4.0 + 2.0*I)"
22          " = %lf + %LFi\n", creal(dcval_G), cimag(dcval_G));
23      return 0;
24  }
```

Das Beispiel macht bei einem nicht-C99-konformen Compiler keinen Sinn. Deshalb wurde in den Zeilen **(04)** bis **(08)** eine bedingte Kompilierung eingebaut, welche den Compilerlauf mit einer Fehlermeldung abbricht, wenn der Compiler den C99-Standard nicht vertritt. Ansonsten finden Sie die Berechnungen mit der Funktion sqrt, ohne auf die Fließkommatypen zu achten, in den Zeilen **(17)** bis **(20)**.

> **Weitere mathematische Angebote der Standard-Bibliothek**
>
> Natürlich bietet die Standard-Bibliothek noch weitere nützliche Features rund um die mathematischen Funktionen. Dieser Bereich wurde besonders seit dem C99-Standard stark erweitert. Zu erwähnen wären hier Konstanten und Makros, um Fließkommawerte zu klassifizieren sowie Makros für den Vergleich von reellen Zahlen und den Zugriff auf eine Fließkomma-Umgebung in <fenv.h>. Mehr hierzu finden Sie auf der Bonus-Seite zum Buch.

3.6.4 Exkurs für Fortgeschrittene: Wertebereich beim Rechnen überschritten

Ein wichtiges Thema wurde in Bezug auf mathematische Berechnungen noch nicht erwähnt: Was passiert, wenn wir den Wert einer Berechnung über oder unter dem Limit des Wertebereichs durchführen?

> **Bit-Spielereien**
>
> In diesem Abschnitt wird ein wenig mit einzelnen Bits gerechnet. Mehr dazu und zu den dafür notwendigen Operatoren wird in Abschnitt 3.6.6 beschrieben.

Ganzzahlen

Würden Sie bei Ganzzahlen, etwa mit dem Typ int, bspw. INT_MAX+1 verwenden, so würde der Compiler die Warnmeldung ausgeben, dass ein Überlauf einer ganzzahligen Konstanten stattfindet. Ein Beispiel:

```
// Integer-Überlauf wird vom Compiler bemerkt.
int val1 = 2147483647+1;
```

Folgender Integer-Überlauf bleibt allerdings dann schon unbemerkt:

```
// Dieser Überlauf wird nicht mehr bemerkt.
int val2 = 1;
int val3 = 2147483647+val2;
```

Wie kommt es also, dass bspw. die Berechnung von zwei signed int-Typen wie 2.000.000.000+2.147.483.647 zum Ergebnis –147483649 führt? Neh-

3.6 Rechnen mit Zahlen

men wir als Vereinfachung einmal an, es gäbe einen vorzeichenlosen Integer-Typ mit 4-Bit, womit sich quasi 16 verschiedene Bitfolgen (2^4) darstellen lassen:

```
0000 = 0, 0001 = 1, 0010 = 2, 0011 = 3, 0100 = 4,
0101 = 5, 0110 = 6, 0111 = 7, 1000 = 8, 1001 = 9,
1010 =10, 1011 =11, 1100 =12, 1101 =13, 1110 = 14,
1111 =15
```

Würden Sie jetzt eine Rechnung wie 15+1 durchführen, passiert Folgendes:

```
   1111  (15)
 + 0001  ( 1)
 -----------
  10000
```

Betrachten Sie die Bitfolge im Ergebnis, entspricht »10000« ja tatsächlich dem Wert 16. Da wir zur Theorie einen vorzeichenlosen Interger-Typ mit 4 Bits demonstrieren wollen, geht das aber nicht. Es sind ja nur 4-Bit-Stellen zur Repräsentation da, und so wird der Rechner die führende Stelle, hier das fünfte Bit, des Ergebnisses einfach abschneiden. Heraus kommt somit »0000« und der Wert 0. Gleiches passiert auch, wenn Sie UINT_MAX+1 (4.294.967.295+1) verwenden würden.

> **Integer-Überlauf**
>
> Findet also bei einer Rechnung ein Integer-Überlauf statt, so schneidet der Rechner immer die führende (Bit-)Stelle des Ergebnisses ab, und der Überlauf wird nicht als Fehler gemeldet.

Ähnliches passiert auch bei vorzeichenbehafteten Ganzzahlen mit den Bitfolgen. Verwenden wir nochmals unseren selbsterfundenen 4-Bit-Ganzzahltyp. Vorzeichenbehaftet können hier die Werte –8 bis 7 repräsentiert werden:

```
0000 = 0, 0001 = 1, 0010 = 2, 0011 = 3, 0100 = 4,,
0101 = 5, 0110 = 6, 0111 = 7, 1000 =-8, 1001 =-7,
1010 =-6, 1011 =-5, 1100 =-4, 1101 =-3, 1110 = -2,
1111 =-1
```

Ab der Bitfolge »1000« beginnen die negativen Werte. Eine einfache Rechnung von 5+5 würde quasi schon zu einem Integer-Überlauf führen. Allerdings passiert der Integer-Überlauf bereits bei den Bitfolgen »0111« nach »1000«. Daher würde 5+5 als Ergebnis –6 zurückgeben:

3 Grundlegendes zu den Basisdatentypen

```
  0101  (5)
+ 0101  (5)
------
  1010
```

Korrekterweise muss man sagen, dass eigentlich kein Integer-Überlauf im eigentlichen Sinne stattgefunden hat, sondern es hat sich das Vorzeichen geändert. Wie Sie diesen Fehler überprüfen können, erfahren Sie in Abschnitt 3.6.6 zu den bitweisen Operatoren.

Fließkommazahlen

Ist bei einer mathematischen Berechnung das double-Ergebnis nicht mehr ohne erhebliche Rundungsfehler darstellbar, liefert das Ergebnis HUGE_VAL zurück. Die Fehlervariable errno (siehe Abschnitt 15.9.3) wird außerdem auf ERANGE gesetzt. HUGE_VAL ist in der Headerdatei <math.h> deklariert. Seit dem C99-Standard gibt es diesen Fehlerwert auch mit HUGE_VALF für float und HUGE_VALL für long double. Hierzu ein einfaches Listing:

```
00  // kap003/listing011.c
01  #include <stdio.h>
02  // Bei Linux den Compilerflag -lm mit angeben
03  #include <math.h>

04  int main(void) {
05     double dval;
06     printf("Fliesskommazahl eingeben: ");
07     scanf("%lf", &dval);
08     if( dval == HUGE_VAL ) {
09        printf("Achtung: ERANGE-error\n");
10        return 1;
11     }
12     printf("Die Zahl lautet: %lf\n", dval);
13     return 0;
14  }
```

Das Programm bei der Ausführung:

```
Fliesskommazahl eingeben: 5e400
Achtung: ERANGE-error
```

In Zeile **(07)** können Sie eine Fließkommazahl eingeben, die in der Zeile **(08)** auf HUGE_VAL überprüft wird. Ist der eingegebene Wert nicht mehr darstellbar, wird eine Fehlermeldung in Zeile **(09)** ausgegeben, und das Programm wird beendet **(10)**.

3.6.5 Inkrement- und Dekrement-Operator

Bei einem Inkrement oder Dekrement wird der Wert einer Variablen um 1 erhöht bzw. heruntergezählt. Diese Operatoren werden in C folgendermaßen geschrieben:

Operator	Bedeutung
++	Inkrement-Operator (Variable wird um 1 erhöht)
--	Dekrement-Operator (Variable wird um 1 verringert)

Tabelle 3.6 Inkrement- und Dekrement-Operator

Für die Verwendung dieser beiden Operatoren, die sich neben Ganzzahlen auch auf Fließkommazahlen anwenden lassen, gibt es jeweils zwei Möglichkeiten:

Anwendung	Bedeutung
var++	Postfix-Schreibweise, erhöht den Wert von var, gibt aber noch den alten Wert an den aktuellen Ausdruck weiter.
++var	Präfix-Schreibweise, erhöht den Wert von var und gibt diesen sofort an den aktuellen Ausdruck weiter.
var--	Postfix-Schreibweise, reduziert den Wert von var, gibt aber noch den alten Wert an den aktuellen Ausdruck weiter.
--var	Präfix-Schreibweise, reduziert den Wert var und gibt diese sofort an den aktuellen Ausdruck weiter.

Tabelle 3.7 Postfix- und Präfix-Schreibweisen

> **Anwendungsgebiet von Inkrement- und Dekrement-Operatoren**
>
> Hauptsächlich werden diese beiden Operatoren bei Schleifen verwendet. Die Operatoren sind beide unärer Natur.

Das folgende Beispiel soll Ihnen den Inkrement-Operator (++) etwas näher demonstrieren. Analog verhält es sich natürlich auch mit dem Dekrement-Operator (--).

3 Grundlegendes zu den Basisdatentypen

```
00  // kap003/listing012.c
01  #include <stdio.h>

02  int main(void) {
03      int ival = 1;
04      printf("ival : %d\n", ival);
05      ival++;
06      printf("ival : %d\n", ival);
07      printf("ival : %d\n", ival++);
08      printf("ival : %d\n", ival);
09      printf("ival : %d\n", ++ival);
10      return 0;
11  }
```

Das Programm bei der Ausführung:

```
ival : 1
ival : 2
ival : 2
ival : 3
ival : 4
```

Bei der ersten Verwendung des Inkrement-Operators in der Zeile **(05)** wird der alte Wert noch an den aktuellen Ausdruck weitergegeben. Da hier die Inkrementierung für sich alleine steht, ist dies gleichzeitig auch der aktuelle Ausdruck. Zeile **(06)** hingegen ist der nächste Ausdruck, weshalb hier der Wert von ival »2« lautet. Sie werden das besser verstehen, wenn Sie die Zeile **(07)** ausführen. Hier lautet die Ausgabe nach wie vor »2«, weil die Inkrementierung innerhalb des aktuellen Ausdrucks ausgeführt wird, und dieser endet erst nach dem Semikolon. Der nächste Ausdruck in Zeile **(08)** hat dann den erwarteten Wert »3«. Wollen Sie den Wert einer Variablen sofort innerhalb eines Ausdrucks inkrementieren, dann müssen Sie anstatt der Postfix-Schreibweise die Präfix-Schreibweise verwenden, wie dies in Zeile **(09)** gemacht wurde.

3.6.6 Bit-Operatoren

Für den direkten Zugriff auf die binäre Darstellung für Ganzzahlen können Sie auf die Bit-Operatoren zurückgreifen. Hierzu finden Sie im Folgenden einen kurzen Überblick, welche Bit-Operatoren es gibt. Alle Operatoren stehen, wie schon bei den arithmetischen Operatoren, auch in einer erweiterten Schreibweise zur Verfügung:

3.6 Rechnen mit Zahlen

Bit-Operator	Erweitert	Bedeutung
&	&=	bitweise UND-Verknüpfung (and)
|	|=	bitweise ODER-Verknüpfung (or)
^	^=	bitweises XOR
~		bitweises Komplement
>>	>>=	Rechtsverschiebung
<<	<<=	Linksverschiebung

Tabelle 3.8 Übersicht über die bitweisen Operatoren

> **Bit-Operatoren und Fließkommazahlen**
>
> Die Operanden für die Verwendung von Bit-Operatoren müssen immer ganzzahlige Datentypen sein. Die Verwendung von `float` oder `double` als Operanden ist nicht zulässig.

Vor nicht allzu langer Zeit waren die Bit-Operatoren noch eine Geheimwaffe, um die arithmetischen Operationen Addition und Subtraktion und besonders Multiplikation und Division zur schnelleren Ausführung zu bewegen. Moderne Compiler führen solche Optimierungen heutzutage intern bei der Übersetzung automatisch durch.

Bitweise Operatoren haben aber durchaus ihren Sinn, wenn Sie bspw. in einem Programm eine Zahl darauf testen wollen, ob ein bestimmtes Bit gesetzt ist, oder Sie gezielt einzelne Bits setzen oder löschen möchten.

Bitweises UND

Ein bitweises UND wird mit dem &-Zeichen repräsentiert, überprüft zwei Bitfolgen und führt eine logische UND-Verknüpfung durch. Das bedeutet, wenn beim Paar der Verknüpfung beide Bits 1 sind, ist das Ergebnis-Bit ebenfalls 1. Ansonsten ist das Ergebnis-Bit 0. In der Praxis ist ein bitweises UND sehr gut geeignet um herauszufinden, ob ein bestimmtes Bit gesetzt ist oder nicht. Folgendermaßen können Sie bspw. ermitteln, ob die ersten beiden Bits einer Zahl gesetzt sind:

```
int val = 5;
int ret = val&3;
```

3 Grundlegendes zu den Basisdatentypen

Hier wurde Folgendes überprüft und auf die ersten vier Bits gekürzt:

```
  0101  (5)
& 0011  (3)
-----------
  0001
```

Folgende Regeln gelten daher für den bitweisen UND-Operator:

Bit A	Bit B	Ergebnis-Bit
0	0	0
0	1	0
1	0	0
1	1	1

Tabelle 3.9 Regeln für bitweise UND-Verknüpfung

Bitweises ODER

Wenn Sie den bitweisen-ODER-Operator | auf zwei gleich lange Bitfolgen anwenden, werden die Bit-Paare zu einem logischen ODER verknüpft. Das bedeutet, wenn bei mindestens einem der beiden Bit-Paare das Bit 1 ist, ist auch das Ergebnis-Bit 1. In der Praxis kann dies sehr sinnvoll verwendet werden, wenn viele boolesche Werte überprüft werden müssen, um Speicherplatz zu sparen. Das Beispiel 5|3:

```
  0101  (5)
| 0011  (3)
-----------
  0111
```

Folgende Regeln gelten daher für den bitweisen ODER-Operator:

Bit A	Bit B	Ergebnis-Bit
0	0	0
0	1	1
1	0	1
1	1	1

Tabelle 3.10 Regeln für bitweise ODER-Verknüpfung

Bitweises XOR

Anders als der bitweise ODER-Operator liefert das bitweise XOR (oder auch exklusives ODER) als Endergebnis zweier Bitfolgen 1 zurück, wenn beide Bits unterschiedlich sind. Bspw. `5^3`:

```
  0101  (5)
^ 0011  (3)
-----------
  0110
```

Folgende Regeln gelten daher für den bitweisen XOR-Operator:

Bit A	Bit B	Ergebnis-Bit
0	0	0
0	1	1
1	0	1
1	1	0

Tabelle 3.11 Regeln für bitweise XOR-Verknüpfung

Bitweises Komplement

Der NOT-Operator (~) wirkt sich auf Zahlen so aus, dass er jedes einzelne Bit invertiert. Bei vorzeichenbehafteten Datentypen entspricht das einer Negation mit anschließender Subtraktion von 1. Für diese NOT-Verknüpfung gilt folgende Tabelle:

BitA	~BitA
0	1
1	0

Tabelle 3.12 Regeln einer bitweisen NOT-Verknüpfung

Links- bzw. Rechtsverschiebung

Mit einer Linksverschiebung (<<) bzw. Rechtsverschiebung (>>) werden alle Bits einer Zahl um n Stellen nach links gerückt. Die rechts oder links entstehenden Leerstellen werden mit 0 aufgefüllt. Bspw. `3<<1`:

3 Grundlegendes zu den Basisdatentypen

```
     0011  (3)
<<1  0110  (6)
```

Hier haben Sie eine Multiplikation mit 2 durchgeführt.

3.6.7 sizeof-Operator

Wenn Sie die Größe eines einfachen oder fortgeschrittenen Typs benötigen, wird der sizeof-Operator verwendet. Der Operator gibt in der Regel die Größe eines Typs in Byte(s) zurück und wird besonders bei der dynamischen Speicherreservierung verwendet. Aus diesem Grund wird dieser zu gegebener Zeit noch genauer in der Praxis verwendet. Hierzu ein einfaches und im Augenblick recht sinnfreies Beispiel:

```
00  // kap003/listing014.c
01  #include <stdio.h>

02  int main(void) {
03      int ival;
04      double dval;
05      printf("sizeof(ival)  : %d\n", sizeof(ival));
06      printf("sizeof(dval)  : %d\n", sizeof(dval));
07      // So geht es auch
08      printf("sizeof(float) : %d\n", sizeof(float));
09      return 0;
10  }
```

Das Programm sieht bei der Ausführung folgendermaßen aus:

```
sizeof(ival)  : 4
sizeof(dval)  : 8
sizeof(float) : 4
```

Byte = sizeof?

Hier gibt es manchmal Missverständnisse, weil ein Byte eben ein Byte groß ist. Denn der sizeof-Operator gibt genaugenommen den Faktor, *um wie viel größer als eine Byte-Variable*, einer solchen Variablen zurück. Da aber eine Byte-Variable meistens mit einem Byte implementiert wird, stimmen diese Byte-Größen auch mit den Datentypen überein.

3.7 Datentyp für Zeichen

In diesem Abschnitt sollen die letzten der Basis-Datentypen beschrieben werden.

3.7.1 Der Datentyp »char«

Der Datentyp char wurde bereits bei den Ganzzahlen aufgelistet und kann im Grunde genommen auf zwei völlig unterschiedliche Arten genutzt werden. Zum einen kann dieser Typ zur Darstellung von Zeichen verwendet werden und zum anderen um kleine Ganzzahlen zu bearbeiten. Allerdings ist der Wertebereich hier relativ klein. Der Wertebereich hängt zudem vom Zeichensatz ab, der auf dem Rechner verwendet wird. Hierzu die Tabelle mit dem Datentyp char:

Name	Wertebereich	Formatzeichen
char	**systemabhängig**, signed **oder** unsigned	%c
signed char	–128 bis +127	
unsigned char	0 bis 255	

Tabelle 3.13 Der Datentyp »char«

> **Anzahl der Bits von char**
>
> Wie viele Bits ein char auf Ihrem System hat, ist im Makro CHAR_BIT (limits.h) definiert. Aber egal, wie viele Bits ein char hat, ein sizeof(char) **muss immer eins ergeben!**

Wenn Sie char ein Zeichen zuweisen wollen, muss es zwischen zwei einzelnen Hochkommata stehen. Ein Beispiel:

```
char ch = 'A';
printf("Das Zeichen ist: %c\n", ch);
```

Folgende Varianten sind nicht möglich bzw. falsch:

```
// falsch, in doppelte Hochkommata == String
char ch1 = "A";
// falsch, Variablenzuweisung
char ch2 = A;
```

3 Grundlegendes zu den Basisdatentypen

Es gibt außerdem noch die Möglichkeit, den Buchstaben 'A' wie folgt an eine char-Variable zu übergeben:

```
char ch = 65;
// Gibt meistens auch den Buchstaben 'A' aus.
printf("Das Zeichen ist: %c\n", ch);
```

Solange Sie hier den ASCII-Zeichensatz (siehe Anhang A) verwenden, spricht nichts gegen eine solche Benutzung. Sie sollten sich aber immer im Klaren sein, dass der C99-Standard **keine Angaben** über den verwendeten Zeichensatz macht. Wird ein anderer Zeichensatz (bspw. EBCDIC) verwendet, würde hier auch ein anderes Zeichen an die char-Variable überwiesen. Außerdem lässt sich mit diesem Stil nicht sofort erkennen, welches Zeichen der Programmierer hier zuweisen will oder ob gar eine Berechnung mit char durchgeführt werden soll.

Wenn Sie Ganzzahlwerte anstatt Zeichenkonstanten an char übergeben, können Sie sich darüber hinaus nicht sicher sein, dass zwei aufeinanderfolgende Zeichen auch aufeinanderfolgende Ordinalwerte haben. Nur weil nach 'A' gleich 'B' folgt, heißt das noch lange nicht, dass dem Ordinalwert 65 der Ordinalwert 66 folgen muss – auch, wenn dies hier ASCII-üblich der Fall ist.

> ### Alles ASCII, oder?
> Seien Sie also vorsichtig mit leider recht häufig vorkommenden Aussagen, dass eh immer der ASCII-Zeichensatz verwendet wird, auch wenn dies meistens der Fall ist.

Vorzeichenlos und Vorzeichenbehaftet

Sicherlich erinnern Sie sich noch daran, wie das Thema bei den Ganzzahlen behandelt wurde. Beim Datentyp char ist die Verwendung von signed und unsigned zunächst etwas umständlicher.

Verwenden Sie eine char-Variable für eine Ganzzahl, ohne diese explizit mit unsigned bzw. signed als vorzeichenlos oder vorzeichenbehaftet zu bezeichnen, dann hängt es von der Implementierung ab, ob char vorzeichenbehaftet ist oder nicht. Ein Beispiel:

```
// Implementierungsabhängig ob char -126 oder 130 ist
char val = 130;
```

Zeichensätze

Wie Sie bereits erfahren haben, legt der C-Standard nicht fest, welcher Zeichensatz verwendet wird. Damit Sie trotzdem ein wenig den Überblick behalten, soll hier kurz auf das Thema eingegangen werden.

Den Anfang machte der ASCII-Zeichensatz. Er wurde von US-amerikanischen Ingenieuren entwickelt. Zur damaligen Zeit wurde als achtes Bit das Paritätsbit benutzt, womit nur noch sieben Bits zur Verfügung standen; also gab es Platz für 128 Zeichen und Sonderzeichen.

Nun fehlte der Platz für westeuropäische und slawische Zeichen (von der japanischen Schrift mit über 40.000 Zeichen und der kyrillischen Schrift ganz zu schweigen). Man beschränkte sich also auf die Zeichen, die im Englischen benötigt wurden.

Als die Europäer mit ihren landestypischen Zeichen ebenfalls in die ASCII-Tabelle aufgenommen werden wollten, war es zu spät. Wie Sie an der ASCII-Code-Tabelle (in Anhang A) sehen können, befinden sich unter den 128 Zeichen, die in 7 Bits Platz haben, keine Umlaute wie z. B. »ä«, »ö«, »ü«, »ß«, »Ä«, »Ö«, »Ü«, »ß« oder landestypische Zeichen anderer europäischer Länder.

Jetzt war die ISO gefragt. Der ASCII-Zeichensatz wurde auf 8 Bit erweitert und unter der Bezeichnung »ISO-8859-1«, »ISO-8859-2« usw. etabliert. Der westeuropäische Standard ist in der »ISO-8859-1« bzw. in der »ISO-Latin-1« erfasst.

Folgende Zeichensätze (Codes) sind weltweit verbreitet:

Zeichensatz	Ordinalwert	Speicherbedarf	Bemerkung
ASCII	0 bis 127	7 Bit	
OEM	0 bis 255	8 Bit	Mit ASCII-Code
ANSI	0 bis 255	8 Bit	Mit ASCII-Code
ISO-Latin-1	0 bis 255	8 Bit	Mit ASCII-Code
Unicode	0 bis 65535	16 Bit	Mit ASCII-Code
EBCDIC	0 bis 255	8 Bit	

Tabelle 3.14 Verbreitete Zeichensätze

3 Grundlegendes zu den Basisdatentypen

Die Zeichensätze mit einem Speicherbedarf von maximal 8 Byte werden in C gewöhnlich mit dem Datentyp char dargestellt. Für den Unicode-Zeichensatz wird der Datentyp wchar_t verwendet.

Im Zusammenhang mit den verschiedenen Zeichensätzen sind folgende Probleme zu beachten:

- Die Ordnung der Zeichen kann sich in den verschiedenen Zeichensätzen unterscheiden.
- Einem Ordinalwert können in unterschiedlichen Zeichensätzen verschiedene Zeichen entsprechen.

3.7.2 Der Datentyp »wchar_t«

Für die Zeichensätze mancher Sprachen wie bspw. der chinesischen mit über tausend Zeichen ist der Datentyp char zu klein. Für die Darstellung beliebiger landesspezifischer Zeichensätze kann daher der Breitzeichen-Typ wchar_t (*wide char* = breite Zeichen) aus der Headerdatei <stddef.h> verwendet werden. Der Datentyp wchar_t ist wie char und int ein integraler Datentyp und hat eine Größe von 2 Bytes, womit natürlich erheblich mehr Zeichen aufgenommen werden können. Er ist aber zunehmend auch mit 4 Bytes zu finden. Bei der Deklaration eines solchen Zeichens muss vor die einzelnen Anführungszeichen noch das Präfix L gestellt werden:

```
wchar_t ch = L'Z';
```

Entsprechend wird auch bei dem Formatzeichen für die Ausgabe oder Eingabe eines wchar_t ein l vor dem c verwendet (%lc):

```
print("%lc", ch);
```

Das folgende Beispiel soll Ihnen zeigen, wie Sie wchar_t in der Praxis verwenden können:

```
00   // kap003/listing014.c
01   #include <stdio.h>
02   #include <stddef.h>
03   int main(void) {
04      wchar_t ch1=L'Z';
05      wchar_t ch2;
06      printf("Bitte ein Zeichen eingeben: ");
07      scanf("%lc", &ch2);
08      printf("%lc %lc\n", ch1, ch2);
```

```
09      printf("wchar_t: %d Bytes\n", sizeof(wchar_t));
10      return 0;
11  }
```

Die Größe von `wchar_t` lässt sich hierbei nicht exakt beschreiben, meistens beträgt sie jedoch 2 oder 4 Bytes. Es lässt sich lediglich mit Sicherheit sagen, dass `wchar_t` mindestens so groß wie `char` und höchstens so groß wie `long` ist. `wchar_t` muss auf jeden Fall mindestens so groß sein, um alle Werte des größten unterstützten Zeichensatzes aufnehmen zu können.

3.8 Boolescher Datentyp (C99)

Im C99-Standard wurde mit `_Bool` ein boolescher Wert eingeführt. Glücklicherweise existiert für den Typ `_Bool` in der Headerdatei <stdbool.h> das Makro `bool`, sodass Sie den Bezeichner `bool` wie in C++ verwenden können. Allerdings müssen Sie dann extra die Headerdatei <stdbool.h> inkludieren.

Boolesche Werte sind Elemente einer booleschen Algebra, die einen von zwei möglichen Werten annehmen können. Dieses Wertepaar hängt von der Anwendung ab und lautet entweder wahr/falsch, true/false oder eben 1/0. In C/C++ kann hierfür das Wertepaar `true` (für wahr) und `false` (für falsch) verwendet werden, die beide in der Headerdatei <stdbool.h> mit der Konstante 1 und 0 definiert sind.

Natürlich können Sie auch das Paar 1 und 0 als Dezimalwert verwenden:

```
#include <stdbool.h>
// ...
// Schalter auf wahr setzen
Bool b1 = 1;
// Schalter auf unwahr setzen
_Bool b2 = 0;
// Benötigt <stdbool.h>
bool b3 = true; // wahr
// Benötigt <stdbool.h>
bool b4 = false; // unwahr
```

Ob das Wertepaar `true` oder `false` in <stdbool.h> überhaupt vorhanden ist, lässt sich mit dem Makro `__bool_true_false_are_defined` überprüfen. Gibt es 1 zurück, stehen Ihnen `true` und `false` zur Verfügung:

```
if( __bool_true_false_are_defined )
  print("true/false sind vorhanden\n");
```

3 Grundlegendes zu den Basisdatentypen

Um hier kein Durcheinander zu verursachen, muss noch erwähnt werden, dass der C99-Standard den Typ `_Bool` als echten Datentyp implementiert hat. Das Makro `bool` und das Wertepaar `true` bzw. `false` können Sie nur verwenden, wenn Sie die Headerdatei `<stdbool.h>` inkludieren.

> **Kein »bool« im Buch?**
>
> Da immer noch einige namhafte Compiler-Hersteller wie bspw. Microsoft den C99-Standard nicht unterstützen, habe ich bei den Beispielen im Buch noch auf den Datentyp `_Bool` bzw. dessen Synonym `bool` verzichtet. Sinnvoll ist dieser Datentyp bei der Rückgabe von Funktionen oder bei Überprüfungen von logischen Ausdrücken.

3.9 Aufgaben

In diesem Kapitel haben Sie sich umfangreiches Grundwissen angeeignet, das Ihnen durchaus auch bei vielen anderen Programmiersprachen helfen kann. Voraussetzung, dass Sie mit dem nächsten Kapitel fortfahren können, ist, dass Sie mindestens die Fragen von Level 1 beantworten können.

3.9.1 Level 1

1. Erklären Sie die Begriffe Deklaration und Definition.
2. Nennen Sie alle Basistypen für Ganzzahlen und Fließkommazahlen.
3. Wo sind die Wertebereiche für Ganzzahlen und Fließkommazahlen deklariert?
4. Mit welchen Schlüsselwörtern wird ein Datentyp als vorzeichenbehaftet bzw. vorzeichenlos bezeichnet?
5. Welcher Fließkommatyp wird vom Compiler bevorzugt?
6. In welcher Headerdatei finden Sie vorwiegend mathematische Funktionen?
7. Was ist passiert, wenn eine Fließkommavariable den Wert `HUGE_VAL` zurückgibt?
8. Wenn `char` ohne `signed` oder `unsigned` mit Ganzzahlen verwendet wird, kann etwas Unvorhersehbares auftreten. Was?

3.9.2 Level 2

1. Im folgenden Listing haben sich ein paar Fehler eingeschlichen. Beheben Sie diese.

```
00  // kap003/aufgabe001.c
01  #include <stdio.h>

02  int main(void) {
03      int var1, var2;
04      printf("Zahl 1 eingeben:");
05      scanf("%d", var1);
06      printf("Zahl 2 eingeben: ");
07      scanf("%c", var2);
08      printf("%d + %d = %d\n", var1+var2);
09      return 0;
10  }
```

2. Was wird in den folgenden Zeilen für ein Wert ausgegeben?

   ```
   int i = 1;
   printf("i = %d\n", i--);
   printf("i = %d\n", ++i);
   printf("i = %d\n", i++);
   printf("i = %d\n", ++i);
   ```

3. Im folgenden Codeausschnitt wurde jeweils einer char-Variable ein Zeichen übergeben. Welche Zuweisungen sind falsch?

   ```
   01  char ch1 = ' ';
   02  char ch2 = 66;
   03  char ch3 = "X";
   04  char ch4 = '\x42';
   05  char ch5 = ch1;
   06  char ch6 = 0x43;
   07  char ch7 = A;
   ```

3.9.3 Level 3

Schreiben Sie ein Listing, das nach einer Temperatur in Grad Celsius abfragt. Diesen eingelesenen Wert sollen Sie dann nach Kelvin und Grad Fahrenheit umrechnen. Verwenden Sie double als Basisdatentyp. Die Formel, um aus einer Temperatur mit Grad Celsius (TC) einen Wert mit Grad Fahrenheit (TF) zu erhalten, lautet:

TF = ((TC x 9)/5) + 32

Noch einfacher geht die Umrechnung von Celsius (TC) nach Kelvin (TK):

TK = TC +273,15

4 Typenumwandlung (Casts)

Sie wissen jetzt, dass C, wie viele andere Programmiersprachen auch, unterschiedliche Typen zum Speichern von Daten bereitstellt. Was ist aber, wenn Sie diese Typen miteinander mischen? Es ist in C nämlich durchaus möglich, unterschiedliche Operanden miteinander zu kombinieren. In diesem Fall steht eine Typenumwandlung, auch Typen-Casting genannt, an. Sie können sich hierbei zurücklehnen und den Compiler eine automatische Konvertierung (**Implizite Umwandlung**) durchführen lassen. Manchmal ist es aber nötig, die Geschicke selbst in die Hand zu nehmen und die Konvertierung selbst durchzuführen (**Explizite Umwandlung**). Auf beide Vorgehensweisen soll in diesem Kapitel eingegangen werden.

> **Achtung, Theorie!**
>
> Das Kapitel zur Typenumwandlung ist zwar nicht sehr umfangreich oder kompliziert, wird aber leider in vielen Vorlesungen und Büchern zu kurz abgehandelt. Meistens wird nur auf die explizite Typenumwandlung mit dem *Cast-Operator* eingegangen, und die implizite Typenumwandlung bleibt auf der Strecke. Ich empfehle Ihnen unbedingt, sich mit diesem Kapitel zu befassen, auch wenn es etwas theoretisch und unspektakulär daherkommt.

4.1 Implizite Umwandlung des Compilers

Besitzen die Operanden eines Operators unterschiedliche Typen, versucht der Compiler daraus einen einheitlichen Typ zu erstellen. Das gilt auch für die Initialisierung und Zuweisung von verschiedenen Typen. Es ist zwar durchaus hilfreich und bequem, wenn der Compiler einem hier die Arbeit abnimmt, aber trotzdem sollten Sie nachvollziehen können, was der Compiler nach einer Konvertierung mit dem ursprünglichen Typ macht. Außerdem kann nicht jeder Typ beliebig und wild mit einem anderen Typ kombiniert werden. Werden hierbei bestimmte Regeln nicht beachtet, kann es zu falschen Wertdarstellungen kommen.

Die Missachtung bestimmter Regeln kann zu einem verfälschten Ergebnis oder zu einer Fehlermeldung des Compilers führen. Droht bei möglichen fehlerhaften Umwandlungen Datenverlust, gibt der Compiler eine Warnmeldung aus. Sie sollten also Warnmeldungen des Compilers nie ignorieren. Vor allen Dingen sollten Sie diese kennen.

> **Implizite Umwandlung bei Funktionsaufruf**
>
> Gleiches gilt beim Aufruf einer Funktion, wenn das Argument nicht mit dem Typ des Parameters übereinstimmt. Hier führt der Compiler ebenfalls eine implizite Umwandlung des Typs durch. Funktionen werden zwar erst in Kapitel 7, »Funktionen erstellen«, beschrieben, aber diese soll hier trotzdem schon erwähnt werden.

4.1.1 Die Regeln der impliziten Umwandlung

Werden Operanden mit verschiedenen Typen verwendet (bspw. mit einem Operator verknüpft), führt der Compiler eine implizite Umwandlung der Typen durch. Er verwendet dabei Regeln, die Sie auf jeden Fall kennen sollten, um nichts dem Zufall zu überlassen.

Implizite Ganzzahl-Erweiterung

Innerhalb eines Ausdrucks wird gewöhnlich ein Operand vom Typ int oder unsigned int verwendet. Wenn Sie hierbei einen Typ verwenden, der einen niedrigeren Wert (geringere Breite) als int oder unsigned int hat, wird eine **Ganzzahl-Erweiterung** durchgeführt. Wird bspw. char, unsigned char, short oder unsigned short in einem Ausdruck verwendet, wandelt der Compiler diesen Operanden automatisch in ein int um. Passt der Wert dort nicht hinein, wandelt er ihn in ein unsigned int um. Hierzu ein einfaches Beispiel:

```
00  // kap004/listing001.c
01  #include <stdio.h>

02  int main( void ) {
03     char val1 = 10;
04     short val2 = 20;
05     int val3 = val1 + val2;
06     printf("%d\n", val3);    // = 30
07     return 0;
08  }
```

In den Zeilen **(03)** und **(04)** wurden zwar die Typen char und short verwendet, aber der Compiler führt in der Berechnung der Zeile **(05)** trotzdem eine

4 Typenumwandlung (Casts)

implizite Umwandlung nach int durch. Daher können Sie immer davon ausgehen, dass int, short und char beliebig mischbar sind.

Es soll aber nicht der Eindruck entstehen, diese Ganzzahl-Erweiterung sei nur auf arithmetische Berechnungen beschränkt. Im Gegenteil, das Ganze ist selbstverständlich auch für einen Ausdruck wie folgt gültig:

```
char ch = 'A';      // Eine Variable ch vom Typ char

if( ch < 'Z' ) {    // Der Wert ch wird hier implizit in int
                    // umgewandelt. Konstante 'Z' ist bereits
                    // vom Typ int.
}
```

Eine Umwandlung von char nach int kann auch rechnerabhängig sein, weil char mit dem Zahlenwert –128 bis +127 oder 0 bis 255 implementiert sein kann. Der ANSI-C-Standard schreibt hier nämlich nicht vor, ob char vorzeichenbehaftet ist oder nicht.

> **Regel für »char«, »short«, »int« und »unsigned«**
>
> Gerechnet wird mit nichts Kleinerem als mit int. Somit werden char oder short bei Bewertungen und Berechnungen immer in ein int umgewandelt. Reicht der Datentyp int nicht aus, um einen Wert aufzunehmen, wird mit unsigned int gerechnet.

Implizite Umwandlung ganzzahliger Typen mit Vorzeichen

Bei der Umwandlung von ganzzahligen Typen mit Vorzeichen (bspw. unsigned int) zu einem ganzzahligen Typen ohne Vorzeichen (bspw. int bzw. signed int) kann es vorkommen, dass der Wert nicht mehr dargestellt werden kann. Hierbei müssen Sie mindestens zwischen vier Fällen (bzw. Regeln) unterscheiden:

▶ Ein unsigned-Typ wird in einen breiteren signed- oder unsigned-Typ umgewandelt. Ein unsigned char wird bspw. in ein signed int oder in ein unsigned int umgewandelt. In diesem Fall bleibt der Wert korrekt erhalten. Hier ein Beispiel:

```
unsigned char ch = 100;
int var = ch;    // keine Probleme bei der Umwandlung
```

▶ Ein signed-Typ wird in einen gleich breiten oder breiteren unsigned-Typen umgewandelt. Im unsigned-Typ wird dasselbe Bitmuster wie vom signed-Typ gespeichert. Somit bleibt zumindest die interne Bitdarstellung des Typs erhalten. Bei einem breiteren unsigned-Typ wird dabei das Vorzeichen-Bit nach vorne gesetzt. Hier ein Beispiel:

```
int val1          = -1;
unsigned int val2 = val1;
printf("%u : %d\n", val2, val2); //Ausgabe: 4294967295  :  -1
```

- Ein unsigned-Typ wird in einen gleich breiten signed-Typ umgewandelt. Meistens können Sie sich darauf verlassen, dass hierbei dasselbe Bitmuster im signed-Typ gespeichert wird. Liegt allerdings der Wertebereich des unsigned-Typs über dem des signed-Typs, schreibt der ANSI-C-Standard **nicht** vor, was passieren soll.

```
unsigned int val1 = 4294967295;
unsigned int val2 = 12345;

int val3 = val1;  // Wertebereich val1 passt nicht in val3.
int val4 = val2;  // val2 passt ohne Probleme in val4.

printf("%d\n", val3);  // = -1 (ist aber nicht garantiert)
printf("%d\n", val4);  // = 12345
```

- Ein signed- bzw. unsigned-Typ wird in einen kleineren signed- bzw. unsigned-Typ umgewandelt. Wenn der Wert größer als der Zieltyp ist, hängt das Ergebnis vom Compiler ab. Der ANSI-C-Standard schreibt bei einem Werteüberlauf nichts Genaueres vor. Gewöhnlich werden die vorne *überstehenden* Bits einfach abgeschnitten. Das führt logischerweise zu einer falschen Wertedarstellung.

```
int val = 123456;
char ch = val;     // val passt hier nicht in ch.

int val2 = 100;
char ch2 = val2;   // val2 hingegen hätte in ch2 Platz.

printf("%d\n", ch);  // = 64  (Bits wurden abgeschnitten.)
printf("%d\n", ch2); // = 100 (ANSI C garantiert dies nicht.)
```

> **Achtung bei Vergleichen mit »signed«- und »unsigned«-Typen**
>
> Das Mischen von gleich breiten signed- und unsigned-Typen (bspw. int und unsigned int) bei Vergleichen sollten Sie unbedingt vermeiden. So kann bspw. ein Vergleich von (-1 > 1U) wahr zurückgeben.

> In der Regel geben die Compiler in solchen Fällen aber eine Warnmeldung aus, die Sie nicht ignorieren sollten.

Implizite Umwandlung zwischen Ganzzahlen und Gleitpunktzahlen

Eine implizite Umwandlung wird auch vorgenommen, wenn Ganzzahlen und Gleitpunktzahlen gemischt werden. Hierbei gibt es zwei mögliche Fälle:

- Eine Gleitpunktzahl wird in eine Ganzzahl umgewandelt. Hierbei wird der Nachkommateil der Gleitpunktzahl weggelassen. Ist der ganzzahlige Bereich der Gleitpunktzahl nicht im Wertebereich der Ganzzahl darstellbar, ist das weitere Verhalten undefiniert und hängt von der Implementierung im Compiler ab. Gewöhnlich erhalten Sie vom Compiler eine Warnmeldung, dass ein möglicher Datenverlust bei der Umwandlung einer Gleitpunktzahl in eine Ganzzahl droht. Hier ein Beispiel:

```
double dval1 = 3333.33;
int ival1 = dval1;        // Gleitpunktzahl wird abgeschnitten
printf("%d\n", ival1);    // = 3333
```

- Eine Ganzzahl wird in eine Gleitpunktzahl umgewandelt. Liegt der Wertebereich der Ganzzahl in der Gleitpunktzahl, kann aber nicht exakt dargestellt werden, runden Compiler für gewöhnlich auf den nächstniedrigeren oder nächsthöheren darstellbaren Wert ab oder auf. Das Verhalten ist allerdings implementierungsabhängig und wird nicht vom ANSI-C-Standard vorgeschrieben. Hier ein Beispiel:

```
int ival = 123456789;
float fval = ival;        // Wert nicht exakt darstellbar
printf("%f\n", fval);     // = 123456792.000000 (aufgerundet)
```

Implizite Umwandlung von reellen Gleitpunktzahlen

Bei der impliziten Umwandlung von reellen Gleitpunktzahlen gibt es wiederum zwei Fälle:

- Ist der Wertebereich größer, als der Zieltyp aufnehmen kann (bspw. `double` nach `float`, `long double` nach `float` oder `long double` nach `double` konvertieren), hängt es vom Compiler ab, was bei der Umwandlung passiert. Allerdings sollten Sie hierbei auch vom Compiler eine Warnmeldung erhalten, dass es bei einer solchen impliziten Umwandlung zu Datenverlusten kommen kann. Passt der Wert im Wertebereich des Zieltyps, ist aber nicht exakt darstellbar, wird dieser auf den nächstkleineren oder nächstgrößeren darstellbaren Wert ab- oder aufgerundet. Hat der Wert keinen Platz im Zieltyp, ist das Endergebnis nicht vorhersehbar und somit undefiniert. Hier ein Beispiel einer solchen Konvertierung:

```
double dval = 1234567.1234;
float fval = dval;
printf("%f\n", fval);
```

▶ Wollen Sie hingegen einen kleineren Gleitpunkttyp in einen größeren Gleitpunkttyp umwandeln, so bleibt der Wert unverändert. Bei Umwandlungen von float nach double, float nach long double und double nach long double bleibt der Wert somit immer unverändert erhalten.

Implizite Umwandlung von komplexen Gleitpunktzahlen (C99-Standard)

Bei der impliziten Umwandlung von einer komplexen Gleitpunktzahl in einen anderen komplexen Gleitpunkttyp wird der Real- und Imaginärteil nach den Regeln der reellen Gleitpunktzahlen umgewandelt. Ansonsten gibt es noch zwei Fälle zu beachten:

▶ Bei der Umwandlung einer Ganzzahl oder einer reellen Gleitpunktzahl in einen komplexen Typ entspricht der Realteil bei der Umwandlung der Zahl der entsprechenden Ganzzahl bzw. der Gleitpunktzahl. Der Imaginärteil ist immer null. Hier ein Beispiel:

```
#include <complex.h>
...
float fval = 2.3f;
int ival = 6;

float _Complex fz = fval;    // Realteil=2.3; Imaginärteil=0.0
double _Complex dz = ival;   // Realteil=6.0; Imaginärteil=0.0

printf("%f : %f\n", creal(fz), cimag(fz));   // = 2.3 : 0.0
printf("%lf : %lf\n", creal(dz), cimag(dz)); // = 6.0 : 0.0
```

▶ Wenn Sie umgekehrt einen komplexen Typ in eine Gleitpunktzahl oder Ganzzahl konvertieren, wird der Imaginärteil auf jeden Fall entfernt. Der Realteil wird dann gemäß den Regeln der impliziten Umwandlung von Gleitpunktzahlen nach Gleitpunktzahlen oder Gleitpunktzahlen nach Ganzzahlen konvertiert. Hier ein Beispiel:

4 Typenumwandlung (Casts)

```c
#include <complex.h>
...
float _Complex fz = 2.0 + 3.0*I;

float fval = fz;
int   ival = fz;

printf("%f\n", fval);   // = 2.0
printf("%d\n", ival);   // = 2
```

Implizite Umwandlung in _Bool (C99-Standard)

Jeder skalare Typ kann in ein `_Bool` umgewandelt werden. Hat der skalare Typ den Wert 0, ist der Wert falsch, und `_Bool` hat ebenfalls den Wert 0. Wenn der skalare Typ aber ungleich 0 ist, wird `_Bool` immer wahr, also 1, sein. Hier ein Beispiel:

```c
long  lval = -10000;
float fval = 12.34f;
int   ival = 0;

_Bool bval1 = lval;   // = 1
_Bool bval2 = fval;   // = 1
_Bool bval3 = ival;   // = 0

printf("%d : %d : %d\n", bval1, bval2, bval3); // = 1 : 1 : 0
```

Implizite Umwandlung von erweiterten ganzzahligen Typen (C99-Standard)

Der Rang eines Standardtyps ist immer größer als der Rang eines erweiterten ganzzahligen Typs in `<stdint.h>` (C99) mit gleicher Breite. Somit hat bspw. der Typ `int` einen höheren Rang als `int_least32_t`, obwohl beide Typen dieselbe Breite haben.

Übliche arithmetische Umwandlung

Die Operanden eines binären Operators dürfen in C einen unterschiedlichen skalaren Datentyp besitzen. Durch die übliche arithmetische Datentypumwandlung wird implizit ein gemeinsamer Datentyp gebildet. Treten danach noch Operanden mit verschiedenen Typen auf, wird in den Typ desjenigen Operanden umgewandelt, der in der nebenstehenden Hierarchie am weitesten oben steht. Das Ergebnis ist ebenfalls von diesem Typ.

4.1 Implizite Umwandlung des Compilers

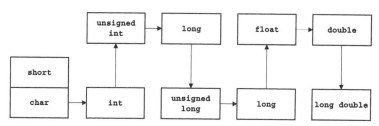

Abbildung 4.1 Die übliche arithmetische Umwandlung. Der Einfachheit halber wurde hier auf die C99-Typen verzichtet.

Die Umwandlung von short und char nach int (wegen Ganzzahl-Erweiterung) wird hierbei immer durchgeführt. Alle anderen Umwandlungen finden nur bei Bedarf statt. Das Prinzip ist einfach: Besitzt einer von zwei Operanden in einem Ausdruck einen Typ mit höherer Rangfolge, wird der niedrigere Operand immer zuerst in den Typ des höheren Operanden umgewandelt. Hat bspw. in einem Ausdruck ein Operand den Typ int und ein anderer Operand den Typ float, wird zunächst der Typ int implizit in ein float umgewandelt, bevor die Anweisung im float-Format durchgeführt wird. Hier ein Beispiel:

```
float fval = 12.34f;
int   ival = 12;
// ival wird vor der Berechnung in ein float umgewandelt,
// weil float im Ausdruck "ival+fval" der höherrangige Typ ist.
printf("%f", (ival+fval));   // = 12.340000
```

Die übliche arithmetische Umwandlung wird bei den arithmetischen Operatoren (*, /, +, – und %), den Vergleichsoperatoren (<, <=, > >=, == und !=), den Bit-Operatoren (&, | und ^) und dem Auswahl-Operator (?:) durchgeführt. **Nicht** durchgeführt hingegen wird die übliche arithmetische Umwandlung beim Zuweisungsoperator (=) und bei den logischen Operatoren && und ||.

> **Mögliche Probleme bei der üblichen arithmetischen Umwandlung**
>
> Bei der Umwandlung von einem negativen Wert in einen Typ ohne Vorzeichen kann es zu fehlerhaften Werten kommen. Das gleiche Problem besteht bei der Umwandlung von großen Ganzzahlen in Gleitpunkttypen.

4.2 Explizite Umwandlung durchführen

Besteht die Gefahr, dass bei einer impliziten Typenumwandlung Daten verloren gehen, sollten Sie selbst eine explizite Umwandlung durchführen. Der Datenverlust kann sonst zu fehlerhaften Berechnungen führen. Ein einfaches Beispiel:

```
int val1 = 10, val2 = 3;
float erg = val1 / val2;

printf("%f\n", erg);   // = 3.000000
```

Hier wird eine Ganzzahl-Division von 10 / 3 durchgeführt. Da zwei `int`-Werte für die Division verwendet wurden, kann logischerweise kein Wert nach dem Komma dargestellt werden. Wäre nur einer der beiden Werte eine Gleitpunktzahl, würde intern eine übliche arithmetische Umwandlung durchgeführt werden.

In solch einem Fall kommen Sie nicht um eine explizite Umwandlung mit dem *Cast-Operator* herum. Damit zwingen Sie den Compiler, gegen seine Regeln eine Typenumwandlung durchzuführen. Die Syntax des *Cast-Operators* sieht wie folgt aus:

```
(typ) ausdruck
```

Hierbei wird zuerst `ausdruck` ausgewertet und anschließend in den Datentyp `typ` konvertiert. Bezogen auf unser Beispiel muss daher das Typen-Casting für die Rechnung wie folgt aussehen:

```
int val1 = 10, val2 = 3;
float erg = (float)val1 / (float)val2;

printf("%f\n", erg);   // = 3.333333
```

Der Wert von `val1` und `val2` wird jeweils explizit in einen `float`-Typ konvertiert. Die Umwandlung gilt allerdings nur während dieser Ausführung. `val1` und `val2` bleiben nach wie vor vom Typ `int`.

In dem Beispiel hätte es auch ausgereicht, nur einen der beiden Typen zu *casten*. Dank der üblichen arithmetischen Umwandlung wird aber auch der andere Typ automatisch umgewandelt:

```
int val1 = 10, val2 = 3;
// Durch das Casten von val2 wird dank der üblichen
// arithmetischen Umwandlung val1 automatisch in ein float
// umgewandelt.
```

```
float erg = val1 / (float)val2;

printf("%f\n", erg);    // = 3.333333
```

Beachten Sie: Falls Sie eine Berechnung innerhalb eines Ausdrucks (bspw. zwischen einer Klammerung) durchführen und diesen Ausdruck casten, kann das zu unerwarteten Ergebnissen führen. Hier ein Beispiel:

```
int val1 = 10, val2 = 3;
// Zuerst findet die Berechnung im Ausdruck statt, und
// anschließend wird erst das Typen-Casting durchgeführt ...
float erg = (float)(val1/val2);
// ... daher ist das Ergebnis auch wieder falsch.
printf("%f\n", erg);    // = 3.000000
```

Da die Berechnung im Beispiel vor dem Typen-Casting in einer Klammerung zusammengefasst wurde, wird diese aufgrund des höheren Ranges des Klammern-Operators zuerst ausgewertet. Anschließend wird das, in diesem Fall ganzzahlige Ergebnis (=3) in ein `float` umgewandelt. Das ist natürlich zu spät.

4.3 Aufgaben

Das Kapitel war alles andere als gemütlich, aber diese Grundlagen sind für die C-Programmierung unverzichtbar. Damit Sie ruhigen Gewissens mit dem nächsten Kapitel fortfahren können, sollten Sie daher mindestens die grundlegenden Fragen von Level 1 beantworten können.

4.3.1 Level 1

1. Was ist eine *implizite Umwandlung*?
2. Was ist eine *explizite Umwandlung*, und wann sollten Sie diese Umwandlung gegenüber der *impliziten Umwandlung* bevorzugen?
3. Womit wird eine *explizite Umwandlung* durchgeführt?
4. Was passiert bei arithmetischen Berechnungen, wenn die Datentypen `char` und/oder `short` ohne Einwirkungen des Programmierers verwendet werden?
5. Was passiert bei der *impliziten Umwandlung* von Gleitpunktzahlen (bspw. `float`) nach Ganzzahlen (bspw. `int`)?

4.3.2 Level 2

1. Die folgende Berechnung liefert mit 200.00 ein falsches Ergebnis zurück. Ändern Sie den Code so um, damit das richtige Ergebnis berechnet und ausgegeben wird.

   ```
   01  int ivalA = 25;
   02  int ivalB = 10;
   03  float erg = ivalA / ivalB * 100;

   04  printf("Ergebnis: %f\n", erg);  // = 200.00
   ```

2. Im folgenden Code-Beispiel wurde mit der if-Anweisung auf ein Thema vorgegriffen, welches erst in Abschnitt 5.1.1 behandelt wird. Dennoch können Sie diese Aufgabe mit dem bisher erworbenen Wissen lösen. Der folgende Codeausschnitt gibt in der Zeile **(06)** tatsächlich aus, dass ivalA (-1) größer als uvalB (1) ist. Was wurde hier falsch gemacht, und wie können Sie den Fehler korrigieren oder vermeiden?

   ```
   00  // kap004/aufgabe001.c
   01  #include <stdio.h>

   02  int main(void) {
   03     int ivalA = -1;
   04     unsigned int uvalB = 1;
   05     if( ivalA > uvalB ) {
   06        printf("iValA > iValB\n");
   07     }
   08     else {
   09        printf("ivalA < ivalB\n");
   10     }
   11     return 0;
   12  }
   ```

3. Welche Werte werden beim folgenden Codeausschnitt auf dem Bildschirm ausgegeben?

   ```
   int ival;
   float fval = 1234.123;
   char cval;
   double dval;

   ival = fval;
   cval = ival;
   dval = fval;
   ```

```
printf("ival : %d\n", ival);
printf("cval : %d\n", cval);
printf("dval : %lf\n", dval);
```

4.3.3 Level 3

Bei der Umwandlung von Ganzzahltypen nach Gleitpunkttypen kommt es häufig zu Rundungsfehlern. Zwar lässt sich bspw. der Typ `int` in `float` darstellen, aber `float` besitzt nun mal nur eine Genauigkeit von sechs Dezimalstellen. Daher wird das Ergebnis einer solchen Umwandlung auf den nächstkleineren oder nächstgrößeren darstellbaren Wert gerundet. Schreiben Sie ein Programm, das den Rundungsfehler bei der Konvertierung eines `int`-Wertes in einen `float`-Wert berechnet und ausgibt.

5 Verzweigungen

Mit Verzweigungen können Sie den Ablauf des Programms beeinflussen, indem Sie eine Bedingung definieren und damit entscheiden, an welcher Stelle das Programm fortgesetzt werden soll. In C gibt es mit if und switch zwei solcher Verzweigungen. Außerdem lernen Sie in diesem Kapitel den einzigen ternären Bedingungsoperator (?:) und die logischen *Nicht-*, *Oder-* und *Und*-Operatoren kennen.

5.1 Bedingte Anweisung

In den folgenden Abschnitten werden Sie die if-Verzweigungen näher kennenlernen. Zuvor müssen allerdings noch die Begriffe **Anweisungen** und **Anweisungsblöcke** etwas erläutert werden.

Mini-Exkurs: Anweisungen und Anweisungsblöcke

Wenn Sie in C einen Ausdruck wie bspw. printf("Hallo") oder int i=1 mit einem Semikolon abschließen, spricht man von einer **Anweisung**. Mehrere solcher Anweisungen lassen sich in einem **Anweisungsblock** zwischen geschweiften Klammern ({}) zusammenfassen. Bspw.:

```
{    // Anweisungsblock - Anfang
   Anweisung¹;
   Anweisung²;
   ...
   Anweisungᴺ;
}    // Anweisungsblock - Ende
```

Solche Anweisungsblöcke lassen sich auch ineinander verschachteln. Es empfiehlt sich jedoch, hiervon nur nach Bedarf Gebrauch zu machen, weil sonst die Strukturierung und somit die Lesbarkeit des Programms erheblich leidet.

5.1.1 if-Verzweigung

Die Syntax einer einseitigen if-Anweisung in C sieht wie folgt aus:

```
if( ausdruck ) {
   anweisung¹;
}
anweisung²;
```

5.1 Bedingte Anweisung

Zuerst wird die Bedingung ausdruck ausgewertet. Je nach dem ob ausdruck wahr (ungleich 0) ist, wird die Anweisung anweisung1 im Anweisungsblock ausgeführt. Anschließend wird die Programmausführung mit der Anweisung anweisung2 fortgesetzt. Ist die Bedingung ausdruck allerdings unwahr (also gleich 0), werden die Anweisungen im Anweisungsblock nicht ausgeführt, und das Programm fährt sofort mit der Anweisung anweisung2 fort.

> **Logischer Ausdruck**
>
> Die runden Klammern hinter if sind für den logischen Ausdruck unbedingt erforderlich. »Logisch« bedeutet in C immer ganzzahlig. Daher kann der Ausdruck in if jeden beliebigen numerischen Wert annehmen. 0 wird, wie bereits erwähnt, als falsch (unwahr) und jeder andere Wert als richtig (wahr) interpretiert.

Abbildung 5.1 stellt diese einseitige if-Anweisung in einem Programmablaufplan rein schematisch dar.

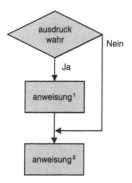

Abbildung 5.1 Programmablaufplan einer einseitigen »if«-Anweisung

Sehen Sie sich hierzu folgendes Programmbeispiel an:

```
00  // kap005/listing001.c
01  #include <stdio.h>

02  int main(void) {
03     int ival;
04     printf("Bitte eine Ganzzahl eingeben: ");
05     scanf("%d", &ival);
```

5 Verzweigungen

```
06    if( ival ) {
07       // Hier steht der Code, wenn die
08       // Bedingung ival wahr ist.
09       printf("Die Zahl ist ungleich 0\n");
10    }
11    printf("Ausserhalb der if-Verzweigung\n");
12    return 0;
13 }
```

Das Programm ist absichtlich sehr einfach gehalten. In Zeile **(04)** werden Sie aufgefordert, eine Ganzzahl einzugeben. Die Eingabe wird mit scanf in der Zeile **(05)** eingelesen und in der Variablen ival (Zeile **(03)**) gespeichert. In Zeile **(06)** wird die Bedingung (oder auch der Ausdruck) daraufhin überprüft, ob der eingegebene Wert von ival wahr ist. »Wahr« bedeutet hier, dass ein Wert ungleich 0 eingegeben wurde. Hat der Anwender einen Wert größer oder kleiner als 0 eingegeben, wird die printf-Anweisung der Zeile **(09)** ausgeführt. Es werden also alle Anweisungen im Anweisungsblock zwischen den Zeilen **(06)** bis **(10)** ausgeführt.

Hat der Anwender hingegen den Wert 0 eingegeben, werden die Anweisungen zwischen dem Anweisungsblock (Zeilen **(06)** bis **(10)**) nicht ausgeführt, und es wird gleich mit der printf-Anweisung der Zeile **(11)** fortgefahren. Diese wird natürlich auch ausgeführt, wenn die Anweisungen im if-Anweisungsblock zwischen den Zeilen **(07)** bis **(10)** ausgeführt wurden.

Das Programm bei der Ausführung:

```
Bitte eine Ganzzahl eingeben: -3
Die Zahl ist ungleich 0
Ausserhalb der if-Verzweigung

Bitte eine Ganzzahl eingeben: 1
Die Zahl ist ungleich 0
Ausserhalb der if-Verzweigung

Bitte eine Ganzzahl eingeben: 0
Ausserhalb der if-Verzweigung
```

5.1.2 Vergleichsoperatoren

Ein Vergleich wie im Listing zuvor (listing001.c) in der Zeile **(06)** verwendet, dürfte Sie vielleicht ein wenig irritieren. Sie hätten hier genauso gut Folgendes verwenden können:

```
06    if( ival != 0 ) {
07       // Hier steht der Code, wenn die
08       // die Bedingung ival wahr ist.
09       printf("Die Zahl ist ungleich 0\n");
10    }
```

Dieser Vergleich in Zeile **(06)** mit dem !=-Operator (*Nicht-gleich*-Operator; ein Vergleichsoperator), ob der Ausdruck zwischen den Klammern von if ungleich 0 ist, entspricht dem Ausdruck, der in Listing (listing001.c) verwendet wurde.

Bevor Sie weitere Verzweigungsmöglichkeiten kennenlernen, soll hier kurz auf die vorhandenen Vergleichsoperatoren eingegangen werden. Alle in Tabelle 5.1 aufgelisteten Vergleichsoperatoren vergleichen zwei Operanden und liefern einen Wert vom Typ int zurück. Ist der Vergleich wahr, geben die Operatoren den Wert 1 zurück. Wenn der Vergleich unwahr ist, wird 0 zurückgegeben. Folgende Operatoren stehen Ihnen hierbei zur Verfügung:

Operator	Bedeutung	Beispiel	Rückgabewert
<	kleiner	a < b	1, wenn a kleiner als b, ansonsten 0
<=	kleiner oder gleich	a <= b	1, wenn a kleiner oder gleich b, ansonsten 0
>	größer	a > b	1, wenn a größer b, ansonsten 0
>=	größer oder gleich	a >= b	1, wenn a größer oder gleich b, ansonsten 0
==	gleich	a == b	1, wenn a gleich b, ansonsten 0
!=	ungleich	a != y	1, wenn a ungleich b, ansonsten 0

Tabelle 5.1 Übersicht über Vergleichsoperatoren

Vergleichsoperatoren müssen übrigens nicht unbedingt zwischen Vergleichen von if-Verzweigungen oder Schleifen stehen. So können Vergleichsoperatoren auch wie folgt verwendet werden:

```
int ival1 = 10 > 5;       // ival1 = 1
int ival2 = 5 == 4;       // ival2 = 0
int ival3 = ival1 != ival2; // ival3 = 1
printf("%d : %d : %d\n", ival1, ival2, ival3);
```

5.1.3 Alternative else-Verzweigung

In der Praxis folgt gewöhnlich nach einer oder mehreren if-Anweisungen eine optionale und alternative Verzweigung. Sie wird auf jeden Fall ausgeführt, wenn keine Bedingung erfüllt, also wahr zurückgegeben wird. Realisiert wird dies mit einer alternativen else-Verzweigung, die folgende Syntax besitzt:

```
if( ausdruck ) {
    anweisung¹;
}
else {
    anweisung2;
}
anweisung³;
```

Hierbei wird ebenfalls zuerst die Bedingung ausdruck ausgewertet. Je nachdem, ob ausdruck wahr (ungleich 0) ist, wird die Anweisung anweisung1 im Anweisungsblock ausgeführt. Anschließend wird die Programmausführung mit der Anweisung anweisung3 fortgesetzt. Ist die Bedingung ausdruck allerdings unwahr (also gleich 0), wird die Anweisung anweisung2 im alternativen else-Anweisungsblock ausgeführt. Anschließend fährt das Programm mit der Anweisung anweisung3 fort.

> **Kein »else« ohne ein »if«**
>
> Eine else-Alternative kann nur einer vorausgehenden if- oder else-if-Verzweigung folgen.

Abbildung 5.2 stellt diese if-Anweisung mit einer alternativen else-Verzweigung in einem Programmablaufplan rein schematisch dar.

Hierzu soll das Listing listing001.c um eine alternative else-Verzweigung erweitert werden:

```
00  // kap005/listing002.c
01  #include <stdio.h>
```

```
02  int main(void) {
03    int ival;
04    printf("Bitte eine Ganzzahl eingeben: ");
05    scanf("%d", &ival);

06    if( ival != 0 ) {
07       printf("Die Zahl ist ungleich 0\n");
08    }
09    else {
10       printf("Die Zahl ist gleich 0\n");
11    }
12    printf("Ausserhalb der if-Verzweigung\n");
13    return 0;
14  }
```

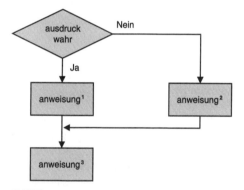

Abbildung 5.2 Programmablaufplan einer» if«-Anweisung mit alternativer »else«-Verzweigung

Die Ausführung des Listings listing002.c entspricht fast der Ausführung des Listing listing001.c. Nur wird im neuen Beispiel, wenn die Bedingung der Zeile **(06)** unwahr ist, also ival gleich 0, die alternative else-Verzweigung (**(09)** bis **(11)**) ausgeführt – sprich alle Anweisungen im else-Anweisungsblock. Im Beispiel ist dies nur eine einfache Ausgabe auf dem Bildschirm mit printf (Zeile **(10)**), dass die Zahl gleich 0 ist.

Das Programm bei der Ausführung:

```
Bitte eine Ganzzahl eingeben: 7
Die Zahl ist ungleich 0
Ausserhalb der if-Verzweigung

Bitte eine Ganzzahl eingeben: 0
Die Zahl ist gleich 0
Ausserhalb der if-Verzweigung
```

5.1.4 else-if-Verzweigung

Reicht Ihnen eine if-Bedingung nicht aus, können Sie mehrere if-Anweisungen hintereinander verwenden. Hierfür fügen Sie nach der ersten if-Anweisung weitere else-if-Anweisungen an. Die Syntax sieht dann folgendermaßen aus:

```
if( ausdruck1 ) {
   anweisung1;
}
else if (ausdruck2 ) {
   anweisung2;
}
//   Weitere else-if-Anweisungen möglich
anweisung3;
```

Zuerst wird die Bedingung ausdruck1 ausgewertet. Je nachdem, ob ausdruck1 wahr (ungleich 0) ist, wird die Anweisung anweisung1 im Anweisungsblock ausgeführt. Anschließend wird die Programmausführung mit der Anweisung anweisung3 fortgesetzt. Ist die Bedingung ausdruck1 allerdings unwahr (also gleich 0), fährt das Programm mit der Überprüfung der Bedingung ausdruck2 fort. Ist die Bedingung in ausdruck2 wahr (ungleich 0), wird die Anweisung anweisung2 ausgeführt. Anschließend wird die Ausführung des Programms mit der Anweisung anweisung3 fortgefahren.

Abbildung 5.3 stellt diese zusätzliche else-if-Anweisung in einem Programmablaufplan rein schematisch dar.

Natürlich ist es auch möglich, mehrere solcher else-if-Anweisungen zu verwenden. Optional können Sie am Ende auch noch eine alternative else-Verzweigung hinzufügen. Hier ein Beispiel:

```
if( ausdruck1 ) {
   anweisung1;
```

5.1 Bedingte Anweisung

```
}
else if (ausdruck² ) {
   anweisung²;
}
else if (ausdruck³ ) {
   anweisung³;
}
//   Weitere else-if-Verzweigungen möglich
else {
   anweisung⁴;
}
...
```

Das folgende Listing zeigt eine solche else-if-Kette in der Praxis:

```
00  // kap005/listing003.c
01  #include <stdio.h>

02  int main(void) {
03     int ival;
04     printf("Bitte eine Ganzzahl eingeben: ");
05     scanf("%d", &ival);

06     if( ival == 0 ) {
07        printf("Die Zahl ist gleich 0\n");
08     }
09     else if ( ival > 0 ) {
10        printf("Die Zahl ist positiv\n");
11     }
12     else {
13        printf("Die Zahl ist negativ\n");
14     }
15     printf("Ausserhalb der if-Verzweigung\n");
16     return 0;
17  }
```

Das Listing hat im Grunde genommen eine etwas andere Form als die beiden Beispielen zuvor. Zusätzlich findet hier eine Überprüfung statt, ob es sich um eine positive oder um eine negative Ganzzahl handelt. Zunächst wird in der Zeile **(06)** überprüft, ob es sich bei der eingegebenen Zahl um den Wert 0 handelt. Ist dies der Fall, gibt die if-Bedingung 1 zurück, und es wird die printf-Anweisung in Zeile **(07)** ausgeführt. Anschließend wird in Zeile **(15)** mit der Programmausführung fortgefahren.

5 Verzweigungen

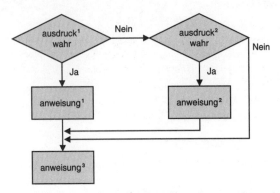

Abbildung 5.3 Programmablaufplan mit einer »else«-»if«-Verzweigung

Hat die if-Bedingung in Zeile **(06)** hingegen 0 zurückgegeben, wurde ein Wert ungleich 0 eingegeben, und die Programmausführung geht mit der nächsten Überprüfung in Zeile **(09)** weiter. Dort wird überprüft, ob die eingegebene Zahl größer als 0 und somit positiv ist. Ist dies der Fall, wird 1 zurückgegeben, und die printf-Ausgabe der Zeile **(10)** wird ausgeführt. Anschließend wird mit der Ausführung in Zeile **(15)** fortgefahren.

War aber auch diese Bedingung der Zeile **(09)** unwahr, wird letztendlich die else-Verzweigung mit den Zeilen **(12)** bis **(14)** ausgeführt. In diesem Fall wird nur in der Zeile **(13)** eine printf-Ausgabe gemacht, dass die eingegebene Zahl negativ war. Hierfür ist keine Überprüfung mehr nötig, weil die Überprüfungen auf gleich 0 und größer als 0 zuvor schon unwahr waren und 0 zurückgegeben haben. Somit bleibt nur noch ein negativer Wert, also kleiner als 0, übrig. Auch hier fährt das Programm anschließend mit der Zeile **(15)** fort.

Das Programm bei der Ausführung:

```
Bitte eine Ganzzahl eingeben: 123
Die Zahl ist positiv
Ausserhalb der if-Verzweigung

Bitte eine Ganzzahl eingeben: -100
Die Zahl ist negativ
Ausserhalb der if-Verzweigung

Bitte eine Ganzzahl eingeben: 0
Die Zahl ist gleich 0
Ausserhalb der if-Verzweigung
```

5.1.5 Verschachteln von if-Verzweigungen

Es wurde bereits des Öfteren erwähnt, dass Sie if-Verzweigungen auch verschachteln können. Je nach Situation können Sie hiermit das Programm verkürzen oder die Logik vereinfachen. Sie können aber leider auch Gegenteiliges erreichen und unübersichtlichen Code erzeugen. Das folgende Beispiel ist ein solches verschachteltes Beispiel, das dieselbe Funktionalität wie das Listing listing003.c hat:

```
00  // kap005/listing004.c
01  #include <stdio.h>

02  int main(void) {
03    int ival;
04    printf("Bitte eine Ganzzahl eingeben: ");
05    scanf("%d", &ival);

06    if( ival != 0 ) {
07      if ( ival > 0 ) {
08        printf("Die Zahl ist positiv\n");
09      }
10      else {
11        printf("Die Zahl ist negativ\n");
12      }
13    }
14    else {
15      printf("Die Zahl ist gleich 0\n");
16    }
17    printf("Ausserhalb der if-Verzweigung\n");
18    return 0;
19  }
```

Zwar ist der logische Ablauf des Programms etwas anders als beim Listing listing003.c zuvor, aber das Endergebnis ist dasselbe. Zunächst wird in der Zeile **(06)** überprüft, ob der eingegebene Wert ungleich 0 ist. Ist dies nicht der Fall, gibt der Ausdruck 0 zurück, und es kann gleich die alternative else-Anweisung in Zeile **(14)** bis **(16)** ausgeführt werden. Dabei wird lediglich in der Zeile **(15)** ausgegeben, dass die eingegebene Zahl 0 ist.

5 Verzweigungen

> **»if«-Verzweigungen ohne Anweisungsblock**
>
> Besitzt eine if-, else- oder else-if-Verzweigung nur eine Anweisung, können Sie den Anweisungsblock mit { ... } auch weglassen. Ein Anweisungsblock ist nur dann unbedingt nötig, wenn mehrere Anweisungen zu einem Block zusammengefasst werden müssen.

Hat hingegen der Ausdruck in der Zeile **(06)** wahr, also 1, zurückgegeben, wurde ein Wert ungleich 0 eingegeben, und es wird mit den verschachtelten if-else-Anweisungen der Zeilen **(07)** bis **(12)** fortgefahren. Hierbei wird zunächst in der Zeile **(07)** überprüft, ob die eingegebene Zahl größer als 0 war. Ist dies der Fall gewesen, gibt der Ausdruck 1 zurück, und es wird die entsprechende printf-Anweisung in der Zeile **(08)** ausgeführt. Gab der Ausdruck in der Zeile **(06)** allerdings 0 zurück, dann bleibt nur noch eine negative Ganzzahl übrig. Dann wird der alternative else-Zweig mit den Zeilen **(10)** bis **(12)** ausgeführt.

> **Tiefes Schachteln und sauberes Einrücken**
>
> Sie sollten ein zu tiefes Verschachteln von Anweisungsblöcken nach Möglichkeit vermeiden. In der Regel können Sie Verschachtelungen umgehen, indem Sie das Design des Codes etwas überdenken. Im Zweifelsfall sollten Sie sich immer für den einfacher lesbaren Code entscheiden.
>
> Zwar gibt es keine Regeln, wie Sie Anweisungsblöcke anordnen. Ich empfehle Ihnen aber, unbedingt eine saubere Formatierung wie bspw. gleichmäßige Einrückungen zu verwenden. Wenn Sie nicht umhinkommen, Anweisungsblöcke zu verschachteln, sind saubere Einrückungen ein Garant, dass Sie den Code auch noch in ein paar Wochen lesen können.

5.2 Der Bedingungsoperator ?:

Der Bedingungsoperator ?: ist der einzige ternäre Operator in ANSI C. Er ist auch als bedingte Bewertung bekannt. Im Prinzip handelt es sich bei diesem Operator um eine Kurzform der if- mit einer alternativen else-Anweisung. Die Syntax des Operators sieht wie folgt aus:

Bedingung ? Ausdruck^1 : Ausdruck^2

5.2 Der Bedingungsoperator ?:

Ist die Bedingung wahr und gibt 1 zurück, wird Ausdruck1 ausgeführt. Ist die Bedingung hingegen unwahr und gleich 0, wird Ausdruck2 ausgeführt. Der Programmablauf ist somit derselbe wie bei einer if-else-Anweisung.

Natürlich soll dieser Operator auf keinen Fall die if-else-Anweisungen ersetzen. Diese sind nach wie vor besser lesbar als eine bedingte Auswertung mit dem ternären Operator. Trotzdem gibt es in der Praxis einfache Beispiele, bei denen der Bedingungsoperator einer if-else-Anweisung vorzuziehen ist. Bei dem folgenden Beispiel etwa soll der maximale oder der minimale Wert ermittelt werden:

```
00  // kap005/listing005.c
01  #include <stdio.h>

02  int main(void) {
03     int val1, val2, max;
04     printf("1. Ganzzahl eingeben: ");
05     scanf("%d", &val1);
06     printf("2. Ganzzahl eingeben: ");
07     scanf("%d", &val2);
08     max = (val1 > val2)?val1:val2;
09     printf("Höherer Wert: %d\n", max);
10     return 0;
11  }
```

Das Hauptaugenmerk sollten Sie auf die Zeile **(08)** legen; hier wird der ternäre Operator verwendet. Die Auswertung des ternären Operators wird an die Variable max übergeben. Es wird zunächst die Bedingung (val1 > val2) ausgewertet, also ob der eingegebene Ganzzahlwert von val1 größer als val2 ist. Trifft dies zu, wird die erste Anweisung hinter dem Fragezeichen ausgeführt. Im Beispiel wird nur der Wert der Variable val1 als Ausdruck verwendet und somit an die Variable max zugewiesen. Ist die Bedingung (val1 > val2) hingegen falsch, wird der zweite Ausdruck hinter dem Doppelpunkt ausgeführt. Dadurch wird der Wert der Variable val2 als Ausdruck verwendet und der Variable max zugewiesen.

Die Schreibweise der Zeile **(08)** im Listing ist äquivalent zu folgender:

```
if( var1 > var2 ) {
  max = var1;
}
else {
  max = var2;
}
```

5 Verzweigungen

Theoretisch ist es natürlich auch möglich, die einzelnen Ausdrücke ineinander zu verschachteln. Der Lesbarkeit des Codes zuliebe kann ich Ihnen aber vor solch wilden Verschachtelungen nur abraten. Ein abschreckendes Beispiel:

```
big = (a>b) ? ((a>c) ?a :c) : ((b>c) ?b :c);
```

Diese Zeile macht nichts anderes als den größten Wert der drei Variablen a, b und c zu ermitteln und an die Variable big zu übergeben.

5.3 Logische Verknüpfungen

Für komplexere Bedingungen (und später auch Schleifen) können sogenannte logische Operatoren verwendet werden. Damit können Sie mehrere Ausdrücke miteinander in einer Bedingung verknüpfen. Dies ist bspw. nötig, wenn ein Code nur dann ausgeführt werden soll, wenn zwei oder mehrere Bedingungen oder auch nur eine von mehreren Bedingungen zutreffen soll. Für solche Zwecke bietet C die logischen Operatoren UND, ODER und NICHT an. Die entsprechenden Symbole sind in der folgenden Tabelle kurz beschrieben.

Operator	Bedeutung	Beispiel	Ergebnis
&&	UND-Operator	A && B	Gibt 1 (wahr) zurück, wenn A **und** B ungleich 0 sind. Ansonsten wird 0 (unwahr) zurückgegeben.
||	ODER-Operator	A || B	Gibt 1 (wahr) zurück, wenn A **oder** B (oder beide) ungleich 0 sind. Ansonsten wird 0 (unwahr) zurückgegeben.
!	NICHT-Operator	!A	Gibt 1 (wahr) zurück, wenn A **nicht** 1, also 0 (unwahr) ist. Ist A hingegen 1 (wahr), wird 0 zurückgegeben.

Tabelle 5.2 Logische boolsche Operatoren in C

5.3.1 Der !-Operator

Der logische NICHT-Operator (NOT) ist ein unärer Operator und wird gerne verwendet, um eine Bedingung auf einen Fehler hin zu testen. Anstatt immer zu testen, ob eine bestimmte Bedingung gleich 0 zurückgibt, wird der !-Operator verwendet. Bspw.:

```
if ( ausdruck == 0 ) { // Fehler }
```

Hier wird getestet, ob ausdruck gleich 0 ist. In der Praxis handelt es sich allerdings eher selten um eine Überprüfung, ob ein Ganzzahlwert einer Variablen gleich 0 ist, sondern ob ein bestimmter Ausdruck oder eine Funktion gleich 0, also unwahr, und somit fehlerhaft ist. Daher finden Sie hierbei statt des Vergleichs mit dem ==-Operator auf 0 eher den logischen !-Operator vor. Nachfolgend die äquivalente Schreibweise mit dem logischen NICHT-Operator:

```
if ( !ausdruck ) { // Fehler }
```

Hierzu ein Beispiel, welches eine einfache Passwort-Eingabe in Form einer Geheimnummer mit Zahlen überprüft.

```
00  // kap005/listing005.c
01  #include <stdio.h>

02  int main(void) {
03     int geheimnummer;

04     printf("Geheimnummer eingeben: ");
05     scanf("%d", &geheimnummer);

06     if( ! (geheimnummer == 123456) ) {
07        printf("Geheimnummer ist falsch!\n");
08     }
09     else {
10        printf("Geheimnummer ist richtig!\n");
11     }
12     return 0;
13  }
```

Der logische NICHT-Operator wird in Zeile **(06)** ausgeführt. Es wird überprüft, ob die Bedingung zwischen den Klammern, nämlich ob die Variable geheimnummer dem Wert 123456 entspricht, **nicht** zutrifft. Allerdings haben

Sie in diesem Fall keinen Vorteil, wenn Sie statt der Zeile **(06)** folgenden äquivalenten Code verwenden würden:

```
if( geheimnummer != 123456 )
```

In der Praxis ist es tatsächlich immer möglich, eine Alternative für den logischen NICHT-Operator zu verwenden – oder einfach gesagt: Das Leben in C geht auch ohne diesen Operator weiter. Häufiger als in unserem trivialen Beispiel mit dem Listing listing005.c wird der NICHT-Operator verwendet, um Funktionen auf eine erfolgreiche Ausführung hin zu überprüfen. Hierzu ein Pseudo-Code als Beispiel:

```
if( ! funktion() ) {
  // Fehler bei der Funktionsausführung
}
```

Logischer NICHT-Operator im C99-Standard

Mit dem C99-Standard wurde als alternative Schreibweise für den logischen !-Operator das Makro not hinzugefügt, das in der Headerdatei <iso646.h> definiert ist. Somit würde die Schreibweise if(!a) exakt if(not a) entsprechen. Im Grunde ist das Makro not in C recht überflüssig. Bezogen auf das Listing listing005.c würde die Zeile **(06)** mit dem Makro aber folgendermaßen aussehen:

```
#include <iso646.h>   // Benötigte Headerdatei für not
...
if( not (geheimnummer == 123456) ) {
  // Geheimnummer falsch
}
```

5.3.2 Der &&-Operator – Logisches UND

Mit dem logischen UND-Operator (&&) können Sie mehrere Operanden miteinander verknüpfen. Mehrere mit UND verknüpfte Anweisungen geben nur dann wahr, also 1, zurück, wenn alle einzelnen Operanden wahr sind. Ansonsten gibt der Ausdruck 0, also unwahr, zurück. Hierzu ein theoretischer Pseudo-Code zum Sachverhalt:

```
if( (Bedingung1) && (Bedingung2) )  {
  // Beide Bedingungen sind wahr
}
else {
  // Mindestens eine Bedingung ist 0 (also unwahr)
}
```

5.3 Logische Verknüpfungen

Das folgende Beispiel demonstriert den logischen UND-Operator in der Praxis:

```
00  // kap005/listing006.c
01  #include <stdio.h>

02  int main(void) {
03     int ival;

04     printf("Eine Zahl von 1 bis 10 eingeben: ");
05     scanf("%d", &ival);
06     if( (ival > 0) && (ival <=10) )  {
07        printf("Zahl ist zwischen 1 und 10\n");
08     }
09     else  {
10        printf("Zahl ist nicht zwischen 1 und 10\n");
11     }
12     return 0;
13  }
```

In diesem Beispiel werden Sie aufgefordert, eine Zahl zwischen 1 und 10 einzugeben. In der Zeile **(06)** wird dann überprüft, ob der eingegebene Wert von ival größer als 0 **und** kleiner oder gleich 10 ist. Trifft beides zu, ist der Ausdruck wahr, und es wird Entsprechendes (Zeile **(07)**) ausgegeben. Trifft hingegen nur eine der beiden Bedingungen nicht zu, ist der Ausdruck in der Zeile **(06)** unwahr, und es wird in diesem Fall die alternative else-Verzweigung (Zeile **(09)** bis **(11)**) ausgeführt.

Das Programm bei der Ausführung:

```
Eine Zahl von 1 bis 10 eingeben: 1
Zahl ist zwischen 1 und 10

Ein Zahl von 1 bis 10 eingeben: 0
Zahl ist nicht zwischen 1 und 10

Ein Zahl von 1 bis 10 eingeben: 10
Zahl ist zwischen 1 und 10
```

5.3.3 Der ||-Operator – Logisches ODER

Benötigen Sie hingegen eine logische Verknüpfung, bei der der gesamte Ausdruck wahr zurückgibt, wenn mindestens einer der verknüpften Operanden wahr ist, dann können Sie dies mit dem ODER-Operator (||) realisieren. Auch hierzu ein kurzer Pseudo-Code, damit Sie den logischen ODER-Operator besser verstehen:

```
if( (Bedingung1) || (Bedingung2) ) {
  // Mindestens Bedingung1 oder Bedingung2 ist wahr.
}
else {
  // Beide Bedingungen sind unwahr.
}
```

Natürlich gibt es auch hierzu wieder ein Code-Beispiel, um den ODER-Operator in der Praxis kennenzulernen:

```
00  // kap005/listing007.c
01  #include <stdio.h>

02  int main(void) {
03    int ival1, ival2;

04    printf("Ganzzahl 1 eingeben: ");
05    scanf("%d", &ival1);
06    printf("Ganzzahl 2 eingeben: ");
07    scanf("%d", &ival2);

08    if( (!ival1) || (!ival2) ) {
09      printf("Fehler: Einer der Werte ist gleich 0\n");
10    }
11    else {
12      printf("%d / %d = %f\n",
          ival1, ival2, (float)ival1/ival2);
13    }
14  return 0;
15  }
```

In diesem Beispiel sollen zwei Ganzzahlen miteinander dividiert werden. Um eine Division mit 0 zu vermeiden, werden beide eingegebenen Ganzzahlen in der Zeile **(08)** überprüft. Dabei kommt der logische NICHT-Operator zum Einsatz. Überprüft wird hierbei, ob ival1 ungleich 0 **oder** ob ival2 ungleich 0 ist. Ist nur eine der beiden verknüpften Bedingungen wahr, wird die Berechnung in der Zeile **(12)** nicht durchgeführt, sondern es wird die printf-Fehlermeldung der Zeile **(08)** ausgegeben.

> **Abbruch bei einer logischen ODER-Verknüpfung**
>
> Ist bei einer logischen Verknüpfung eine Bedingung unwahr, werden eventuell weitere damit verknüpfte Bedingungen nicht mehr überprüft.

Das Programm bei der Ausführung:

```
Ganzzahl 1 eingeben: 10
Ganzzahl 2 eingeben: 0
Fehler: Einer der Werte ist gleich 0

Ganzzahl 1 eingeben: 10
Ganzzahl 2 eingeben: 4
10 / 4 = 2.500000
```

> **&& und || miteinander mischen und verknüpfen**
>
> Sie können natürlich auch mit dem &&-Operator und ||-Operator weitere Bedingungen miteinander verknüpfen. Hierbei sollten Sie aber stets die Lesbarkeit des Codes im Auge behalten.

Logische UND- und ODER-Makros im C99-Standard

In dem C99-Standard wurden für die logischen Operator-Gegenstücke && und || die Makros and und or eingeführt. Sie sind in der Headerdatei <iso646.h> definiert. In der Praxis werden diese Makros allerdings selten verwendet. Bezogen auf das Listing listing007.c würde somit die Zeile **(08)** mit den Makros wie folgt aussehen:

```
#include <iso646.h>  // Benötigte Headerdatei
...
if( (not ival1) or (not ival2) )
```

5.4 Die Fallunterscheidung – switch

Die Fallunterscheidung switch können Sie für die Auswertung eines ganzzahligen Ausdrucks verwenden. Die Ausdrücke zum Auswerten müssen char-, int- oder long-Werte sein. Die Syntax hierzu sieht folgendermaßen aus:

```
switch( Ausdruck ) {
  case Ausdruck¹:  anweisungen¹; break;
```

5 Verzweigungen

```
case Ausdruck²:   anweisungen²; break;
case Ausdruck²:   anweisungen³; break;
..
case AusdruckᴺN:  anweisungenᴺ; break;
      default:   anweisungen;
}
```

Mit `switch` wird hier der ganzzahlige Ausdruck bewertet und mit den ganzzahligen Konstanten der folgenden `case`-Marken verglichen. Stimmt eine dieser `case`-Marken mit der `switch`-Auswertung von Ausdruck überein, wird die Programmausführung hinter dieser `case`-Marke fortgeführt. Stimmt keine `case`-Marke mit der `switch`-Auswertung überein, kann optional eine `default`-Marke verwendet werden. Diese wird dann auf jeden Fall ausgeführt.

Hierzu ein vereinfachter Programmablaufplan einer solchen `switch`-Fallunterscheidung:

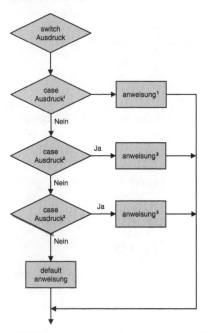

Abbildung 5.4 Ein einfacher Programmablaufplan einer »switch«-Fallunterscheidung

5.4 Die Fallunterscheidung – switch

Das folgende Beispiel soll Ihnen die `switch`-Fallunterscheidung näherbringen:

```
00   // kap005/listing008.c
01   #include <stdio.h>

02   int main(void) {
03      int eingabe;

04      printf("-1- Level 1\n");
05      printf("-2- Level 2\n");
06      printf("-3- Level 3\n");
07      printf("-4- Beenden\n");
08      printf("Ihre Auswahl bitte: ");
09      scanf("%d", &eingabe);

10      switch( eingabe ) {
11        case 1 : printf("Level 1 war die Auswahl\n");
12                 break;
13        case 2 : printf("Level 2 war die Auswahl\n");
14                 break;
15        case 3 : printf("Level 3 war die Auswahl\n");
16                 break;
17        case 4 : printf("Beenden war die Auswahl\n");
18                 break;
19        default : printf("Fehler bei der Eingabe!?\n");
20      }
21      return 0;
22   }
```

In diesem Beispiel werden Sie in einer Art Menü aufgefordert, eine Zahl von 1 bis 4 einzugeben. In Zeile **(10)** wird dieser Ausdruck in der `switch`-Anweisung überprüft und im `switch`-Rumpf (Zeile **(10)** bis **(20)**) mit seinen `case`-Marken verglichen. Je nachdem, welche `case`-Marke zutrifft, hier 1, 2, 3 oder 4, werden die dahinterstehenden Anweisungen ausgeführt. Haben Sie bspw. den ganzzahligen Wert 2 eingegeben, wird die Programmausführung mit der `case`-Marke 2 (Zeile **(13)**) fortgeführt. Das bedeutet im konkreten Fall, dass alle Anweisungen hinter dem Doppelpunkt dieser `case`-Marke bis zum nächsten `break` ausgeführt werden. Wurde ein anderer Wert als 1, 2, 3 oder 4 eingegeben, werden die Anweisungen der alternativen (aber optionalen) `default`-Anweisung (Zeile **(19)**) ausgeführt.

5 Verzweigungen

Das Programm bei der Ausführung:

```
-1- Level 1
-2- Level 2
-3- Level 3
-4- Beenden
Ihre Auswahl bitte: 2
Level 2 war die Auswahl

-1- Level 1
-2- Level 2
-3- Level 3
-4- Beenden
Ihre Auswahl bitte: 23
Fehler bei der Eingabe!?
```

Raus aus der Fallunterscheidung mit break

Von besonderer Wichtigkeit bei der switch-Fallunterscheidung sind die break-Anweisungen am Ende einer case-Marke. Mit diesem break weisen Sie das Programm an, aus dem switch-Rumpf herauszuspringen und mit der Programmausführung dahinter fortzufahren. Verwenden Sie nach einer case-Marke keine break-Anweisung, werden alle weiteren Anweisungen (auch die der case-Marken) im switch-Rumpf bis zum nächsten break oder bis zum Ende des Rumpfes ausgeführt.

> **Das bewirkt »break« in einer »switch«-Fallunterscheidung**
>
> Dank eines break an letzter Stelle einer case-Marke ist es möglich, ohne geschweifte Klammern in case-Blöcken auszukommen. Ohne einen break werden alle folgenden case-Anweisungen unabhängig von den Bedingungen ausgeführt.

Das absichtliche Weglassen von break kann allerdings durchaus gewollt sein, wie das folgende Beispiel demonstriert:

```
00  // kap005/listing009.c
01  #include <stdio.h>

02  int main(void) {
03     char opt;

04     printf("-a- Option A\n");
```

5.4 Die Fallunterscheidung – switch

```
05     printf("-b- Option B\n");
06     printf("-c- Option C\n");
07     printf("Option wählen: ");
08     scanf("%c", &opt);

09     switch( opt ) {
10       case 'a'  : printf("Option A benötigt auch ");
11       case 'b'  : printf("Option B\n");
12                   break;
13       case 'c'  :
14       case 'C'  : printf("Option C\n");
15                   break;
16       default   : printf("Fehler bei der Eingabe!?\n");
17     }
18     return 0;
19   }
```

In Listing listing009.c wurde nach der Anweisung in Zeile **(10)** kein break verwendet. Falls nun der Buchstabe 'a' eingegeben wird, wird neben der case-Marke für 'a' auch gleich die case-Marke für 'b' aus der Zeile **(11)** und **(12)** ausgeführt. Es wird hier einfach davon ausgegangen, dass für die Funktion mit der Option 'a' zusätzlich noch die Funktion mit der Option 'b' benötigt wird. Wird hingegen die Option 'b' gewählt (also nur der Buchstabe 'b' eingegeben), dann werden nur die Anweisungen hinter der case-Marke von 'b' (Zeile **(11)** bis **(12)**) ausgeführt. Zu den Funktionen der case-Marke 'a' wird dabei nicht verzweigt.

In den Zeilen **(13)** und **(14)** wurde Ähnliches gemacht. Die leere case-Marke mit dem kleinen 'c' ohne break dient dazu, dass die Klein- und Großschreibung nicht beachtet wird. Es ist also egal, ob Sie 'c' oder 'C' eingeben; es werden immer dieselben Anweisungen der Zeilen **(14)** und **(15)** ausgeführt.

Zwar wurde hier für die Eingabe ein char-Wert verwendet, dank der impliziten Datentypenumwandlung und einer festen Regel wird aber mit nichts Kleinerem als mit einem int gerechnet. Infolgedessen werden das char für die switch-Fallunterscheidung und die case-Marken automatisch nach int konvertiert.

Das Programm bei der Ausführung:

```
-a- Option A
-b- Option B
-c- Option C
Option wählen: a
```

5 Verzweigungen

```
Option A benötigt auch Option B

-a- Option A
-b- Option B
-c- Option C
Option wählen: b
Option B

-a- Option A
-b- Option B
-c- Option C
Option wählen: C
Option C

-a- Option A
-b- Option B
-c- Option C
Option wählen: c
Option C
```

Natürlich sollte nicht unerwähnt bleiben, dass Sie anstatt einer switch-Fallunterscheidung auch viele if-else-if-Anweisungen verwenden können. Aber eigentlich wird die case-Fallunterscheidung eher verwendet, um eine große Anzahl von if-Anweisungen zu ersetzen.

5.5 Aufgaben

In diesem Kapitel haben Sie erfahren, wie Sie den Programmablauf auf verschiedene Weise in eine andere Richtung verzweigen können. Von solchen Verzweigungen wird in der Programmierung sehr viel Gebrauch gemacht. Daher ist es unerlässlich, dass Sie mindestens die Fragen von Level 1 und Level 2 beantworten können.

5.5.1 Level 1

1. Welchen Wert gibt eine if-Anweisung zwischen den Klammern () zurück, wenn der Ausdruck der Bedingung richtig oder falsch ist?
2. Wie lautet die alternative Verzweigung einer if-Anweisung, und wann wird diese ausgeführt?

3. Was können Sie verwenden, wenn Ihnen die zwei Alternativen mit `if-else` nicht mehr ausreichen?
4. Welche besondere Bedeutung spielt die Anweisung `break` in einem `switch`-Konstrukt?
5. Wird keine passende `case`-Marke in einem `switch`-Konstrukt angesprungen, findet keine Verarbeitung statt. Wie können Sie trotzdem eine optionale Marke im `switch`-Konstrukt einbauen, die ausgeführt wird, wenn in keine `case`-Marke gesprungen wird?
6. In C gibt es drei logische Operatoren. Nennen Sie diese und geben Sie an, wozu diese in der Regel verwendet werden.

5.5.2 Level 2

1. Das folgende Listing gibt immer zurück, dass der Wert gleich 100 ist. Warum?

```
00  // kap005/aufgabe001.c
01  #include <stdio.h>

02  int main(void) {
03     int ival;
04     printf("Bitte eine Ganzzahl eingeben: ");
05     scanf("%d", &ival);

06     if( ival = 100 ) {
07        printf("Die Zahl ist gleich 100!\n");
08     }
09     return 0;
10  }
```

2. Finden Sie heraus, ob die logischen Verknüpfungen 1 (wahr) oder 0 (unwahr) ergeben. Versuchen Sie, die Verknüpfungen ohne ein Programm für die Ausgabe der einzelnen Werte zu lösen.

```
00  int ival1 = 11, ival2 = 22;

01  int logo1 = (ival1 == 11) && (ival2 != 11);
02  int logo2 = (ival1 != 11) || (ival2 != 11);
03  int logo3 = (!(ival1 != ival2)) && (!(ival2-ival2));
04  int logo4 = (ival1 < ival2) && (ival2 != 22);
05  int logo5 = (!(ival1 == ival2)) || (!(ival1 < ival2));
```

5 Verzweigungen

3. Das folgende Listing überprüft die Eingabe von zwei Ganzzahlen von scanf. Allerdings gibt das Listing immer zurück, dass es sich hierbei nicht um zwei Ganzzahlen handelt, auch wenn es tatsächlich Ganzzahlen waren. Was wurde hier falsch gemacht?

```
00  // kap005/aufgabe002.c
01  #include <stdio.h>

02  int main(void) {
03    int chck, val1, val2;
04    printf("Zwei Ganzzahlen eingeben: ");
05    chck = scanf("%d %d", &val1, &val2);
06    if( chck != 2 ); {
07      printf("Das waren nicht 2 Ganzzahlen\n");
08    }
09    return 0;
10  }
```

5.5.3 Level 3

1. Erstellen Sie ein Listing, das überprüft, ob eine gerade oder ungerade Zahl eingegeben wurde (**Tipp:** %-Operator verwenden). Beschränken Sie außerdem die Zahlen auf einen Bereich von 1 bis 100 (**Tipp:** logische Operatoren verwenden).

2. Erstellen Sie ein Programm, das folgende Frage stellt:

   Wie viele Zeilen wollen Sie lesen:

   Je nachdem, ob Sie jetzt die Zahl 1 oder einen höheren Wert eingeben, soll das Programm auf Einzahl und Mehrzahl reagieren. Wurde bspw. »1« eingegeben, soll die Ausgabe wie folgt aussehen:

   Hier die 1 Zeile

   Wurde »4« eingegeben, sei die Ausgabe folgende:

   Hier die 4 Zeilen

   Tipp: Verwenden Sie hierzu den ternären Operator ?: und printf mit dem Formatzeichen %s. Mit dem Formatzeichen %s können Sie an dieser Stelle die ganzen Zeichenketten zwischen doppelten Hochkommata ersetzen. Hier ein Beispiel:

   printf("Eine Zeichenkette :**%s**\n","Hallo Welt");

3. Schreiben Sie das folgende Programm um, damit eine switch-Fallunterscheidung statt der vielen if-Anweisungen verwendet wird.

```c
// kap005/aufgabe003.c
#include <stdio.h>

int main(void) {
  int work;

  printf("-1- PC 1 hochfahren\n");
  printf("-2- PC 2 hochfahren\n");
  printf("-3- Drucker einschalten\n");
  printf("-4- Kaffee machen\n");
  printf("-5- Feierabend machen\n");
  printf("Funktion auswählen: ");
  scanf("%d", &work);

  if( work == 1 ) {
    printf("PC 1 wird hochgefahren\n");
  }
  else if( work == 2 ) {
    printf("PC 2 wird hochgefahren\n");
  }
  else if( work == 3 ) {
    printf("Drucker wird eingeschaltet\n");
  }
  else if( work == 4 ) {
    printf("Kaffee wird gemacht\n");
  }
  else if( work == 5 ) {
    printf("Gute Nacht\n");
  }
  else {
    printf("Falsche Eingabe !\n");
  }
  return 0
}
```

6 Schleifen – Programmteile wiederholen

Wenn Sie eine Gruppe von Anweisungen mehrfach ausführen wollen oder müssen, stellt Ihnen C mit for, while und do-while drei verschiedene Schleifen, sogenannte Iterationsanweisungen, zur Verfügung.

6.1 Die Zählschleife – for

Die for-Schleife wird häufig als Zählschleife bezeichnet, weil sie mehr als nur die übliche Schleifenlogik enthält. Zunächst die Syntax dieser Schleife:

```
for( ausdruck1; ausdruck2; ausdruck3 ) {
   Anweisung(en);
}
```

Beim Eintritt in die for-Schleife wird vor dem eigentlichen Schleifendurchlauf einmalig der Ausdruck ausdruck1 ausgeführt. Gewöhnlich wird für ausdruck1 die Schleifenvariable initialisiert. Es kann stattdessen aber auch eine beliebige Anweisung ausgeführt werden. ausdruck2 ist dann die logische Bedingung, welche den Schleifenablauf regelt – sprich die Abbruchbedingung für die Schleife festlegt. Solange ausdruck2 wahr (ungleich 0) ist, werden die Anweisungen im Schleifenrumpf ausgeführt. Ist ausdruck2 hingegen unwahr (gibt 0 zurück), endet die Schleife, und die Programmausführung wird hinter dem Schleifenrumpf fortgeführt. Der letzte Ausdruck ausdruck3 wird immer zum Abschluss eines jeden Schleifendurchgangs ausgeführt. In der Regel wird ausdruck3 zur Reinitialisierung der Schleifenvariable verwendet. Allerdings kann hierfür auch eine beliebige Anweisung ausgeführt werden.

Im gewöhnlichen Hausgebrauch wird eine for-Schleife also wie folgt verwendet:

```
for( Initialisierung; Bedingung; Reinitialisierung ) {
   // Anweisung(en)
}
```

Zum besseren Verständnis hierzu ein logischer Programmablaufplan der for-Schleife (siehe Abbildung 6.1).

6.1 Die Zählschleife – for

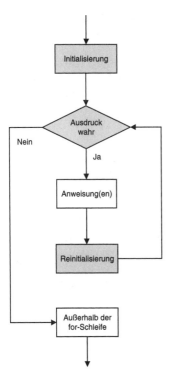

Abbildung 6.1 Ein einfacher Programmablaufplan der »for«-Schleife für die übliche Verwendung

Dieses Minimalbeispiel demonstriert die for-Schleife bei der Ausführung:

```
00  // kap006/listing001.c
01  #include <stdio.h>

02  int main(void) {
03     int cnt;
04     for( cnt = 1; cnt <= 5; cnt++ ) {
05         printf("%d. Schleifendurchlauf\n", cnt);
06     }
07     return 0;
08  }
```

6 Schleifen – Programmteile wiederholen

Der Schleifenablauf spielt sich in den Zeilen **(04)** bis **(06)** ab. In der Schleife wird zunächst die Variable cnt mit dem Wert 1 initialisiert. Anschließend wird überprüft, ob der Wert der Variablen cnt kleiner oder gleich 5 ist. Ist dies der Fall, werden die Anweisungen im Schleifenrumpf (Zeile **(05)**) ausgeführt. Nach der Ausführung der Anweisungen wird der dritte Ausdruck der for-Schleife ausgeführt. Hier wird der Wert der Variable nur mit cnt++ um den Wert 1 erhöht. Jetzt wird wieder überprüft, ob der Wert von cnt kleiner oder gleich 5 ist.

Der Vorgang wird so lange wiederholt, bis die Abbruchbedingung, dass cnt kleiner oder gleich 5 ist, unwahr (also gleich 0) zurückliefert. Ist dies der Fall, wird der Schleifendurchlauf beendet, und es wird mit der Programmausführung hinter der Schleifenanweisung (hier Zeile **(07)**) fortgefahren.

Das Programm bei der Ausführung:

1. Schleifendurchlauf
2. Schleifendurchlauf
3. Schleifendurchlauf
4. Schleifendurchlauf
5. Schleifendurchlauf

Das Beispiel soll nicht darüber hinwegtäuschen, dass die for-Schleifen extrem vielseitig und flexibel sind. So können Sie den Schleifendurchlauf des Listings listing001.c auch wie folgt ändern:

```
for(cnt=1; cnt<=5; printf("%d. Schleifendurchlauf\n", cnt++));
```

Hier wurde die Reinitialisierung der Schleifenvariable gleichzeitig mit der printf-Anweisung im dritten Argument der for-Schleife verwendet. So können Sie sich den Schleifenrumpf hier auch gleich sparen und daher mit einem Semikolon abschließen. Allerdings sollte dieses Beispiel keine Schule machen. Es dient nur zu Demonstrationszwecken.

Neben der Möglichkeit, verschiedene Ausdrücke in der for-Schleife zu verwenden, können auch Ausdrücke in der for-Schleife fehlen. Entscheidend ist, dass die beiden Semikolons in den Klammern an der richtigen Stelle vorhanden sind. Alle folgenden Beispiele sind bspw. erlaubt:

```
// ohne 1. Ausdruck
for( ; i < 10; i++ ) { ... }
// ohne 1. und 3. Ausdruck
for( ; i < 10; ) { ... }
// ohne einen Ausdruck – eine Endlosschleife
for( ;; ) { ... }
```

6.1 Die Zählschleife – for

Im C99-Standard können Sie die Schleifenvariable auch gleich im ersten Ausdruck der for-Schleife deklarieren:

```
for( int i = 10; i > 0; i-- ) { // nur im C99-Standard erlaubt
  // Anweisung(en)
}
```

Beachten Sie allerdings, dass dann die Schleifenvariable, die Sie innerhalb von for deklariert haben, nicht nach dem Ende der for-Schleife zur Verfügung steht.

Es ist auch möglich, im Schleifenkopf von for mehrere Anweisungen mit dem **Komma-Operator** getrennt zu verwenden. In der Praxis wird dies bspw. verwendet, um im ersten Ausdruck mehrere Variablen mit einem Wert zu initialisieren und/oder im dritten Ausdruck mehrere Variablen zu reinitialisieren. Hierzu ein einfaches Beispiel:

```
00  // kap006/listing002.c
01  #include <stdio.h>

02  int main(void) {
03    int i, j;
04    for( i=1, j=10; i < j; i++, j--) {
05      printf("i=%d, j=%d\n", i, j);
06    }
07    return 0;
08  }
```

Im Schleifenkopf der Zeile **(04)** werden die beiden Variablen i und j zunächst im ersten Ausdruck mit Werten initialisiert. Im dritten Ausdruck werden die Werte dieser Variablen dann inkrementiert bzw. dekrementiert. Im Beispiel wird nichts anderes gemacht, als dass der eine Wert hoch- und der andere Wert heruntergezählt wird, bis i nicht mehr kleiner als j ist (was die Abbruchbedingung der Schleife ist). In der Praxis findet man solche Schleifenkonstrukte in Such- oder Sortieralgorithmen.

Das Programm bei der Ausführung:

```
i=1, j=10
i=2, j=9
i=3, j=8
i=4, j=7
i=5, j=6
```

6 Schleifen – Programmteile wiederholen

Natürlich, und das sollte nicht unerwähnt bleiben, können Sie `for`-Schleifen auch ineinander verschachteln. Solche verschachtelten Schleifen finden Sie ebenfalls häufiger in Such- oder Sortieralgorithmen vor. Hier ein Beispiel:

```
for( i = 0; i < 10; i++ ) {
  for( j = 0; j < 10; j++ ) {
     printf("i=%d, j=%d\n", i, j);
  }
}
```

6.2 Die kopfgesteuerte while-Schleife

Die `while`-Schleife ist eine kopfgesteuerte Schleife und führt einen Block von Anweisungen so lange aus, wie die Schleifenbedingung wahr ist. Die Syntax der `while`-Schleife sieht folgendermaßen aus:

```
while( Ausdruck ) {
   Anweisung(en)
}
```

Bevor ein Schleifendurchlauf gestartet wird, wird zunächst `Ausdruck` ausgewertet. Solange dieser wahr ist (ungleich 0), werden die Anweisungen im Schleifenrumpf ausgeführt. Ist die Schleifenbedingung unwahr (gleich 0), wird die Schleife beendet, und das Programm fährt mit der Ausführung dahinter fort. Der typische Programmablaufplan für die `while`-Schleife sieht demnach wie folgt aus:

Abbildung 6.2 Programmablaufplan der »while«-Schleife

6.2 Die kopfgesteuerte while-Schleife

Ein einfaches Beispiel hierzu:

```
00  // kap006/listing003.c
01  #include <stdio.h>

02  int main(void) {
03     int ival;
04     ival = 10;
05     while( ival > 0 ) {
06        if( ival % 2 ) {
07           printf("%d ", ival);
08        }
09        ival--;
10     }
11     printf("\n");
12     return 0;
13  }
```

In Zeile **(04)** wird die Schleifenvariable ival mit dem Wert 10 initialisiert. Eine Zeile **(05)** später geht es in die while-Schleife. Es wird die Bedingung überprüft, ob der Wert von ival größer als 0 ist. Solange diese Bedingung wahr ist (ungleich 0), wird der Schleifenrumpf von der Zeile **(06)** bis **(10)** ausgeführt. In der Schleife selbst wird in der Zeile **(06)** lediglich mit dem Modulo-Operator überprüft, ob der aktuelle Wert von ival durch 2 geteilt einen Rest ergibt. Ist dies der Fall, handelt es sich um eine ungerade Zahl, und die geben Sie in Zeile **(07)** aus. Ansonsten wird nichts ausgegeben.

> **»while«-Schleife zu »for«-Schleife**
>
> Aus jeder while-Schleife können Sie natürlich auch eine for-Schleife formen. Umgekehrt funktioniert dies genauso.

In jedem Schleifendurchlauf wird, und das ist in diesem Beispiel besonders wichtig, der Wert von ival in Zeile **(09)** um 1 reduziert. Ohne diese Inkrementierung von ival in Zeile **(09)** würde sich die Schleife nie mehr ohne fremde Hilfe beenden lassen – sprich die Abbruchbedingung würde nie erreicht. Nachdem der Wert von ival um 1 reduziert wurde, geht es wieder hoch zum Schleifenanfang in der Zeile **(05)**, wo die Bedingung erneut überprüft wird. Der Vorgang wird so lange ausgeführt, bis die Bedingung in der

Zeile **(05)** unwahr ist (gleich 0). Trifft dies zu, wird mit der Ausführung des Programms hinter dem Rumpf der while-Schleife mit der Zeile **(11)** fortgefahren.

Das Programm bei der Ausführung:

9 7 5 3 1

6.3 Die fußgesteuerte do-while-Schleife

Das Gegenstück zur kopfgesteuerten while-Schleife ist die fußgesteuerte do-while-Schleife. Hier die Syntax zu dieser dritten und letzten Schleife:

```
do {
   Anweisung(en)
} while( Ausdruck );
```

Beim Ausführen der do-while-Schleife werden zunächst die Anweisungen im Schleifenrumpf abgearbeitet. Somit garantiert Ihnen diese Schleife, dass der Schleifenrumpf bzw. der Anweisungsblock mindestens einmal ausgeführt wird. Anschließend wird mit while der Ausdruck ausgewertet. Ist dieser wahr (ungleich 0), werden erneut die Anweisungen hinter dem Schlüsselwort do ausgeführt. Gibt die Schleifenbedingung hingegen unwahr (gleich 0) zurück, wird die Schleife beendet, und das Programm fährt mit der Ausführung dahinter fort.

> **Anwendungszweck für »do while«**
>
> Die do-while-Schleife wird hauptsächlich dann verwendet, wenn Anweisungen in einer Schleife mindestens einmal, aber eventuell auch mehrmals, ausgeführt werden müssen. Da die do-while-Schleife die Schleifenbedingung erst am Ende abfragt, ist dies hiermit, im Gegensatz zu for/while-Schleifen, garantiert.

Den Programmablaufplan der do-while-Schleife sehen Sie in Abbildung 6.3.

Hier ein einfaches Listing zur do-while-Schleife:

```
00  // kap006/listing004.c
01  #include <stdio.h>

02  int main(void) {
03     int auswahl;
```

6.3 Die fußgesteuerte do-while-Schleife

```
04    do {
05       printf("-1- Funktion 1 verwenden\n");
06       printf("-2- Funktion 2 verwenden\n");
07       printf("-3- Funktion 3 verwenden\n");
08       printf("-0- Programm beenden\n\n");
09       printf("Ihre Auswahl :\t");
10       scanf("%d", &auswahl);
11       switch( auswahl ) {
12         case 1 : printf("Funktion 1 ausführen\n");
13                  break;
14         case 2 : printf("Funktion 2 ausführen\n");
15                  break;
16         case 3 : printf("Funktion 3 ausführen\n");
17                  break;
18         case 0 : printf("Beende Programm\n");
19                  break;
20         default: printf("Falsche Eingabe!!!\n");
21       }
22    } while( auswahl != 0 );
23    printf("Auf Wiedersehen!\n");
24    return 0;
25 }
```

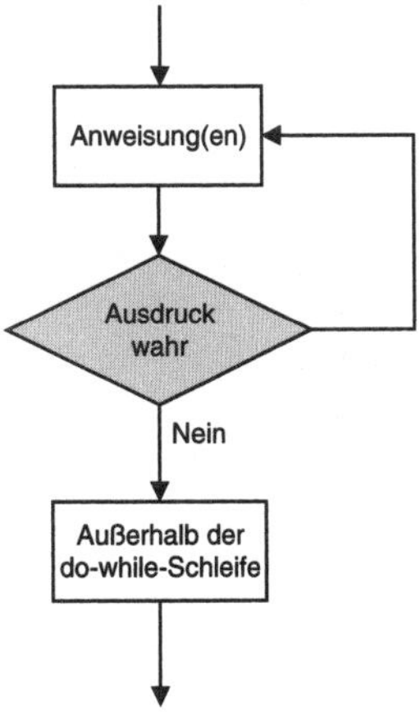

Abbildung 6.3 Programmablaufplan der »do-while«-Schleife

Die do-while-Schleife wird mit dem Schlüsselwort do in der Zeile **(04)** eingeleitet. Anschließend wird der komplette Code bis zur Zeile **(21)** wie gewöhnlich ausgeführt. Im Beispiel wurde eine switch-Fallunterscheidung verwendet. Das ist eine Art Menüführung für die Konsole, in der Sie eine bestimmte Funktion über die Eingabe einer numerischen Ganzzahl auswählen können. In Zeile **(22)** wird diese numerische Ganzzahl auswahl als Schleifenabbruchbedingung ausgewertet. Solange der Anwender hier nicht die numerische Ganzzahl 0 eingegeben hat, wird die do-while-Schleife erneut ab der Zeile **(04)** ausgeführt, und das Programm wird weiter verwendet. Mit der Eingabe der Ganzzahl 0 können Sie das Programm ordentlich beenden und mit der Zeile **(23)** im Programm fortfahren.

Das Programm bei der Ausführung:

```
-1- Funktion 1 verwenden
-2- Funktion 2 verwenden
-3- Funktion 3 verwenden
-0- Programm beenden

Ihre Auswahl :     2
Funktion 2 ausführen
-1- Funktion 1 verwenden
-2- Funktion 2 verwenden
-3- Funktion 3 verwenden
-0- Programm beenden

Ihre Auswahl :     0
Beende Programm
Auf Wiedersehen!
```

6.4 Kontrollierte Sprünge aus Schleifen

Wenn Sie einen Notausgang aus einer Schleife suchen oder wieder an den Anfang des Schleifenkopfes springen möchten, können Sie die Schlüsselwörter break oder continue verwenden.

break

Das Schlüsselwort break haben Sie bereits bei der switch-Fallunterscheidung kennengelernt. break kann auch dazu verwendet werden, um eine for-, while oder do-while-Schleife vorzeitig zu verlassen. Beachten Sie hierbei, dass bei einer verschachtelten Schleife nur die innerste Schleife abgebrochen wird.

> **Schleifenbedingung**
>
> Auch wenn Sie mithilfe von `break` eine Schleife »manuell« beenden können, sollten Sie nicht nachlässig und schlampig werden, sondern nach wie vor sauber programmieren und die Schleifenbedingung für die Beendigung der Schleifen verwenden.

Hierzu ein einfaches Beispiel zum Schlüsselwort `break`:

```
00  // kap006/listing005.c
01  #include <stdio.h>

02  int main(void) {
03    int ival;

04    while( 1 ) {
05       printf("Raus geht es mit 5 : ");
06       scanf("%d", &ival );
07       if( ival == 5 ) {
08          break;
09       }
10    }
11    printf("Programmende\n");
12    return 0;
13  }
```

Aus dieser (Endlos-)Schleife aus Zeile **(04)** bis **(10)** geht es nur heraus, wenn Sie den numerischen Wert 5 eingeben und die `if`-Bedingung in der Zeile **(07)** wahr ist. Erst wenn die Bedingung wahr ist, wird die `break`-Anweisung in der Zeile **(08)** ausgeführt. Dann wird die `while`-Schleife verlassen und mit der Programmausführung in der Zeile **(11)** fortgefahren.

Allerdings besteht bei einem solchen Beispiel keine Notwendigkeit, eine `break`-Anweisung zu verwenden. Die Schleife aus dem Listing `listing005.c` mit den Zeilen **(04)** bis **(10)** hätte auch wie folgt erstellt werden können:

```
while( ival != 5 ) {
   printf("Raus geht es mit 5 : ");
   scanf("%d", &ival );
}
```

continue

Mit dem Schlüsselwort continue können Sie, im Gegensatz zum Schlüsselwort break, nur den aktuellen Schleifendurchlauf beenden und gleich mit dem nächsten Schleifendurchlauf fortfahren. Hierzu ein Beispiel:

```
00  // kap006/listing006.c
01  #include <stdio.h>

02  int main(void) {
03     int ival, sum = 0;

04     for(ival=0; ival < 20; ival++) {
05        if(ival % 2) {
06           continue;
07        }
08        sum+=ival;
09     }
10     printf("Summe gerader Zahlen: %d\n", sum);
11     return 0;
12  }
```

In diesem Beispiel wird die Summe aller geraden Zahlen addiert. Ist der Wert der Schleifenvariable in Zeile **(05)** eine ungerade Zahl, wird ein Rest zurückgegeben, sodass diese Bedingung wahr ist. Dann wird mithilfe von continue in Zeile **(06)** wieder hoch zum nächsten Schleifendurchlauf von for hochgesprungen und die Zeile **(08)** dahinter, das Addieren von geraden Ganzzahlen, wird gar nicht mehr ausgeführt.

Auch in diesem Beispiel könnten Sie auf die continue-Anweisung verzichten. Dieselbe Schleife, nur jetzt ohne die continue-Anweisung, könnten Sie wie folgt realisieren:

```
for(ival=0; ival < 20; ival++) {
   if(! (ival % 2) ) {
      sum+=ival;
   }
}
```

Code-Optimierung: Wenn Sie sich den logischen Sachverhalt des Listings noch etwas genauer ansehen, könnten Sie auch auf die if-Verzweigung verzichten und gleich dafür sorgen, dass beim Hochzählen in der Schleife immer nur gerade Zahlen verwendet werden. Somit könnten Sie mit folgendem Schleifenkonstrukt auf alle if-Überprüfungen und die Hälfte der Schleifendurchläufe verzichten:

```
for(ival=0; ival < 20 ; ival+=2) {
   sum+=ival;
}
```

6.5 Endlosschleifen

Endlosschleifen sind Schleifen, die nach ihrer Abarbeitung erneut ausgeführt werden und bei denen kein Abbruchkriterium definiert wurde. Zwar können Endlosschleifen unbeabsichtigt auch als Fehler produziert werden, aber in diesem Fall geht es um gewollte Endlosschleifen.

Auf einem Multitasking-System laufen unzählige Programme in einer Art Endlosschleife und warten auf eine Aktion. Das Warten auf eine Aktion wird als *Polling* bezeichnet. Auch Server-Anwendungen laufen gewöhnlich in einer Endlosschleife.

Beenden können Sie eine solche Endlosschleife auf unterschiedliche Arten. So können Sie bspw. mit dem Schlüsselwort break aus dieser Schleife herausspringen und diverse Aufräumarbeiten durchführen. Des Weiteren können Sie die Funktion, in der die Endlosschleife ausgeführt wurde, mit return beenden. Und natürlich können Sie auch die komplette Anwendung mit exit beenden.

Eine Endlosschleife können Sie bspw. mit der while-Schleife erstellen:

```
while( 1 ) {
   // Funktionen und Kommandos in der Endlosschleife
   ...
   // Eine Ausstiegsfunktion
   if( myExit() == EXIT ) {
      break;
   }
}
```

Mithilfe einer Ganzzahl ungleich 0 innerhalb des Ausdrucks von while sorgen Sie dafür, dass der Ausdruck dieser Schleife immer wahr ist. Gleiches können Sie auch mit der for-Schleife realisieren:

```
for( ;; ) {   // ... oder auch for( ;1; )
   // Funktionen und Kommandos in der Endlosschleife
   ...
```

```
// Eine Ausstiegsfunktion
if( myExit() == EXIT ) {
   break;
}
}
```

6.6 Fehlervermeidung bei Schleifen

Im Abschnitt zuvor haben Sie einige Details über die beabsichtigten Endlosschleifen erfahren. Leider kommt es aber immer wieder vor, dass eine versehentliche Endlosschleife erstellt wird und dass sich das Programm nur noch mit »Gewalt« beenden lässt. Es gibt sagenhaft viele Möglichkeiten, eine unbeabsichtigte Endlosschleife zu produzieren. Auf meinem Leidensweg haben mich auch viele davon ereilt, welche ich Ihnen hier nicht vorenthalten will.

Schleife mit einem Semikolon abschließen

Schließen Sie eine for- oder while-Schleife versehentlich mit einem Semikolon ab (was Sie hingegen bei der do-while-Schleife tun müssen), erzeugen Sie gerade bei einer while-Schleife eine ungewollte Endlosschleife, weil die Schleifenvariable nicht mehr hochgezählt wird (wenn eine verwendet wird). Hier ein Beispiel:

```
int ival = 10;
while ( ival > 0 ); {   // <- Semikolon muss weg hier
   printf("%d\n", ival);
   ival--;
}
```

In diesem Beispiel wird wegen des Semikolons hinter der while-Schleife ständig in einer Endlosschleife überprüft, ob ival größer als 0 ist. Die Anweisung ival-- im Schleifenrumpf gehört wegen des Semikolons gar nicht mehr zur Schleife und wird daher nicht mehr ausgeführt.

Überprüfen auf Gleichheit

Gefährlich ist auch die Überprüfung auf Gleichheit bzw. Ungleichheit mit dem ==- bzw. !=-Operator. Diesen Vorgang sollten Sie bei Gleitpunktzahlen ohnehin vermeiden, ebenso bei numerischen Ganzzahlen. Mit folgendem Schleifenkonstrukt haben Sie bspw. eine nicht sofort ersichtliche Endlosschleife produziert:

```
int ival = 1;
while ( ival != 10 ) {
   printf("%d\n", ival);
   ival+=2;
}
```

Da Sie als Startwert für ival den Wert 1 übergeben haben und diesen Wert künftig nach jedem Schleifendurchlauf um 2 erhöhen, bleibt die Schleifenbedingung, dass der Wert ungleich 10 ist, immer wahr. Diesen Fehler können Sie vermeiden, indem Sie auf kleiner-gleich (<=-Operator) testen:

```
while ( ival <= 10 )
```

Logische Operatoren unlogisch verwendet

Wenn Sie die logischen Operatoren unbedacht verwenden, kann es ebenfalls zu einem nicht erwarteten Nebeneffekt kommen. Hier ein Beispiel:

```
int ival1 = 0, ival2 =0;
while( (ival1++ < 5) || (ival2++ < 5) ) {
   printf("%d : %d\n", ival1, ival2);
}
```

Die Ausgabe der Schleife ist wie folgt:

1 : 0
2 : 0
3 : 0
4 : 0
5 : 0
6 : 1
7 : 2
8 : 3
9 : 4
10 : 5

Wir hätten aber in der Praxis folgende Ausgabe gewollt:

1 : 1
2 : 2
3 : 3
4 : 4
5 : 5

Da der erste Ausdruck die ersten fünf Male wahr ist, wird der zweite Ausdruck wegen des logischen ODER-Operators nicht mehr ausgewertet. Erst wenn der erste Ausdruck wahr ist, wird der zweite Ausdruck weitere fünf

Mal ausgeführt, bis auch dieser nicht mehr wahr ist. In diesem Fall können Sie das Problem lösen, indem Sie den logischen UND-Operator statt des logischen ODER-Operators verwenden:

```
while( (ival1++ < 5) && (ival2++ < 5) )
```

Der Klassiker: die Abbruchbedingung

Der Klassiker schlechthin ist natürlich, dass die Abbruchbedingung der Schleife nie erreicht wird. Dies kann allerdings viele Ursachen haben. So kann eine falsche Überprüfung, eine fehlerhafte Reinitialisierung der Schleifenvariable, eine falsche Eingabe des Benutzers oder ein falsch gesetztes continue zu einer Endlosschleife führen. Auf die unzähligen einzelnen Punkte hier einzugehen, würde den Rahmen des Buches sprengen.

Der Schleifenrumpf

Das Thema wurde bisher noch nicht angesprochen: Wenn Sie einen Schleifenrumpf mit nur einer Anweisung verwenden, können ebenfalls versehentlich Fehler gemacht werden. Hier ein Beispiel:

```
int ival = 0;
while ( ival < 10 )
  printf("%d\n", ival);
  ival++;
```

In dieser Endlosschleife wird der Wert 0 ausgegeben, weil ival++ nicht mehr zum Schleifenrumpf gehört. Achten Sie also bei Schleifen mit mehr als nur einer Anweisung darauf, dass Sie einen Schleifenrumpf bzw. einen Anweisungsblock mit { } verwenden.

> **Schleifen ohne Anweisungsblock**
>
> Besitzt der Schleifenrumpf nur eine Anweisung, können Sie den Anweisungsblock mit { ... } auch weglassen. Ein Anweisungsblock ist nur dann nötig, wenn mehrere Anweisungen zu einem Block zusammengefasst werden müssen.

6.7 Aufgaben

Zugegeben, es ist nicht schwer, die Schleifen zu verstehen. Leider gibt es hier aber viele Fallstricke, die man sich als Programmierer meistens selbst legt. Wenn Sie Ihren Code nicht zu komplex stricken, bekommen Sie mit

Schleifen selten Probleme. Neben dem Level 1 sollten Sie in diesem Kapitel auch locker Level 2 lösen können.

6.7.1 Level 1

1. Was sind Schleifen?
2. Welche Schleifen stehen Ihnen zur Verfügung?
3. Welche Schleife sollten Sie verwenden, wenn mehrere Anweisungen mindestens einmal ausgeführt werden sollen?
4. Wie können Sie den normalen Schleifenablauf beeinflussen?
5. Was ist eine Endlosschleife?

6.7.2 Level 2

1. Was gibt diese Schleife aus, und welcher Fehler wurde hier gemacht?
   ```
   int ival = 0;
   while ( ival > 10 ) {
     printf("%d\n", ival);
     ival++;
   }
   ```

2. Auf den ersten Blick scheint bei dieser Schleife alles in Ordnung zu sein. Auch logisch liegt hier kein Fehler vor. Warum läuft diese Schleife trotzdem in einer Endlosschleife, und was können Sie dagegen tun?
   ```
   float fval;
   for( fval = 0.0f; fval != 1.0f; fval+=0.1f ) {
      printf("%f\n", fval);
   }
   ```

3. Im folgenden Beispiel wird nur einmal 0 ausgegeben, und dann hängt das Programm in einer Endlosschleife fest. Was wurde falsch gemacht?
   ```
   int ival = 0;
   while ( ival < 20 ) {
     if(ival % 2) {
        continue;
     }
     printf("%d\n", ival);
     ival++;
   }
   ```

6.7.3 Level 3

1. Erstellen Sie ein Programm, das abfragt, wie viele Gleitpunktzahlen addiert werden sollen. Lesen Sie dann in einer Schleife die einzelnen Gleitpunkttypen (float-Werte) ein, und addieren Sie diese. Am Ende geben Sie das Ergebnis der Addition aus.
2. Ein Kunde legt einen bestimmten Geldbetrag auf einem Konto an und bekommt einen bestimmten Zinsanteil dafür pro Jahr. Erstellen Sie ein Programm, das abfragt, wie viel Geld der Kunde auf das Konto einzahlt und welchen Zinssatz er dafür bekommt. Listen Sie mithilfe einer Schleife auf, wie sich das Geld Jahr für Jahr vermehrt. Natürlich fragen Sie den Anwender auch, wie viele Jahre dieser auflisten lassen will.

7 Funktionen erstellen

In der Praxis werden Sie die komplette Programmausführung nicht in einem einzigen Anweisungsblock zusammenfassen, sondern eine Problemlösung in viele kleine Teilprobleme zerlegen und mithilfe von mehreren Unterprogrammen, auch Funktionen genannt, lösen. Anweisungen eines Programms werden grundsätzlich in Funktionen zusammengefasst. Die Funktion, die immer als erstes angesprochen wird, ist die main-Funktion. Diese haben Sie bisher immer verwendet. Die main-Funktion bildet die Hauptfunktion, und von dort aus werden alle anderen Unterfunktionen bzw. auch Unterprogramme aufgerufen und gestartet. Das bedeutet natürlich auch, dass ein Programm ohne eine main-Funktion nicht funktionieren kann.

> **Parallele Ausführung**
>
> Nach aktuellem C99-Standard gibt es noch keine standardisierte Möglichkeit, Funktionen parallel, also gleichzeitig, auszuführen. Hierbei müssen Sie noch immer auf externe Lösungen wie bspw. die POSIX-Threads zurückgreifen. Allerdings wurde für den künftigen C-Standard (Codename: C1X) angekündigt, dass dann Multithreading-Unterstützung im C-Standard vorhanden sein soll.

7.1 Funktionen definieren

Zunächst die grundlegende Syntax einer Funktion:

```
[Spezifizierer] <Datentyp> <Funktionsname>( [Parameter] ) {
   // Anweisung(en)
}
```

Im Funktionskopf können folgende Bestandteile verwendet werden:

▶ Spezifizierer: Ein Speicherklassen-Spezifizierer ist optional und wird gesondert in Abschnitt 8.4, »Speicherklassen-Spezifizierer«, beschrieben.

▶ Datentyp: Hiermit wird der Typ des Rückgabewertes spezifiziert. Sie können beliebige Datentypen verwenden oder void, wenn eine Funktion keinen Rückgabewert zurückgibt.

▶ Funktionsname: Dies muss ein eindeutiger Funktionsname sein, mit dem Sie diese Funktion von einer anderen Programmstelle aus aufrufen können. Für den Namen gelten dieselben Regeln wie schon bei den Variablennamen (siehe Abschnitt 2.4.1, »Bezeichner«). Außerdem sollten Sie keine Funktionsnamen der Laufzeitbibliothek, wie bspw. printf() verwenden.

- Parameter: Auch die Parameter einer Funktion sind optional. Die Klammerung hinter dem Funktionsnamen allerdings nicht. Sie muss immer vorhanden sein. Wenn Sie keine Parameter verwenden, können Sie die Liste zwischen der Klammerung auch leer lassen oder das Schlüsselwort void einsetzen. Ansonsten werden die einzelnen Parameter mit ihrem Datentyp und dem Namen spezifiziert und, wenn Sie mehr als einen Parameter verwenden, mit einem Komma voneinander getrennt.

- Anweisungsblock mit Anweisungen: Ebenso wie die main-Funktion enthält auch eine Funktion einen Anweisungsblock, in dem die Funktionsanweisungen und lokalen Deklarationen zusammengefasst werden.

7.2 Funktionen aufrufen

Nachdem Sie die grundlegenden Elemente einer Funktion kennengelernt haben, soll im folgenden Beispiel eine solche erstellt und aufgerufen werden:

```
00  // kap007/listing001.c
01  #include <stdio.h>

02  void hallo(void) {
03      printf("In der Funktion\n");
04  }

05  int main(void) {
06      printf("Vor der Funktion\n");
07      hallo();
08      printf("Nach der Funktion\n");
09      return 0;
10  }
```

Wenn Sie das Programm starten, wird zunächst die main-Funktion ausgeführt. In Zeile **(06)** erfolgt eine printf-Ausgabe. Anschließend wird in Zeile **(07)** die Funktion mit dem entsprechenden Namen und den runden Klammern ohne Parameter aufgerufen. Nach dem Aufruf der Funktion wird die Funktion mit den Zeilen **(02)** bis **(04)** ausgeführt. Im Beispiel wird wiederum nur eine `printf`-Anweisung auf dem Bildschirm ausgegeben. Wenn die Funktion mit der Ausführung fertig ist, wird hinter dem Funktionsaufruf in der Zeile **(08)** der `main`-Funktion mit der Programmausführung fortgefahren.

Das Programm bei der Ausführung:

```
Vor der Funktion
In der Funktion
Nach der Funktion
```

7.3 Funktionsdeklaration (Vorwärts-Deklaration)

Sie können Funktionen auch hinter den aufrufenden Funktionen definieren – also erst die `main`-Funktion erstellen und dahinter die Funktionsdefinition. Da allerdings ein Programm von oben nach unten durchgearbeitet wird, kann das Programm zum Zeitpunkt des Aufrufes diese Funktion nicht kennen. Hier ein Beispiel:

```
00  // kap007/listing002.c
01  #include <stdio.h>

02  int main(void) {
03     printf("Vor der Funktion\n");
04     hallo();
05     printf("Nach der Funktion\n");
06     return 0;
07  }

08  void hallo(void) {
09     printf("In der Funktion\n");
10  }
```

Wenn das Programm in Zeile **(04)** die Funktion `hallo()` aufruft, ist diese dem Programm eigentlich noch gar nicht bekannt, weil sie erst ab Zeile **(08)** definiert wird. Gewöhnlich sollten Sie schon während der Übersetzung eine Warnmeldung erhalten haben. Dass sich das Listing in diesem Beispiel trotzdem ausführen lässt, liegt daran, dass der Compiler hier eine implizite Umwandlung des Rückgabewertes nach `int` durchführt, wenn eine Funktion vorher nicht deklariert oder definiert wurde. Sobald Sie eine Funktion mit einem anderen Rückgabewert wie `void` oder `int` verwendet haben, klappt es auch nicht mehr mit der impliziten Konvertierung des Rückgabewertes.

Um ein fehlerhaftes Verhalten des Programms von vornherein zu vermeiden, haben Sie zwei Möglichkeiten:

- Sie **definieren** die Funktion **vor dem ersten Aufruf**, wie Sie dies bspw. im Listing listing001.c in diesem Kapitel gemacht haben.
- Sie **deklarieren** die Funktion **vor dem ersten Aufruf**. Bei einer Deklaration müssen Sie die Funktion nicht vollständig definieren, sondern nur den Funktionskopf angeben und mit einem Semikolon abschließen. So weiß der Compiler schon vor der Ausführung, welchen erforderlichen Datentyp dieser für den Rückgabewert und den Parameter bearbeiten muss. Mehr Informationen sind für ihn zunächst nicht nötig. Die Definition der Funktion kann sich dann an einer beliebigen anderen Stelle (auch in einer anderen Quelldatei) befinden. Eine solche Deklaration wird auch als Vorwärts-Deklaration (*Forward*-Deklaration) bezeichnet.

Hierzu nochmals das Listing listing002.c, nur dieses Mal mit einer nötigen Vorwärts-Deklaration in der Zeile **(02)**, wie es eben beschrieben wurde:

```
00  // kap007/listing003.c
01  #include <stdio.h>

02  void hallo(void);

03  int main(void) {
04      printf("Vor der Funktion\n");
05      hallo();
06      printf("Nach der Funktion\n");
07      return 0;
08  }

09  void hallo(void) {
10      printf("In der Funktion\n");
11  }
```

7.4 Funktionsparameter (call-by-value)

Funktionen mit einer leeren Parameterliste, in die Sie zwischen den Klammern entweder keine Parameter oder das Schlüsselwort void setzen, kennen Sie bereits. Sie können aber auch Werte an eine Funktion übergeben. Hierbei können Sie sowohl die Werte der aktuellen Argumente (*call-by-*

7.4 Funktionsparameter (call-by-value)

value) als auch die Adressen der Variablen als Argumente (*call-by-reference*) an eine Funktion übergeben. In diesem Abschnitt geht es nur um call-by-value. Für call-by-reference benötigen Sie noch Kenntnisse zu den Zeigern.

Im Folgenden sehen Sie ein einfaches Beispiel, wie Sie Werte an eine Funktion übergeben und damit weiterarbeiten:

```
00  // kap007/listing004.c
01  #include <stdio.h>

02  void multi(int ival1, int ival2) {
03      printf("%d * %d = %d\n", ival1, ival2, ival1*ival2);
04  }

05  int main(void) {
06      int val1, val2;

07      printf("Wert 1 eingeben: ");
08      scanf("%d", &val1);
09      printf("Wert 2 eingeben: ");
10      scanf("%d", &val2);

11      multi( val1, val2 );
12      return 0;
13  }
```

In der Funktionsdefinition der Zeile **(02)** wird die (formale) Parameterliste festgelegt. Im Beispiel wurden lediglich zwei Integer-Werte definiert. Nach dem in der main-Funktion zwei Integer-Werte eingelesen wurden, wird in Zeile **(11)** die Funktion mit den Argumenten aufgerufen. Jetzt kann die Funktion mit den Zeilen **(02)** bis **(04)** mit den Parametern arbeiten. Im Beispiel wird nur ausgegeben, wie viel die Multiplikation der beiden Integer-Werte ergibt.

> **Reihenfolge**
>
> Wenn Sie eine Funktion mit Argumenten aufrufen, ist es natürlich immer von enormer Bedeutung, dass diese Argumente mit der richtigen Reihenfolge und natürlich auch mit dem richtigen Typen des formalen Parameters übereinstimmen.

Das Programm bei der Ausführung:

```
Wert 1 eingeben: 6
Wert 2 eingeben: 5
6 * 5 = 30
```

Beachten Sie, dass bei call-by-value immer nur eine Kopie vom Aufrufer an die Funktion übergeben wird. Eine Veränderung der Werte in der Funktion hat keine Auswirkung auf die Werte des Aufrufers. Des Weiteren benötigt eine Werteübergabe mit call-by-value mehr Rechenleistung, weil die Werte bei der Übergabe kopiert werden müssen. Werden dann noch größere Daten als Funktionsparameter verwendet, ist das Laufzeitverhalten nicht so gut. Bei umfangreicheren Daten sollten Sie sich das Verfahren call-by-reference ansehen.

Implizite Datentypenumwandlung

Wenn Sie nicht den Datentypen als Argument an die Funktion übergeben, welcher als formaler Parameter definiert wurde, findet eine implizite Typenumwandlung statt (sofern Sie keine explizite Umwandlung durchführen). Hierbei gelten dieselben Regeln, wie dies schon in Abschnitt 4.1, »Implizite Umwandlung des Compilers«, umfangreich beschrieben wurde. Hier ein Beispiel:

```
void circle(int radius) {
   // Anweisungen
}

int main(void) {
   float fval = 3.33;
   circle(fval);
   ...
}
```

In diesem Beispiel wird zwar ein Gleitpunktyp an die Funktion `circle()` als Argument übergeben, aber der formale Parameter von `circle()` ist ein Integer-Wert. Daher wird eine implizite Umwandlung von `float` nach `int` durchgeführt und die Nachkommastelle abgeschnitten.

7.5 Rückgabewert von Funktionen

In der Praxis werden Sie sehr oft Funktionen erstellen, die eine Berechnung oder andere Arbeiten durchführen. In seltenen Fällen wird eine Funktion keinen Wert (void-Funktion) zurückgeben. Entweder gibt eine Funktion den Rückgabewert einer bestimmten Berechnung zurück, oder sie gibt an, ob die Ausführung der Funktion erfolgreich bzw. fehlerhaft war.

Hierzu ein einfaches Beispiel: eine Funktion, die zwei Integer-Werte miteinander vergleicht und den größeren der beiden Werte zurückgibt. Sind beide Zahlen gleich, wird 0 zurückgegeben:

```
00  // kap007/listing005.c
01  #include <stdio.h>

02  int intcmp(int val1, int val2) {
03    if( val1 > val2 ) {
04       return val1;
05    }
06    else if (val1 < val2) {
07       return val2;
08    }
09    return 0; // Beide sind gleich.
10  }

11  int main(void) {
12    int ival1, ival2, cmp;

13    printf("Wert 1 eingeben: ");
14    scanf("%d", &ival1);
15    printf("Wert 2 eingeben: ");
16    scanf("%d", &ival2);

17    cmp = intcmp( ival1, ival2 );
18    if(cmp != 0) {
19       printf("%d ist der höhere Wert\n", cmp);
20    }
21    else {
22       printf("Beide Werte sind gleich\n");
23    }
24    return 0;
25  }
```

Anhand der Funktionsdefinition in Zeile **(02)** können Sie durch das Voranstellen des Typs erkennen, dass der Rückgabewert dieser Funktion ein Integer vom Typ int ist. Als Parameter erwartet diese ebenfalls zwei Argumente vom Typ int. Aufgerufen wird sie mit den zwei Argumenten in Zeile **(17)**.

7 Funktionen erstellen

Damit der Rückgabewert der Funktion auch irgendwo gespeichert wird, wird der Rückgabewert mithilfe des Zuweisungsoperators der int-Variable cmp zugewiesen.

Welcher Wert an die Variable cmp in Zeile **(17)** übergeben wird, entscheidet sich in der Funktion zwischen den Zeilen **(02)** bis **(10)**, wo die größere der beiden Variablen ermittelt wird. Damit am Ende auch etwas aus der Funktion zurückgegeben werden kann, müssen Sie die return-Anweisung in der Funktion dazu verwenden. Ist bspw. val1 größer als val2, wird mittels return in Zeile **(04)** die Variable val1 aus der Funktion zurückgegeben und der Variable cmp in Zeile **(17)** zugewiesen. Gleiches geschieht in Zeile **(07)**, wenn val2 größer als val1 ist. In Zeile **(09)** wird 0 zurückgegeben, wenn beide Werte gleich sind.

Das Programm bei der Ausführung:

```
Wert 1 eingeben: 123
Wert 2 eingeben: 133
133 ist der höhere Wert

Wert 1 eingeben: -123
Wert 2 eingeben: -49
-49 ist der höhere Wert

Wert 1 eingeben: -1
Wert 2 eingeben: 1
1 ist der höhere Wert
```

return-Anweisung

Von großer Bedeutung ist die return-Anweisung in Funktionen. Mit einer return-Anweisung wird eine Funktion beendet und kehrt zum Aufrufer der Funktion zurück. Wird die return-Anweisung in der main-Funktion verwendet, wird das Programm beendet. Die return-Anweisungen können Sie auf unterschiedliche Arten verwenden. Hier die Syntax dazu:

```
return;            // Beendet die Funktion ohne Rückgabewert.
return ausdruck;   // Gibt einen Ausdruck an den Aufrufer zurück.
return (ausdruck); // Gibt einen Ausdruck an den Aufrufer zurück.
```

Ist der Wert von ausdruck unterschiedlich zum erwarteten Wert des Aufrufers, der einer Variablen zugewiesen wird, findet eine implizite Typenumwandlung statt, wie Sie diese von Abschnitt 4.1, »Implizite Umwandlung des Compilers«, her kennen.

Funktionsprototypen

Nun, da Sie Funktionen mit Rückgabewert und formale Parameter kennen, soll Abschnitt 7.3, »Funktionsdeklaration (Vorwärts-Deklaration)«, etwas ergänzt werden. Dies betrifft die Art und Weise, wie Sie Funktionsprototypen für die Vorwärts-Deklaration verwenden dürfen. Bisher kennen Sie ja die folgende Deklaration eines Funktionsprototyps:

```
int tmpval(float val1, int val2);
```

```
int main(void) {
  int val = tmpval(3.23, 10);
  // ...
  return 0;
}

int tmpval(float val1, int val2) {
  // ...
  return val2;;
}
```

Verwenden Sie den Prototyp bei der Vorwärts-Deklaration, müssen Sie allerdings nicht zwangsläufig die Bezeichner dafür nutzen. Somit können Sie die Deklaration auch wie folgt angeben:

```
// ohne Bezeichner auch erlaubt
int tmpval(float, int);
```

Es ist auch nicht falsch, ganz andere Bezeichner oder nur einen einzelnen Parameter mit einem Bezeichner zu versehen. Wichtig ist bei der Deklaration nur, dass der Rückgabewert und die Datentypen der Funktion deklariert sind. Folgende zwei Möglichkeiten sind auch erlaubt:

```
// andere Bezeichner auch möglich
int tmpval(float floati, int inti);
// auch die Verwendung einzelner Bezeichner möglich
int tmpval(float, int einsam);
```

7.6 Exkurs: Funktion bei der Ausführung

Wenn Sie eine Funktion aufrufen, werden einige Mechanismen in Gang gesetzt, die einen reibungslosen Ablauf gewährleisten. Gerade bei der Verwendung von lokalen Variablen und der Rückgabe von Werten aus Funktionen ist es enorm hilfreich zu wissen, was hinter den Kulissen beim Funktionsaufruf geschieht.

7 Funktionen erstellen

Rufen Sie eine Funktion auf, müssen einige Daten für die Funktion gespeichert werden und auch Daten, um nach dem Ende der Funktion wieder mit der Ausführung hinter dem Funktionsaufruf fortzufahren. Wird also ein einfacher Funktionsaufruf gestartet, wird auf dem Stackrahmen (Stacksegment) Speicherplatz dafür reserviert. Jedes Programm hat einen solchen Stackrahmen, wo bei Bedarf Speicher reserviert und wieder freigegeben wird. Auf dem Stack wird also für jeden Funktionsaufruf ein Datenblock angelegt. In diesem Datenblock werden die formalen Parameter, die lokalen Variablen und die Rücksprungadresse zur aufrufenden Funktion gespeichert.

Wird eine Funktion mit return beendet, oder erreicht die Funktion das Ende des Bezugsrahmens (Anweisungsblock), werden diese Daten im Stackrahmen wieder freigegeben. Das bedeutet auch, dass alle lokalen Variablen, die in der Funktion definiert wurden und deren Wert nach dem Ende der Funktion ebenfalls verloren sind, freigegeben werden. Würden Sie hierbei eine lokale Funktionsvariable an den Aufrufer zurückgeben, so würden Sie quasi einen undefinierten Speicherbereich zurückgeben.

> **Stack wächst nach unten**
>
> Wenn Sie in einer Funktion eine weitere Funktion aufrufen, wird ein zusätzlicher Datenblock unter dem Datenblock der aktuellen Funktion angelegt. Der Stack wächst nach unten. Am Anfang des Stacks, also an der obersten Stelle, befindet sich der Einsprungpunkt (Startup-Code) mit der main()-Funktion. An der untersten Stelle hingegen findet sich immer die aktuelle Funktion, die gerade ausgeführt wird.

7.7 Inline-Funktionen (C99)

Nachdem Sie aus dem Abschnitt zuvor wissen, dass bei einem Funktionsaufruf dynamisch Speicherplatz auf dem Stack für die formalen Parameter, lokalen Variablen und Rücksprungadressen reserviert und wieder freigegeben wird, können Sie sich sicherlich vorstellen, dass dies bei Funktionen, die relativ häufig (bspw. in Schleifen) aufgerufen werden, nicht ganz so optimal für das Laufzeitverhalten des Programms ist. Für solche Zwecke wurde im C99-Standard die Möglichkeit eingeführt, inline-Funktionen zu definieren.

Hierzu zunächst ein Programmbeispiel:

```
00   // kap007/listing006.c
01   #include <stdio.h>
```

7.7 Inline-Funktionen (C99)

```
02  static inline void xchange(int *v1, int *v2) {
03    int tmp;
04    tmp = *v2;
05    *v2 = *v1;
06    *v1 = tmp;
07  }

08  int main(void) {
09    int val1=12345, val2=67890;
10    xchange( &val1, &val2 );
11    printf("%d : %d\n", val1, val2);
12    return 0;
13  }
```

Im Beispiel wurden Zeiger verwendet, was Sie aber hier jetzt noch nicht beschäftigen soll. Hier geht es nur um den Sinn des Schlüsselwortes inline. Die Funktion xchange() in den Zeilen **(02)** bis **(07)** wurde mit dem Schlüsselwort inline versehen. Mit diesem weisen Sie den Compiler an, den Code der inline-Funktion direkt an der Stelle einzufügen, wo diese Funktion aufgerufen wird. Im Beispiel würde somit der Code der Funktion in der Zeile **(10)** eingefügt. Hiermit würde das Speichern der Rücksprungadresse, der Sprung zur Funktion und der Rücksprung entfallen, weil der Code an Ort und Stelle ausgeführt würde. Das Beispiel ist natürlich sehr einfach gehalten. In der Praxis werden solche inline-Funktionen mehrfach (bspw. in Schleifen) aufgerufen.

> **Alternative zu parameterisierten Makros**
>
> Eine inline-Funktion ist eine sinnvolle Alternative zu parameterisierten define-Makros.

Im Listing wurde die inline-Funktion in Zeile **(02)** zusätzlich mit static deklariert. Das liegt daran, dass die Definition einer inline-Funktion in der Übersetzungseinheit (Quelldatei), in der sie verwendet wird, vorhanden sein muss.

Im Gegensatz zu einer normalen Funktion müssen Sie Inline-Funktionen in jeder Quelldatei definieren, in der Sie diese verwenden wollen. Daher sollten Sie gleich die Definition einer Inline-Funktion in einer Headerdatei schreiben und verwenden.

> **Kein Inline trotz »inline«**
>
> Der Compiler kann ein inline auch ignorieren und diese Funktion wie eine normale Funktion behandeln. Mit dem Schlüsselwort inline schlagen Sie dem Compiler nur vor, diese Funktion doch *inline* zu verwenden. Welche Funktionen der Compiler als *inline* behandelt, entscheidet er letztendlich selbst. In der Praxis sollten Sie inline-Funktionen möglichst klein halten. Dann stehen die Chancen gut, dass der Compiler sie auch tatsächlich *inline* in das Programm einbaut.

7.8 Rekursionen

Eine Rekursion ist eine Funktion, die sich selbst aufruft und sich selbst immer wieder neu definiert. Damit sich aber eine Rekursion nicht unendlich oft selbst aufruft, sondern irgendwann auch zu einem Ergebnis kommt, benötigen Sie unbedingt eine sogenannte Abbruchbedingung. Sonst kann es passieren, dass Ihr Computer abstürzt, da eine Funktion, die sich immer wieder selbst aufruft, eine Rücksprungadresse, den Wert der Variablen und – falls noch nicht freigegeben – den Rückgabewert speichert. Der dafür zur Verfügung stehende Speicher (Stacksegment) wird so aber unweigerlich irgendwann voll sein beziehungsweise überlaufen (auch genannt Stacküberlauf oder *Stack Overflow*).

Hierzu ein einfaches Beispiel, womit die Fakultät der Zahl *n* berechnet wird. Die Fakultät der Zahl 5 ist z. B.: 1*2*3*4*5=120

```
00  // kap007/listing007.c
01  #include <stdio.h>

02  long fakul( long n ) {
03    if(n != 0 ) {
04      return n * (fakul(n-1));
05    }
06    return 1;
07  }

08  int main(void) {
09    printf("Fakultät von 6: %ld\n", fakul(6));
10    printf("Fakultät von 8: %ld\n", fakul(8));
11    return 0;
12  }
```

Zunächst wird die Funktion aus der main-Funktion zweimal aufgerufen. Einmal mit der Zahl 6 und einmal mit der Zahl 8. In der rekursiven Funktion wird zunächst überprüft (Zeile **(03)**), ob der Wert von n ungleich 0 ist. Diese Überprüfung ist auch gleichzeitig die Abbruchbedingung für die Rekursion, weil eine Multiplikation mit 0 (n*0) das Ergebnis 0 ergeben würde. In der Zeile **(04)** wird der aktuelle n-Wert mit dem Rückgabewert eines erneuten rekursiven Funktionsaufrufs von fakul() multipliziert. Als Argument wird n um eins reduziert. Bei einer Fakultät von 6 wäre dies somit 6*5*4*3*2*1. Bei einem erneuten rekursiven Aufruf mit fakul(0) begreift die Abbruchbedingung der Zeile **(03)**, dass n!=0 nicht mehr zutrifft. Es wird 1 mit return (Zeile **(06)**) zurückgegeben. Im Stack wird jetzt Funktion für Funktion von unten nach oben bis zur main-Funktion zurückgesprungen.

Das Programm bei der Ausführung:

```
Fakultät von 6: 720
Fakultät von 8: 40320
```

An dieser Stelle sei gesagt, dass dieses Beispiel auch ohne Rekursion programmiert werden kann. Aber dies soll Teil einer Übung vom Level 3 werden. Des Weiteren muss erwähnt werden, dass sich fast alle Probleme (Algorithmen) auch ohne Rekursionen bewerkstelligen lassen. Klar ist natürlich, dass sich verschiedene Algorithmen wesentlich einfacher mit Rekursionen formulieren und programmieren lassen. Meistens werden z.B. rekursive Funktionen beim Durchlaufen von baumartigen Strukturen (Stichwort: binäre Bäume, binäre Suche usw.) verwendet. Obgleich es auch dafür häufig eine iterative Lösung gibt.

Stehen Sie also vor der Frage, ob Sie jetzt den iterativen oder rekursiven Lösungsansatz verwenden sollen, so kann ich Ihnen immer empfehlen, die iterative Lösung zu verwenden. Diese Lösung beansprucht einfach weniger Ressourcen des Systems (genauer: des Stacks) und ist somit wesentlich schneller und effizienter.

7.9 main-Funktion

Die main()-Funktion lautet nach dem C99-Standard richtig:

```
int main(void) {
  return 0; // muss nicht verwendet werden
}
```

Weiterhin ist auch eine Variante mit zwei Parametern erlaubt:

```
int main(int argc, char *argv[]) {
  return 0; // muss nicht verwendet werden
}
```

Mehr zu dieser Schreibweise mit den Argumenten `argc` und `argv` erfahren Sie in Anhang B, »Kommandozeilenargumente«.

> **Freestanding-Ausführungsumgebung**
>
> In üblichen *Hosted*-Ausführungsumgebungen (Makro `__STDC_HOSTED__` ist auf 1 gesetzt), in denen ein in C erstelltes Programm unter der Kontrolle des Betriebssystems (MS Windows, Linux, Mac OS X, etc.) ist, ist der Name der ersten Funktion immer `main`. Erstellen Sie hingegen ein C-Programm für eine *Freestanding*-Ausführungsumgebung (bspw. »embedded systems«), hängt der Name und der Rückgabetyp der ersten Funktion von der Implementierung ab.

Rückgabewert an das Betriebssystem

Der Rückgabewert beim Beenden eines Programms ist abhängig von der Umgebung des Betriebssystems. Unter Linux/UNIX bspw. bedeutet ein Rückgabewert von 0, dass ein Programm erfolgreich beendet wurde; alles andere bedeutet eben, dass etwas schiefgelaufen ist.

Andere Betriebssysteme wiederum können allerdings auch einen anderen Rückgabewert als erfolgreiche Beendigung erwarten. Es gibt also hierbei keinen portablen Standard.

Dennoch gibt es mit den Makros `EXIT_SUCCESS` und `EXIT_FAILURE` einen recht zuverlässigen Weg, um ein Programm zu beenden. Beide Makros sind in der Headerdatei `<stdlib.h>` definiert und schon seit dem C89-Standard vorhanden. Damit müssen Sie sich nicht mehr darum kümmern, welchen Wert auf welchem System Sie denn nun zurückgeben müssen, um zu melden, ob sich eine Anwendung erfolgreich oder eben nicht erfolgreich beendet hat. Bei einem erfolgreichen Ende geben Sie einfach `EXIT_SUCCESS` zurück und bei einem Fehler `EXIT_FAILURE`. Natürlich müssen Sie hierfür auch die Headerdatei `<stdlib.h>` mit einbinden.

7.9 main-Funktion

> **Impliziter Rückgabewert aus »main«**
>
> Der Funktionsblock von main() muss nicht unbedingt eine return-Anweisung erhalten. Wird das Blockende von main() erreicht, wird implizit 0 als Rückgabewert zurückgegeben.

Ein einfaches Beispiel zum Beendigungsstatus EXIT_SUCCESS und zu EXIT_FAILURE:

```
00  // kap007/listing008.c
01  #include <stdio.h>
02  #include <stdlib.h>

03  int main(void) {
04    int ival, ret;

05    printf("Ganzzahl eingeben: ");
06    ret = scanf("%d", &ival);
07    if(ret != 1) {
08      printf("Fehler bei der Eingabe!\n");
09      return EXIT_FAILURE;
10    }
11    return EXIT_SUCCESS;
12  }
```

In diesem Beispiel wird in Zeile **(06)** eine Ganzzahl vom Typ int eingelesen. In Zeile **(07)** wird überprüft, ob scanf einen Wert ungleich 1 zurückgegeben hat. Das bedeutet, dass die Eingabe falsch war. Es wird eine Fehlermeldung ausgegeben und das Programm mit dem return-Wert EXIT_FAILURE beendet. Beim normalen Ablauf wird das Programm mit EXIT_SUCCESS in der Zeile **(11)** beendet.

Das Programm bei der Ausführung:

```
$ ./listing008
Ganzzahl eingeben: 5
$ echo $?
0
$ ./listing008
Ganzzahl eingeben: x
Fehler bei der Eingabe!
$ echo $?
1
```

Bei der Ausführung des Beispiels wurde außerdem demonstriert, wie Sie den Rückgabewert in einem Linux-, Mac OS X- oder einem beliebigen UNIX-Terminal mithilfe der Shellvariablen $? auswerten können. Diese Variable enthält den Rückgabewert des zuletzt ausgeführten Kommandos. Unter MS Windows-Systemen können Sie den Errorlevel bspw. im Batch-Modus auswerten.

> **»return« versus »exit()«**
>
> Die Beendigung der Funktion `main()` mit der Funktion `exit()` ist gleichwertig zur Beendigung mit einem `return` innerhalb von `main()`.

7.10 Aufgaben

Das Thema Funktionen ist natürlich mit diesem einen Kapitel noch längst nicht beendet. Allerdings benötigen Sie für weitere Themen noch genauere Kenntnisse, die Sie in den nächsten Kapiteln erhalten werden. Bis hierher sollten Sie zumindest die Grundlagen und das Prinzip der Funktion verstanden haben. Zur Überprüfung gibt es hier wieder ein paar Aufgaben. Da das Thema nicht so komplex war, sollten Sie auf jeden Fall Level 1 und 2 lösen können.

7.10.1 Level 1

1. Was ist eine Vorwärts-Deklaration?
2. Versuchen Sie, den Begriff call-by-value etwas ausführlicher zu beschreiben.
3. Was müssen Sie bei der Verwendung eines Rückgabewertes beachten, und mit welcher Anweisung können Sie einen Wert aus einer Funktion zurückgeben?
4. Welcher Speicher verwaltet bei einem gewöhnlichen Funktionsaufruf (ohne spezielle Speicher-Spezifizierer) die Daten?
5. Was sind Rekursionen?
6. Was passiert, wenn eine `main`-Funktion nicht mit einem `return`-Befehl beendet wird?

7.10.2 Level 2

1. Warum lässt sich das folgende Programm nicht übersetzen?

   ```
   00  // kap007/aufgabe001.c
   01  #include <stdio.h>
   02  #include <stdlib.h>

   03  int main(void) {
   04    float fval = multi(3.33);
   05    printf("%.2f\n", fval);
   06    return EXIT_SUCCESS;
   07  }

   08  float multi(float f) {
   09    return (f*f);
   10  }
   ```

2. Was wurde bei diesem Beispiel falsch gemacht?

   ```
   00  // kap007/aufgabe002.c
   01  #include <stdio.h>
   02  #include <stdlib.h>

   03  float volumen_Rect(int l, int b, int h) {
   04    float volumen = l*b*h;
   05  }

   06  int main(void) {
   07    float vol = volumen_Rect(10, 10, 12);
   08    printf("Volumen: %f\n", vol);
   09    return EXIT_SUCCESS;
   10  }
   ```

7.10.3 Level 3

1. Das Beispiel listing005.c hatte einen Schönheitsfehler. Wenn Sie bei der Eingabe den Wert »-7« und dann den Wert »0« (oder auch umgekehrt) eingegeben haben, wollte Ihnen das Programm vorgaukeln, dass beide Werte gleich waren. Sobald also ein negativer Wert und 0 eingegeben wurden, arbeitet die Überprüfung in Zeile **(18)** nicht mehr richtig. Das Programm arbeitet zwar programmtechnisch korrekt, aber weil die Funktion intcmp() mit den Zeilen **(04)** bzw. **(07)** nur den größten Wert

zurückgeben kann, kommt es zu logischen Fehlern. Ändern Sie das Programm um, damit dieses auch auf eine Eingabe von »0« entsprechend reagiert und korrekt auswertet.

```
00  // kap007/aufgabe003.c
01  #include <stdio.h>

02  int intcmp(int val1, int val2) {
03     if( val1 > val2 ) {
04        return val1;
05     }
06     else if (val1 < val2) {
07        return val2;
08     }
09     return 0; // Beide sind gleich
10  }

11  int main(void) {
12     int ival1, ival2, cmp;

13     printf("Wert 1 eingeben: ");
14     scanf("%d", &ival1);
15     printf("Wert 2 eingeben: ");
16     scanf("%d", &ival2);

17     cmp = intcmp( ival1, ival2 );
18     if(cmp != 0) {
19        printf("%d ist der höhere Wert\n", cmp);
20     }
21     else {
22        printf("Beide Werte sind gleich\n");
23     }
24     return 0;
25  }
```

2. Schreiben Sie das Programm bzw. die Funktion fakul(), in der Sie mit einer Rekursion die Fakultät von n berechnet haben (listing007.c), um, damit die Fakultät ohne Rekursion berechnet wird.

```
00  // kap007/aufgabe004.c
01  #include <stdio.h>

02  long fakul( long n ) {
```

```
03    if(n != 0 ) {
04       return n * (fakul(n-1));
05    }
06    return 1;
07  }

08  int main(void) {
09    printf("Fakultät von 6: %ld\n", fakul(6));
10    printf("Fakultät von 8: %ld\n", fakul(8));
11    return 0;
12  }
```

8 Sichtbarkeit, Gültigkeitsbereich und Lebensdauer

Jetzt kommen wir zu einem recht unspektakulären, aber weiteren wichtigen Thema. Es handelt sich um die Sichtbarkeit, den Gültigkeitsbereich und die Lebensdauer von Speicherobjekten (wie Variablen oder Funktionen). So ist es nicht ohne das Zutun von speziellen Vorkehrungen möglich, eine in einer Funktion deklarierte Variable außerhalb dieser Funktion zu verwenden. Zusätzlich können solche Bindungen der Bezeichner mit sogenannten Speicherklassen-Spezifizierern beeinflusst oder mit Typ-Qualifizierern modifiziert werden.

8.1 Lokale und globale Variablen

In der üblichen Programmierung werden viele Variablen in Funktionen oder in Anweisungsblöcken deklariert und definiert. Dabei sollten Sie auf jeden Fall mit dem Bezugsrahmen von Variablen vertraut sein. Grundlegend unterscheidet man zwischen einem lokalen und einem globalen Bezugsrahmen. Auf den Unterschied soll in den folgenden beiden Abschnitten kurz eingegangen werden.

8.1.1 Lokale Variablen

Die lokalste Variable ist immer die Variable im Anweisungsblock. Damit Sie diesen Satz besser verstehen, sehen Sie sich folgendes Beispiel an:

```
00  // kap007/listing001.c
01  #include <stdio.h>

02  int main(void) {
03    int ival = 123;
04    printf("ival: %d\n", ival);
05    { // Neuer Anweisungsblock
06      ival = 321;
07      printf("ival: %d\n", ival);
08    }
09    printf("ival: %d\n", ival);
10    { // Neuer Anweisungsblock
11      int ival = 456;
```

```
12      printf("ival: %d\n", ival);
13   }
14   printf("ival: %d\n", ival);
15   return 0;
16 }
```

Hier das Programm bei der Ausführung:

```
ival: 123
ival: 321
ival: 321
ival: 456
ival: 321
```

Sie übergeben zunächst in Zeile **(03)** den Wert 123 an die Variable `ival`, was die Ausgabe in der Zeile **(04)** dann auch ausgibt. In den Zeilen **(05)** bis **(08)** wird ein neuer Anweisungsblock verwendet, in dem in Zeile **(06)** der Wert von `ival` auf 321 geändert wird. Das bestätigt die Ausgabe in Zeile **(07)**. Außerhalb des Anweisungsblocks in Zeile **(09)** wird ebenfalls der Wert 321 ausgegeben. In den Zeilen **(10)** bis **(13)** wird nochmals ein Anweisungsblock verwendet, nur wird jetzt in der Zeile **(11)** eine neue lokale Variable `ival` definiert und mit dem Wert 456 versehen. Das bestätigt die Ausgabe der Zeile **(12)**. Die in Zeile **(11)** definierte Variable ist allerdings nur innerhalb des Anweisungsblocks gültig. Dieses bestätigt wieder die Ausgabe der Zeile **(14)**. Dort ist der Wert von `ival` nach wie vor 321. Zwar wurde in diesem Beispiel nur die main-Funktion verwendet, aber das Prinzip der lokalen Variablen ist allgemeingültig.

> **Regel für lokale Variablen**
>
> Somit gilt für lokale Variablen Folgendes: Bei gleichnamigen Variablen innerhalb derselben Funktion ist immer die lokalste Variable gültig, also die, die dem Anweisungsblock am nächsten steht.

8.1.2 Globale Variablen

Während Sie mit lokalen Variablen auf die Funktionen bzw. auf den Anweisungsblock selbst beschränkt sind, können Sie globale Variablen in allen Funktionen verwenden. Hierzu zunächst ein einfaches Beispiel mit einer globalen Variable, die in Zeile **(02)** definiert wurde:

8 Sichtbarkeit, Gültigkeitsbereich und Lebensdauer

```
00  // kap007/listing002.c
01  #include <stdio.h>

02  int ival=789;

03  void funktion1(void) {
04     printf("ival: %d\n", ival);
05  }

06  void funktion2(void) {
07     int ival = 111;
08     printf("ival: %d\n", ival);
09  }

10  int main(void) {
11     int ival = 123;
12     printf("ival: %d\n", ival);
13     { // Neuer Anweisungsblock
14        ival = 321;
15        printf("ival: %d\n", ival);
16     }
17     printf("ival: %d\n", ival);
18     { // Neuer Anweisungsblock
19        int ival = 456;
20        printf("ival: %d\n", ival);
21     }
22     printf("ival: %d\n", ival);

23     funktion1();
24     funktion2();
25     return 0;
26  }
```

Das Programm bei der Ausführung:

```
ival: 123
ival: 321
ival: 321
ival: 456
ival: 321
ival: 789
ival: 111
```

Die Ausführung des Programms dürfte vielleicht den einen oder anderen etwas überraschen. Obwohl in Zeile **(02)** eine globale Variable `ival` definiert wurde, kommt sie nur einmal in der Funktion `funktion1()` in der Zeile **(03)** bis **(05)** zum Einsatz. Ansonsten entspricht die Ausführung dem Listing `listing006.c`, nur dass hier noch eine Funktion `funktion2()` definiert (Zeile **(06)** bis **(09)**) wurde. Sie verwendet allerdings auch nur eine darin definierte Variable `ival` (Zeile **(07)**).

> **Regel für globale Variablen**
>
> Auch wenn eine globale Variable definiert wird und eine gleichnamige lokale Variable existiert, erhält immer die lokalste Variable (die dem Anweisungsblock am nächsten steht) den Zuschlag. Existieren in einem Programm unwissentlich zwei gleichnamige Variablen, nämlich eine globale und eine lokale, kann es zu unerwarteten Ergebnisse kommen. Daher sollten Sie eine Variable möglichst immer lokal anlegen. In der Praxis werden globale Variablen normalerweise mit dem Spezifizierer `extern` gekennzeichnet und in einer Headerdatei gespeichert.

Globale Variablen werden außerdem, im Gegensatz zu den lokalen Variablen, bei der Definition gleich initialisiert. Bei folgendem Listing wird bspw. jeweils eine nicht initialisierte lokale und globale Variable ausgegeben:

```
00  // kap008/listing00x.c
01  #include <stdio.h>
02  #include <stdlib.h>

03  int glob;

04  int main(void) {
05     int lokal;
06     printf("%d : %d\n", glob, lokal);
07     return EXIT_SUCCESS;
08  }
```

Das Programm bei der Ausführung:

```
0 : -1207551888
```

Die globale Variable der Zeile **(03)** wurde hier standardmäßig mit 0 initialisiert. Die lokale Variable der Zeile **(05)** gibt hingegen einen undefinierten Wert aus. Somit können Sie sich bei globalen Variablen immer darauf verlassen, dass diese bei Ihrer Definition initialisiert werden. In der Tabelle finden Sie die üblichen Standardwerte, mit denen globale Variablen eines entsprechenden Typs initialisiert werden:

Datentyp	Initialisierung
short, int, long	0
char	'\0'
float, double	0.0
Zeiger	NULL

Tabelle 8.1 Standardmäßige Definitionswerte bei globalen Variablen

8.2 Gültigkeitsbereich

An dieser Stelle muss gesagt werden, dass die Themen Gültigkeitsbereich, Lebensdauer und Speicherklassen-Spezifizierer recht eng miteinander verbunden sind. Trotzdem möchte ich diese drei Teile etwas voneinander abgrenzen.

Je nachdem, wo Sie ein Speicherobjekt in einer Quelldatei deklarieren, gibt es folgende Geltungsbereiche:

- *Block scope* (Anweisungsblock): Wird ein Speicherobjekt innerhalb eines Anweisungsblocks zwischen {} deklariert, reicht der Geltungsbereich (und auch die Lebensdauer) dieser Variablen vom Anfang des Anweisungsblocks bis zum Ende.

- *Local scope* (Funktion): Speicherobjekte, die innerhalb einer Funktion deklariert werden, haben einen Geltungsbereich (und eine Lebensdauer) vom Anfang des Funktionsblocks bis zu seinem Ende. Wird innerhalb der Funktion innerhalb eines weiteren Anweisungsblocks ein weiteres gleichnamiges Speicherobjekt deklariert, dann gilt für die innere Variable der *Block scope*.

- *File scope* (Datei bzw. Modul): Speicherobjekte, die außerhalb von Funktionen und Anweisungsblöcken deklariert sind, haben einen Geltungsbereich (und eine Lebensdauer) ab dem Punkt der Deklaration bis zum Dateiende. Wird ein gleichnamiges Speicherobjekt innerhalb einer Funktion verwendet, gilt für dieses Speicherobjekt der *Local scope*.

Das Thema mit dem Gültigkeitsbereich haben Sie ja eigentlich schon bei den lokalen und globalen Variablen näher kennengelernt. Dort erhält immer die lokalste Variable, die dem Anweisungsblock am nächsten steht, den Zuschlag.

Hierzu nochmals die drei eben beschriebenen Gültigkeitsbereiche in einer grafischen Übersicht:

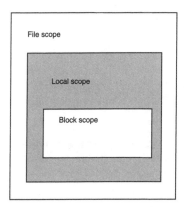

Abbildung 8.1 Geltungsbereiche von Variablen

8.3 Lebensdauer

Neben dem Gültigkeitsbereich gibt es noch die Lebensdauer von Speicherobjekten. Zwar wurde das Thema auch schon in Abschnitt 8.2, »Gültigkeitsbereich«, erläutert, aber das kann noch etwas genauer spezifiziert werden. Bei der Lebensdauer wird zwischen zwei verschiedenen Formen unterschieden:

- Automatische Lebensdauer: In diese Klasse werden nur Speicherobjekte eingeordnet, die zur Ausführzeit einer Funktion oder der Ausführung in einem Anweisungsblock definiert werden (bspw. in einer Funktion definierte Variablen). Variablen dieser Klasse werden im Stackframe gespeichert. Der Speicherplatz des Stackframes wird beim Verlassen einer Funktion freigegeben und beim erneuten Aufruf einer Funktion wieder neu angelegt. Im Klartext bedeutet dies, dass Variablen mit einer automatischen Lebensdauer nur innerhalb der Funktion oder des Anweisungsblocks gültig sind, in dem diese definiert wurden. Sobald die

… Funktion oder der Anweisungsblock verlassen und der Stackframe freigegeben wird, ist der Inhalt dieser Variablen ebenfalls unwiderruflich verloren.

- Statische Lebensdauer: Hierzu gehören Speicherobjekte, die zur gesamten Programmlaufzeit einen festen Platz und somit immer einen gültigen Wert im Speicher haben. Statische Speicherobjekte werden natürlich nicht im dynamischen Stackframe gespeichert, sondern im Datensegment. Solche Objekte werden entweder außerhalb von Funktionen oder mit dem Spezifizierer `static` definiert.

Den Geltungsbereich und die Lebensdauer von Variablen können Sie mit dem Speicherklassen-Spezifizierer verändern. Auf die einzelnen Spezifizierer wird anschließend noch eingegangen. Hier dennoch schon mal ein Überblick über die Lebensdauer und den Geltungsbereich von Variablen mithilfe von Speicherklassen-Spezifizierern:

Position	Speicherklasse	Lebensdauer	Geltungsbereich
in einer Funktion	keine, auto, static	automatisch	*Block scope*
in einer Funktion	extern, static	statisch	*Block scope*
außerhalb einer Funktion	keine, extern, static	statisch	*File scope*

Tabelle 8.2 Lebensdauer und Geltungsbereiche von Variablen mithilfe eines Speicherklassen-Spezifizierers

8.4 Speicherklassen-Spezifizierer

Jetzt kommen wir zu den einzelnen Speicherklassen-Spezifizierern, mit denen Sie den Geltungsbereich und die Lebensdauer von Variablen und teilweise auch von Funktionen festlegen können.

8.4.1 Das Schlüsselwort »auto«

Das Schlüsselwort `auto` ist eigentlich überflüssig, weil lokale Variablen innerhalb von Funktionen standardmäßig mit dem Spezifizierer `auto` versehen sind. So ist zum Beispiel

```
int ival = 12345;
```

dasselbe wie

`auto int ival = 12345;`

Das Schlüsselwort `auto` kann nur für Variablen verwendet werden. Der Steckbrief zum Speicherklassen-Spezifizierer `auto`:

Schlüssel-wort	Lebens-dauer	Gültigkeits-bereich	Speicher-ort	Funktionen
auto	automatisch	*lokal*	Stack	nein

8.4.2 Das Schlüsselwort »extern«

Mit dem Schlüsselwort `extern` steht ein Speicherobjekt im gesamten Programm zur Verfügung. An dieser Stelle wird irrtümlicherweise häufig behauptet, erst eine mit dem Schlüsselwort `extern` verwendete Variable stehe außerhalb der Quelldatei, in der Sie deklariert wurde, zur Verfügung. Diese Behauptung ist nicht ganz richtig, weil eine globale Variable auch ohne das Schlüsselwort `extern` außerhalb der Quelldatei zu Verfügung steht.

Mit dem Schlüsselwort `extern` gibt der Compiler dem Linker Bescheid, dass er die Verweise dazu in einer anderen Übersetzungseinheit (Quell- oder Headerdatei) und/oder Bibliothek auflösen muss.

Wird bei einer Funktionsdeklaration (Prototyp) nicht der Speicherklassen-Spezifizierer `extern` verwendet, wird diese implizit automatisch vom Compiler so behandelt, als würde sie das Schlüsselwort `extern` enthalten. Somit müssen Sie bei einer Funktionsdeklaration zwar nicht zwangsläufig das Schlüsselwort `extern` verwenden. Es ist aber auch nicht falsch, weil Sie hiermit immer eine Deklaration erzwingen und es nie eine Definition wird, in welcher der Compiler Speicherplatz reserviert. Außerdem erkennt man anhand des Schlüsselwortes `extern` auch sofort, worum es sich handelt. Damit trägt es ungemein zu einer besseren Lesbarkeit des Quellcodes bei.

Der Steckbrief zum Speicherklassen-Spezifizierer `extern`:

Schlüssel-wort	Lebens-dauer	Gültigkeits-bereich	Speicher-ort	Funktionen
extern	statisch	*programm-global*	Daten-segment	ja

8.4.3 Das Schlüsselwort »static«

Wenn Sie das Schlüsselwort static vor eine Variable oder Funktion stellen, wird die Sichtbarkeit der Deklaration auf die aktuelle Übersetzungseinheit (Quelltext) beschränkt. Es wird hierbei kein Linkersymbol erzeugt. Das bedeutet, dass der Bezeichner der Funktion oder Variablen nicht dem Linker bekannt ist. Daher können Sie den Bezeichner nicht in einer anderen Quelldatei verwenden.

static-Variable innerhalb einer Funktion

Verwenden Sie eine static-Variable innerhalb einer Funktion, bleibt der Wert der lokalen static-Variablen nach der Rückkehr aus dieser Funktion erhalten. Trotzdem kann diese static-Variable nur lokal innerhalb der Funktion angesprochen werden, in der diese erstellt wurde. Ein einfaches Programmbeispiel hierzu, in der eine Variable mit dem static-Speicherklassen-Spezifizierer gekennzeichnet wurde:

```
00  // kap007/listing003.c
01  #include <stdio.h>

02  void counter() {
03      static int ival = 1;
04      printf("ival = %d\n", ival);
05      ++ival;
06  }

07  int main(void) {
08      counter();
09      counter();
10      counter();
11      return 0;
12  }
```

Die Ausgabe des Listings dürfte Sie vielleicht ein wenig überraschen:

```
ival = 1
ival = 2
ival = 3
```

Dank des Schlüsselwortes static in Zeile **(03)** werden in der Funktion die Werte 1, 2 und 3 ausgegeben, obwohl die Funktion dreimal hintereinander neu aufgerufen wurde. Ohne das Schlüsselwort static würde nur dreimal der Wert 1 ausgegeben werden. Daher können Sie sich darauf verlassen, dass bei Beendigung einer Funktion eine statische Variable **nicht** den Wert verliert. Das liegt daran, dass statische Variablen in einer Funktion nicht wie üblich im Stacksegment gespeichert werden, sondern im Datensegment.

Der Steckbrief zum Speicherklassen-Spezifizierer `static` innerhalb einer Funktion:

Schlüssel-wort	Lebens-dauer	Gültigkeits-bereich	Speicher-ort	Funktionen
static	statisch	*lokal*	Daten-segment	nein

static-Variable außerhalb einer Funktion

Deklarieren Sie hingegen eine `static`-Variable außerhalb einer Funktion, ist diese nur in dem Bereich gültig, in dem sie deklariert wurde. Die Variable kann also von keiner anderen Programmdatei verwendet werden. Innerhalb der Programmdatei können Sie die Variable allerdings wie eine gewöhnliche globale Variable verwenden. Haben Sie bspw. in zwei Quelldateien, die zu einem Programm gehören, die folgende Variable

```
int ival = 12345;
```

verwendet, beschwert sich der Linker, dass die globale Variable `ival` mehr als nur einmal im Programm definiert wurde. Der Linker übersetzt das Programm anstandslos, wenn Sie jetzt in nur einem der beiden Quelldateien das Schlüsselwort `static` davorsetzen:

static int ival = 12345;

Jetzt ist diese globale `static`-Variable nur in der aktuellen Quelldatei gültig und sichtbar. Natürlich können Sie auch das Schlüsselwort `static` bei beiden `ival`-Variablen verwenden.

static-Funktionen

Dasselbe wie eben bei einer globalen `static`-Variable gilt auch für `static`-Funktionen. Kennzeichnen Sie Funktionen mit `static`, sind sie nur in der aktuellen Quelldatei gültig, in der sie definiert wurden. So können Sie durchaus zwei Funktionen mit denselben Bezeichnern in unterschiedlichen Quelldateien verwenden, wenn mindestens eine davon mit `static` spezifiziert wurde.

Der Steckbrief zum Speicherklassen-Spezifizierer `static` außerhalb einer Funktion oder Funktionen überhaupt:

Schlüssel-wort	Lebens-dauer	Gültigkeits-bereich	Speicher-ort	Funktionen
`static`	statisch	*Datei*	Datensegment	ja

8.4.4 Das Schlüsselwort »register«

Durch Voranstellen des Schlüsselwortes `register` weisen Sie den Compiler an, eine Variable so lange wie möglich im Prozessorregister (CPU-Register) zu halten, um dann blitzschnell darauf zugreifen zu können. Denn der Prozessorregister arbeitet wesentlich schneller als der Arbeitsspeicher. Ob und welche Variable der Compiler allerdings in dem schnellen Prozessorregister hält, entscheidet er selbst. So kann es sein, dass eine als `register` deklarierte Variable wie eine gewöhnliche `auto`-Variable behandelt wird.

> **Keine normale Adressierung**
>
> Da Sie mit dem Schlüsselwort `register` veranlassen wollen, dass eine Variable anstatt im Arbeitsspeicher im Register des Prozessors gespeichert werden soll, können Sie den Adressoperator & nicht auf eine `register`-Variable anwenden.

Der Steckbrief zum Speicherklassen-Spezifizierer `register`:

Schlüssel-wort	Lebens-dauer	Gültigkeits-bereich	Speicher-ort	Funktionen
`register`	automatisch	*lokal*	Register der CPU	ja

8.5 Typ-Qualifizierer

Durch das Hinzufügen der Qualifizierer `const`, `volatile` oder `restrict` (nur C99) bei einer Deklaration können Sie die Typen weiter modifizieren.

8.5 Typ-Qualifizierer

Das Schlüsselwort »const«

Deklarieren Sie ein Objekt mit dem Qualifizierer `const`, kann es nach der Definition (wenn also Speicherplatz dafür reserviert wird) nicht mehr im Programm verändert werden. Mit `const` wird das Objekt im Hauptspeicher in einem *Readonly*-Segment abgelegt. Hier ein Beispiel:

```
const float fval1 = 33.33f;
// ...
fval1 += 11.11f;   // Fehler, nicht erlaubt!
```

Der Compiler wird bei dem Versuch, einer schreibgeschützten Variablen einen anderen Wert zuzuweisen, eine Fehlermeldung ausgeben.

> **Mit »const« wird keine Konstante gemacht**
>
> Ein häufiges Missverständnis beim Typ-Qualifizierer `const` ist die Annahme, dass hiermit eine echte Konstante im Speicherbereich angelegt wird. Mit dem Schlüsselwort `const` kennzeichnen Sie ein Objekt nur als »nicht mehr änderbar« (*readonly*)! Ein `const`-Objekt kann somit nicht mehr auf der linken Seite einer Zuweisung stehen.

Das Schlüsselwort »volatile«

Mit dem Schlüsselwort `volatile` modifizieren Sie eine Variable so, dass der Wert dieser Variablen vor jedem Zugriff neu aus dem Hauptspeicher eingelesen werden muss. Meistens wird `volatile` für Objekte bei der Treiberprogrammierung genutzt oder auch für Objekte, die durch andere Prozesse (also Programme) oder Ereignisse verändert werden können. Variablen, die mit `volatile` gekennzeichnet wurden, besagen also, dass diese von anderen Prozessen (bspw. durch Interrupts) verändert werden können.

Geben Sie bei einem Speicherobjekt `volatile` an, muss der Compiler sicherstellen, dass jedes Lesen und Schreiben dieses Speicherobjektes genau so stattfindet, wie es der Programmierer angegeben hat. Der Compiler darf hierbei nicht, was er sonst gerne macht, Lese- und Schreiboperationen wegoptimieren oder im Prozessorregister bzw. Cache zwischenspeichern. Würden bspw. aus Optimierungsgründen Werte aus dem Cache verwendet, könnte das bedeuten, dass die gerade aktuellen Werte noch zurückgehalten und die alten Werte aus dem Cache verwendet werden. Bei der Treiberprogrammierung könnte das Zwischenspeichern im Cache, was ja sonst sehr nützlich ist, problematisch werden.

8 Sichtbarkeit, Gültigkeitsbereich und Lebensdauer

Ein einfacher Codeausschnitt hierzu, dessen Inhalt Sie hier nicht verstehen müssen:

```
int *port;
int i;
for( i = 0; i < port_n; i++ ) {
   *port = aktuell[i];
}
```

Der Compiler könnte in diesem Beispiel in der Schleife sowohl die Zählvariable i als auch port im Cache des Prozessors zwischenspeichern. Das würde zu einer Verbesserung der Laufzeit führen. Wenn sich allerdings jetzt die Werte während dieser Zeit ändern und aus Optimierungsgründen trotzdem die Werte aus dem Cache verwendet würden, wäre dies bei einem Hardwaretreiber fatal. Mithilfe des Schlüsselwortes volatile stellen Sie sicher, dass alle Zugriffe auf port so verlaufen, wie Sie dies im Quellcode angegeben haben, und es gibt keine Optimierungen. Die Variable wird frisch aus dem Hauptspeicher gelesen, wenn die Codezeile an der Reihe ist. Der Codeausschnitt mit volatile:

```
volatile int *port;
volatile int i;
for( i = 0; i < port_n; i++ ) {
   *port = aktuell[i];
}
```

Das Schlüsselwort »restrict (C99)«

Der Typ-Qualifizierer restrict kann nur bei den Zeigern verwendet werden und wird gesondert in Abschnitt 11.13.4 behandelt. Trotzdem soll hier kurz ein Wort darüber verloren werden. Mit diesem Schlüsselwort erlauben Sie dem Compiler, bestimmte Optimierungen durchzuführen, die ohne das Schlüsselwort nicht möglich gewesen wären. Die Optimierung funktioniert, weil Sie sich mit diesem Schlüsselwort quasi selbst dazu »zwingen«, dass schreibende Zugriffe auf diesem Zeiger nur über ebendiesen Zeiger durchgeführt werden dürfen.

Die Schlüsselwörter »const« und »volatile« mischen

Es ist auch möglich, die Qualifizierer const und volatile zu kombinieren. Sehen Sie sich z. B. folgende Deklaration an:

```
extern const volatile int realTime;
```

Eine solche Deklaration in einem Programm bedeutet, dass die Variable nur von der Hardware verändert werden kann. Im Programm selbst kann dieser Variablen, wegen const, weder ein Wert zugewiesen noch der aktuelle Wert verändert werden. Die Kombination ist somit ebenfalls wieder vorwiegend in der Treiberprogrammierung anzutreffen.

8.6 Aufgaben

Zugegeben, das Kapitel war doch eher theoretischer Natur. Es ist aber wichtig, um die Interna der C-Programmierung kennenzulernen. Daher wäre es empfehlenswert, wenn Sie die Aufgaben von Level 1 und Level 2 lösen könnten. Zur »Belohnung« haben Sie dann einmal »Level 3«-frei. Wegen der vielen Theorie und des weniger komplexen Umfangs in diesem Kapitel sind keine Level 3-Aufgaben erforderlich.

8.6.1 Level 1

1. Beschreiben Sie den Unterschied zwischen einer globalen und lokalen Variablen.
2. Was können Sie tun, wenn Sie eine globale Variable verwenden wollen, diese aber nur in der aktuellen Quelldatei und nicht in anderen Quelltexten oder Headerdateien sichtbar sein soll?
3. Wie erhalten Sie innerhalb einer Funktion den Wert einer Variablen, um bei einem erneuten Funktionsaufruf darauf zurückzugreifen?
4. Was können Sie tun, um den Wert einer Variablen vor Schreibzugriffen zu schützen?

8.6.2 Level 2

1. Betrachten Sie folgende zusammengehörende Quelldateien:
    ```
    00  // kap008/hallo.h
    01  #include <stdio.h>

    02  int i;

    03  void print_was() {
    04    printf("Hallo %d\n", i);
    05    while ( i < 10 ) {
    06      printf("%d ", i);
    ```

```
07      i++;
08    }
09 }
```

Und:

```
00 // kap008/aufgabe001.c
01 #include <stdio.h>
02 #include <stdlib.h>
03 #include "hallo.h"

04 int main(void) {
05   for( i = 0; i < 10; i++) {
06     print_was();
07   }
08   return EXIT_SUCCESS;
09 }
```

Wenn Sie die beiden Quelltexte übersetzen, ergibt sich folgende Ausgabe:

```
Hallo 0
0 1 2 3 4 5 6 7 8 9
```

Allerdings sollte das Programm 10 Mal die Textfolge »Hallo 0«, »Hallo 1« ... »Hallo 9« ausgeben. Wo liegt der Fehler?

2. Das folgende Programm lässt sich nicht übersetzen. Wo ist der Fehler?

```
00 // kap008/aufgabe002.c
01 #include <stdio.h>
02 #include <stdlib.h>

03 void doppeln( const int val ) {
04   val += val;
05   printf("%d\n", val);
06 }

07 int main(void) {
08   int ival;
09   for( ival = 0; ival < 10; ival++) {
10     doppeln(ival);
11   }
12   return EXIT_SUCCESS;
13 }
```

9 Präprozessor-Direktiven

Bevor der Compiler den Quelltext verarbeitet, führt der Präprozessor einen zusätzlichen Übersetzungslauf, oder besser Ersetzungslauf, durch. Bei Präprozessor-Direktiven steht immer das Zeichen # am Anfang der Zeile. Außerdem darf pro Zeile nur eine Direktive eingesetzt werden. Folgendes ist also **nicht** erlaubt:

```
#include <stdio.h> #define MAX_VAL 255
```

Kommentare hingegen dürfen hinter einer Direktive stehen:

```
#include <stdio.h>   // Header für Standardfunktionen
```

Die folgenden Arbeiten fallen für den Präprozessor neben der Quelltextübersetzung an:

- String-Literale werden zusammengefasst (konkateniert).
- Zeilenumbrüche mit einem Backslash am Anfang werden entfernt.
- Kommentare werden entfernt und durch Leerzeichen ersetzt.
- Whitespace-Zeichen zwischen Tokens werden gelöscht.

Des Weiteren gibt es Aufgaben für den Präprozessor, die vom Programmierer gesteuert werden können:

- Header- und Quelldateien in den Quelltext kopieren (#include)
- symbolische Konstanten einbinden (#define)
- bedingte Kompilierung (#ifdef, #elseif, ...)

9.1 Dateien einfügen mit »#include«

Die Direktive #include kopiert andere, benannte (Include-) Dateien in das Programm. In der Regel handelt es sich dabei um Headerdateien mit der Dateiendung *.h. Es gibt zwei Möglichkeiten, die Präprozessor-Direktive include zu verwenden:

```
#include <header>
#include "header"
```

Der Präprozessor entfernt die include-Zeile und ersetzt sie durch den Quelltext der include-Datei. Der Compiler erhält anschließend einen modifizierten Text zur Übersetzung.

9 Präprozessor-Direktiven

Natürlich können Sie auch eigene Headerdateien schreiben und diese mit `include` einkopieren. Haben Sie bspw. eine Headerdatei geschrieben und diese im Verzeichnis /USER/MEININCLUDE unter dem Namen `meinheader.h` gespeichert, dann müssen Sie die Headerdatei am Anfang des Quelltextes mit

```
#include "/user/meinInclude/meinheader.h"
```

einkopieren. Dabei muss das Verzeichnis angegeben werden, in dem die Headerdatei gespeichert wurde.

> **Dem Compiler Headerdateien mitteilen**
>
> Sie müssen nicht zwangsläufig den kompletten Pfad zu einer selbstgeschriebenen Headerdatei angeben. In der Praxis werden diese Verzeichnisse dem Compiler über spezielle Optionen oder Einstellungen bekannt gemacht. Beim GCC-Compiler können Sie hierfür z. B. den Schalter -I verwenden. Bei Entwicklungsumgebungen finden Sie hierfür ebenfalls Optionen. Anleitungen zu diversen Compilern bzw. kompletten Entwicklungsumgebungen finden Sie unter: *http://www.pronix.de/pronix-1168.html*.

Schreiben Sie die Headerdatei hingegen zwischen eckigen Klammern (wie dies bei Standard-Bibliotheken meistens der Fall ist), also so:

```
#include <headerdatei.h>
```

so wird die Headerdatei `headerdatei.h` im implementierungsdefinierten Pfad gesucht. Dieser Pfad befindet sich in dem Pfad, in dem sich die Headerdateien Ihres Compilers wie bspw. `stdio.h`, `stdlib.h`, `ctype.h`, `string.h` usw. befinden.

Steht die Headerdatei zwischen zwei Hochkommata, also so:

```
#include "headerdatei.h"
```

so wird diese im aktuellen Arbeitsverzeichnis (Working Directory) oder in dem Verzeichnis gesucht, dass mit dem Compiler-Aufruf, bspw. mit -I, angegeben wurde – vorausgesetzt, Sie übersetzen das Programm in der Kommandozeile oder haben in der Entwicklungsumgebung entsprechende Angaben gemacht. Sollte diese Suche erfolglos sein, so wird in denselben Pfaden gesucht, als wäre `#include <datei.h>` angegeben.

> **Groß- und Kleinschreibung**
>
> Ob beim Einkopieren der Headerdatei zwischen Klein- und Großschreibung unterschieden wird, ist abhängig von der Implementierung und nicht vorgeschrieben. Nach meiner Erfahrung achten die Compiler unter Linux/UNIX und Mac OS X ganz streng auf Groß- und Kleinschreibung, während es den Compilern unter MS Windows egal ist, ob da #include "datei.h" oder #include "Datei.h" steht.

9.2 Konstanten und Makros mit »#define« und »#undef«

Mit #define ist es möglich, Texte anzugeben, die vor der Übersetzung des Programms gegen andere Texte ersetzt werden. Auch hier wird durch das Zeichen # vor define bewirkt, dass der Präprozessor zuerst seine Arbeit, in dem Fall die Textersetzung, verrichtet. Erst dann wird das werdende Programm vom Compiler in Assembler und dann in Maschinensprache übersetzt. Die Syntax der define-Direktive sieht so aus:

```
#define BEZEICHNER Ersatzbezeichner
#define BEZEICHNER(Bezeichner_Liste) Ersatzbezeichner
```

Bei der ersten Syntaxbeschreibung wird eine symbolische Konstante und im zweiten Fall ein Makro definiert. In der Praxis werden für die symbolische Konstante oder für das Makro gewöhnlich Großbuchstaben verwendet, um sie sofort von normalen Variablen unterscheiden zu können. Dies ist aber keine feste Regel. Für die Namen gelten dieselben Regeln wie schon bei den Bezeichnern (siehe Abschnitt 2.4.1, »Bezeichner«).

9.2.1 Symbolische Konstanten mit »#define«

Hierzu ein erstes Programmbeispiel, das eine symbolische Konstante definiert:

```
00  // kap009/listing001.c
01  #include <stdio.h>
02  #include <stdlib.h>
03  #define WERT 1234

04  int main(void) {
05     int val = WERT * 2;
```

9 Präprozessor-Direktiven

```
06    printf("%d\n", WERT);
07    printf("%d\n", val);
08    return EXIT_SUCCESS;
09  }
```

In dem Programm wird jede symbolische Konstante WERT mit dem Wert 1234 in der Zeile **(03)** definiert. Wenn Sie das Programm übersetzen, werden vor der Kompilierung alle Namen mit WERT im Quelltext (hier in der Zeile **(05)** und **(06)**) vom Präprozessor durch den Wert 1234 ersetzt.

> **Die Unantastbaren**
>
> Beachten Sie, dass der Compiler selbst nie etwas von der symbolischen Konstante zu sehen bekommt, weil der Präprozessor diese Namen vor dem Compilerlauf durch die entsprechende Konstante ersetzt. Daher sollte Ihnen bewusst sein, dass #define-Makros echte Konstanten sind, die Sie zur Laufzeit der Programms nicht mehr ändern können.

Der Vorteil solcher define-Konstanten liegt vorwiegend darin, dass das Programm besser lesbar ist und besser gewartet werden kann. Haben Sie z. B. eine symbolische Konstante in einem 10.000-Zeilen-Programm wie

```
#define ROW 15
#define COLUMN 80
#define NAME "Mein Texteditor 0.1"
```

und Sie wollen diese Angaben ändern, brauchen Sie nur den Wert bei define anzupassen. Hätten Sie hier keine symbolische Konstante verwendet, müssten Sie im kompletten Quelltext (der meistens noch in mehrere Quelldateien aufgeteilt ist) nach den Werten 15, 80 und der Zeichenkette "Mein Texteditor 0.1" suchen und gegen die neuen Werte ersetzen. Eine mühevolle und, bei Vergessen eines Wertes, auch eine fehleranfällige Angelegenheit.

Hierzu ein weiteres Beispiel:

```
00  // kap009/listing002.c
01  #include <stdio.h>
02  #include <stdlib.h>
03  #define PI 3.1415f

04  float Kflaeche( float d ) {
```

```
05   // Berechnung in Klammern als Rückgabewert
06     return (d * d * PI / 4);
07   }

08   float Kumfang( float d) {
09     return (d * PI);
10   }

11   int main(void) {
12     float d;
13     printf("Kreisdurchmesser: ");
14     scanf("%f", &d);
15     printf("Kreisfläche von %.2f = %.2f\n",d, Kflaeche(d));
16     printf("Kreisumfang von %.2f = %.2f\n",d, Kumfang(d));
17     return EXIT_SUCCESS;
18   }
```

In diesem Beispiel wird aus einem Kreisdurchmesser die Kreisfläche (Zeile **(04)** bis **(07)**) und der Kreisumfang (Zeile **(08)** bis **(10)**) berechnet. Für beide Kreisberechnungen wird die Angabe von *Pi* benötigt. Im Listing wurde PI als symbolische Konstante in Zeile **(03)** definiert und in den Berechnungen der Zeilen **(06)** und **(09)** verwendet. Sollten Sie jetzt eine höhere Genauigkeit zu PI benötigen, brauchen Sie nur den Wert der Zeile **(03)** ändern. Sie müssen nicht im Programm danach suchen.

Das Programm bei der Ausführung:

```
Kreisdurchmesser: 5.5
Kreisfläche von 5.50 = 23.76
Kreisumfang von 5.50 = 17.28
```

Natürlich ist es auch möglich, sich eine Konstante errechnen zu lassen. Die Konstante PI bspw. können Sie auch wie folgt definieren:

```
#include <math.h>   // benötigter Header für atan()
#define PI atan(1)*4
```

Allerdings hat das Programm den Nachteil, dass hierbei ja nur eine textuelle Ersetzung durchgeführt wird. Wird das Programm ausgeführt, steht da jedes Mal atan(1)*4. Das führt dazu, dass dieser Wert jedes Mal dort, wo PI durch diese Berechnung ersetzt wurde, erneut berechnet werden muss. Daher sollten Sie für Berechnungen besser eine const-Variable verwenden. Mit dieser muss nur einmal gerechnet werden:

```
#include <math.h>   // benötigter Header für atan()
const double PI = atan(1)*4;
```

9.2.2 Makros mit »#define«

Neben symbolischen Konstanten lassen sich mit der define-Direktive auch parameterisierte Makros erstellen. Hierzu ein Beispiel:

```
00  // kap009/listing003.c
01  #include <stdio.h>
02  #include <stdlib.h>
03  #define NOT_EQUAL(x, y)   (x != y)
04  #define XCHANGE(x, y) { \
05     int j; j=x; x=y; y=j; }

06  int main(void) {
07     int ival1, ival2;

08     printf("val1: ");
09     scanf("%d", &ival1);
10     printf("val2: ");
11     scanf("%d", &ival2);

12     if( NOT_EQUAL(ival1, ival2) ) {
13        XCHANGE(ival1, ival2);
14     }
15     printf("val1: %d | val2: %d\n", ival1, ival2);
16     return EXIT_SUCCESS;
17  }
```

Parameterisierte Makros erkennen Sie daran, dass nach dem Makronamen eine Klammer folgt, wie dies in Zeile **(03)** und **(04)** der Fall ist. Mehrere Parameter werden mit einem Komma voneinander getrennt. Beide Makros haben hier die formalen Parameter x und y. In Zeile **(12)** wird das Makro NOT_EQUAL verwendet, was nach dem Präprozessorlauf wie folgt aussehen würde:

```
12     if( ival1 != ival2 ) {
```

Trifft es bei der Überprüfung der Zeile **(12)** zu, dass beide Werte nicht gleich sind, werden die zwei Werte getauscht. Die Zeile **(13)** im Quelltext wird vom Präprozessor wie folgt ersetzt:

```
13     int j; j=ival1; ival1=ival2; ival2=j; }
```

Zeilenumbrüche in Makros müssen Sie, wie in Zeile **(04)** geschehen, mit einem Backslash-Zeichen am Ende herbeiführen, weil sonst das Makro am Ende der Zeile beendet werden würde.

9.2 Konstanten und Makros mit »#define« und »#undef«

Achtung, keine Typenprüfung

An dieser Stelle soll noch ein Warnhinweis für parameterisierte Makros ausgesprochen werden. Bedenken Sie bitte, dass bei solchen Makros keine Typenprüfung stattfindet. So können Sie aus dem Beispiel listing003.c das Makro NOT_EQUAL aus Zeile **(03)** auch mit anderen Typen wie float oder gar Zeiger aufrufen. Wo bei einfachen Datentypen noch die Gefahr besteht, dass einfach nur Murks aus den Werten gemacht wird, kann dies bei Zeigern schwerwiegendere Folgen haben bis hin zum Absturz des Programms.

Sie sollten sich außerdem angewöhnen, die Parameter im Ersatztext in Klammern zu setzen. Ein einfaches Beispiel verdeutlicht dies:

```
00   // kap009/listing004.c
01   #include <stdio.h>
02   #include <stdlib.h>
04   #define MINUS(a, b) (a-b)

05   int main(void) {
06      printf("%f\n", MINUS(5.0, 2.5+0.5) );
07      return EXIT_SUCCESS;
08   }
```

Durch die Ersetzung der Zeile **(04)** in Zeile **(06)** sieht die Berechnung wie folgt aus:

5.0-2.5+0.5

Als Ergebnis erhalten Sie hier 3.0. Das korrekte Ergebnis wäre allerdings 2.0 gewesen, weil die Berechnung eigentlich 5.0-(2.5+0.5) lauten müsste.

Ausdruck in Klammern

Wenn der Wert einer Konstante keine einfache Zahl ist, sondern ein Ausdruck, sollten Sie den Parameter im Ersetzungstext immer zwischen Klammern setzen.

Um also wirklich sicher zu gehen, dass auch solche Teilausdrücke richtig ersetzt werden, sollten Sie die Parameter im Ersatztext immer in Klammern setzen. In diesem Beispiel sollte die define-Anweisung der Zeile **(04)** dementsprechend folgendermaßen aussehen:

```
04   #define MINUS(a, b) ( (a) - (b) )
```

Funktionen oder Makros

Wenn Sie anhand der letzten Abschnitte ein wenig Zweifel bekommen haben, ob Sie Makros mit Parametern verwenden können, so sind diese berechtigt. Da bei Makros keinerlei Typenprüfung durchgeführt wird und viele weitere Stolperstellen vorhanden sind, sollten Sie eher auf Funktionen zurückgreifen. Im C99-Standard können Sie ja für kleinere Funktionen das Schlüsselwort `inline` verwenden.

9.2.3 Symbolische Konstanten und Makros aufheben (#undef)

Soll eine symbolische Konstante oder ein Makro ab einer bestimmten Stelle im Programm nicht mehr gültig sein, können Sie diese mit der undef-Anweisung wie folgt löschen:

#undef BEZEICHNER

Möchten Sie hingegen nach der undef-Anweisung erneut auf BEZEICHNER zugreifen, beschwert sich der Compiler, dass dieser Bezeichner nicht deklariert wurde.

In der Praxis werden Sie allerdings kaum einfach zum Spaß eine symbolische Konstante oder ein Makro mit undef aufheben. Meistens wird mit undef eine Konstante gelöscht, wenn Sie anschließend einen neuen Wert dafür vergeben wollen. So können Sie bspw. symbolische Konstanten von Standard-Headerdateien aufheben und zur Laufzeit des Programms mit neuen Werten deklarieren. Hier ein Beispiel:

```
00  // kap009/listing005.c
01  #include <stdio.h>
02  #include <stdlib.h>
03  #include <limits.h>    // enthält INT_MAX
04  #define VALUE 1234

05  int main(void) {
06     printf("%d\n", INT_MAX);
07  #undef INT_MAX
08  #define INT_MAX 32767
09     printf("%d\n", INT_MAX);

10     printf("%d\n", VALUE);
11  #undef VALUE
12  #define VALUE -1234
```

```
13    printf("%d\n", VALUE);
14 #undef GIBTESNICHT
15    return EXIT_SUCCESS;
16 }
```

In Zeile **(07)** wird der Wert der symbolischen Konstante INT_MAX, die in der Headerdatei limits.h deklariert wurde, gelöscht und in Zeile **(08)** mit einem neuen Wert versehen. Das bestätigen auch die Ausgaben der Zeilen **(06)** und **(09)**. Gleiches wurde in Zeile **(11)** und **(12)** mit der im Programm deklarierten Konstante VALUE aus der Zeile **(04)** gemacht. Entfernen Sie eine Konstante, die es im Programm gar nicht gibt, wie in der Zeile **(14)** gemacht, wird diese Anweisung vom Präprozessor ignoriert. Sie hat somit keine Auswirkung auf das Programm.

9.3 Bedingte Kompilierung

Sie können für den Präprozessor auch Bedingungen formulieren, damit dieser nur dann eine bestimmte symbolische Konstante, ein Makro oder eine Headerdatei verwendet, wenn eine gewisse Bedingung gegeben ist. Folgende Schlüsselwörter stehen Ihnen für die bedingte Kompilierung zu Verfügung:

Schlüsselwort	Beschreibung
#if ausdruck	Wird ausdruck erfüllt (ungleich von 0), wird der darauffolgende Programmteil ausgeführt.
#ifdef symbol #if defined symbol #if defined(symbol)	Ist symbol im Programm definiert, wird der darauffolgende Programmteil ausgeführt.
#ifndef symbol #if !defined symbol #if !defined(symbol)	Ist symbol im Programmteil **nicht** definiert, wird der darauffolgende Programmteil ausgeführt.
#elif ausdruck #elif symbol	Trifft ausdruck zu (ungleich 0) oder ist symbol im Programmteil definiert, wird der folgende Programmteil ausgeführt. Einem #elif geht immer ein #if oder ein #ifdef voraus.

Tabelle 9.1 Schlüsselwörter zur bedingten Kompilierung

9 Präprozessor-Direktiven

Schlüsselwort	Beschreibung
#else	Der alternative Programmteil dahinter wird ausgeführt, wenn ein vorausgehendes #if, #ifdef, #ifndef oder #elif nicht ausgeführt wird.
#endif	Zeigt das Ende der bedingten Kompilierung an.

Tabelle 9.1 Schlüsselwörter zur bedingten Kompilierung (Forts.)

Hierzu ein einfaches Beispiel:

```
00  // kap009/listing006.c
01  #include <stdio.h>
02  #include <stdlib.h>

03  #ifdef __APPLE__
04     #define SYS printf("Code für Apple-Rechner\n");
05  #elif __linux__
06     #define SYS printf("Code für Linux-Rechner\n");
07  #elif WIN32
08     #define SYS printf("Code für Windows-Rechner\n");
09  #elif __unix
10     #define SYS printf("Code für Unix-Rechner\n");
11  #else
12     #define SYS printf("Code für sonstige Rechner\n");
13  #endif

14  int main(void) {
15     SYS;
16     return EXIT_SUCCESS;
17  }
```

Sie sehen hier ein häufig verwendetes Beispiel der bedingten Übersetzung. In den Zeilen **(03)** bis **(13)** wertet der Präprozessor aus, auf welchem System das Programm übersetzt wird. Er ersetzt dann in der main-Funktion die Zeile **(15)** durch den entsprechenden Code, der bei der Auswertung der Zeilen **(03)** bis **(13)** als symbolische Konstante für SYS definiert wurde. Im Beispiel wurde hierfür lediglich eine passende printf-Anweisung ersetzt. In der Praxis können dies ganze Codeabschnitte oder verschiedene Headerdateien sein, die für ein entsprechendes System inkludiert werden sollen.

9.3 Bedingte Kompilierung

> **Compiler- bzw. systemspezifische Abfragen**
>
> Konstanten für compiler- oder systemspezifische Abfragen sind nicht Teil des ANSI-C-Standards und eben compiler- und systemabhängig!

Im Beispiel hätten Sie anstatt bspw.

```
#ifdef __APPLE__
```

schreiben können:

```
#if defined _APPLE__
```

Beide Varianten haben dieselbe Bedeutung.

Hilfe beim Debuggen

Ebenfalls sehr nützlich bei Programmen in der Entwicklungsphase kann das Ausgeben von Debug-Informationen sein. Ein einfaches Beispiel dazu:

```
00  // kap009/listing007.c
01  #include <stdio.h>
02  #include <stdlib.h>
03  #define DEBUG

04  int main(void) {
05      int ival, ival2;

06      printf("Bitte Wert eingeben: ");
07      scanf("%d", &ival);
08  #ifdef DEBUG
09      printf("DEBUG: %d\n", ival);
10  #endif
11      ival*=ival*100;
12  #ifdef DEBUG
13      printf("DEBUG: %d\n", ival);
14  #endif

15      printf("Bitte Wert eingeben: ");
16      scanf("%d", &ival2);
17      // ... weiterer Code ...
18      return EXIT_SUCCESS;
19  }
```

Durch die symbolische Konstante DEBUG in Zeile **(03)** werden die Zeilen **(09)** und **(13)** mit Debug-Informationen zu dem aktuellen Wert der Variablen ival ausgegeben, weil die Bedingungen der Zeilen **(08)** bzw. **(12)** erfüllt werden. Gerade bei kritischen Codeabschnitten ist dies sehr hilfreich, und oft lässt sich so schneller ein Fehler finden als mit dem Debugger. Wollen Sie die Debug-Informationen nicht mehr ausgeben, brauchen Sie nur Zeile **(03)** zu entfernen oder ein undef daraus zu machen:

```
03  #undef DEBUG
```

Mehrfaches Inkludieren vermeiden

Sie können mit der bedingten Kompilierung auch überprüfen, ob eine Headerdatei bereits inkludiert wurde, damit sie nicht ein zweites Mal inkludiert wird. Wenn Sie also eine Headerdatei erstellt haben, sollten Sie immer Folgendes einfügen, damit die Datei nicht mehrmals inkludiert wird:

```
// myheader.h
#ifndef MYHEADER_H_
#define MYHEADER_H_

// Der eigentliche Quellcode für die Headerdatei myheader.h

#endif
```

Der Präprozessor überprüft, ob er die Headerdatei myheader.h bereits eingebunden hat. Beim ersten Inkludieren ist das Makro MYHEADER_H_ noch nicht definiert, sodass der Inhalt zwischen #ifndef und #endif in die Quelldatei eingefügt wird. Wird jetzt erneut myheader.h von einer anderen Datei inkludiert, ist #ifndef falsch. Alles zwischen #ifndef und #endif wird jetzt vom Präprozessor ignoriert.

> **Probleme beim mehrfachen Inkludieren**
>
> Mehrfaches Inkludieren sollte vermieden werden, wenn Sie mehrere Headerdateien und Module verwenden. Sonst werden alle Makros der Headerdatei mehrfach definiert und könnten somit einen Fehler auslösen.

9.4 Weitere Präprozessor-Direktiven

In der folgenden Tabelle finden Sie einen Überblick über die restlichen Präprozessor-Direktiven.

Direktive	Beschreibung
`#error "zeichenkette"`	Das Programm lässt sich nicht übersetzen und gibt die Fehlermeldung `zeichenkette` zurück. Damit können Sie verhindern, dass ein nicht fertiggestellter oder fehlerfreier Code einfach so übersetzt wird. Das ist recht praktisch als Hinweis, wenn mehrere Personen an einem Programm arbeiten.
`#line n` `#line n "dateiname"`	Diese Direktive hat keinen Einfluss auf das Programm selbst. Damit können Sie bspw. die Zeilennummer in einem Programm mit n festlegen und den Dateinamen auf dateinamen setzen. Die Nummerierung hat dann Einfluss auf die vordefinierten Präprozessor-Direktiven `__LINE__` und `__FILE__`.
`#pragma`	`#pragma`-Direktiven sind compiler-spezifisch, also von Compiler zu Compiler verschieden. Wenn ein Compiler eine bestimmte `#pragma`-Direktive nicht kennt, wird diese ignoriert. Mithilfe der Pragmas können Compiler-Optionen definiert werden, ohne mit anderen Compilern in Konflikt zu geraten.
`#`	Ein leeres `#` wird vom Präprozessor entfernt und hat keine Auswirkung im Programm.

Tabelle 9.2 Die restlichen Präprozessor-Direktiven

_Pragma-Operator

Damit Sie mit `pragma` auch Makros verwenden können, wurde im C99-Standard der Operator `_Pragma( bezeichner)` eingeführt. Mit `#pragma` war dies ja nicht möglich, weil es sich schon um eine Direktive handelte.

Des Weiteren gibt es noch einige von ANSI-C vorgeschriebene Makros, die u. a. für das Debuggen von Programmen recht nützlich sein können.

9 Präprozessor-Direktiven

Makroname	Beschreibung
__LINE__	Gibt eine Ganzzahl der aktuellen Zeilennummer in der Programmdatei zurück.
__FILE__	Gibt den Namen der Programmdatei als String-Literal zurück.
__DATE__	Gibt das Übersetzungsdatum der Programmdatei als String-Literal zurück.
__TIME__	Gibt die Übersetzungszeit der Programmdatei als String-Literal zurück.
__STDC__	Besitzt diese ganzzahlige Konstante den Wert 1, handelt es sich beim Compiler um einen ANSI-C-konformen Compiler.
__cplusplus	C++-Code
__func__	Gibt den Namen der Funktion aus, in der das Makro verwendet wird (nur C99).
__STD_HOSETD__	Gibt 1 zurück, wenn es sich um eine *Hosted*-Implementierung der Standard-Bibliothek handelt. Das heißt, dass Programm wird unter Kontrolle und mit Unterstützung vom Betriebssystem ausgeführt. Ansonsten ist die Konstante 0, und das Programm wird in einer *Freestanding*-Umgebung ohne Unterstützung eines Betriebssystems ausgeführt (nur C99).
__STD_VERSION__	Enthält eine ganzzahlige Konstante vom Typ long, wenn der Compiler den C99-Standard unterstützt (nur C99).

Tabelle 9.3 Vordefinierte Standard-Makros

Hierzu ein Beispiel, welches viele dieser vordefinierten Makros im Einsatz zeigt:

```
00  // kap009/listing008.c
01  #include <stdio.h>
02  #include <stdlib.h>

03  #if defined (__STDC_VERSION__)&&__STDC__VERSION >= 199901L
04  void funktion(void) {
```

```
05    printf("Name der Funktion: %s\n", __func__)
06  }
07  #else
08  void funktion(void) {
09    printf("Kein C99-Standard-Compiler\n");
10  }
11  #endif

12  int main(void) {
13  #ifdef __STDC__
14    printf("Ein ANSI-C-Compiler ist im Einsatz\n");
15  #endif
16    printf("Datum der Übersetzung: %s\n", __DATE__);
17    printf("Zeit der Übersetzung : %s\n", __TIME__);

18    printf("Zeile: %3d | Datei: %s\n", __LINE__, __FILE__);
19  #line 99 "datei.c"
20    printf("Zeile: %3d | Datei: %s\n", __LINE__, __FILE__);
21    funktion();
22    return EXIT_SUCCESS;
23  }
```

Das Programm bei der Ausführung:

```
Ein ANSI-C-Compiler ist im Einsatz
Datum der Übersetzung: May 23 2010
Zeit der Übersetzung : 14:24:18
Zeile:  22 | Datei: listin008.c
Zeile:  99 | Datei: datei.c
Kein C99-Standard-Compiler
```

9.5 Aufgaben

In diesem Kapitel haben Sie die wichtigsten Grundlagen zu den Präprozessor-Direktiven kennengelernt. Neben der Möglichkeit, andere Dateien und symbolische Konstanten zu inkludieren, haben Sie gesehen, dass Sie damit auch kleinere Makos erstellen können. Hierzu nun die Testaufgaben.

9.5.1 Level 1

1. Erklären Sie den Unterschied zwischen dem Einbinden einer Datei mit #include mit eingeschlossenen Anführungszeichen (bspw. "datei.h") und mit spitzen Klammern (bspw. <datei.h>).
2. Was kann mit der define-Direktive gemacht werden?
3. Wie können Sie eine symbolische Konstante oder ein Makro aufheben?
4. Beachten Sie folgende symbolische Konstante:

   ```
   #include <math.h>    // benötigter Header für sqrt()
   #define VAL sqrt(2)*8
   ```

   Und folgende Konstante mit dem Schlüsselwort const:

   ```
   #include <math.h>    // benötigter Header für atan()
   const double VAL = sqrt(2)*8;
   ```

   Welche der beiden Konstanten wäre die bessere Alternative im Programm und warum?
5. Was verstehen Sie unter einer bedingten Kompilierung?

9.5.2 Level 2

1. Im folgenden Listing wurde ein zunächst schwer auffindbarer Fehler gemacht. Das Programm gibt nur einmal 0 aus, sollte aber mindestens von 0 bis 9 hochzählen und diese Werte ausgeben. Welcher (logische) Fehler wurde hier gemacht, und wie können Sie das Problem beheben?

```
00  // kap009/aufgabe001.c
01  #include <stdio.h>
02  #include <stdlib.h>
03  #define DEBUG_ERR printf("Fataler Debug-Fehler\n"); \
04                   return EXIT_FAILURE;
05  #define MAX 10

06  int main(void) {
07     int i = 0;
08     do {
09        printf("%d\n", i);
10        // Viel Code
11        if( ++i >= MAX )
12           DEBUG_ERR;
13     }while( 1 );
```

```
14    return EXIT_SUCCESS;
15  }
```

2. Im folgenden Beispiel gibt die Multiplikation den Wert 190 zurück. Korrekt wäre allerdings der Wert 100 (10*(20-10)). Wie können Sie das Problem beheben?

```
00  // kap009/aufgabe002.c
01  #include <stdio.h>
02  #include <stdlib.h>
03  #define MULTI(a, b) (a*b)

04  int main(void) {
05    int val1 = 10, val2 = 20;
06    printf("Multiplikation = %d\n", MULTI(val1, val2-10));
07    return EXIT_SUCCESS;
08  }
```

3. Wie oft wird die for-Schleife ausgeführt und warum?

```
00  // kap009/aufgabe003.c
01  #include <stdio.h>
02  #include <stdlib.h>
03  #define CNT 10

04  int main(void) {
05    int i;
06  #undef CNT
07  #define CNT 5
08    for( i = 0; i < CNT; i++) {
09  #undef CNT
10  #define CNT 20
11      printf("%d\n", i);
12    }
13    return EXIT_SUCCESS;
14  }
```

9.5.3 Level 3

1. Entwickeln Sie Ihre eigene kleine Makrosprache. Bringen Sie mithilfe der define-Direktive dieses kleine Hauptprogramm (Hallo Welt) in C zur Ausführung. Erstellen Sie hierzu die Headerdatei "mysyntax.h", und berücksichtigen Sie auch, dass diese Headerdatei nicht mehrfach inkludiert werden kann.

9 Präprozessor-Direktiven

```
00  // kap009/aufgabe004.c
01  #include "mysyntax.h"

02  MAIN
03  OPEN
04  _WRITE"Hallo Welt\n"WRITE_
05  END
06  CLOSE
```

2. Definieren Sie zwei parameterisierte Makros, die von zwei Werten den maximalen und minimalen Wert zurückgeben.
3. Schreiben Sie ein Makro, das mit einem symbolischen Bezeichner wie DEBUG_ALL Informationen wie Datum, Uhrzeit, Zeile und Datei zu Debugging-Zwecken ausgibt.

10   Arrays und Zeichenketten (Strings)

Bisher haben Sie sich bei den speicherorientierten Strukturelementen auf einfache Datentypen beschränkt. Bei den Aufgaben wurden lediglich ganze Zahlen (char, short, int, long) bzw. Fließkommazahlen (float, double, long double) besprochen. In diesem Kapitel erfahren Sie nun etwas über zusammengesetzte Datenstrukturen, kurz Arrays. Wenn der Typ des Arrays T ist, so spricht man von einem T-Array. Ist das Array bspw. vom Typ long, so spricht man von einem long-Array.

10.1   Arrays verwenden

Mit Arrays werden die einzelnen Elemente als Folge von Werten eines bestimmten Typs abgespeichert und bearbeitet. Arrays werden auch als Vektoren, Felder oder Reihungen bezeichnet.

10.1.1   Arrays definieren

Die Syntax zur Definition eines Arrays sieht wie folgt aus:

```
Datentyp Arrayname[Anzahl_der_Elemente];
```

Als Datentyp geben Sie an, von welchem Datentyp die Elemente des Arrays sein sollen. Der Arrayname ist frei wählbar, mit denselben Einschränkungen für Bezeichner wie bei Variablen (siehe Abschnitt 2.4.1, »Bezeichner«). Mit Anzahl_der_Elemente wird die Anzahl der Elemente angegeben, die im Array gespeichert werden können. Man spricht dabei auch vom Indexwert. Der Wert in den eckigen Klammern muss ein ganzzahliger Ausdruck und größer als 0 sein. Ein Array, das aus Elementen unterschiedlicher Datentypen besteht, gibt es in C nicht.

Zugreifen können Sie auf das gesamte Array mit allen Komponenten über den Array-Namen. Die einzelnen Elemente eines Arrays werden durch den Array-Namen und einen Indexwert zwischen eckigen Klammern [n] verwendet. Der Indexwert selbst wird über eine Ordinalzahl (Ganzzahl) angegeben und fängt bei **null** an zu zählen.

Nehmen wir als Beispiel folgendes Array:

```
int iArray[8];
```

Das Array hat den Namen iArray und besteht aus acht Elementen vom Typ int. In diesem Array können Sie also acht Integer-Werte abspeichern. Intern wird für dieses Array somit automatisch Speicherplatz für acht Arrays vom Typ int reserviert. Wie viel Speicher dies ist, können Sie mit 8*sizeof(int) ermitteln. Hat der Typ int auf Ihrem System eine Breite von vier Bytes, ergibt dies 32 Bytes (8 Elemente * 4 Bytes pro Element = 32).

> **Arrays mit fester Länge**
>
> In der Regel haben die Arrays eine feste Anzahl von Elementen, weil die Elemente mit einem konstanten Ausdruck in den eckigen Klammern definiert werden. Die Größe des Arrays muss also zum Zeitpunkt der Übersetzung bekannt sein. Im C99-Standard gibt es allerdings einen Weg, ein Array mit variabler Länge zu definieren. Darauf soll aber erst später eingegangen werden. Verwechseln Sie aber bitte »feste Länge« und »variable Länge« nicht damit, dass die Anzahl der Elemente eines Arrays nachträglich zu ändern wäre – also wachsen oder schrumpfen kann. Das ist in C nicht direkt möglich.

10.1.2 Arrays initialisieren und darauf zugreifen

Um einzelnen Array-Elementen einen Wert zu übergeben oder Werte daraus zu lesen, wird der Indizierungsoperator [] (auch Subskript-Operator genannt) verwendet. Wie der Name schon sagt, können Sie damit auf ein Array-Element mit einem Index zugreifen.

Hierzu ein einfaches Beispiel:

```
00  // kap010/listing001.c
01  #include <stdio.h>
02  #include <stdlib.h>

03  int main(void) {
04    int iArray[3];
05    // Array mit Werten initialisieren
06    iArray[0] = 1234;
07    iArray[1] = 3456;
08    iArray[2] = 7890;

09    // Inhalt der Array-Elemente ausgeben
10    printf("iArray[0] = %d\n", iArray[0]);
11    printf("iArray[1] = %d\n", iArray[1]);
```

```
12    printf("iArray[2] = %d\n", iArray[2]);
13    return EXIT_SUCCESS;
14 }
```

In den Zeilen **(06)** bis **(08)** wurden je drei Werte mithilfe des Indizierungsoperators und der entsprechenden Indexnummer jeweils einem Wert zugewiesen. Gleiches wurde in den Zeilen **(10)** bis **(12)** gemacht, mit dem Unterschied, dass hier die Werte ausgegeben wurden.

Ihnen dürfte gleich auffallen, dass in Zeile **(04)** ein Array mit der Ganzzahl »3« zwischen dem Indizierungsoperator definiert wurde, aber weder bei der Zuweisung in den Zeilen **(06)** bis **(08)** noch bei der Ausgabe in den Zeilen **(10)** bis **(12)** wurde vom Indexwert »3« Gebrauch gemacht. Darüber stolpern viele Anfänger: Das erste Element in einem Array muss nämlich immer die Indexnummer 0 sein. Wenn das erste Element in einem Array den Index 0 hat, besitzt das letzte Element im Array logischerweise den Wert n-1 (n ist die Arraygröße).

Unser Array `iArray` mit drei Elementen vom Datentyp `int` aus dem Beispiel `listing001.c` können Sie sich wie folgt vorstellen.

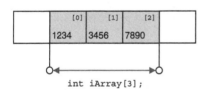

Abbildung 10.1 Dies ist ein Array mit drei Elementen, das mit Werten initialisiert wurde.

Hätten Sie im Programm `listing001.c` folgende Zeile hinzugefügt

```
...
iArray[3] = 6666;
...
printf("iArray[3] = %d\n", iArray[3]);
```

würden Sie auf einen nicht geschützten und reservierten Speicherbereich zugreifen. Bestenfalls stürzt das Programm gleich mit einer Schutzverletzung (*Segmentation fault*) oder Zugriffsverletzung (*Access violation*) ab. Schlimmer ist es aber, wenn das Programm weiterläuft und irgendwann eine andere Variable diesen Speicherbereich, der ja nicht reserviert und geschützt ist, verwendet und ändert. Sie erhalten dann unerwünschte Ergebnisse bis hin zu einem schwer auffindbaren Fehler im Programm. Hier sehen Sie die Schutzverletzung des Speichers grafisch dargestellt:

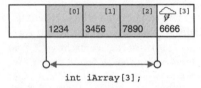

int iArray[3];

Abbildung 10.2 Mithilfe des Indizierungsoperators wurde auf einen nicht geschützten Bereich zugegriffen, was eine Schutzverletzung darstellt. Das weitere Verhalten des Programms ist undefiniert.

Array-Überlauf überprüfen

Auf vielen Systemen gibt es eine Compiler- (range-checking) bzw. Debugging-Option, mit der ein Über- bzw. Unterlauf eines Arrays zur Laufzeit des Programms geprüft wird. Das fertige Programm sollte allerdings nicht mehr mit dieser Option übersetzt werden, da es zu einem schlechten Laufzeitverhalten führt. Im künftigen C-Standard (derzeitig unter dem Codenamen C1X-Standard bekannt) soll es eine Schnittstelle für Über- und Unterläufe (*Bounds-checking interface*) geben.

Beispiele wie das listing001.c sind ziemlich trivial. Häufig werden Sie Werte von Arrays in Schleifen übergeben oder auslesen. Hierbei kann es schnell mal zu einen Über- bzw. Unterlauf kommen, wenn Sie nicht aufpassen. Ein einfaches und typisches Beispiel dazu:

```
00  // kap010/listing002.c
01  #include <stdio.h>
02  #include <stdlib.h>
03  #define MAX 10

04  int main(void) {
05     int iArray[MAX];
06     int i;

07     // Werte an alle Elemente
08     for(i = 0; i < MAX; i++) {
09        iArray[i]=i*i;
10     }
```

```
11    // Werte ausgeben
12    for(i = 0; i < MAX; i++) {
13       printf("iArray[%d] = %d\n", i, iArray[i]);
14    }
15    return EXIT_SUCCESS;
16 }
```

Im Programm wird nichts anderes gemacht, als dem Array `iArray` mit `MAX`-Elementen vom Typ `int` in der `for`-Schleife (Zeile **(07)** bis **(10)**) Werte einer Multiplikation zuzuweisen. Diese Werte werden in den Zeilen **(11)** bis **(14)** auf ähnlichem Weg wieder ausgegeben.

In der `for`-Schleife sollten Sie immer darauf achten, dass es nicht zu einem Über- bzw. Unterlauf des Arrays kommt. Anfänger vergessen schnell mal, dass das erste Element eines Arrays mit dem Index 0 beginnt, und machen folgenden fatalen Fehler:

```
long lArray[10];
...
for(i = 0; i <= 10; i++) {
   lArray[i]=i;
}
```

Durch die Verwendung des `<=`-Operators statt des `<`-Operators werden jetzt 11 anstelle von 10 Arrays initialisiert. Damit hätten Sie einen Array-Überlauf erzeugt. Gleiches gilt bei einem Unterlauf eines Arrays, wenn Sie den Array-Index bspw. rückwärts durchlaufen. Auch hier müssen Sie dafür sorgen, dass kein negativer Indexwert für ein Array verwendet wird.

Das Programm bei der Ausführung:

```
iArray[0] = 0
iArray[1] = 1
iArray[2] = 4
iArray[3] = 9
iArray[4] = 16
iArray[5] = 25
iArray[6] = 36
iArray[7] = 49
iArray[8] = 64
iArray[9] = 81
```

Initialisierung mit einer Initialisierungsliste

Ein Array können Sie bereits bei der Definition mit einer Initialisierungsliste explizit initialisieren. Hierbei wird eine Liste von Werten, getrennt mit

Kommata, in geschweiften Klammern bei der Definition an das Array zugewiesen. Ein einfaches Beispiel:

```
float fArray[3] = { 0.75, 1.0, 0.5 };
```

Nach dieser Initialisierung haben die einzelnen Elemente im Array fArray folgende Werte:

fArray[0] = 0.75
fArray[1] = 1.0
fArray[2] = 0.5

In der Definition eines Arrays mit Initialisierungsliste kann auch die Längenangabe fehlen, wenn eine Initialisierungsliste verwendet wird. Folgende Definition bspw. ist gleichwertig zur obigen:

```
// float-Array mit drei Elementen
float fArray[] = { 0.75, 1.0, 0.5 };
```

Geben Sie hingegen bei der Längenangabe einen größeren Wert an als Elemente in der Initialisierungsliste vorhanden sind, haben die restlichen Elemente in der Liste automatisch den Wert 0. Wenn Sie mehr Elemente angeben, als in der Längenangabe definiert wurden, werden die zuviel angegebenen Werte in der Initialisierungsliste einfach ignoriert. Hier ein Beispiel:

```
long lArray[5] = { 123, 456 };
```

Es wurden nur die ersten beiden Elemente in der Liste initialisiert. Die restlichen drei Elemente haben automatisch den Wert 0. Nach der Initialisierung haben die einzelnen Elemente im Array lArray folgende Werte:

lArray[0] = 123
lArray[1] = 456
lArray[2] = 0
lArray[3] = 0
lArray[4] = 0

Somit können Sie davon ausgehen, dass Sie die Werte der einzelnen Elemente von einem lokalen (auto) Array mit der Definition 0 initialisieren können:

```
// Alle 100 Array-Elemente mit 0 initialisiert
int iarray[100] = { 0 };
```

Ohne explizite Angabe einer Initialisierungsliste werden die einzelnen Elemente nur bei globalen oder static-Arrays automatisch vom Compiler mit 0 initialisiert:

```
// Alle 100 Array-Elemente automatisch mit 0 initialisiert
static int iarray[100];
```

Bestimmte Elemente direkt initialisieren (C99)

Mit dem C99-Standard wurde auch die Möglichkeit eingeführt, ein bestimmtes Element bei der Definition zu initialisieren. Hierzu müssen Sie in der Initialisierungsliste lediglich das gewünschte Element in eckigen Klammern angeben. Hier ein Beispiel:

```
int iArray[5] = { 123, 456, [MAX-1] = 789 };
```

Es wurden die ersten beiden Elemente initialisiert, anschließend wurde dem letzten Wert in der Liste ein Wert zugewiesen. Nach der Initialisierung haben die einzelnen Elemente im Array iArray folgende Werte:

```
iArray[0] = 123
iArray[1] = 456
iArray[2] = 0
iArray[3] = 0
iArray[4] = 789
```

Array mit Schreibschutz

Wenn Sie ein Array benötigen, bei dem die Werte schreibgeschützt sind und nicht mehr verändert werden sollen, können Sie das Schlüsselwort const vor die Array-Definition setzen. Die Werte in der Initialisierungsliste können so nicht mehr aus Versehen geändert und überschrieben werden. Ein einfaches Beispiel dazu:

```
// Konstantes Array kann zur Laufzeit nicht geändert werden.
const float fArray[3] = { 1.0f, 0.5f, 0.75f };
// Fehler!!! Zugriff auf konstantes Array nicht möglich
iArray[0] = 0.8f;
```

Arrays mit fester und variabler Länge (C99)

Mit dem C99-Standard wurde ebenfalls eingeführt, dass bei der Definition die Anzahl der Elemente kein konstanter Ausdruck mehr sein muss. Verwechseln Sie dies aber jetzt bitte nicht mit wachsenden bzw. schrumpfenden Arrays. Voraussetzung dafür, dass die Anzahl der Elemente kein konstanter Ausdruck sein muss, ist, dass das Array eine lokale (auto) Variable sein muss und nicht mit dem Spezifizierer static gekennzeichnet werden darf. Das Array muss außerdem in einem Anweisungsblock definiert werden. Hierzu ein Beispiel:

10 Arrays und Zeichenketten (Strings)

```
00  // kap010/listing003.c
01  #include <stdio.h>
02  #include <stdlib.h>

03  int main(void) {
04    int val;

05    printf("Anzahl der Elemente: ");
06    scanf("%d", &val);

07    if(val > 0) {
08      int iarr[val];
09      int i;
10      for(i = 0; i < val; i++) {
11        iarr[i] = i;
12      }
13      for(i = 0; i < val; i++) {
14        printf("%d\n", iarr[i]);
15      }
16    }
17    return EXIT_SUCCESS;
18  }
```

In Zeile **(08)** sehen Sie die Definition eines int-Arrays, dessen Anzahl der Elemente beim Start des Programms noch nicht definiert wurde und erst vom Anwender bestimmt wird. Dass dies tatsächlich funktioniert, können Sie in Zeile **(11)** sehen. Dort wurde den einzelnen Elementen ein Wert zugewiesen. In Zeile **(14)** werden die Werte der einzelnen Elemente ausgegeben. Damit dies im Beispiel überhaupt funktioniert, ist es wichtig, dass die Definition in Zeile **(08)** in einem Anweisungsblock zwischen den Zeilen **(07)** bis **(16)** steht. Nur innerhalb dieses Bereichs ist das Array iarr gültig.

In der Praxis spricht somit nichts dagegen, die variable Länge von Arrays auch in Funktionen zu verwenden. Hier ein Beispiel:

```
void varArray( int v ) {
  float fvarr[v];
  ...
}
...
// Funktionsaufruf
varArray( 25);
```

Sie sollten allerdings bedenken, dass Sie bei Arrays mit variabler Länge das Stacksegment belasten. Jedes Mal wenn Sie an einen Anweisungsblock mit einem variablen langen Array gelangen, wird dafür Speicher auf dem Stack reserviert. Bei enorm großen Arrays ist dies nicht produktiv.

10.1.3 Arrays mit »scanf« einlesen

Das Einlesen von einzelnen Array-Werten funktioniert im Grunde genommen genauso wie mit gewöhnlichen Variablen. Sie haben allerdings neben dem Adressoperator noch einen Indizierungsoperator, dem Sie die entsprechende Indexnummer angeben müssen, um ein bestimmtes Element mit einem Wert zu versehen. Ein Beispiel dazu:

```
00  // kap010/listing004.c
01  #include <stdio.h>
02  #include <stdlib.h>
03  #define MAX 3

04  int main(void) {
05     int i;
06     float fval[MAX];
07     for(i = 0; i < MAX; i++) {
08        printf("%d. float-Wert : ", i+1);
09        scanf("%f", &fval[i]);
10     }
11     printf("Sie gaben ein : ");
12     for(i = 0; i < MAX; i++) {
13        printf("%.2f", fval[i]);
14     }
15     printf("\n");
16     return EXIT_SUCCESS;
17  }
```

Abgesehen von Zeile **(09)**, in der mithilfe des Adressoperators, des Indizierungsoperators und des entsprechenden Indexwertes jeweils Werte in das Array eingelesen werden, enthält das Listing nichts Unbekanntes. Das Programm bei der Ausführung:

```
1. float-Wert : 0.55
2. float-Wert : 0.65
3. float-Wert : 0.25
Sie gaben ein : 0.55 0.65 0.25
```

10.1.4 Arrays an Funktionen übergeben

An dieser Stelle komme ich nicht umhin, auf ein Kapitel vorzugreifen, weil Arrays an Funktionen nicht mehr wie übliche Variablen mit call-by-value übergeben werden, sondern als Zeiger mit call-by-reference. Somit übergeben Sie hier kein komplettes Element bzw. das komplette Array als Kopie an die Funktion, sondern nur noch eine (Anfangs-)Adresse auf dieses Array.

Wenn Sie nicht mehr mit einer Kopie wie im call-by-value arbeiten und die Übergabe als Adresse (call-by-reference) erfolgte, wirken sich Änderungen an diesen Werten auch auf den Aufrufer aus. Sie greifen dann direkt auf die Adressen der einzelnen Array-Elemente zu.

> **Arrays werden sequenziell gespeichert**
>
> Da Sie nur noch die Anfangsadresse an eine Funktion übergeben, können Sie sich bei den Arrays immer darauf verlassen, dass die einzelnen Array-Elemente im Speicher sequenziell abgelegt sind bzw. sein müssen. Dies aber nur am Rande.

Sie übergeben ein Array an eine Funktion, indem Sie außerdem auch einen zusätzlichen formalen Parameter erstellen. Dort können Sie die Anzahl der Elemente des Arrays mit an die Funktion übergeben.

Hierzu ein einfaches Beispiel:

```
00  // kap010/listing005.c
01  #include <stdio.h>
02  #include <stdlib.h>
03  #define MAX 3

04  void readArray( int arr[], int n ) {
05    int i;
06    for(i=0; i < n; i++) {
07       printf("[%d] = %d\n", i, arr[i]);
08    }
09  }

10  void initArray( int arr[], int n) {
11    int i;
12    for(i=0; i < n; i++) {
13       arr[i] = i+i;
```

```
14  }
15 }

16 int main(void) {
17    int iArr[MAX];
18    initArray( iArr, MAX );
19    readArray( &iArr[0], MAX );
20    return EXIT_SUCCESS;
21 }
```

In Zeile **(18)** übergeben Sie die Adresse des in der Zeile **(17)** definierten Arrays und die Anzahl der Elemente an die Funktion `initArray`. Diese ist in den Zeilen **(10)** bis **(15)** definiert. In der Funktion initialisieren Sie die einzelnen Elemente des Arrays mit Werten. In Zeile **(19)** des Programms übergeben Sie die Anfangsadresse des Arrays mit der Anzahl der Elemente an die Funktion `readArray` (Zeile **(04)** bis **(09)**). Dort werden die einzelnen Elemente des Arrays ausgegeben. Beide Schreibweisen der Zeilen **(18)** und **(19)** sind übrigens gleichwertig; mit Zeile **(19)** übergeben Sie die Adresse des ersten Elements aber direkt an die Funktion.

Es wäre theoretisch möglich, die Adresse des zweiten Elements im Array mit

`readArray( &iArr[1], MAX-1 );`

an die Funktion zu übergeben. Allerdings müssen Sie dann auch die Anzahl der Elemente entsprechend anpassen, um einen Überlauf zu vermeiden.

Arrays gleich Zeiger?

Da ich mich in diesem Kapitel etwas weiter aus dem Fenster gelehnt habe, stellt sich gerade Einsteigern jetzt die Frage, ob Arrays und Zeiger dasselbe sind oder ob sie miteinander austauschbar sind. Hier soll gleich festgehalten werden, dass dem nicht so ist. Arrays, die an eine Funktion übergeben werden, werden sofort in Zeiger umgewandelt, sie zerfallen. Somit wird ein Array nie wirklich an eine Funktion übergeben. Besonders Anfänger verwirrt dieser Umstand, aber die Umwandlung gilt wirklich nur für die formalen Parameter einer Funktion!

10.2 Mehrdimensionale Arrays

Arrays, wie sie bisher besprochen wurden, können Sie sich als einen sequenziellen Strang von hintereinander aufgereihten Werten vorstellen. In der Praxis spricht man dann von einem eindimensionalen Array. Es ist aber auch möglich, Arrays mit mehr als nur einer Dimension zu verwenden:

```
// Zweidimensionales Array mit 2 Zeilen und 3 Spalten
int tabelle[2][3];
```

Hier wurde z. B. ein zweidimensionales Array mit dem Namen `tabelle` definiert. Dies entspricht im Prinzip einem Array, dessen Elemente wieder Arrays sind. Die ersten Elemente `tabelle[0]` und `tabelle[1]` sind die Zeilen. Jede dieser Zeilen enthält ein weiteres Array mit drei `int`-Elementen. Somit besteht das Array `tabelle` aus 6 Elementen vom Typ `int`. Im Zusammenhang mit zweidimensionalen Arrays wird häufig auch von Matrizen gesprochen. Sie können sich dieses mehrdimensionale Array wie bei einer Tabellenkalkulation vorstellen:

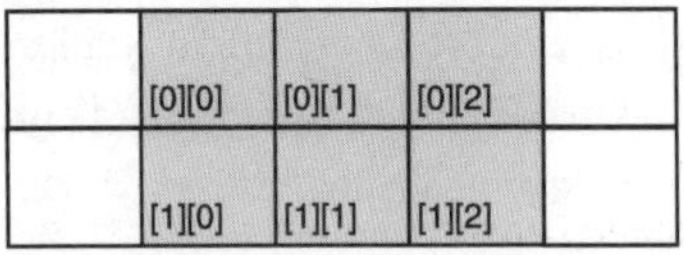

	[0][0]	[0][1]	[0][2]
	[1][0]	[1][1]	[1][2]

Abbildung 10.3 Ein zweidimensionales Array (2 Zeilen x 3 Spalten)

10.2.1 Zweidimensionale Arrays initialisieren und darauf zugreifen

Im Grunde funktioniert die Initialisierung von mehrdimensionalen Arrays wie schon bei eindimensionalen Arrays (siehe Abschnitt 10.1.2, »Arrays initialisieren und darauf zugreifen«). Anstelle eines Indizierungsoperators `[]` müssen nur eben zwei verwendet werden, um auf die einzelnen Array-Elemente zuzugreifen. Trotzdem gibt es einige Besonderheiten, die Sie beachten sollten. Wir werden im Folgenden darauf noch eingehen.

Hierzu ein Beispiel:

```
00  // kap010/listing006.c
01  #include <stdio.h>
02  #include <stdlib.h>

03  int main(void) {
04      int mdarray[2][3];
05      int i, j;
06      // Array mit Werten initialisieren
07      mdarray[0][0] = 12;
```

```
08    mdarray[0][1] = 23;
09    mdarray[0][2] = 34;
10    mdarray[1][0] = 45;
11    mdarray[1][1] = 56;
12    mdarray[1][2] = 67;
13    // Inhalt ausgeben
14    for(i=0; i < 2; i++) {
15      for(j=0; j < 3; j++ ) {
16        printf("[%d][%d] = %d\n", i, j, mdarray[i][j]);
17      }
18    }
19    return EXIT_SUCCESS;
20  }
```

In den Zeilen **(07)** bis **(12)** wurden je sechs Werte mithilfe der Indizierungsoperatoren und der entsprechenden Indexnummern zugewiesen. Selbiges wurde in der verschachtelten `for`-Schleife in den Zeilen **(14)** bis **(18)** gemacht. Hier wurde der Wert allerdings ausgegeben. Verschachtelte `for`-Schleifen sind typisch für mehrdimensionale Arrays, und das nicht nur zur Ausgabe von Werten. Mit der äußeren `for`-Schleife durchlaufen Sie die einzelnen Zeilen und mit der inneren `for`-Schleife die einzelnen Spalten dieser Zeile.

Das Programm bei der Ausführung:

```
[0][0] = 12
[0][1] = 23
[0][2] = 34
[1][0] = 45
[1][1] = 56
[1][2] = 67
```

Initialisieren mit Initialisierungsliste

Ein mehrdimensionales Array können Sie bei der Definition mit einer Initialisierungsliste ähnlich wie bei den eindimensionalen Arrays explizit initialisieren. Hierbei wird dem Array bei der Definition eine Liste von Werten, getrennt mit einem Komma, in geschweiften Klammern zugewiesen. Einzelne Zeilen werden gewöhnlich zwischen weiteren geschweiften Klammern zusammengefasst. Ein einfaches Beispiel:

```
int mdarray[2][3] = { {12, 23, 34},
                      {45, 56, 67} };
```

Nach dieser Initialisierung haben die einzelnen Elemente im Array mdarray folgende Werte:

```
mdarray[0][0] = 12
mdarray[0][1] = 23
mdarray[0][2] = 34
mdarray[1][0] = 45
mdarray[1][1] = 56
mdarray[1][2] = 67
```

Auf die extra geschweiften Klammern hätten Sie aber theoretisch auch verzichten können. Mit folgender Definition hätten Sie selbiges erreicht:

```
int mdarray[2][3] = { 12, 23, 34, 45, 56, 67 };
```

Wenn Sie die Array-Elemente in einer Liste von Initialisierungswerten angeben, können Sie die erste Dimension auch weglassen. So ist also auch Folgendes möglich:

```
int mdarray[][3] = { {12, 23, 34},
                     {45, 56, 67} };
// oder auch:
int mdarray[][3] = { 12, 23, 34, 45, 56, 67 };
```

Die erste Dimension wird anhand der angegebenen Anzahl in der zweiten Dimension und der vorhandenen Initialisierungselemente berechnet.

> **Unvollständige mehrdimensionale Arrays deklarieren**
>
> Bei der Deklaration von mehrdimensionalen Arrays darf die Längenangabe der ersten Dimension auch fehlen. Allerdings muss die Längenangabe an einer anderen Stelle im Programm definiert werden.

Elemente, die in einem mehrdimensionalen Array bei der Definition mit der Initialisierungsliste nicht ausdrücklich initialisiert wurden, erhalten automatisch den Wert 0. Hier ein Beispiel:

```
int mdarray[2][3] = { { 1 },
                      { 2, 3 } };
```

Nach dieser Initialisierung haben die einzelnen Elemente im Array mdarray folgende Werte:

```
mdarray[0][0] = 1
mdarray[0][1] = 0
mdarray[0][2] = 0
```

```
mdarray[1][0] = 2
mdarray[1][1] = 3
mdarray[1][2] = 0
```

10.2.2 Zweidimensionale Arrays an eine Funktion übergeben

Die Übergabe von zweidimensionalen Arrays an eine Funktion ist ohne großen Aufwand über call-by-reference möglich. Allerdings ist es auch hier häufig ein wenig verwirrend, wie der Funktionskopf aussieht. Auch wenn es Ihnen jetzt noch nicht für das Verständnis hilft: Bei der Übergabe von zweidimensionalen Arrays zerfällt das zweidimensionale Array in einen Zeiger auf Arrays. Es wird also auch hier niemals wirklich ein Array an eine Funktion übergeben, sondern die Anfangsadresse eines Zeigers auf Arrays.

Sehen Sie sich hierzu einfach folgende Funktion an. Sie demonstriert die Übergabe von mehrdimensionalen Arrays an Funktionen:

```
00  // kap010/listing006.c
01  #include <stdio.h>
02  #include <stdlib.h>
03  #define WOCHE 2
04  #define TAGE 7

05  void durchschnitt( int arr[][TAGE] ) {
06    int durchs=0, i, j;
07    for( i=0; i < WOCHE; i++) {
08      for( j=0; j < TAGE; j++) {
09        durchs+=arr[i][j];
10      }
11    }
12    printf("Besucher in %d Tagen\n", WOCHE*TAGE);
13    printf("Gesamt       : %d\n", durchs);
14    printf("Tagesschnitt : %d\n", durchs /(WOCHE*TAGE));
15  }

16  int main(void) {
17    int besucher[WOCHE][TAGE];
18    int i, j;

19    printf("Besucherzahlen eingeben\n\n");
20    for( i=0; i < WOCHE; i++) {
21      for( j=0; j < TAGE; j++) {
```

10 Arrays und Zeichenketten (Strings)

```
22          printf("Woche %d, Tag %d: ", i+1, j+1);
23          scanf("%d", &besucher[i][j]);
24       }
25    }
26    durchschnitt( besucher );
27    return EXIT_SUCCESS;
28 }
```

In diesem Beispiel wird eine Besucherstatistik erstellt. Dabei werden die Besucherzahlen für jeden Tag der letzten zwei Wochen in Zeile **(23)** an das mehrdimensionale Array besucher übergeben. Sie können auch gleich sehen, wie Sie mit scanf einzelne Werte in ein zweidimensionales Array einlesen können. Auch hier dürfen Sie den Adressoperator & nicht vergessen. In Zeile **(26)** wird dann die Anfangsadresse des mehrdimensionalen Arrays an die Funktion durchschnitt() übergeben.

Der Funktionskopf in Zeile **(05)** überlässt dem Compiler den impliziten Zerfall in einen Zeiger auf Arrays. Sie hätten hierbei stattdessen auch alles selbst in die Hand nehmen können und den Zerfall explizit durchführen können. Dann könnten Sie folgenden äquivalenten Funktionskopf dafür verwenden:

```
void durchschnitt( int (*arr)[TAGE] ) {
...
}
```

In der Funktion selbst machen wir in den Zeilen **(05)** bis **(15)** nichts anderes mehr, als die Besucherzahlen der einzelnen Wochen und Tage in der verschachtelten for-Schleife zu addieren und am Ende die gesamte Besucherzahl und den Tagesdurchschnitt zu berechnen. Sicherlich hätte man hierbei auch den Wochendurchschnitt und weitere Statistiken erstellen können, aber das würde den Rahmen des Kapitels sprengen. Hier ging es uns nur um die Übergabe von zweidimensionalen Arrays an Funktionen.

Das Programm bei der Ausführung:

```
Woche 1, Tag 1: 123
Woche 1, Tag 2: 234
Woche 1, Tag 3: 246
Woche 1, Tag 4: 467
Woche 1, Tag 5: 147
Woche 1, Tag 6: 268
Woche 1, Tag 7: 345
Woche 2, Tag 1: 134
Woche 2, Tag 2: 234
```

```
Woche 2, Tag 3: 232
Woche 2, Tag 4: 126
Woche 2, Tag 5: 105
Woche 2, Tag 6: 101
Woche 2, Tag 7: 223
Besucher in 14 Tagen
Gesamt      : 2985
Tagesschnitt : 213
```

10.2.3 Noch mehr Dimensionen ...

Natürlich ist die Anzahl der Dimensionen nicht nur auf zwei beschränkt. Sie können durchaus auch drei, vier oder mehr Dimensionen definieren. Alles bisher Beschriebene lässt sich also durchaus in ähnlicher Weise bei einem drei- oder vierdimensionalen Array anwenden. Ein Beispiel einer solchen Definition:

```
#define YEAR   20
#define MONTH  12
#define DAY    31
...
double abrechnung[YEAR][MONTH][DAY];
```

Beachten Sie allerdings, dass ein dreidimensionales `double`-Array mit insgesamt 7.440 Elementen (20*12*31) mit acht Bytes pro Element ca. 58 Megabytes an Speicher belegt. Für eine umfangreiche Verwaltung von Daten sollten Sie dann doch auf die dynamische Speicherverwaltung zurückgreifen (siehe Kapitel 12, »Dynamische Speicherverwaltung«).

10.3 Strings (Zeichenketten)

Vielleicht haben Sie sich schon gefragt, was passiert, wenn Sie ein Array vom Typ `char` (oder auch `wchar_t`) verwenden. Sie werden es schon vermuten: Mit einer Folge von `char`-Zeichen können Sie einen kompletten Text, einen sogenannten String (bzw. Breitzeichen-String bei `wchar_t`), speichern, verarbeiten und ausgeben. Auf Ihre Frage, wie Sie also Text in C verarbeiten können, bekommen Sie in diesem Kapitel die richtigen Antworten. In C gibt es leider keinen eigenen Datentyp für solche Strings und daher auch keine Operatoren, die Strings als Operanden verwenden können.

Für Arrays vom Typ `char` bzw. `wchar_t` gelten nicht nur die Einschränkungen herkömmlicher Arrays, sondern es muss auch darauf geachtet werden, dass die zusammenhängende Folge von Zeichen mit dem Null-Zeichen '\0' (auch Stringende-Zeichen genannt) abgeschlossen wird. Genaugenommen heißt dies, dass die Länge eines char-Arrays immer um ein Zeichen größer sein muss als die Anzahl der relevanten Zeichen. Für Arbeiten auf Strings bietet die Standard-Bibliothek außerdem viele Funktionen in der Headerdatei <string.h> an.

10.3.1 Strings initialisieren

Zur Initialisierung von char-Arrays (bzw. auch wchar_t-Arrays) können Sie String-Literale in Anführungszeichen verwenden, anstatt ein Array Zeichen für Zeichen zu initialisieren. Somit wären folgende zwei char-Array-Definitionen gleichwertig:

```
00  // kap010/listing007.c
01  #include <stdio.h>
02  #include <stdlib.h>

03  int main(void) {
04      char string1[20] = "String";
05      char string2[20] = {'S', 't', 'r', 'i', 'n', 'g', '\0'};

06      printf("%s\n", string1);
07      printf("%s\n", string2);
08      return EXIT_SUCCESS;
09  }
```

Beide Initialisierungen in den Zeilen **(04)** und **(05)** sind äquivalent. Es wird jeweils ein char-Array definiert, das 19 Zeichen (!) enthalten kann. Die beiden Strings selbst enthalten davon nur sechs Zeichen. Die restlichen Zeichen werden auch hier, wie schon bei den bisher kennengelernten Arrays, mit 0 vorbelegt. Es wäre im Beispiel allerdings falsch, die Strings mit einer Längenangabe von 6 zu definieren, weil sonst kein Platz mehr für das Null-Zeichen übrig ist. Im Beispiel könnten Sie sehen, wie Sie mit printf und der Formatangabe %s den kompletten String ausgeben können.

> **Überlebenswichtiges Stringende-Zeichen**
>
> Ein char-Array, das einen String speichert, muss immer um mindestens ein Element länger sein als die Anzahl der relevanten (lesbaren) Zeichen.

> Nur dann kann es noch das Stringende-Zeichen (oder auch Null-Zeichen) '\0' aufnehmen. Haben Sie also bspw. einen Text mit exakt 10 Zeichen, müssen Sie dafür ein char-Array mit 11 Zeichen verwenden. Fehlt ein solches Stringende-Zeichen, und führen Sie eine Funktion so lange aus, bis das Stringende erreicht ist, kann das Programm hinter dem eigentlichen Ende der Zeichenkette fortgeführt werden, bis sich irgendwo im Speicher ein Null-Wert befindet. Bei einem schreibenden Zugriff können hierbei natürlich Daten zerstört werden. Auch bei allen Arten von Funktionen gilt, dass der String erst zu Ende ist, wenn die Funktion auf das Stringende-Zeichen stößt. Somit würde mit "Str\0ing" der String nur noch "Str" lauten.

Etwas muss hier jedoch richtiggestellt werden: Es ist **nicht** falsch, wenn Sie bei einem char-Array kein abschließendes '\0' verwenden. Das gilt allerdings nur dann, wenn Sie die einzelnen Elemente im char-Array verwenden wollen. Sobald Sie das char-Array ohne das Null-Zeichen als String verwenden wollen, und sei es nur zur Ausgabe auf dem Bildschirm mit printf, müssen Sie das Array mit '\0' abschließen.

Um es noch deutlicher zu machen: Sie müssen immer zwischen einer Zeichenkonstante und einer Stringkonstante unterscheiden. Folgende Definitionen sind nicht äquivalent:

```
// Zeichenkonstante mit einem Zeichen
char ch = 'X';
// Stringkonstante mit zwei Zeichen: 'X' und '\0'
char ch[] = "X";
```

Natürlich können Sie auch bei den Strings bzw. char-Arrays bei der Definition mit der Initialisierungsliste auf die Längenangabe verzichten. Folgende drei äquivalente Möglichkeiten stehen Ihnen dabei zur Verfügung:

```
// Drei gleichwertige Definitionen
char str[] = { 'S', 'T', 'R', 'I', 'N', 'G', '\n', '\0' };
char str[] = "STRING\n";
char *str = "STRING\n";
```

Der Vorteil der letzten beiden Methoden ist neben der einfacheren Schreibweise, dass der Compiler die Array-Länge inklusive des Stringende-Zeichens selbst errechnet.

10.3.2 Einlesen von Strings

Zwar wird das Thema Ein-/Ausgabe noch gesondert in Kapitel 15, »Eingabe- und Ausgabe-Funktionen«, behandelt, aber trotzdem soll hier kurz auf die Eingabe von Strings eingegangen werden. Natürlich ist es möglich, char-Arrays formatiert mit scanf einzulesen. Die scanf-Funktion liest allerdings nur bis zum ersten Leerzeichen ein. Alle restlichen Zeichen dahinter werden somit ignoriert. Außerdem ist scanf nicht unbedingt die sicherste Alternative und anfällig für einen Pufferüberlauf (Buffer Overflow).

Aus diesem Grund ist die Standardfunktion fgets() wohl die bessere Alternative zum Einlesen von Strings. Die Syntax von fgets():

```
#include <stdio.h>   // Benötigter Header
char *fgets(char *str, int n_chars, FILE *stream);
```

Den String geben Sie mit dem ersten Parameter str an. Im zweiten Parameter geben Sie an, wie viele Zeichen eingelesen werden. Von wo Sie etwas einlesen wollen, geben Sie mit dem dritten Parameter stream an. In unserem Fall sollte es die Standardeingabe sein, die Sie mit dem Stream stdin angeben können. Die Funktion fgets() kann neben Strings auch zum zeilenweisen Lesen aus Dateien verwendet werden. Mehr dazu erfahren Sie in Kapitel 15, »Eingabe- und Ausgabe-Funktionen«. Das Gegenstück für breite Zeichen lautet fgetsw().

Hier sehen Sie an einem einfachen Anwendungsbeispiel, wie Sie mit der Funktion fgets() Strings einlesen können:

```
00   // kap010/listing008.c
01   #include <stdio.h>
02   #include <stdlib.h>
03   #define MAX 20

04   int main(void) {
05      char string1[MAX];
06      printf("Eingabe machen : ");
07      fgets(string1, MAX, stdin);
08      printf("Ihre Eingabe: %s", string1);
09      return EXIT_SUCCESS;
10   }
```

In Zeile **(07)** werden mit fgets() von der Standardeingabe (stdin) maximal MAX Zeichen in das char-Array string1 eingelesen. Die Funktion fgets() garantiert außerdem, dass immer das Stringende-Zeichen an das Ende hinzugefügt wird. Maximal werden immer MAX-1 Zeichen an string1 übergeben. Wenn noch Platz vorhanden ist, wird außerdem das Newline-Zeichen '\n' angehängt. Geben Sie im obigen Beispiel einen String mit 19 Zeichen ein, wird kein Newline-Zeichen mehr hinzugefügt, weil das letzte Zeichen dem Null-Zeichen vorbehalten ist. Anstelle der Ausgabe in Zeile **(08)** mit printf könnten Sie diese auch mit fputs(), dem Gegenstück von fgets(), machen.

Das Programm bei der Ausführung:

```
Eingabe machen : Hallo Welt
Ihre Eingabe: Hallo Welt
```

10.3.3 Stringfunktionen der Standard-Bibliothek – <string.h>

Funktionen, mit denen Sie Strings kopieren, zusammenfügen oder vergleichen können, sind in der Standard-Headerdatei <string.h> definiert. Eine Übersicht über alle Funktionen, die darin enthalten sind, finden Sie auf der Bonus-Seite zum Buch. Allerdings sind Kenntnisse zu den Zeigern für das bessere Verständnis dieser Funktionen von Vorteil. Das folgende Beispiel soll die drei häufig verwendeten Funktionen strncat() zum Aneinanderhängen, strncpy() zum Kopieren und strncmp() zum Vergleichen von char-Arrays bzw. Strings demonstrieren.

```
00  // kap010/listing009.c
01  #include <stdio.h>
02  #include <stdlib.h>
03  #include <string.h>
04  #define MAX 50

05  void nl2space( char str[] ) {
06    int i, n = strlen(str);
07    for( i = 0; i < n; i++) {
08      if( str[i] == '\n' ) {
09        str[i] = ' ';
10      }
11    }
12  }

13  int main(void) {
14    char name[MAX*2];
15    char vname[MAX], nname[MAX];
16    int len;
```

```
17    printf("Vorname : ");
18    fgets(vname, MAX, stdin);
19    nl2space( vname );
20    printf("Nachname: ");
21    fgets(nname, MAX, stdin);
22    nl2space( nname );

23    // Strings vergleichen
24    if( strncmp( vname, nname, MAX ) == 0) {
25      printf("Vorname und Nachname sind identisch\n");
26      return EXIT_FAILURE;
27    }
28    // vname nach name kopieren
29    strncpy(name, vname, (MAX*2)-1);
30    // noch vorhandenen Platz in name ermitteln
31    len = MAX - strlen(name)+1;
32    // nname an name anhängen
33    strncat(name, nname, len);
34    // gesamten String ausgaben
35    printf("Ihr Name: %s\n", name);
36    return EXIT_SUCCESS;
37  }
```

Hier wurde ein etwas umfangreicheres Beispiel erstellt. Zunächst werden Sie nach den Vor- und Nachnamen gefragt, die jeweils mit fgets() (in den Zeilen **(18)** und **(21)**) in ein char-Array eingelesen werden. Bei Strings wird in den Zeilen **(19)** und **(22)** per call-by-reference an die Funktion nl2space() übergeben, wo ein eventuell vorhandenes Newline-Zeichen von fgets() durch ein Leerzeichen ersetzt werden soll. In Zeile **(06)** wird die Funktion strlen() verwendet, die ebenfalls in der Headerdatei <string.h> definiert ist. Sie gibt die Anzahl der Zeichen eines Strings ohne das Null-Zeichen zurück.

In Zeile **(26)** wird mit der main-Funktion überprüft, ob die beiden eingegebenen Strings identisch sind. Ist dies der Fall, gibt strncmp den Wert 0 zurück, und Sie beenden das Programm mit EXIT_FAILURE. In Zeile **(29)** wird der String vname in den String name kopiert. Mit dem dritten Parameter geben Sie an, wie viele Zeichen Sie maximal in name kopieren können. In Zeile **(31)** wird mit strlen nachgezählt, wie viele Zeichen sich bereits im String name befinden, um dann in Zeile **(33)** mittels strncat maximal len Zeichen vom String nname an name anzuhängen.

Das Programm bei der Ausführung:

```
Vorname : Jürgen
Nachname: Wolf
Ihr Name: Jürgen Wolf
```

> **Buffer Overflow (Pufferüberlauf)**
>
> Die beiden Stringfunktionen strncpy() und strncat() haben jeweils eine Schwesterfunktion mit strcpy() und strcat()ohne das n (das n steht für numerable) im Namen. Zwar haben diese Versionen nur zwei Parameter und lassen sich einfacher verwenden, aber sie verursachen auch das Problem, dass nicht auf die Größe des Zielstrings geachtet wird. So kann bei falscher Verwendung ein Pufferüberlauf (Buffer Overflow) ausgelöst und von Hackern allerlei Unfug auf dem System angerichtet werden.

10.3.4 Umwandlungsfunktionen zwischen Zahlen und Strings

Sollten Sie auf der Suche nach Funktionen sein, mit denen Sie einen String in einen numerischen Wert konvertieren können, werden Sie in der Headerdatei <stdlib.h> fündig. Hier finden Sie z. B. mit der Funktion strtod() eine Möglichkeit, einen String in einen double-Wert oder mit strtol() einen String in einen long-Wert zu konvertieren. Eine Übersicht über diese und weitere Funktionen der Headerdatei <stdlib.h> finden Sie in auf der Bonus-Seite zum Buch.

10.4 Aufgaben

Zugegeben, das Kapitel zu den Arrays und Strings hat an Komplexität enorm zugelegt. Auf der anderen Seite können Sie mit Ihren Kenntnissen allmählich richtige Programme erstellen. Jetzt folgen die Aufgaben zu diesem Kapitel. Sie sollten mindestens die ersten beiden Level lösen, um im nächsten Kapitel mit den Zeigern nicht ins Straucheln zu geraten.

10.4.1 Level 1

1. Was sind Arrays?
2. Wo liegt der Unterschied zwischen Strings und Arrays?
3. Was ist die größte Gefahr bei der Verwendung von Arrays bzw. Strings?
4. Welche Indexnummer hat das erste Element eines Arrays oder Strings?

10.4.2 Level 2

1. Im folgenden Listing wurden gleich zwei Fehler gemacht. Welche?

   ```
   00  // kap010/aufgabe001.c
   01  #include <stdio.h>
   02  #include <stdlib.h>
   03  #define MAX 10

   04  int main(void) {
   05    int ival[MAX], i;

   06    for(i = MAX; i > 0; i--) {
   07      ival[i] = i;
   08    }
   09    for(i = 0; i < MAX; i++) {
   10      printf("%d\n", ival[i]);
   11    }
   12    return EXIT_SUCCESS;
   13  }
   ```

2. Wo ist der Unterschied bei den folgenden Initialisierungslisten?

   ```
   #define MAX 5

   int val[MAX] = { 1, 2 };
   int val[MAX] = {1, 2, 0, 0 };
   int val[] = { 1, 2, 0, 0, 0 };
   int val[MAX] = { 1, 2, 0, 0, 0, 1, 2 };
   ```

3. Mit welchen Werten sind die folgenden Array-Definitionen anschließend initialisiert?

   ```
   #define MAX 10

   int a[MAX] = { 1, [MAX/2] = 123, 678, [MAX-1] = -1 };
   long val[] = { [19] = 123 }
   float fval[100] = { 0.0f };
   ```

4. Auch wenn das folgende Programm korrekt ausgeführt wird, ist ein Fehler enthalten. Welcher?

   ```
   00  // kap010/aufgabe002.c
   01  #include <stdio.h>
   02  #include <stdlib.h>
   03  #define MAX 10
   ```

```
04  int main(void) {
05    char v[5] = { 'A', 'E', 'I', 'O', 'U' };
06    int i;

07    printf("Die einzelnen Vokale: ");
08    for( i=0; i < 5; i++ ) {
09      printf("%c (Dezimal: %d)\n", v[i], v[i]);
10    }
11    printf("Alle zusammen: %s\n", v);
12    return EXIT_SUCCESS;
13  }
```

10.4.3 Level 3

1. Schreiben Sie ein Programm, das die Größe in Bytes und die Anzahl der Elemente eines Arrays bzw. Strings ermittelt und ausgibt. **Tipp:** Verwenden Sie den sizeof-Operator. Bei den Strings können Sie auch die Funktion strlen() aus der Headerdatei <string.h> verwenden. Verwenden Sie folgende Arrays bzw. Strings:

   ```
   int iarr[]    = { 2, 4, 6, 4, 2, 4, 5, 6, 7 };
   double darr[] = { 3.3, 4.4, 2.3, 5.8, 7.7 };
   char str[]    = { "Hallo Welt"};
   ```

2. Schreiben Sie eine Funktion, die zwei int-Arrays auf Gleichheit überprüft. Die Funktion soll –1 zurückgeben, wenn beide Arrays gleich sind, oder die Position, an der ein Unterschied gefunden wurde. –2 soll zurückgegeben werden, wenn beide Arrays unterschiedlich lang sind. **Hinweis:** Verwenden Sie hierfür **nicht** die Funktion memcmp() aus der Headerdatei <string.h>, mit der Sie ebenfalls zwei Arrays auf Gleichheit überprüfen könnten.

3. Schreiben Sie eine Funktion, die in einem String ein bestimmtes Zeichen durch ein anderes Zeichen ersetzt.

11 Zeiger (Pointer)

In diesem Kapitel soll eines der wichtigsten Themen in C behandelt werden: die Zeiger. Sie werden auch Pointer genannt. Nehmen Sie sich viel Zeit für das Thema, denn es stellt quasi eine Brücke vom Anfänger zum fortgeschrittenen Programmierer in C dar. Haben Sie die Zeigerarithmetik erst einmal verstanden, sind auch fortgeschrittene Themen keine so große Hürde mehr. Es folgt ein kleiner Überblick, was mit den Zeigern u. a. alles realisiert wird:

- Speicherbereiche können dynamisch zur Laufzeit reserviert, verwaltet und wieder gelöscht werden.
- Mit Zeigern können Sie Datenobjekte direkt (call-by-reference) an Funktionen übergeben.
- Mit Zeigern lassen sich Funktionen als Argumente an andere Funktionen übergeben.
- Komplexe Datenstrukturen wie Listen und Bäume lassen sich ohne Zeiger gar nicht realisieren.
- Es lässt sich ein typenloser Zeiger (void *) definieren, mit dem Datenobjekte beliebigen Typs verarbeitet werden können.

11.1 Zeiger deklarieren

Wenn Sie verstehen, dass Zeiger lediglich die Adresse und den Typ auf ein Speicherobjekt darstellen, haben Sie das Wichtigste verstanden. Die Deklaration eines solchen Zeigers sieht wie folgt aus:

Datentyp *name;

Am Stern * in der Deklaration zwischen Datentyp und name können Sie den Zeiger erkennen. Der name ist der Bezeichner und wird als Zeiger auf einem Typ Datentyp deklariert. Für name gelten alle üblichen Regeln, die schon in Abschnitt 2.4.1, »Bezeichner«, beschrieben wurden. Ein Zeiger muss selbstverständlich vom selben Datentyp sein, wie der, auf den er zeigt (referenziert). Zusätzlich können bei den Zeigern auch noch die Typ-Qualifizierer const, volatile oder restrict verwendet werden.

> **Zeiger zeigen wohin?**
>
> Bei der Verwendung von Zeigern ist häufig die Rede von »zeigen auf«. Dies hilft ungemein, das Thema besser zu verstehen. Ein Rechner kann natürlich nicht im bildlichen Sinne »zeigen«. Wenn Sie also etwas vom »auf etwas zeigen« lesen, ist damit gemeint, dass auf einen bestimmten Speicherbereich, was eine Adresse im Arbeitsspeicher ist, referenziert wird.

Ein einfaches Beispiel:

```
int *iptr;
```

Hier wurde ein Zeiger mit dem Namen `iptr` deklariert, der auf ein Speicherobjekt vom Typ `int` verweisen kann. Noch genauer gesagt, verweist er auf die Adresse eines `int`-Objekts.

11.2 Zeiger initialisieren

Wird im Programm ein Zeiger mit automatischer Speicherdauer (innerhalb einer Blocks ohne das Schlüsselwort `static`) verwendet, der zuvor nicht initialisiert wurde, kann dies zu schwerwiegenden Fehlern führen. Ein Zeiger, der nicht mit einer gültigen Adresse initialisiert wurde und auf den jetzt zurückgegriffen werden soll, greift stattdessen nämlich einfach auf irgendeine Adresse im Arbeitsspeicher zurück. Wenn sich in diesem Speicherbereich wichtige Daten oder Programme in der Ausführung befinden, kommt es logischerweise zu Problemen.

> **»NULL«-Zeiger**
>
> Automatische Zeiger haben innerhalb eines Blocks ohne eine Initialisierung einen undefinierten Anfangswert. Globale bzw. `static`-Zeiger werden ohne einen Initialisierer mit einem `NULL`-Zeiger am Anfang definiert.

Um bspw. einen Zeiger vom Typ `int` auf die Adresse einer `int`-Variable verweisen zu lassen, müssen Sie folgende Zuweisung darauf erstellen:

```
int *ptr;              // Ein int-Zeiger
int ival = 123;        // Eine int-Variable
iptr = &ival;          // iptr zeigt auf ival
```

Mithilfe des Adressoperators `&` wurde dem Zeiger `iptr` die Adresse der Variable `ival` zugewiesen. Hierzu der Vorgang bildlich dargestellt:

11 Zeiger (Pointer)

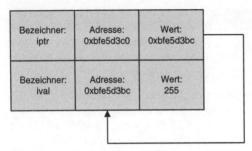

Abbildung 11.1 Zeiger verweisen auf die Adressen von anderen Speicherobjekten.

Das Formatzeichen %p trägt zum besseren Verständnis bei. Mit diesem können Sie Adressen von Variablen oder Zeigern im Arbeitsspeicher ausgeben.

Hierzu ein kleines Beispiel:

```
00  // kap011/listing001.c
01  #include <stdio.h>
02  #include <stdlib.h>

03  int main(void) {
04     int *iptr;
05     int ival = 255;
06     iptr = &ival;

07     printf("Adresse iptr: %p\n", &iptr);
08     printf("zeigt auf   : %p\n", iptr);
09     printf("Adresse ival: %p\n", &ival);
10     return EXIT_SUCCESS;
11  }
```

Vor der Beschreibung noch das Programm bei der Ausführung:

```
Adresse iptr: 0xbfe5d3c0
zeigt auf   : 0xbfe5d3bc
Adresse ival: 0xbfe5d3bc
```

In Zeile **(06)** des Listings wurde dem Zeiger iptr die Adresse der Variablen ival zugewiesen. In Zeile **(07)** wird mithilfe des Formatzeichens %p die Adresse des Zeigers iptr ausgegeben. Auch hierfür müssen Sie den Adressoperator verwenden. In Zeile **(08)** hingegen wird die Adresse ausgegeben, auf die der Zeiger iptr verweist. Dass dies in dieser Zeile ohne den Adress-

11.2 Zeiger initialisieren

operator & funktioniert, liegt natürlich daran, dass ein Zeiger selbst auch nur Adressen speichert, auf die er referenziert. In Zeile **(09)** wird dieselbe Adresse wie in Zeile **(08)** ausgegeben, weil Sie in Zeile **(06)** den Zeiger `iptr` auf die Adresse der Variable `ival` verwiesen haben. Natürlich müssen Sie bei einer Variablen wieder den Adressoperator verwenden.

An dieser Stelle können Sie schon erkennen, dass die Verwendung von Zeigern ziemlich gefährlich werden kann, wenn Sie nicht wissen, was Sie tun. Es kann schwerwiegende Konsequenzen haben, wenn Sie bspw. im Listing in Zeile **(06)** den Adressoperator & vergessen und Folgendes schreiben:

```
iptr = ival;    // Adressoperator vergessen
```

Hiermit wird aus dem Wert von `ival` eine Adresse gemacht. `iptr` wird in diesem Fall die Adresse 0xff (=255) zugewiesen. Während die Zuweisung selbst noch nicht gefährlich ist, wird der nächste Zugriff mit dem Indirektionsoperator (dem Stern *) vermutlich eine Speicherzugriffsverletzung ausführen.

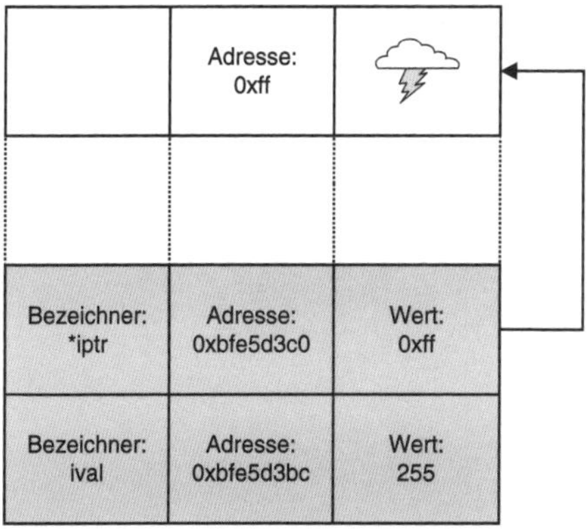

Abbildung 11.2 Das Vergessen des Adressoperators kann unabsehbare Folgen haben, wenn auf diese Adresse zugegriffen wird.

Zeiger kann überall hinzeigen

Spätestens an dieser Stelle sollten Sie die Macht, aber leider auch die Gefährlichkeit der Zeiger erkennen. Sie können mit einem Zeiger auf (fast) jede Speicheradresse im System zeigen. Ein Speicherschutz wird hierbei nur ggf. vom Betriebssystem bereitgestellt.

11 Zeiger (Pointer)

Explizite Typenumwandlung für byteweisen Zugriff

In speziellen Fällen ist es nötig, den Wert eines Zeigers explizit in einen anderen Typ umzuwandeln. Wollen Sie bspw. ein Speicherobjekt Byte für Byte auslesen, so wird für gewöhnlich ein char-Zeiger dafür verwendet. Hier ein Beispiel:

```
char *bytePtr;
float fval = 255.255;
bytePtr = (char *)&fval;
```

Mit der expliziten Umwandlung zeigt jetzt ein char-Zeiger auf das erste Byte des Speicherobjekts fval und könnte somit Byte für Byte bearbeitet werden.

11.3 Zugriff auf dem Inhalt von Zeigern

Sie verwenden den Indirektionsoperator *, um direkt auf die Werte eines Speicherobjekts mit einem Zeiger zuzugreifen, auf das Sie zuvor mit dem Adressoperator referenziert haben. Der direkte Zugriff auf den Wert eines Speicherobjekts mit dem Indirektionsoperator (oder auch Verweis-Operator) wird häufig auch als Dereferenzierung bezeichnet. Sie können damit quasi über den Zeiger die Werte, auf die er verweist, auslesen oder ändern. Hier ein einfaches Beispiel dazu:

```
00  // kap011/listing002.c
01  #include <stdio.h>
02  #include <stdlib.h>

03  int main(void) {
04     int *iptr;
05     int ival = 255;
06     iptr = &ival;

07     // Wert ausgeben
08     printf("*iptr : %d\n", *iptr);
09     printf(" ival : %d\n", ival);

10     // ival neuen Wert zuweisen
11     *iptr = 128;
12     // Wert ausgeben
13     printf("*iptr : %d\n", *iptr);
14     printf(" ival : %d\n", ival);
15     return EXIT_SUCCESS;
16  }
```

Das Programm bei der Ausführung:

```
*iptr : 255
 ival : 255
*iptr : 128
 ival : 128
```

In Zeile **(08)** wurde der Indirektionsoperator * mit dem Zeiger iptr verwendet. Im Gegensatz zu iptr ohne Indirektionsoperator, der die Adresse des Speicherobjekts ival enthält, können Sie mit dem Indirektionsoperator direkt auf den Wert von ival zugreifen. In Zeile **(11)** wurde daher zum Beweis ein neuer Wert an ival über den Zeiger iptr zugewiesen, wie die Ausgabe der Zeilen **(13)** und **(14)** dann beweist. Das bedeutet also, dass alle gültigen Integer-Werte, die Sie über den Indirektionsoperator * und den Zeiger iptr zuweisen, eigentlich die Variable ival betreffen. Hierzu der Vorgang nochmals bildlich:

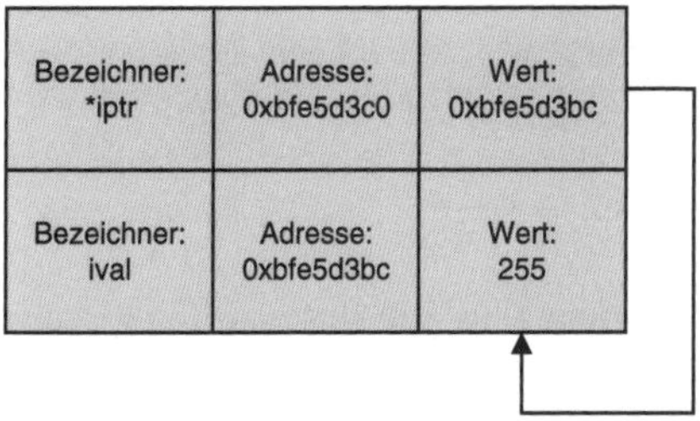

Bezeichner:	Adresse:	Wert:
*iptr	0xbfe5d3c0	0xbfe5d3bc

Bezeichner:	Adresse:	Wert:
ival	0xbfe5d3bc	255

Abbildung 11.3 Mit dem Indirektionsoperator »*« greifen Sie direkt auf den Wert eines Speicherobjekts zu, auf dessen Adresse der Zeiger verweist.

Stern bei der Zeigerdeklaration und dem Indirektionsoperator

An dieser Stelle soll ein häufiger Irrtum beseitigt werden. Der Stern bei der Deklaration eines Zeigers ist nicht mit dem Stern bei der Dereferenzierung mit Indirektionsoperator zu verwechseln.

Selbiges funktioniert natürlich auch umgekehrt. Sie können einer normalen Variablen über den Indirektionsoperator den Wert einer Variablen zuweisen, deren Adresse der Zeiger enthält. Ein einfaches Listing dazu:

```
00  // kap011/listing003.c
01  #include <stdio.h>
02  #include <stdlib.h>
```

11 Zeiger (Pointer)

```
03  int main(void) {
04    float *fptr;
05    float fval1 = 123.123f, fval2;
06    // fptr die Adresse von fval1 übergeben
07    fptr =& fval1;
08    // fval2 erhält den Wert von fval1
09    fval2 = *fptr;
10    printf("fval2: %.3f\n", fval2);
11    return EXIT_SUCCESS;
12  }
```

In Zeile **(07)** erhält der Zeiger fptr die Adresse von fval1. In Zeile **(09)** wird der Wert dieser Variablen über den Zeiger fptr mithilfe des Indirektionsoperators an die Variable fval2 verwiesen.

NULL-Zeiger

Den Indirektionsoperator dürfen Sie natürlich nur verwenden, wenn der Zeiger eine gültige Adresse enthält. Wurde dem Zeiger keine gültige Adresse zugewiesen und der Indirektionsoperator trotzdem wie folgt verwendet:

```
float *fptr;
...
*fptr = 222.222f;
```

wird das Programm vermutlich aufgrund einer Speicherzugriffsverletzung (*Segmentation fault*) abstürzen. In der Praxis können Sie solche Fehler vermeiden, wenn Sie einen nicht verwendeten Zeiger zunächst immer mit NULL initialisieren und vor jeder Verwendung eines Zeigers eine Überprüfung desselbigen durchzuführen. NULL ist ein Zeiger, der zurückgegeben wird, wenn keine gültige Adresse verwendet wird. Globale Zeiger oder Zeiger, die mit static gekennzeichnet wurden, werden automatisch mit dem NULL-Zeiger initialisiert. Lokale auto-Zeiger in einem Anweisungsblock enthalten allerdings ein zufälliges und somit undefiniertes Bitmuster.

Es folgt ein Beispiel mit dem NULL-Zeiger. Mit diesem können Sie eine Speicherzugriffsverletzung vermeiden:

```
00  // kap011/listing003.c
01  #include <stdio.h>
02  #include <stdlib.h>

03  int main(void) {
04    int *iptr = NULL;  // Zeiger mit NULL initialisiert
```

```
05    // Überprüfung vor der Verwendung
06    if( iptr == NULL ) {
07      printf("Zeiger hat keine gültige Adresse\n");
08      return EXIT_FAILURE;
09    }
10    // iptr hat eine gültige Adresse ...
11    return EXIT_SUCCESS;
12  }
```

In Zeile **(04)** wurde dem Zeiger iptr bei der Initialisierung gleich der NULL-Zeiger zugewiesen. Um einen Zeiger, dem keine gültige Adresse zugewiesen wurde, nicht zu verwenden, muss überprüft werden, ob der Zeiger eine gültige Adresse hat. Dies geschieht in Zeile **(06)**. Bei einem Fehler wird das Programm beendet, oder es werden andere Vorkehrungen getroffen.

Deklaration, Adressierung und Dereferenzierung von Zeigern

Sie dürften nun schon gemerkt haben, warum das Thema Zeiger etwas komplexer ist. Schwierig ist allerdings eher selten das Verständnis der Zeiger selbst, welche ja letztendlich nur mit Adressen operieren, sondern die richtige Verwendung des Adressoperators und des Indirektionsoperators. Daher hier eine Übersicht über den Zugriff und die Dereferenzierung von Zeigern:

```
// Deklaration
int *iptr;
int ival1, ival2;

// Initialisierung: Zeiger erhält Adresse von ival1
iptr =& ival1;

// Dereferenzierung mit dem Indirektionsoperator
// ival erhält den Wert 123
*iptr = 123;

// ival2 erhält denselben Wert wie ival1
ival2 = *iptr;

// ival erhält die Summe aus ival2 + 100;
*ptr = ival2+100;

// Zeiger erhält die Adresse von ival2
iptr =& ival2;
```

```
printf("%d" , *iptr);  // gibt Wert von ival2 aus
printf("%p" , ptr);    // gibt die Adresse von ival2 aus
printf("%p" , &ival2); // gibt die Adresse von ival2 aus
printf("%p" , &iptr);  // gibt die Adresse von iptr aus
```

11.4 Speichergröße von Zeigern

Die Größe eines Zeigers hängt **nicht** von dem Datentyp ab, auf den dieser verweist. Das ist auch nicht nötig, denn Zeiger sollen ja keine Werte, sondern Adressen speichern. Zur Speicherung von Adressen werden in der Regel gewöhnlich vier Bytes benötigt (entspricht einer Wort-Breite auf 32-Bit-Rechnern). Wenn Sie einen Zeiger mit `sizeof(ptr)` überprüfen, belegen alle Zeiger, unabhängig vom Typ, immer dieselbe Speichergröße.

> **Zeiger bei 64-Bit-Rechnern**
>
> Auf 64-Bit-Architekturen mit einem 64-Bit-Betriebssystem und dem LP64-Typenmodell ist ein Zeiger (wie auch der Datentyp `long`) üblicherweise 64 Bit breit und hat acht Bytes Speichergröße.

Sicherlich stellen Sie sich die Frage, warum man Zeiger dann überhaupt typisieren sollte, wenn der Speicherverbrauch immer gleich ist. Nun, dies ist ziemlich wichtig in C. Nur dadurch lässt sich in C nämlich die **Zeiger-Arithmetik** realisieren. Das Wissen um die Speichergröße des assoziierten Typs ist notwendig, um die Adresse des Vorgänger- oder Nachfolge-Elements zu berechnen. Darüber hinaus ermöglicht die Typisierung von Zeigern dem Compiler, Verletzungen der Typkompatibilität zu erkennen.

11.5 Zeiger-Arithmetik

Wie bereits zuvor erwähnt, kann ohne eine Typisierung von Zeigern keine vernünftige Zeiger-Arithmetik durchgeführt werden. Daher sind mit Zeigern, neben der Zuweisung von Adressen anderer Objekte, noch folgende Operationen erlaubt:

▶ **Vergleiche zweier Zeiger** (`zeiger1` *op* `zeiger2`) mit folgenden Operatoren für *op*: `==`, `!=`, `<`, `<=`, `>` und `>=`. Die Verwendung von Vergleichsoperatoren ist allerdings nur dann sinnvoll, wenn die Zeiger auf Array-Elemente zeigen. So liefert bspw. ein Vergleich von `zeiger1 > zeiger2` wahr zurück, wenn die Speicheradresse von `zeiger1` höher als die Adresse von `zeiger2` ist.

- **Subtraktion zweier Zeiger** (`zeiger2` *op* `zeiger1`) mit den Operatoren `-` und `-=` für *op*. Als Ergebnis der Subtraktion von `zeiger2-zeiger1` wird die Anzahl der Elemente zwischen den Zeigern zurückgegeben. Hierfür finden Sie in der Headerdatei `<stddef.h>` den Typ `ptrdiff_t` definiert, der gewöhnlich vom Typ `int` deklariert ist.
- **Addition und Subtraktion eines Zeigers mit einer Ganzzahl** (`zeiger` *op* `integer`) mit den Operatoren `+`, `-`, `+=`, `-=` für *op* und den Inkrement- bzw. Dekrement-Operatoren `++` und `--`. Zeigt bspw. der Zeiger `zeiger1` auf das Array `array[i]`, bedeutet eine Zuweisung des Zeigers mit `zeiger2=zeiger1+2`, dass `zeiger2` auf das Array-Element `array[i+2]` zeigt.

> **Zeiger-Arithmetik**
>
> Bei der Zeiger-Arithmetik ist die Rede vom Zugriff auf die Zeiger ohne den Inkrementationsoperator `*`! Es geht also rein um die Verwendung von Operatoren für Zeiger und nicht um deren Werte bzw. Objekte, auf die diese zeigen.

11.6 Zeiger als Funktionsparameter (call-by-reference)

Funktionen, die mit einem oder mehreren Parametern definiert werden und mit `return` einen Rückgabewert zurückliefern, haben wir bereits verwendet (call-by-value). Der Nachteil dieser Methode ist, dass bei jedem Aufruf erst einmal alle Parameter kopiert werden müssen, sodass diese Variablen der Funktion anschließend als lokale Variablen zur Verfügung stehen.

Als bessere Alternative bietet es sich hierfür an, die Adressen der entsprechenden Variablen anstatt einer Kopie an die Funktion zu übergeben. Und wenn von Adressen die Rede ist, sind die Zeiger nicht weit entfernt. Die Übergabe von Adressen als Argument an eine Funktion wird als call-by-reference bezeichnet. Dieses Thema wurde bereits in Abschnitt 10.1.4, »Arrays an Funktionen übergeben«, angeschnitten.

```
00  // kap011/listing004.c
01  #include <stdio.h>
```

```
02  #include <stdlib.h>
03  void reset( int *val ) {
04    *val = 0;
05  }

06  int main(void) {
07    int ival = 1234567;

08    printf("ival: %d\n", ival);    // = 1234567
09    reset( &ival );
10    printf("ival: %d\n", ival);    // = 0
11    return EXIT_SUCCESS;
12  }
```

In Zeile **(09)** übergeben Sie mit dem Adressoperator die Adresse der Variablen ival als Referenz an die Funktion reset(). Im Funktionskopf reset() der Zeile **(03)** muss natürlich als formaler Parameter ein Zeiger mit dem entsprechenden Typ definiert sein. Durch den Aufruf der Zeile **(09)** wird also dem Zeiger ival in Zeile **(03)** die Adresse der Variablen ival zugewiesen. Mithilfe des Indirektionsoperators und val können Sie jetzt auf den Wert der Variablen ival zugreifen. In Zeile **(04)** wurde der Variablen ival der Einfachheit halber der Wert 0 zugewiesen. Dies erfolgte über den Zeiger val mit dem Indirektionsoperator.

Es ist Ihnen sicherlich aufgefallen, dass bei der Funktion keine Rückgabe mehr mit return erfolgt und der Rückgabetyp void ist. Das liegt daran, dass bei jeder neuen Übersetzung des Programms jeder Variablen eine Adresse zugewiesen wird, die sich während der Laufzeit des Programms nicht mehr ändern lässt. Da die Funktion die Adresse der Variablen ival bekommt, wird auch in der Funktion der Wert dieser Variablen verändert. Weil hierbei mit der Variablen ival und dem Zeiger val mit derselben Adresse gearbeitet wird, entfällt eine Rückgabe an den Aufrufer.

11.7 Zeiger als Rückgabewert

Ein Zeiger kann auch als Rückgabewert einer Funktion deklariert werden. Funktionen, die mit einem Zeiger als Rückgabetyp deklariert sind, geben logischerweise auch nur die Anfangsadresse des Rückgabetyps zurück. Die Syntax dazu sieht folgendermaßen aus:

```
Typ *Funktionsname( formale Parameter )
```

11.7 Zeiger als Rückgabewert

Das Verfahren mit Zeigern als Rückgabewert von Funktionen wird häufig bei Arrays, Strings oder Strukturen verwendet und ist eine effiziente Methode, umfangreiche Datenobjekte aus einer Funktion zurückzugeben. Speziell bei Strings ist dies die einzige Möglichkeit, eine ganze Zeichenkette aus einer Funktion zurückzugeben. Natürlich nicht wirklich, tatsächlich wird ja nur die Anfangsadresse, also das erste Zeichen, an den Aufrufer zurückgegeben.

Wenn Sie sich noch an Abschnitt 7.6, »Exkurs: Funktion bei der Ausführung«, erinnern, wissen Sie, dass beim Aufruf einer Funktion ein Stack verwendet wird. Auf diesem werden alle benötigten Daten einer Funktion (die Parameter, die lokalen Variablen und die Rücksprungadresse) angelegt. Die Rede ist vom Stack-Frame. Dieser Stack-Frame bleibt so lange bestehen, bis sich die Funktion wieder beendet. Geben Sie einen solchen Speicherbereich (lokaler auto-Speicher) zurück, der sich ebenfalls auf dem Stack-Frame befand, und somit bei Beendigung der Funktion nicht mehr vorhanden ist, wird ein undefinierter Speicherbereich zurückgegeben.

Wollen Sie also einen Zeiger auf einen gültigen Speicherbereich zurückgeben, haben Sie folgende Möglichkeiten. Sie verwenden

- einen statischen Puffer (static) oder einen globalen Puffer
- einen beim Aufruf der Funktion als Argument übergebenen Puffer (bzw. Adresse) oder
- einen mittels malloc() zur Laufzeit reservierten Speicher (siehe Kapitel 12, »Dynamische Speicherverwaltung«).

In der Praxis würde ich zwar die dynamische Reservierung von Speicher zur Laufzeit mit malloc() empfehlen, aber um nicht auf ein Thema vorzugreifen, soll hier ein Beispiel mit einem statischen Puffer demonstriert werden:

```
00  // kap011/listing005.c
01  #include <stdio.h>
02  #include <stdlib.h>
03  #define MAX 5

04  int *ifget( void ) {
05    static int puffer[MAX];
06    int i;
07    for( i=0; i<MAX; i++) {
08      printf("Wert %d : ", i+1);
09      scanf("%d", &puffer[i] );
10    }
```

11 Zeiger (Pointer)

```
11    return puffer;
12 }

13 int main(void) {
14    int *iptr;
15    int i;
16    iptr = ifget( );
17    printf("Folgende Werte wurden eingelesen\n");
18    for( i=0; i < MAX; i++ ) {
19       printf("%d : %d\n", i+1, *(iptr+i));
20    }
21    return EXIT_SUCCESS;
22 }
```

In Zeile **(16)** wird die Funktion ifget() aufgerufen. Der Rückgabewert wird an den Zeiger iptr zugewiesen, der in Zeile **(14)** deklariert wurde. Entsprechend muss natürlich auch der Funktionskopf der Zeile **(04)** aufgebaut sein, die einen Zeiger vom Typ int* zurückgibt. Damit die Funktion einen gültigen Speicherbereich zurückgibt, wurde in Zeile **(05)** ein statischer Puffer, ein Array, mit MAX int-Werten definiert. Diesem Puffer übergeben Sie in der for-Schleife (Zeile **(07)** bis **(10)**) insgesamt MAX int-Werte. In Zeile **(11)** geben Sie die Anfangsadresse des statischen Puffers an den Aufrufer der Zeile **(16)** zurück. In der main()-Funktion werden die in der Funktion ifget() eingegebenen int-Werte nochmals ausgegeben.

Entfernen Sie einfach testweise das Schlüsselwort static in Zeile **(05)**. In der main()-Funktion werden dann undefinierte Werte ausgegeben, weil ein lokaler Puffer nach dem Ende der Funktion, die nicht mehr vorhanden ist, verwendet wurde.

Das Programm bei der Ausführung:

```
Wert 1 : 12
Wert 2 : 34
Wert 3 : 56
Wert 4 : 78
Wert 5 : 90
Folgende Werte wurden eingelesen
1 : 12
2 : 34
3 : 56
4 : 78
5 : 90
```

11.8 Arrays bzw. Strings und Zeiger

An dieser Stelle sollen die Arrays bzw. Strings den Zeigern gegenübergestellt werden. Das Wichtigste vorab: Arrays und Zeiger sind nicht dasselbe. Ein Zeiger ist die Adresse einer Adresse, während ein Array-Name nur eine Adresse darstellt.

> **Internes zu den Zeigern und Arrays**
>
> Ein Array belegt zum Programmstart automatisch einen Speicherbereich, der nicht mehr verschoben oder in der Größe verändert werden kann. Einem Zeiger hingegen muss man einen Wert zuweisen, damit dieser auch auf einen belegten Speicher zeigt. Außerdem kann der »Wert« eines Zeigers später nach Belieben einem anderen »Wert« (Speicherobjekt) zugewiesen werden. Ein Zeiger muss außerdem nicht nur auf den Anfang eines Speicherblocks zeigen.

11.8.1 Zugriff auf Array-Elemente über Zeiger

Es gibt zwei Möglichkeiten, wie Sie auf ein Array-Element zugreifen können. Entweder verwenden Sie den bereits bekannten Weg über den Index mit [] oder Sie verwenden hierzu die Zeiger. Hier ein Beispiel dazu:

```
01  int ival[2];
02  ival[0]     = 1234;
03  *(ival+1) = 5678;
```

Den ersten Zugriff in Zeile **(02)** kennen Sie ja bereits. Dasselbe machen Sie auch in Zeile **(03)**, mit dem Unterschied, dass Sie hier einen Zeiger verwenden, um das zweite Element im Array mit einem Wert zu initialisieren. Beide Varianten sind somit gleichwertig.

In der Praxis werden Zeiger eher mit extra dafür deklarierten Zeigern verwendet, um auf die Elemente eines Arrays zuzugreifen. Sehen Sie sich hierzu folgendes Listing an:

```
00  // kap011/listing006.c
01  #include <stdio.h>
02  #include <stdlib.h>
03  #define MAX 5

04  int main(void) {
05      int iarr[MAX] = { 12, 34, 56, 78, 90 };
```

```
06     int *iptr;
07     int i;
08     // iptr zeigt auf das erste Element von iarr
09     iptr = iarr;

10     printf("iarr[0] = %d\n", *iptr);
11     printf("iarr[2] = %d\n", *(iptr+2));
12     *(iptr+4) = 66;
13     *iptr = 99;
14     // Alle auf einmal
15     for(i=0; i<MAX; i++) {
16        printf("iarr[%d] = %d\n", i, *(iptr+i));
17     }
18     return EXIT_SUCCESS;
19  }
```

In Zeile **(09)** wird der Zeiger iptr mit der Adresse des ersten Elements von iarr initialisiert. Sicherlich fragen Sie sich, warum in der Zeile

iptr = iarr;

anstatt

iptr = &iarr[0]

verwendet wurde. Hier gilt die Regel, dass der Name eines Arrays ohne Index automatisch ein konstanter Zeiger auf das erste Element ist. Der Beweis, dass iptr auf das erste Element von iarr, genauer iarr[0], verweist, wird in Zeile **(10)** ausgegeben.

Spätestens jetzt dürften Sie auch erkennen, warum Sie Zeiger richtig typisieren müssen. Denn ohne das Wissen um die Speichergröße des assoziierten Typs könnte das Vorgänger- bzw. Nachfolger-Element im Array bspw. über die Anweisung *(iptr+2) nicht wie in Zeile **(11)** berechnet werden. Im Beispiel wird der Typ int verwendet, der auf einem 32-Bit-System in der Regel vier Bytes groß ist. Daher erfolgt eine Adressierung mit *(iptr+n) in vier Byte-Schritten für n. Dass die Zeigergröße vier Bytes auf einem 32-Bit-System hat, tut bei diesem Thema auch nichts zur Sache. Bei einem Array vom Typ double würde diese Adressierung in acht Byte-Schritten durchgeführt.

Damit der Zeiger tatsächlich auf die nächste Adresse zeigt, muss ptr+n zwischen Klammern stehen, weil Klammern eine höhere Bindungskraft als der Indirektionsoperator haben und somit zuerst ausgewertet werden. Sollten Sie die Klammern vergessen, wird nicht auf die nächste Adresse verwiesen, sondern auf den Wert, auf den der Zeiger ptr zeigt. Dieser wird um den Wert n erhöht.

Um also auf ein Element eines Arrays über Zeiger zuzugreifen, haben Sie folgende Möglichkeiten:

```
// Deklarationen
float farray[10];
float *fptr1, *fptr2, *fptr3;
// Zeiger auf erstes Element von farray
fptr1 = farray;
// Zeiger auf das dritte Element von farray
fptr2 = &farray[2];
// Auch möglich: Zeiger auf das neunte Element von farray
fptr3 = farray + 8;

*fptr1     = 20;   // farray[0] = 20
*fptr2     = 30;   // farray[2] = 30;
*fptr3     = 40    // farray[8] = 40
*(fptr1+6) = 50;   // farray[6] = 50;
*(fptr2-1) = 60;   // farray[1] = 60;
```

Zeigerversion vs. Indexversion

Da Sie jetzt wissen, dass Sie auf ein Array sowohl mit einem Zeiger * als auch mit dem Indizierungsoperator [] zugreifen können, werden Sie sich fragen, was denn jetzt effizienter ist. Die Zeigerversion benötigt weniger Ressourcen des Systems, weil die Adresse des Array-Elements nicht mehr extra berechnet werden muss. Allerdings optimieren die modernen Compiler bei der Übersetzung meistens schon selbst, um aus einem Feldindex einen Zeiger zu machen.

11.8.2 Array und Zeiger als Funktionsparameter

Das Thema wurde bereits in Abschnitt 10.1.4, »Arrays an Funktionen übergeben«, behandelt und soll daher hier nur noch einmal kurz aufgegriffen werden. Da Arrays nicht als Ganzes direkt an Funktionen übergeben werden können, wird immer nur die Adresse auf ein Array übergeben. Daher sind die folgenden zwei Deklarationen der formalen Parameter einer Funktion völlig gleichbedeutend:

```
int funktion(int iarray[])
// und
int funktion(int *iarray)
```

Sie können solche Funktionen auf mehrere Arten aufrufen. Hierzu einige Beispiele:

```
int iarr[10] = { 1, 2, 3, 4, 5, 6, 7, 8, 9, 0 };
int *iptr;
// Zeiger auf das erste Element von iarr
iptr = iarr;

// Adresse auf das erste Element von iarr an die Funktion
funktion(iarr);   // gleich wie: funktion (&iarr[0]);
// Adresse auf das erste Element von iarr an die Funktion
funktion(iptr);
// Adresse des dritten Elements von iarr an die Funktion
funktion(&werte[2]);
```

11.8.3 char-Arrays und Zeiger

Was ich zu den Zeigern mit Arrays zuvor beschrieben habe, gilt natürlich auch in Bezug auf Zeiger und Strings (alias char-Array). Nur gibt es zwischen dem char-Zeiger und dem char-Array einen kleinen Unterschied, den Sie unbedingt kennen müssen.

Bei einer Array-Deklaration

```
char str[] = "hallo";
```

wird ein Array mit sechs Bytes angelegt, um den String "hallo" zu speichern. Der Bezeichner str ist dabei eine **konstante Anfangsadresse** des Arrays. »Konstant« bedeutet in diesem Fall, dass die Adresse des Speichers niemals verändert werden kann.

Deklarieren Sie hingegen eine Zeigerversion wie

```
char *str = "hallo";
```

wird ein extra Speicherplatz für den Zeiger angelegt. In diesem Speicherplatz ist zunächst die Anfangsadresse des Strings "hallo" abgelegt. Im Unterschied zum Array str kann die Adresse vom Zeiger str aber verändert werden und auf einen anderen Adressebereich zeigen.

Ein Beispiel:
```
char *str1 = "hallo";
char str2[] = "welt";
printf("%s\n", str1);   // hallo
str1 = str2;            // zeigt jetzt auf den Anfang von str2
printf("%s\n", str1);   // welt
```

Hier wurde die Anfangsadresse des Zeigers `str1` geändert. Sie zeigt jetzt auf die Anfangsadresse von `str2`. Wenn Sie allerdings den Zeiger `str1` auf `str2` verweisen lassen, ist der String `"hallo"`, auf den der Zeiger `str1` zuvor noch gezeigt hat, im Speicher zwar noch vorhanden, aber es gibt keine Möglichkeit mehr, darauf zuzugreifen, weil die Adresse nirgendwo gespeichert wurde.

11.9 Zeiger-Arrays

Arrays, deren Elemente Zeiger sind, werden Zeiger-Arrays genannt. Solche Zeigertypen werden bevorzugt als Alternative für zweidimensionale Arrays, ganz besonders gerne bei zweidimensionalen Strings, eingesetzt. Ein Beispiel eines zweidimensionalen String-Arrays:

```
char german[10][50] = {
    "eins", "zwei", "drei", "vier", "fünf",
    "sechs", "sieben", "acht", "neun", "zehn" };

char english[10][50] = {
    "one", "two" "three", "four", "five",
    "six", "seven", "eight", "nine", "ten" };
```

Sie sehen hier zwei zweidimensionale Arrays mit Strings, die jeweils 10 Elemente mit jeweils 50 Zeichen aufnehmen können. Hier fällt sofort die Speicherverschwendung auf, weil keiner der Strings 50 Zeichen benötigt. Der längste String in der Tabelle benötigt gerade mal sieben Zeichen. Folglich werden für diese zweidimensionalen Arrays 500 Bytes (10*50) Speicher reserviert.

Was ist aber, wenn Sie noch mehr Strings hinzufügen wollen? Klar, Sie können ein größeres zweidimensionales Array wie

```
char german[100][50]
```

verwenden. Allerdings werden hierfür schon 5.000 Bytes im Speicher reserviert. Der größte Teil davon ist mit NULL-Strings belegt. Das ist eine noch

11 Zeiger (Pointer)

größere Speicherplatzverschwendung. Und wenn dann die vorreservierte Menge von 100 Elementen verbraucht ist, steht man wieder vor demselben Dilemma.

Ein zweidimensionales Array, wie hier mit mehreren Strings, hat also häufig das Problem, dass entweder unnötig viel Speicher belegt wird oder dass es unflexibel ist. Daher werden für solche Fälle eindimensionale Zeiger-Arrays empfohlen. Dasselbe Beispiel nun als eindimensionales Zeiger-Array:

```c
char *german[] = {
    "eins", "zwei", "drei", "vier", "fünf",
    "sechs", "sieben", "acht", "neun", "zehn" };

char *english[] = {
    "one", "two" "three", "four", "five",
    "six", "seven", "eight", "nine", "ten" };
```

Beide Zeiger-Arrays erfüllen hier denselben Zweck wie oben. Sie haben allerdings den Vorteil, dass jetzt nur soviel Speicherplatz wie nötig verwendet wird, und dass Sie theoretisch weitere Strings zur Laufzeit dynamisch reservieren könnten. Die dynamische Speicherreservierung wird in Kapitel 12 behandelt.

> **Zeiger-Arrays für alle Typen**
>
> Ich gehe in diesem Abschnitt bevorzugt auf die Zeiger-Arrays vom Typ char, also Strings, ein. Das soll aber nicht darüber hinwegtäuschen, dass Sie die Zeiger-Arrays für alle anderen Datentypen auch verwenden können.

Benötigen Sie hingegen ein Array mit einer bestimmten Anzahl von Zeigern eines Datentyps, können Sie dies folgendermaßen deklarieren:

```c
char *strings[100];
```

Hiermit haben Sie 100 Zeiger auf einem String (char-Array). Richtig sinnvoll können Sie solche Zeiger allerdings erst verwenden, wenn Sie Kenntnisse der dynamischen Speicherverwaltung besitzen. Die einzelnen Adressen können Sie mithilfe des Indizierungsoperators vergeben. Hier ein Beispiel:

```c
strings[0] = "Hallo";   // 1. Zeiger auf Stringkonstante
strings[1] = "Welt";    // 2. Zeiger auf Stringkonstante
...
```

11.9 Zeiger-Arrays

Hierzu noch ein kurzes Listing, das die Verwendung von Zeiger-Arrays in der Praxis demonstrieren soll:

```
00  // kap011/listing007.c
01  #include <stdio.h>
02  #include <stdlib.h>

03  int main(void) {
04    char *german[] = {
        "eins", "zwei", "drei", "vier", "fünf",
        "sechs", "sieben", "acht", "neun", "zehn", NULL };
05    int i;

06    // Zugriff auf alle Zeiger-Arrays
07    for( i=0; german[i] != NULL; i++) {
08      printf("%2d : %s\n", i, german[i]);
09    }
10    // Zugriff auf 2. Buchstaben im 2. String
11    printf("%c", german[1][1]);      // = w
12    // Zugriff auf 4. Buchstaben im 3. String
13    printf("%c", *(german[2]+3));    // = i
14    // Zugriff auf 3. Buchstaben im 4. String
15    printf("%c\n", *( * (german+3) + 2) );
16    return EXIT_SUCCESS;
17  }
```

In der `for`-Schleife in den Zeilen **(07)** bis **(09)** wird der Inhalt ausgegeben, auf denen das entsprechende Zeiger-Array mit dem entsprechenden Index verweist. In den Zeilen **(11)** bis **(15)** werden außerdem noch mehrere Möglichkeiten demonstriert, wie Sie auf die einzelnen Zeichen der Strings im Zeiger-Array zugreifen können.

Das Programm bei der Ausführung:

```
 0 : eins
 1 : zwei
 2 : drei
 3 : vier
 4 : fünf
 5 : sechs
 6 : sieben
 7 : acht
 8 : neun
 9 : zehn
wie
```

11.10   Zeiger auf Arrays

Ein weiteres komplexes Prinzip, sind Zeiger auf Arrays (nicht gleichzusetzen mit Zeiger-Arrays). In der Regel wird von ihnen eher selten Gebrauch gemacht. Die Definition von Zeiger auf Arrays ist den Zeiger-Arrays zunächst recht ähnlich. Es kommt hier aber noch eine Klammerung hinzu:

```
int (*ptrarray)[100];
```

Hiermit wird ein Zeiger ptrarray definiert, der auf ein Array mit 100 int-Variablen zeigt. Ohne die Angaben der Klammern hätten Sie wieder ein Zeiger-Array, das dann als ein Array mit 100 Zeigern definiert wird. Wenn Ihnen das Konstrukt bekannt vorkommt, haben Sie recht. Zeiger auf Arrays wurden bereits kurz in Abschnitt 10.2.2, »Zweidimensionale Arrays an eine Funktion übergeben«, behandelt.

Das folgende Beispiel erläutert Ihnen das Prinzip genauer:

```
00   // kap011/listing008.c
01   #include <stdio.h>
02   #include <stdlib.h>

03   int main(void) {
04      int (*ptr)[3] = NULL;
05      int mdarray[2][3] = {{ 0 }};
06      int i;

07      ptr = mdarray;
08      (*ptr)[0] = 123;   // mdarray[0][0]
09      (*ptr)[1] = 567;   // mdarray[0][1]
10      (*ptr)[2] = 890;   // mdarray[0][2]
11      (*ptr)[3] = 321;   // mdarray[1][0]
12      ptr[1][1] = 654;   // mdarray[1][1]
13      ptr[1][2] = 987;   // mdarray[1][2]
14      // Alle auf einmal
15      for(i=0; i<2*3; i++) {
16         printf("(*ptr)[%d] = %d\n", i, (*ptr)[i]);
17      }
18      return EXIT_SUCCESS;
19   }
```

In Zeile **(07)** setzen Sie ptr auf die erste Zeile von mdarray. Mit Zeile **(08)** wird dem ersten Element in der ersten Zeile von mdarray der Wert 123 zugewiesen. Selbiges geschieht mit dem zweiten und dritten Element der ersten Zeile in den Zeilen **(09)** und **(10)**. In Zeile **(11)** wird es Sie dann vielleicht überraschen, dass hiermit das erste Element der zweiten Zeile mit einem Wert initialisiert wurde. In den Zeilen **(12)** und **(13)** wird wiederum gezeigt, dass Sie hiermit durchaus auch eine mehrdimensionale Angabe verwenden können. Für die Zeilen **(12)** und **(13)** hätten Sie auch die Version der Zeile **(11)** mit der Indexnummer [5] und [6] verwenden können. An dieser Stelle habe ich Ihnen noch etwas vorenthalten, was ich jetzt unbedingt noch loswerden muss:

> **C kennt keine echten mehrdimensionalen Arrays**
>
> In C gibt es eigentlich nur eindimensionale Arrays. Allerdings darf ein Element eines Arrays ein Speicherobjekt von einem beliebigen Typ sein, also auch ein weiteres Array. Daher werden mehrdimensionale Arrays im Grunde nur simuliert, indem ein zweiter Index angegeben wird. Das erste Element in der zweiten Zeile, wie im Listing mit Zeile **(11)** gezeigt, könnten Sie somit auch folgendermaßen ansprechen: `(*mdarray)[4]`

Das Programm bei der Ausführung:

```
(*ptr)[0] = 123
(*ptr)[1] = 567
(*ptr)[2] = 890
(*ptr)[3] = 321
(*ptr)[4] = 654
(*ptr)[5] = 987
```

11.11 Zeiger auf Zeiger (Zeigerzeiger)

Die Syntax von Zeiger auf Zeiger sieht so aus:

`datentyp **bezeichner;`

Was heißt jetzt »Zeiger auf Zeiger« genau? Sie haben einen Zeiger, der auf einen Zeiger zeigt, der auf eine Variable zeigt und auf diese Variable zurückgreifen kann. Hierbei wird von einer mehrfachen Indirektion gesprochen.

Theoretisch ist es auch möglich, Zeiger auf Zeiger auf Zeiger usw. zu verwenden (bspw.: `int ***ptrptrptr`). In der Praxis machen allerdings solche mehrfachen Indirektionen keinen Sinn. Meistens verwenden Sie Zeiger auf Zeiger, also zwei Dimensionen.

Das Haupteinsatzgebiet von Zeiger auf Zeiger ist die dynamische Erzeugung von mehrdimensionalen Arrays wie bspw. Matrizenberechnungen oder Zeiger auf Strings. Dort ist die Anzahl der Strings vor der Laufzeit noch nicht bekannt, und muss ebenfalls noch dynamisch festgelegt werden. Darauf gehe ich in Kapitel 12, »Dynamische Speicherverwaltung«, ein.

Hierzu eine kurze Übersicht zur Anwendung von Zeiger auf Zeiger:

```
int ival = 123;
int *ptr;
int **ptrptr;

ptr = &ival;
// zeigt auf die Adresse von ival
*ptrptr = ptr;
// greift auf den Wert von ival zu
**ptrptr = 345;
printf("%d\n", ival);        // = 345
```

11.12 void-Zeiger

Ein Zeiger auf void ist ein typenloser und vielseitiger Zeiger. Wenn der Datentyp des Zeigers noch nicht feststeht, wird der void-Zeiger verwendet. void-Zeiger haben den Vorteil, dass Sie diesen eine beliebige Adresse zuweisen können. Auch viele Funktionen der Standard-Bibliothek haben einen void-Zeiger im Prototyp definiert. Bestes Beispiel für einen solchen Prototypen ist die Funktion malloc() zum dynamischen Reservieren von Speicher. Hier die Syntax dazu:

```
void *malloc( size_t size);
```

Der Rückgabetyp void* ist sinnvoll, weil vor der Verwendung von malloc() noch nicht bekannt ist, von welchem Zeigertyp der Speicher reserviert wird. Bei der Verwendung wird der void-Zeiger in den entsprechenden Zeigertyp, dem er zugewiesen wird, umgewandelt. Hier ein Beispiel:

```
// Speicher für 100 Elemente vom Typ float reserviert
float *fval = malloc( 100 * sizeof(float) );
// Speicher für 255 Elemente vom Typ int reserviert
int *ival = malloc( 255 * (sizeof(int) );
```

11.12 void-Zeiger

Hat eine Funktion einen void-Zeiger als formalen Parameter, wird beim Funktionsargument der Typ in void* umgewandelt. So macht es bspw. die Funktion memcmp() aus der Headerdatei <string.h>:

int **memcmp**(const void* v1, const void *v2, size_t n);

Anhand dieser beiden Standardfunktionen können Sie auch den Vorteil der void-Zeiger erkennen. Anstatt für jeden Datentyp eine Funktion zu schreiben, wird einfach eine Version mit einem typenlosen void-Zeiger erstellt.

Natürlich können Sie den void-Zeiger auch für einfache Anwendungen verwenden. Ein einfaches Listing hierzu:

```
00  // kap011/listing009.c
01  #include <stdio.h>
02  #include <stdlib.h>

03  int main(void) {
04     float fval = 123.123f;
05     int   ival = 456;
06     char  cval[] = "hallo Welt";
07     void *vptr;

08     vptr =& fval;
09     printf("%.3f\n", *(float *)vptr);
10     vptr =& ival;
11     printf("%d\n", *(int *)vptr);
12     vptr = cval;
13     printf("%s\n", cval);
14     return EXIT_SUCCESS;
15  }
```

In diesem Beispiel können Sie sehen, wie mit einem void-Zeiger auf eine float-, eine int-Variable und auf einen String zugegriffen wird. Die Zuweisungen in den Zeilen **(08)**, **(10)** und **(12)** sind so, wie Sie es von den gewöhnlichen Zeigern her bereits kennen. Um allerdings auf den Speicher des Typ zuzugreifen, wie dies in der Zeile **(09)** und **(11)** mit der Ausgabe gemacht wurde, müssen Sie eine Umwandlung des void-Zeigers in einen Zeiger auf das entsprechende Speicherobjekt durchführen.

11 Zeiger (Pointer)

> **Zeiger-Arithmetik und »void«-Zeiger**
>
> An dieser Stelle mag sich manch einer wieder die Frage stellen, warum denn nicht nur void-Zeiger verwendet werden. Das Thema wurde bereits in Abschnitt 11.4, »Speichergröße von Zeigern«, kurz erwähnt. Ohne eine Typisierung von Zeigern wäre die Zeiger-Arithmetik (siehe Abschnitt 11.5) kaum realisierbar, weil dem Compiler die Speichergröße einer Variable nicht bekannt wäre. Man müsste sich immer selbst darum kümmern, dass der void-Zeiger auf die richtige Adresse verweist.

11.13 Typ-Qualifizierer bei Zeigern

Bei der Deklaration von Zeigern können Sie die Typ-Qualifizierer const, volatile und restrict (siehe Abschnitt 8.5, »Typ-Qualifizierer«) verwenden. Hier sollen einige gängige Anwendungen der Typ-Qualifizierer in Bezug auf die Zeiger beschrieben werden.

11.13.1 Konstanter Zeiger

Da konstante Zeiger zur Laufzeit nicht mehr versetzt werden können, müssen diese schon bei der Definition mit einer Adresse initialisiert werden. Verstehen Sie mich nicht falsch: Das Speicherobjekt, auf das der konstante Zeiger verweist, ist nicht konstant. Folgender Codeausschnitt soll dies demonstrieren:

```
int ivar;                  // Eine int-Variable
int *const c_iptr = &ivar; // Ein konstanter Zeiger auf int
*c_ptr = 12345678;         // ivar erhält einen neuen Wert
c_ptr++;  // Fehler !!! c_ptr ist ein konstanter Zeiger und
          // kann nicht mehr verändert werden
```

11.13.2 Readonly-Zeiger (Konstante Daten)

Benötigen Sie einen reinen Zeiger nur zum Lesen (einen *Readonly*-Zeiger), müssen Sie einen Zeiger auf const verwenden. Damit ist nur noch das Lesen mit dem Indirektionsoperator auf das referenzierte Speicherobjekt möglich. Das Speicherobjekt, auf dass der *Readonly*-Zeiger verweist, muss hingegen nicht konstant sein. Ein kurzer Codeausschnitt soll einen solchen *Readonly*-Zeiger demonstrieren:

```c
int ivar = 0;              // Eine int-Variable
const int *c_ptr = &ivar;  // Zeiger auf const (Readonly)
*c_ptr = 12345678;         // Fehler: c_ptr kann nur lesen
printf("%d\n", *c_ptr);    // Erlaubt, weil nur gelesen wird
```

11.13.3 Konstante Parameter für Funktionen

Konstante *Readonly*-Zeiger werden sehr gerne in Funktionen bei den formalen Parametern verwendet. Auch viele Standardfunktionen machen regen Gebrauch davon. Betrachten Sie bspw. die Syntax der Funktion `printf()`:

```c
int printf(const char* cptr, ...);
```

Dank des Zeigers auf `const` ist es ausgeschlossen, dass innerhalb der Ausführung der Funktion `printf()` ein schreibender Zugriff auf `cptr` vorgenommen werden kann. Auf den Zeiger innerhalb der Funktion kann somit nur lesend zugegriffen werden.

Hierbei kann man noch einen draufsetzen und den Zeiger auf `const` auch noch konstant machen. Dann hätten Sie einen *Readonly*-Zeiger, der in der Funktion nicht mehr verändert werden kann. Sehen Sie einen solchen Prototyp des Parameters:

```c
int myfunc ( const int * const cptr );
```

> **Konstante Daten oder konstanter Zeiger?**
>
> Da die Position von `const` links und rechts vom Zeiger stehen darf, kann es anfangs recht verwirrend sein, ob jetzt der Zeiger oder die Daten darauf konstant sind. Merken Sie sich einfach: Steht das Schlüsselwort `const` links vom Stern, handelt es sich um konstante Daten. Steht hingegen `const` auf der rechten Seite vom Stern, haben Sie einen konstanten Zeiger vor sich. Hierzu nochmal ein besserer Überblick:

```c
const char *p;       // Zeiger auf konstante Daten
char const *p;       // Zeiger auf konstante Daten
char * const p;      // Konstanter Zeiger auf nicht konstante Daten
const char * const p; // Konstanter Zeiger auf konstante Daten
```

11.13.4 restrict-Zeiger (C99)

Mit dem **C99-Standard** wurde der Typ-Qualifizierer `restrict` neu eingeführt. Dieses Schlüsselwort qualifiziert sogenannte `restrict`-Zeiger. Der restrict-Zeiger hat eine enge Beziehung zu dem Speicherobjekt, auf das er verweist. Das Schlüsselwort restrict steht immer rechts vom Indirektionsoperator. Ein Beispiel:

```c
int * restrict iRptr = malloc (10 * sizeof (int) );
```

Damit schlagen Sie vor, dass Sie den von malloc() zurückgegebenen reservierten Speicher nur mit dem Zeiger iRptr verwenden. Wohlgemerkt: Mit dem Qualifizierer restrict geben Sie dem Compiler das Versprechen, dass Sie auf das Speicherobjekt ausschließlich mit diesem Zeiger zurückgreifen. Jede Manipulation außerhalb des restrict-Zeigers, und sei es nur lesend, ist unzulässig.

Es ist Ihre Aufgabe zu überprüfen, ob der restrict-Zeiger richtig verwendet wird, Sie also nur über diesen Zeiger auf ein Speicherobjekt zugreifen. Der Compiler kann nicht überprüfen, ob Sie Ihr Versprechen eingehalten haben. Falls Sie die Regeln nicht einhalten, gibt es zwar keine Fehlermeldung des Compilers und häufig auch keine Probleme bei der Ausführung des Programms, aber dennoch ist das Verhalten laut Standard undefiniert. Abgesehen davon: Mit oder ohne den restrict-Zeiger bleibt die Ausführung des Programms dieselbe.

Der Vorteil des restrict-Zeigers ist, dass Sie es dem Compiler ermöglichen, Optimierungen des Maschinencodes durchzuführen. Diese können sonst bei Zeigern zu Problemen führen. Allerdings muss der Compiler auch diesem Hinweis nicht nachkommen und kann den Qualifizierer restrict auch ignorieren. Der restrict-Zeiger kann auch sehr gut bei Funktionen verwendet werden. Er zeigt dann an, dass sich zwei Zeiger in der Parameterliste nicht überlappen, sprich dasselbe Speicherobjekt verwenden dürfen. Beispielsweise ist bei

```c
int cpy_number( int * v1, int * v2 ) {
/* ... */
}
```

nicht klar angegeben, ob sich die beiden Speicherobjekte, auf die die Zeiger v1 und v2 verweisen, überlappen dürfen oder nicht. Mit dem neuen Qualifizierer restrict ist dies jetzt sofort erkennbar:

```c
int cpy_number( int * restrict v1, int * restrict v2 ) {
/* ... */
}
```

Wird trotzdem versucht, die Funktion mit sich überlappenden Speicherobjekten aufzurufen, ist das weitere Verhalten undefiniert. Ein ungültiger Aufruf kann beispielsweise wie folgt aussehen:

```
// Unzulässig, wegen der restrict-Zeiger,
// zwei gleiche Speicherobjekte werden verwendet,
// die sich somit überlappen
val = cpy_number( &x, &x );
// OK, zwei verschiedene Speicherobjekte
val = cpy_number( &x, &y );
```

Vom `restrict`-Zeiger wird mittlerweile auch rege in der Standard-Bibliothek Gebrauch gemacht. Beispielsweise sieht die Syntax der Funktion `strncpy()` wie folgt aus:

```
#include <string.h>
char *strncpy(
        char * restrict s1,
        const char * restrict s2,
        size_t n );
```

Die Funktion kopiert n Bytes vom Quell-Array s2 in das Ziel-Array s1. Da die beiden Zeiger als `restrict` deklariert sind, müssen Sie beim Aufruf der Funktion beachten, dass die Zeiger nicht auf dieselben Speicherobjekte verweisen, sich also nicht überlappen. Betrachten Sie dazu folgendes Beispiel:

```
char arr1[20];
char arr2[] = { "Hallo Welt" };
// Ok, 10 Zeichen von arr2 nach arr1 kopieren
strncpy( arr1, arr2, 10 );
arr1[10] = '\0'
// Unzulässig, Speicherbereiche überlappen sich,
// das gibt nur Datensalat
strncpy( arr1, arr1, 5 );
```

11.14 Zeiger auf Funktionen

Es wurde bereits des Öfteren erwähnt, dass Sie mit Zeigern nicht nur auf Speicherobjekte, sondern auch auf Funktionen verweisen können. Sie verweisen quasi auf die Anfangsadresse des Maschinencodes der Funktion. Hierbei werden, wie bei der Deklaration eines Zeigers auf ein Array, zusätzliche Klammern nötig. Ein solcher Zeiger kann wie folgt erstellt werden:

```
int (*funktionsZeiger)(int parameter);
```

Sie haben hier einen Zeiger auf einen Funktionstyp mit einem `int`-Parameter und einem Rückgabewert vom Typ `int` deklariert. Ohne die Klammerungen hätten Sie lediglich den Prototypen einer Funktion und keine Definition eines Zeigers erstellt. Der Name der Funktion wird dann implizit in einen Zeiger auf diese Funktion umgewandelt. Folgendermaßen können Sie bspw. einen Zeiger auf die Standardfunktion `printf()` erstellen und verwenden:

```
00  // kap011/listing010.c
01  #include <stdio.h>
02  #include <stdlib.h>

03  int main(void) {
04     int (*fptr)(const char*, ...);
05     fptr = printf;
06     (*fptr)("Hallo Welt mit Funktionszeigern\n");
07     return EXIT_SUCCESS;
08  }
```

In Zeile **(04)** erstellen Sie einen Zeiger, der auf `printf()` verweisen kann. Natürlich müssen Sie bei der Deklaration eines solchen Zeigers darauf achten, dass der Rückgabewert und die Parameter mit dem Prototypen der Funktion übereinstimmen, auf den oder die Sie verweisen wollen:

```
// Prototyp: printf
int printf(const char*, ...);
// Unser Zeiger auf die Funktion lautet daher:
int (*fptr)(const char*, ...);
```

Das bedeutet auch, dass Sie mit diesem Zeiger nicht nur auf `printf()` verweisen können, sondern auch auf alle anderen Funktionen mit demselben Rückgabewert und Funktionsparameter. Im Beispiel könnten Sie daher auch die Funktion `scanf()` oder eine eigene Funktion mit denselben Rückgabe- und Parameterangaben verwenden.

In Zeile **(05)** bekommt der Zeiger `fptr` die Adresse für die Funktion `printf` zugewiesen. Diese können Sie jetzt über den Zeiger, wie in Zeile **(06)** geschehen, aufrufen. Achten Sie bitte wieder auf die Klammerungen.

Zeiger auf Funktionen können aber auch in einem Array gespeichert werden. Dann können die einzelnen Funktionen anschließend über den Index aufgerufen werden. Ähnliches wird bspw. bei einem Tastaturtreiber verwendet, bei dem je nach Tastendruck in eine entsprechende Funktion verzweigt wird. Zeiger auf Funktionen mit Arrays sehen folgendermaßen aus:

```
int (*funktionsZeiger[])(int parameter);
```

Den Klammern wurde lediglich noch der Indizierungsoperator hinzugefügt. Hierzu ein einfaches Rechenbeispiel, das Zeiger auf eine Funktion mit Arrays demonstriert:

```
00  // kap011/listing011.c
01  #include <stdio.h>
02  #include <stdlib.h>

03  double addition( double x, double y ) {
04     return (x + y);
05  }

06  double subtraktion( double x, double y ) {
07     return (x - y);
08  }

09  double multiplikation( double x, double y ) {
10     return (x * y);
11  }

12  double division( double x, double y ) {
13     return (x / y);
14  }

15  double (*fptr[4])(double d1, double d2) = {
       addition, subtraktion, multiplikation, division
    };

16  int main(void) {
17     double v1, v2;
18     int operator;

19     printf("Zahl1 :-> ");
20     scanf("%lf", &v1);
21     printf("Zahl2 :-> ");
22     scanf("%lf", &v2);

23     printf("Welcher Operator soll verwendet werden?\n");
24     printf("0 = +\n1 = -\n2 = *\n3 = /\n");
25     printf("Ihre Auswahl: ");
26     scanf("%d", &operator);
```

```
27    if(!(operator >=0 && operator <=3)) {
28      printf("Fehler beim Operator\n");
29      return EXIT_FAILURE;
30    }
31    printf("Ergebnis: %lf\n", fptr[operator](v1, v2));
32    return EXIT_SUCCESS;
33  }
```

In diesem Beispiel werden zwei `double`-Zahlen eingelesen und damit eine einfache Berechnung durchgeführt. Die mathematischen Funktionen werden über Zeiger aufgerufen, die im Array `fptr` stehen und in Zeile **(15)** deklariert wurden. Beim Aufruf der Funktion in Zeile **(31)** wird die Funktion aufgerufen, auf die `fptr[operator]` verweist. Das hier keine Klammerungen wie

`(*fptr[operator])(v1, v2)`

verwendet werden, liegt an der Rangfolge des Aufruf-Operators für Funktionen `()` und dem Indizierungsoperator `[]`. Beide haben den höchsten Rang und werden von links nach rechts ausgewertet.

11.15 Aufgaben

Wenn Sie es bis hierher geschafft haben, haben Sie das komplexeste Thema in diesem Buch bewältigt. Zwar kommen jetzt nicht mehr viele Kapitel, aber um künftige Themen wie die »Dynamische Speicherverwaltung« oder »Dynamische Datenstrukturen« in Angriff nehmen zu können, sollten Sie zumindest die Grundlagen zu den Zeigern verstanden haben. Daher wieder ein paar Tests. Wenn Sie mit den Fragen in Level 1 noch Probleme haben, sollten Sie das Kapitel unbedingt noch einmal lesen.

11.15.1 Level 1

1. Versuchen Sie, die grundlegende Funktion von Zeigern zu erläutern. Woran erkennt man einen Zeiger?
2. Welche Gefahr entsteht beim Initialisieren von Zeigern?
3. Was versteht man unter einer Dereferenzierung?
4. Was ist der `NULL`-Zeiger, und wozu ist dieser gut?
5. Wie unterscheiden sich die Speichergrößen der Zeiger bei den einzelnen Datentypen?

6. Welche drei grundlegenden Operationen (Zeiger-Arithmetik) sind mit den Zeigern selbst (ohne den Indirektionsoperator) möglich?
7. Was verstehen Sie unter call-by-reference?
8. Erklären Sie den Unterschied zwischen Zeiger-Arrays und Zeiger auf Arrays.
9. Was ist ein void-Zeiger, und wozu wird dieser verwendet?
10. Da die Position der Typ-Qualifizierer recht flexibel ist, ergeben sich unterschiedliche Möglichkeiten, bei denen besonders gerne der Qualifizierer const verwendet wird. Wenn const bei Zeigern verwendet wird, ab wann ist dann die Rede von konstanten Daten und ab wann von konstanten Zeigern?

11.15.2 Level 2

1. Welcher Fehler wurde hier gemacht?
   ```
   01  int *ptr;
   02  int ival;
   03  ptr = ival;
   04  *ptr = 255;
   ```

2. Welcher Wert wird mit den beiden printf-Anweisungen in den Zeilen **(06)** und **(07)** ausgegeben?
   ```
   01  int *ptr = NULL;
   02  int ival;
   03  ptr = &ival;
   04  ival = 98765432;
   05  *ptr = 12345679;

   06  printf("%d\n", *ptr);
   07  printf("%d\n", ival);
   ```

3. Was geben die printf-Anweisungen in den Zeilen **(07)** bis **(11)** auf dem Bildschirm aus?
   ```
   01  int iarray[] = { 12, 34, 56, 78, 90, 23, 45 };
   02  int *ptr1, *ptr2;

   03  ptr1 = iarray;
   04  ptr2 = &iarray[4];
   05  ptr1+=2;
   06  ptr2++;
   ```

11 Zeiger (Pointer)

```
07   printf("%d\n", *ptr1);
08   printf("%d\n", *ptr2);
09   printf("%d\n", ptr2 - ptr1);
10   printf("%d\n", (ptr1 < ptr2));
11   printf("%d\n", ((*ptr1) < (*ptr2)));
```

4. Das folgende Listing soll in einem String einen bestimmten Buchstaben suchen und ab dieser Fundstelle eine Adresse auf dem String zurückgeben. Im Beispiel wird mit dem Aufruf der Funktion mysearch() in der Zeile **(18)** »Hallo Welt« nach dem Buchstaben »W« gesucht. Die Funktion gibt nur noch einen String bzw. die Anfangsadresse ab »W« zurück. Im Beispiel müsste die printf-Ausgabe der Zeile **(19)** somit »Welt« lauten. Im Beispiel werden hier allerdings nur irgendwelche Zeichen ausgegeben. Wo liegt der Fehler?

```
00   // kap011/aufgabe001.c
01   #include <stdio.h>
02   #include <stdlib.h>
03   #include <string.h>
04   #define MAX 255

05   char *mysearch( char *str, char ch ) {
06      char buf[MAX] = "";
07      int i = 0;
08      while( str[i] != '\0' ) {
09        if( str[i] == 'W' ) {
10          strncpy(buf, &str[i], MAX);
11          return buf;
12        }
13        i++;
14      }
15      return buf;
16   }

17   int main(void) {
18      char *str = mysearch("Hallo Welt", 'W');
19      printf("%s\n", str);
20      return EXIT_SUCCESS;
21   }
```

5. Wo ist der Unterschied zwischen den folgenden beiden Deklarationen?

```
char *str1  = "Hallo Welt";
char str2[] = "Hallo Welt";
```

11.15.3 Level 3

1. Schreiben Sie eine Funktion, mit der Sie einen Ganzzahlenwert (int) in einen String konvertieren können.
2. Verbessern Sie im folgenden Listing die Funktion Vquader(), mit der das Volumen eines Quaders berechnet und zurückgegeben wird. Verwenden Sie für das Programm call-by-reference anstatt call-by-value.

```
00  // kap011/aufgabe002.c

01  double Vquader(double a, double b, double c) {
02      static double volumen;
03      volumen = a * b * c;
04      return volumen;
05  }
```

3. Schreiben Sie ein Programm, das einen String von der Tastatur einliest und diesen anhand der Trennzeichen " ,.:!?\t\n" in einzelne Wörter zerlegt. Speichern Sie die einzelnen Wörter in Zeiger-Arrays. **Tipp:** Sie können zum Zerlegen auch die Funktion strtok() aus der Headerdatei <string.h> verwenden.

12 Dynamische Speicherverwaltung

Bisher kennen Sie nur die Möglichkeit, einen statischen Speicher in den Programmen zu verwenden. In der Praxis kommt es allerdings häufig vor, dass zur Laufzeit des Programms gar nicht bekannt ist, wie viele Daten gespeichert werden und wie viel Speicher somit benötigt wird. Natürlich können Sie immer noch ein Array mit besonders viel Speicher anlegen. Allerdings müssen Sie hierbei Folgendes beachten:

- Auch ein Array mit extra viel Speicherplatz ist nicht unendlich und mit einer statischen Speichergröße beschränkt. Wird die maximale Größe erreicht, stehen Sie wieder vor dem Problem Speicherknappheit.

- Verwenden Sie ein Array mit extra viel Speicherplatz, verschwenden Sie sehr viele Ressourcen, die vielleicht von anderen Programmen auf dem System dringender benötigt werden.

- Die Gültigkeit des Speicherbereichs eines Arrays verfällt, sobald der Anweisungsblock verlassen wurde. Ausnahmen stellen globale und als `static` deklarierte Arrays dar.

In vielen Fällen kann es daher nützlicher sein, den Speicher erst zur Laufzeit des Programms zu reservieren, wenn er benötigt wird bzw. ihn wieder freizugeben, wenn er nicht mehr benötigt wird. Realisiert wird die dynamische Speicherverwaltung mit den Zeigern und einigen Funktionen der Standard-C-Bibliothek.

Im Gegensatz zu einem statischen Speicherbereich wie bspw. einem Array bedeutet das, dass hierbei ein gewisser Mehraufwand betrieben werden muss. Die Freiheiten in C, sich Speicher mithilfe von Zeigern zu reservieren und zu verwalten, birgt allerdings Gefahren. Sie könnten bspw. auf eine undefinierte Adresse im Speicher zugreifen. Sie müssen sich auch darum kümmern, Speicher den Sie reserviert haben, wieder freizugeben. Tun Sie das nicht, entstehen sogenannte Speicherlecks (engl. *Memory Leaks*), die bei länger oder dauerhaft laufenden Programmen (bspw. Server-Anwendungen) den Speicher voll machen. Irgendwann kommen Sie dann um einen Neustart des Programms nicht mehr herum.

Der dynamische Speicherbereich, in dem Sie zur Laufzeit des Programms etwas anfordern können, wird **Heap** (oder auch Freispeicher) genannt. Wenn Sie Speicher von diesem Heap anfordern, erhalten Sie immer einen zusammenhängenden Bereich und nie einzelne Fragmente. Einen weiteren

Speicherbereich mit einem statischen und fest reservierten Speicherplatz haben Sie bereits mit dem Stack in Abschnitt 7.6, »Exkurs: Funktion bei der Ausführung«, kennengelernt. Mehr zum Heap erfahren Sie am Ende dieses Kapitels in Abschnitt 12.4, »Die Heap-Fragmentierung«.

12.1 Neuen Speicherblock reservieren

Für die einfache Reservierung von Speicher finden Sie in der Headerdatei <stdlib.h> die Funktionen malloc() und calloc(). Zuerst die Syntax von malloc():

```
#include <stdlib.h>
void *malloc(size_t size);
```

Die Funktion malloc() fordert nur so viel zusammenhängenden Speicher an, wie im Parameter size angegeben wurde. Der Parameter size verwendet Bytes als Einheit. Zurückgegeben wird ein typenloser Zeiger auf void mit der Anfangsadresse des ersten Bytes des zugeteilten Speicherblocks. Konnte kein zusammenhängender Speicherblock angefordert werden, wie er mit size angegeben wurde, liefert die Funktion den NULL-Zeiger zurück. Der Inhalt des reservierten Speicherbereichs ist am Anfang undefiniert.

> **Typecasting von »void*« ist in C nicht nötig!**
>
> Ein Typecasting des Rückgabewertes der Funktion malloc() ist in C nicht notwendig, weil der Compiler diese implizit durchführt. ANSI C++ schreibt allerdings ein Casten des Typs void* vor. Im Beispiel wäre dies C++-konform: iptr=(**int***)malloc(sizeof(int));. Falls Sie eine Fehlermeldung wie *'void *' kann nicht in 'int *' konvertiert werden* erhalten, dann haben Sie einen reinen C++-Compiler vor sich bzw. einen Compiler, der im C++-Modus läuft.

Benötigen Sie Speicher für 100 Variablen vom Typ int, können Sie diesen Speicherblock folgendermaßen reservieren:

```
int *iptr;
iptr = malloc (400);    // 400 Bytes Speicher reservieren
...
```

Diese Art der Speicherreservierung ist allerdings mit Vorsicht zu genießen. Sie setzen in diesem Beispiel voraus, dass int auf dem System, wo das Programm übersetzt wird, vier Bytes breit ist. Das mag vielleicht jetzt noch bei

12 Dynamische Speicherverwaltung

den meisten Systemen zutreffen. Was aber, wenn auf einem System ein `int` plötzlich acht Bytes breit ist? In dem Fall hätten Sie keinen Speicherplatz mehr für 100 Elemente reserviert.

Daher sollten Sie bei der Reservierung von Speicher immer den `sizeof`-Operator entscheiden lassen, wie groß der zu reservierende Datentyp ist. Definieren Sie einen solchen Aufruf wie folgt:

```
int *iptr;
iptr=malloc(100 * sizeof(int)); // Speicher für 100 int-Typen
...
```

Hierzu ein Listing, wie Sie einen beliebigen Speicher dynamisch zur Laufzeit reservieren können:

```
00  // kap012/listing001.c
01  #include <stdio.h>
02  #include <stdlib.h>

03  int *iArray( unsigned int n ) {
04    int *iptr;
05    int i;
06    iptr = malloc( n *(sizeof(int) ) );
07    if( iptr != NULL ) {
08      for(i=0; i < n; i++) {
09        iptr[i] = i*i;  // Alternativ: *(iptr+i)=...
10      }
11    }
12    return iptr;
13  }

14  int main(void) {
15    int *arr;
16    unsigned int val, i;

17    printf("Wie viele int-Elemente benötigen Sie: ");
18    scanf("%u", &val);
19    arr = iArray( val );
20    if( arr == NULL ) {
21      printf("Fehler bei der Speicherreservierung!\n");
22      return EXIT_FAILURE;
23    }
24    printf("Ausgabe der Elemente\n");
25    for( i=0; i < val; i++ ) {
```

```
26      printf("arr[%d] = %d\n", i, arr[i]);
27    }
28    return EXIT_SUCCESS;
29 }
```

Im Beispiel werden Sie im Listing gefragt, für wie viele int-Elemente Sie einen Speicherplatz reservieren wollen. In Zeile **(19)** rufen Sie dann die Funktion iArray() mit der Anzahl der gewünschten int-Elemente auf. Die Adresse des Rückgabewertes übergeben Sie dem Zeiger arr. In der Funktion iArray() reservieren Sie in Zeile **(06)** n Elemente vom Typ int. In Zeile **(07)** wird überprüft, ob die Reservierung nicht NULL ist und ob Sie erfolgreich Speicher vom System erhalten haben. Ist dies der Fall, übergeben Sie den einzelnen Elementen in der for-Schleife (Zeile **(08)** bis **(10)**) beliebige Werte. Der Zugriff auf die einzelnen Elemente mit iptr[i] oder *(iptr+i) wurde bereits in Kapitel 11, »Zeiger (Pointer)«, beschrieben und sollte kein Problem mehr darstellen. Nebenbei erwähnt: Sie haben in diesem Listing auch gleich ein **dynamisches Array** erstellt und verwendet.

Am Ende der Funktion, in der Zeile **(12)**, geben Sie die Anfangsadresse auf den reservierten (oder auch nicht reservierten) Speicherblock an den Aufrufer der Zeile **(19)** zurück. An dieser Stelle werden Sie festgestellt haben, dass Sie reservierten Speicher problemlos vom Heap aus an Funktionen zurückgeben können.

In der main-Funktion wird in Zeile **(20)** noch überprüft, ob der Rückgabewert NULL war. Würde dies zutreffen, wäre die Speicherreservierung fehlgeschlagen. In der for-Schleife (Zeile **(25)** und **(26)**) werden die einzelnen Elemente nochmals ausgegeben.

Das Programm bei der Ausführung:

```
Wie viele int-Elemente benötigen Sie: 9
Ausgabe der Elemente
arr[0] = 0
arr[1] = 1
arr[2] = 4
arr[3] = 9
arr[4] = 16
arr[5] = 25
arr[6] = 36
arr[7] = 49
arr[8] = 64
```

12 Dynamische Speicherverwaltung

Benötigen Sie eine Funktion, die neben der Reservierung eines zusammenhängenden Speichers auch noch den zugeteilten Speicher automatisch mit 0 initialisiert, können Sie die Funktion calloc() verwenden. Die Syntax unterscheidet sich geringfügig von der von malloc():

#include <stdlib.h>
void ***calloc**(size_t count, size_t size);

Hiermit reservieren Sie count x size Bytes zusammenhängenden Speicher. Es wird ein typenloser Zeiger auf void mit der Anfangsadresse des ersten Bytes des zugeteilten Speicherblocks zurückgegeben. Jedes Byte des reservierten Speichers wird außerdem automatisch mit 0 initialisiert. Konnte kein zusammenhängender Speicher mit count x size Bytes reserviert werden, gibt diese Funktion den NULL-Zeiger zurück.

> »malloc()« versus »calloc()«
>
> Der Vorteil von calloc() gegenüber malloc() liegt darin, dass calloc() jedes Byte mit 0 initialisiert. Allerdings bedeutet das auch, dass calloc() mehr Zeit als malloc() beansprucht. Übrigens: Mit memset() kann auch ein mit malloc() reservierter Speicherblock mit 0-Werten initialisiert werden.

Hierzu ein kurzes Beispiel, wie Sie calloc() in der Praxis verwenden können:

```
00  // kap012/listing002.c
01  #include <stdio.h>
02  #include <stdlib.h>

03  int main(void) {
04    int *arr;
05    unsigned int val, i;

06    printf("Wie viele int-Elemente benötigen Sie: ");
07    scanf("%u", &val);
08    arr = calloc( val, (sizeof(int) ) );
09    if( arr == NULL ) {
10      printf("Fehler bei der Speicherreservierung!\n");
11      return EXIT_FAILURE;
12    }
13    printf("Ausgabe der Elemente\n");
14    for( i=0; i < val; i++ ) {
```

```
15      printf("arr[%d] = %d\n", i, arr[i]);
16    }
17    return EXIT_SUCCESS;
18 }
```

Das Listing entspricht zum Teil dem Beispiel listing001.c zuvor. Hier wurde aber der Speicher mit calloc() in Zeile **(08)** in der main-Funktion reserviert und nicht mit einem Wert initialisiert. Dass calloc() alle Elemente mit 0 initialisiert, bestätigt die Ausgabe der for-Schleife in den Zeilen **(14)** bis **(16)**.

12.2 Speicherblock vergrößern oder verkleinern

Mit der Funktion realloc() können Sie den Speicherplatz eines bereits zugeteilten Blocks vergrößern oder verkleinern. Hierzu die Syntax von realloc():

```
#include <stdlib.h>
void *realloc( void *ptr, size_t size );
```

Mit dieser Funktion wird der durch ptr adressierte Speicherblock freigegeben, und es wird ein Zeiger auf die Anfangsadresse des neu reservierten Speicherblocks mit der Größe size Bytes zurückgegeben. Der Inhalt des ursprünglichen Speicherblocks bleibt erhalten, und der neue Speicherblock wird hinten hinzugefügt. Ist das nicht möglich, kopiert realloc() den kompletten Inhalt in einen neuen Speicherblock (lesen Sie hierzu Abschnitt 12.4, »Die Heap-Fragmentierung«). Damit garantiert er weiterhin, dass ein zusammenhängender Speicherbereich reserviert wird.

> **Speicher um Blöcke erweitern**
>
> Wenn realloc() nach einem vorhandenen Speicherblock keinen zusammenhängenden Speicher mehr bekommt, um den Speicher zu vergrößern, muss der komplette vorhandene Speicherblock in einen zusammenhängenden Bereich umkopiert werden. Dort hat er ebendiesen Platz mit dem neu angeforderten Speicher. Da das Umkopieren, je nach Umfang der Daten, ziemlich aufwendig werden kann, sollten Sie es vermeiden, realloc() für einzelne Elemente zu verwenden. Wenn es möglich ist, reservieren Sie mit realloc() immer größere Speicherblöcke für mehrere Elemente. Damit werden die realloc()-Aufrufe im Programm reduziert, was wiederum den Aufwand des Programms reduziert und die Performance erhöht.

12 Dynamische Speicherverwaltung

Wird für ptr ein NULL-Zeiger verwendet, funktioniert die Funktion realloc() wie malloc() und reserviert einen neuen Speicherblock mit size Bytes. Folgende Aufrufe sind somit identisch:

```
ptr = malloc( 100 * sizeof(int));
ptr = realloc( NULL, 100 * sizeof(int));
```

Kann realloc() keinen neuen Speicherplatz reservieren, wird auch hier der NULL-Zeiger zurückgegeben. Der ursprüngliche Speicherblock bleibt unverändert erhalten. Der neu hinzugefügte Speicherbereich ist allerdings, wie schon bei malloc(), undefiniert.

Verkleinern Sie den Speicherbereich, indem Sie für size eine kleinere Größe angeben, als der ursprüngliche Speicherblock groß war, wird der hintere Teil des Speicherblocks ab size freigegeben, und der vordere Teil bleibt erhalten.

```
// Speicher für 100 int-Elemente reserviert
ptr = malloc( 100 * sizeof(int));
...
// Speicher auf 50 int-Element verkleinert
ptr = realloc( ptr, 50 * sizeof(int));
```

Vergrößern Sie hingegen den Speicherblock, müssen Sie immer die vorhandene Blockgröße des bereits vorhandenen Speicherblocks in Bytes mitrechnen. Folgendes ist bspw. falsch:

```
int block = 256;
ptr = malloc( block * sizeof(int) );
// Hier wird keine neuer Speicherplatz reserviert, es wird
// lediglich erneut Speicher für 256 int-Elemente reserviert.
ptr = realloc( ptr, block * sizeof(int) );
```

Damit tatsächlich der Speicherblock vergrößert wird, muss die Angabe des zweiten Parameters auch tatsächlich der gesamten Speichergröße des Blocks im Heap entsprechen. Korrekt wäre daher:

```
int block = 256;
// Speicher für 256 int-Elemente reservieren
ptr = malloc( block * sizeof(int) );
...
block += block;
// Speicher für insgesamt 512 int-Elemente anfordern.
// Insgesamt wurde der Speicher um 256 int-Elemente vergrößert.
ptr = realloc( ptr, block * sizeof(int) );
```

12.2 Speicherblock vergrößern oder verkleinern

Hierzu ein einfaches Beispiel, das reamloc() in der Praxis demonstrieren soll:

```
00 // kap012/listing003.c
01 #include <stdio.h>
02 #include <stdlib.h>
03 #define BLKSIZE 8

04 int main(void) {
05   int n=0, max=BLKSIZE, z,i;
06   int *zahlen;

07   zahlen = calloc(BLKSIZE, sizeof(int));
08   if(NULL == zahlen) {
09     printf("Kein virtueller RAM mehr vorhanden ... !");
10     return EXIT_FAILURE;
11   }

12   printf("Zahlen eingeben --- Beenden mit 0\n");
13   while(1) {
14     printf("Zahl (%d) eingeben : ", n+1);
15     scanf("%d", &z);
16     if(z==0) { break; } // Schleifenabbruch
17     if(n >= max-1) {
18       max += BLKSIZE;
19       zahlen = realloc(zahlen, max * sizeof(int) );
20       if(NULL == zahlen) {
21         printf("Kein virtueller RAM mehr vorhanden ... !");
22         return EXIT_FAILURE;
23       }
24       printf("Neuer Speicher: %d Bytes\n", BLKSIZE);
25       printf("Insgesamt      : %d Bytes\n",sizeof(int)*max);
26       printf("Platz für      : %d Elemente\n", max);
27     }
28     zahlen[n++] = z;
29   }
30   printf("Folgende Zahlen wurden eingegeben ->\n\n");
31   for(i = 0; i < n; i++) {
32     printf("%d ", zahlen[i]);
33   }
34   printf("\n");
35   return EXIT_SUCCESS;
36 }
```

12 Dynamische Speicherverwaltung

Zuerst wird in Zeile **(07)** ein Speicherblock für BLKSIZE int-Elemente mit calloc() angelegt. Sie können hier genauso gut malloc() verwenden. Anschließend geben Sie in der while-Schleife (Zeile **(13)** bis **(29)**) BLKSIZE int-Elemente ein. In Zeile **(07)** haben Sie dafür einen Speicherblock vom Heap reserviert. Mit der Eingabe von 0 können Sie die Schleife abbrechen. Das wird in Zeile **(16)** überprüft. In Zeile **(17)** wird regelmäßig kontrolliert, ob noch Speicherplatz für weitere Elemente vorhanden ist. Ist das nicht der Fall, wird in if verzweigt (Zeile **(18)** bis **(23)**). Zunächst muss in Zeile **(18)** die alte Größe des Speicherblocks mit dem neu zu reservierenden Speicherplatz addiert werden. Dann wird in Zeile **(19)** der Speicherplatz um BLKSIZE Elemente vom Typ int erweitert, um weitere Elemente einlesen zu können.

Das Programm bei der Ausführung:

```
Zahlen eingeben --- Beenden mit 0
Zahl (1) eingeben : 123
Zahl (2) eingeben : 234
Zahl (3) eingeben : 345
Zahl (4) eingeben : 456
Zahl (5) eingeben : 678
Zahl (6) eingeben : 789
Zahl (7) eingeben : 912
Zahl (8) eingeben : 345
Neuer Speicher: 8 Bytes
Insgesamt      : 64 Bytes
Platz für      : 16 Elemente
Zahl (9) eingeben : 321
Zahl (10) eingeben : 432
Zahl (11) eingeben : 543
Zahl (12) eingeben : 0
Folgende Zahlen wurden eingegeben ->
123 234 345 456 678 789 912 345 321 432 543
```

12.3 Speicherblock freigeben

Wenn Sie Speicher vom Heap angefordert haben und nicht mehr benötigen, müssen Sie diesen Speicher wieder für das System freigeben. In C muss die Speicherfreigabe explizit mit der Funktion free() durchgeführt werden. Hier die Syntax von free():

```
#include <stdlib.h>
void free( void *ptr );
```

12.3 Speicherblock freigeben

Damit geben Sie den dynamisch zugeteilten Speicherblock frei, den Sie mit Funktionen wie malloc(), calloc() oder realloc() angefordert haben und auf dessen Adresse der Zeiger ptr verweist. Ist ptr ein NULL-Zeiger, passiert gar nichts. Da der Speicherbereich mit free() freigegeben wurde, kann er bei späteren Speicheranforderungen wiederverwendet werden.

Bei dem Argument ptr müssen Sie selbst darauf achten, dass auch wirklich ein Zeiger verwendet wird, der zuvor mit einer Funktion wie malloc(), calloc() oder realloc() reserviert wurde. Verwenden Sie einen falschen Zeiger oder wurde der Speicher bereits freigegeben, lässt sich das weitere Verhalten des Programms nicht mehr vorhersagen und ist undefiniert.

Sie können einen Speicherbereich auch mit realloc() anstatt mit free() komplett freigeben. Folgende Funktionsaufrufe sind somit identisch:

```
free( ptr );
realloc( ptr, 0 );
```

Zur Freigabe von Speicherblöcken gilt alles hier Beschriebene über free() auch für die Funktion realloc().

> **Speicher wird beim Programmende automatisch freigegeben**
>
> Es wird generell behauptet, dass bei der Beendigung eines Programms das Betriebssystem den reservierten und nicht mehr freigegebenen Speicher selbst organisiert und somit auch wieder freigibt. Meistens ist das auch der Fall, vom ANSI/ISO-Standard ist das aber nicht gefordert.
>
> Somit hängt dieses Verhalten von der Implementierung der Speicherverwaltung des Betriebssystems ab.

Freigegebenen Speicher auf NULL setzen

Der Heap wird üblicherweise aus Performance-Gründen nicht wieder reduziert. Deshalb können Sie eventuell auf den freigegebenen Speicherplatz und dessen Inhalt wieder zugreifen. Sofern Sie aus Versehen auf den bereits freigegebenen Speicherbereich zugreifen, ist das weitere Verhalten undefiniert. Leider wird der Speicherplatz nicht automatisch auf NULL gesetzt. In der Praxis sollten Sie daher einen freigegebenen Speicherplatz nachträglich mit dem NULL-Zeiger initialisieren. Hier ein Beispiel:

```
free( ptr );
ptr = NULL;
```

Das Ganze lässt sich folgendermaßen in ein Makro verpacken:

```
#define free_null( p ) { free( p ); p = NULL; }
...
int *ptr = malloc( 100 * sizeof(int) );
...
// Speicher freigeben und auf NULL setzen
free_null( ptr );
```

Memory Leaks (Speicherlecks)

Wenn Sie nach »Memory Leaks« googeln, werden Sie feststellen, dass dies ein sehr weitverbreitetes Problem ist. Und die Sprache, mit der solche Memory Leaks (Speicherlecks) am häufigsten produziert werden, ist C. Häufig werden Speicherlecks nicht gleich erkannt. Memory Leaks sind Speicherbereiche, die zwar belegt sind, aber zur Laufzeit weder verwendet noch freigegeben werden können.

Ein populäres Beispiel ist die Reservierung von Speicher mittels `malloc()`. Auf die Anfangsadresse des Speicherblocks verweist jetzt ein Zeiger. Geht dieser Zeiger verloren, weil Sie ihn bspw. anderweitig verwenden oder bereits erneut einen Speicher mit `malloc()` reservieren, gibt es keine Möglichkeit mehr, auf diesen Speicherbereich zuzugreifen. Er kann somit auch nicht mehr freigegeben werden. In C gibt es leider keinen standardisierten Weg der automatischen Speicherbereinigung. Er muss explizit mit `free()` (bzw. auch `realloc()`) freigegeben werden.

> **Automatische Speicherbereinigung**
>
> Es gibt in C auch eine nicht-standardisierte Bibliothek, in der der Speicher teilweise automatisch bereinigt wird. Dabei ermittelt die Laufzeitumgebung, ob ein belegter Speicherbereich nicht mehr erreichbar ist und gibt diesen frei. Solch eine automatische Speicherbereinigung (engl. *Garbage Collection*), die sich zusätzlich auch noch um die Fragmentierung des Heaps kümmert, kann aber leicht wieder umgangen werden. Und bei der systemnahen Programmierung kann die automatische Speicherbereinigung überhaupt nicht mehr verwendet werden.

In diesem einfachen Beispiel wird ein solches Speicherleck demonstriert:

```
00  // kap012/listing004.c
01  #include <stdio.h>
02  #include <stdlib.h>
```

12.3 Speicherblock freigeben

```
03  int main(void) {
04    double *dptr1, *dptr2;
05    dptr1 = calloc( 10, sizeof(double) );
06    dptr2 = calloc( 20, sizeof(double) );
07    // dptr1 verweist auf dieselbe Adresse wie dptr2
08    dptr1 = dptr2;           // Speicherleck erstellt
09    //... nach vielen Zeilen Code, Speicher freigeben
10    free( dptr1 ); // Gibt Speicher frei
11    free( dptr2 );  // Fehler !!!!
12    return EXIT_SUCCESS;
13  }
```

In Zeile **(05)** und **(06)** wird jeweils ein Speicherblock für 10 bzw. 20 double-Werte reserviert. In Zeile **(08)** verweisen Sie den Zeiger dptr1 auf dieselbe Adresse wie dptr2. Durch die Zuweisung haben Sie keine Möglichkeit mehr, auf den Speicherbereich zuzugreifen, den Sie mit Zeile **(05)** reserviert haben. In einem dauerlaufenden Programm mit Endlosschleife, wie dies bspw. bei Server-Anwendungen der Fall ist, kann der Speicherblock nicht mehr vom Programm freigegeben werden. In diesem Beispiel ist das Speicherleck zwar trivial, aber es zeigt auf, was passieren kann, wenn man unvorsichtig mit Zeigern umgeht. In Zeile **(11)** machen Sie außerdem noch einen weiteren Fehler, indem Sie versuchen, denselben Speicherblock freizugeben, den Sie bereits in Zeile **(10)** freigegeben haben. Das weitere Verhalten des Programms ist dadurch undefiniert.

Folgendes Beispiel enthält ebenfalls ein Speicherleck. In einer Endlosschleife wird mittels malloc() ständig ein Speicherblock angefordert, aber niemals freigegeben. Da immer wieder derselbe Zeiger verwendet wird, kann nach jeder Speicheranforderung nicht mehr auf den zuvor reservierten Speicherbereich zurückgegriffen werden. Damit kann er auch nicht freigegeben werden. Der Speicher läuft voll, bis das Programm nicht mehr reagiert:

```
double *dptr1;
...
while( 1 ) {
  dptr1 = malloc( 10 * (sizeof(double)));
  ...
}
```

Das Problem bei diesem Codeausschnitt können Sie beheben, indem Sie am Ende der while-Schleife den Speicherblock wieder freigeben:

```
double *dptr1;
...
while( 1 ) {
  dptr1 = malloc( 10 * (sizeof(double)));
  ...
  free( dptr1 );   // Speicherleck stopfen
}
```

12.4 Die Heap-Fragmentierung

Dass der Speicher bei der dynamischen Speicherreservierung mit malloc() und Co. vom Heap kommt, wissen Sie bereits. Trotzdem möchte ich Ihnen hier noch einige Tipps geben, damit Sie nicht gedankenlos Speicher vom Heap anfordern und wieder freigeben. Wie bereits erwähnt, wird bei einer Speicheranforderung stets ein zusammenhängender Speicherblock angefordert. Da standardmäßig keine automatische Speicherbereinigung mit einer Defragmentierung des Speichers durchgeführt wird, kann es aufgrund der Fragmentierung dazu kommen, dass Sie keinen Speicher mehr vom System erhalten, obwohl eigentlich ausreichend Speicher vorhanden sein sollte.

> **Fragmentierung**
>
> Die Freispeicherverwaltung des Systems merkt sich die Stellen im Speicher, die als »freier Speicher« zur Verfügung stehen und mit Funktionen wie malloc() reserviert werden können. Da nicht verwendeter Speicher auch wieder freigegeben wird, entstehen Lücken im Speicherbereich. Häufig ist es dann nicht möglich, die Lücken sofort wieder aufzufüllen, wenn erneut ein Speicherbereich angefordert wird, dessen Objekt allerdings größer als die Lücke ist. Dann muss ein anderer freigegebener Speicherbereich gesucht werden.

In Abbildung 12.1 wird das Problem bildlich dargestellt. Es wurden fünf Speicherbereiche mit unterschiedlichen Größen reserviert, auf die Zeiger verweisen.

Jetzt soll der Speicher, auf den ptr2 und ptr4 verweisen, freigegeben und ein neuer Speicher mit fünf Elementen angefordert werden:

```
free(ptr2);
free(ptr4);
malloc( 5 );
```

12.4 Die Heap-Fragmentierung

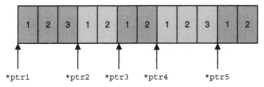

Abbildung 12.1 Belegter Speicher im Heap

In Abbildung 12.2 können Sie diesen Vorgang bildlich nachvollziehen. Obwohl noch genug Speicher frei wäre, um den Datenblock mit fünf Elementen unterzubringen, wird die Speicheranforderung fehlschlagen, weil Speicher eben nur am Stück reserviert werden kann. In diesem Fall ist aber kein solches Stück als Ganzes mehr vorhanden.

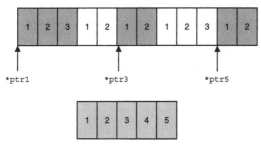

Abbildung 12.2 Wegen der Heap-Fragmentierung schlägt die Speicheranforderung fehl.

Aufgrund der Heap-Fragmentierung bleiben daher Teile des Speichers unbenutzt, es entstehen Speicherlücken. Das Reservieren von Speicher kann länger dauern, weil sich die Suche nach einem freien Speicher aufwendiger gestaltet. Außerdem kann es zu Performance-Problemen kommen, wenn Speicherobjekte weit auseinander im Speicher liegen, weil die Zugriffe dann nicht im schnellen Cache-Speicher stattfinden.

Gegenmaßnahmen

Gegen Speicherlücken können Sie folgendermaßen vorgehen:

▶ Bei vielen Problemen sollten Sie sich überlegen, ob eine dynamische Speicheranforderung überhaupt Sinn macht oder ob man nicht auch mit einem statischen Speicher auskommt.

- Speicherreservierung sollte möglichst sparsam eingesetzt werden. Anstatt für jedes Element einen Speicher anzufordern, sollten Sie immer darauf achten, ob Sie nicht vielleicht gleich einen größeren Block an Speicher anfordern. Dies wird auch als *Pooling* bezeichnet, womit bspw. ein Block mit verschiedenen Größen (wie 16 Bytes, 32 Bytes, 64 Bytes usw.) angefordert wird.
- Verwenden Sie die Funktion alloca(). Sie entspricht der Funktion malloc(), nur dass hiermit kein Speicher vom Heap, sondern vom Stack angefordert wird. Außerdem benötigt alloca() kein explizites Freigeben des Speichers, weil das automatisch nach dem Beenden der Funktion geschieht. Der Vorteil des Stacks ist, dass es das Problem der Fragmentierung nicht gibt. Der Nachteil allerdings ist, dass auch auf dem Stack nicht unendlich Speicher zur Verfügung steht und dass der Speicher, den Sie in der main()-Funktion angefordert haben, zur Laufzeit nicht mehr freigegeben wird. Zudem ist alloca() keine ANSI-C-Standardfunktion und daher leider nicht überall vorhanden.

> **Defragmentierung**
>
> Eine weitere Möglichkeit, mit der Sie einer schlechten Heap-Fragmentierung entgegenwirken können, wäre die Implementierung einer Funktion. Diese räumt Speicherlücken auf, das heißt sie defragmentiert. Allerdings lässt sich eine solche Funktion kaum realisieren, weil es schwer oder fast unmöglich ist, zu ermitteln, wo überall Zeiger auf die entsprechenden Speicherstellen existieren.

Dynamische Speicherreservierung bei Microcontroller und Co.

Probleme mit der Heap-Fragmentierung werden Sie auf gängigen Betriebssystemen wie Windows, Mac OS X oder Linux selten bekommen. Allerdings geht es in diesem Abschnitt nicht unbedingt um diese Art der Programmierung. Hier sind vielmehr die Leser angesprochen, die künftig vorhaben, Dinge wie Mikrocontroller zu programmieren. Und hier wird in der Praxis eher selten ein dynamischer Speicher verwendet. Wenn bspw. ein Kaffee-Automat programmiert werden muss, sollten Sie sich nicht darauf verlassen, dass schon genug Speicher vom Heap zur Verfügung steht. Es gibt nämlich kein: »Kaffee kann nicht ausgegeben werden, weil nicht genügend zusammenhängender Speicher vorhanden ist«. In der Praxis wird hierbei häufig der Speicher gleich am Anfang einer Funktion deklariert.

12.5 Zweidimensionale dynamische Arrays

Bei der dynamischen Reservierung von Speicher für zweidimensionale Arrays, wie sie bei Matrizenberechnungen gerne verwendet werden, müssen Sie zunächst einen Speicher für die Zeilen (erste Dimension) reservieren, bevor Sie Speicher für die einzelnen Spalten (zweite Dimension) reservieren können. Beim Freigeben des Speichers muss dasselbe in umgekehrter Reihenfolge durchgeführt werden. Geben Sie also zuerst die einzelnen Spalten und dann erst die Zeilen frei.

Sehen Sie nachfolgend ein einfaches, aber vollständiges Listing dazu:

```
00   // kap012/listing005.c
01   #include <stdio.h>
02   #include <stdlib.h>

03   int main(void) {
04      int i, j, zeile, spalte;
05      int **matrix;

06      printf("Wie viele Zeilen : ");
07      scanf("%d", &zeile);
08      printf("Wie viele Spalten: ");
09      scanf("%d", &spalte);

10      // Speicher für Zeilen reservieren
11      matrix = malloc(zeile * sizeof(int));
12      if(NULL == matrix) {
13         printf("Kein virtueller RAM mehr vorhanden ... !");
14         return EXIT_FAILURE;
15      }
16      // Speicher für die einzelnen Spalten reservieren
17      for(i = 0; i < zeile; i++) {
18         matrix[i] = malloc(spalte * sizeof(int));
19            if(NULL == matrix[i]) {
20               printf("Kein Speicher mehr fuer Zeile %d\n"
                     ,i);
21               return EXIT_FAILURE;
22            }
23      }
24      // Mit beliebigen Werten initialisieren
25      for (i = 0; i < zeile; i++)
```

12 Dynamische Speicherverwaltung

```
26        for (j = 0; j < spalte; j++)
27           matrix[i][j] = i + j;

28     // Inhalt ausgeben
29     for (i = 0; i < zeile; i++) {
30        for (j = 0; j < spalte; j++)
31           printf("%d ",matrix[i][j]);
32        printf("\n");
33     }
34     // Speicherplatz wieder freigeben
35     // Wichtig!!! In umgekehrter Reihenfolge
36     for(i = 0; i < zeile; i++)
37        free(matrix[i]);
38     free(matrix);
39     return EXIT_SUCCESS;
40  }
```

In Zeile **(11)** wird zunächst der Speicher für die gewünschte Anzahl der einzelnen Zeilen bzw. der ersten Dimension reserviert. War die Speicherreservierung der ersten Dimension erfolgreich, wird in den Zeilen **(17)** bis **(23)** (genauer in der Zeile **(18)**) für jede einzelne Spalte (zweite Spalte) Speicher für ein int-Element reserviert.

Bei der Freigabe von Speicherplatz, hier in den Zeilen **(36)** bis **(38)**, ist es besonders wichtig, dass Sie nicht nur den Speicher der ersten Dimension (die Zeilen) wie in der Zeile **(38)** angegeben ist, freigeben. Sie müssen vorher auch den Speicher der zweiten Dimension (der Spalten) einzeln (Zeile **(36)** und **(37)**) freigeben. Zwar würden Sie mit der alleinigen Angabe der Zeile **(38)** den Speicherplatz des Zeiger-Arrays matrix freigeben, aber der Speicherplatz für die einzelne Elemente bliebe weiterhin reserviert. Was noch schlimmer ist: Er könnte gar nicht mehr freigegeben werden, weil die nötigen Adressen der einzelnen Namenspeicherplätze im Array durch die Freigabe von matrix verloren sind. Es entsteht ein klassisches Speicherleck.

Bei den Zeigern haben Sie die gleichwertigen Zugriffe auf ein Speicherobjekt mithilfe eines Zeigers oder eines Arrays bereits näher kennengelernt. In der folgenden Tabelle sollen daher nochmals die äquivalenten Fälle zwischen Zeigern und Arrays bei mehreren Dimensionen aufgelistet werden:

Zugriff auf	Möglichkeit 1	Möglichkeit 2	Möglichkeit 3
1. Zeile, 1. Spalte	`**matrix`	`*matrix[0]`	`matrix[0][0]`
i. Zeile, 1. Spalte	`**(matrix+i)`	`*matrix[i]`	`matrix[i][0]`
1. Zeile, i. Spalte	`*(*matrix+i)`	`*(matrix[0]+i)`	`matrix[0][i]`
i. Zeile, j. Spalte	`*(*(matrix+i)+j)`	`*(matrix[i]+j)`	`matrix[i][j]`

Tabelle 12.1 Äquivalenz zwischen Zeigern auf Zeigern und mehrdimensionalen Arrays

12.6 Aufgaben

In diesem Kapitel haben Sie mit der dynamischen Speicherverwaltung die Grundlagen für die komplexere Programmierung gelegt. Damit können Sie dynamische Datenstrukturen wie verkettete Listen oder binäre Bäume erstellen. Auf die dynamischen Datenstrukturen wird in Kapitel 14, »Dynamische Datenstrukturen«, noch explizit eingegangen. Im Folgenden finden Sie wie gewohnt einige Kontrollfragen, die Ihnen aufzeigen, ob Sie das hier Beschriebene auch verstanden haben.

12.6.1 Level 1

1. Welche Funktionen stehen Ihnen zur Verfügung, wenn Sie die Laufzeit eines Speichers vom Heap anfordern möchten? Beschreiben Sie kurz die Unterschiede der einzelnen Funktionen.
2. Welchen Typ geben alle Funktionen zur dynamischen Speicherreservierung zurück?
3. Wie können Sie nicht benötigten Speicher wieder an das System zurückgeben?
4. Erklären Sie den Unterschied zwischen Speicherlecks und Speicherlücken.

12.6.2 Level 2

1. Welcher Fehler wurde im folgenden Codeausschnitt gemacht?
```
01  double *dvals;
02  int *ivals;
```

12 Dynamische Speicherverwaltung

```
03    dvals = malloc( BLK * (sizeof(double*)));
04    ivals = malloc( BLK * (sizeof(ivals)));
```

2. Im folgenden Beispiel hat sich ein Fehler eingeschlichen. Entdecken Sie diesen Fehler, und beheben Sie das Problem.

```
00   // kap012/aufgabe001.c
01   #include <stdio.h>
02   #include <stdlib.h>

03   int *ivals( int n ) {
04     return calloc( n, sizeof(int) );
05   }

06   int main(void) {
07     int *iarray;
08     int vals, i, ges;
09     while( 1 ) {
10       printf("Wie viele Werte benötigen Sie: ");
11       scanf("%d", &vals);
12       iarray = ivals( vals );
13       for(i=0; i<vals; i++) {
14         printf("Wert %d eingeben: ", i+1);
15         scanf("%d", &iarray[i]);
16       }
17       ges = 0;
18       for(i=0; i<vals; i++) {
19         ges+=iarray[i];
20       }
21       printf("Summe aller Werte = %d\n", ges);
22     }
23     return EXIT_SUCCESS;
24   }
```

3. Im folgenden Codeausschnitt wurde ein übler Fehler gemacht. Welcher?

```
01   int *iarray1, *iarray2, i;
02   iarray1 = malloc( BLK * sizeof(int) );
03   iarray2 = malloc( BLK * sizeof(int) );
04   for( i=0; i<BLK; i++) {
05     iarray1[i] = i;
06     iarray2[i] = i+i;
07   }
08   iarray1 = iarray2;
09   iarray2 = iarray1;
```

12.6.3 Level 3

1. Erstellen Sie ein Programm, das einen String (char-Array) mit einer unbestimmten Länge einlesen kann. **Tipp:** Lesen den String zunächst in einen statischen Puffer ein, zählen Sie die Zeichen, und reservieren Sie dann Speicher dafür. Hängen Sie ggf. den neuen Text hinten an.

2. Schreiben Sie eine Funktion, die ermittelt, ob ein Funktionsaufruf von realloc() den kompletten Speicherblock umkopieren musste. Im Grunde müssen Sie nur die Adressen sichern und miteinander vergleichen. Geben Sie im Falle eines Umkopierens die alte und die neue Speicheradresse (mit %p) auf dem Bildschirm aus.

13 Fortgeschrittene Datentypen

Wenn Sie auf der Suche nach einer Datenstruktur sind, die unterschiedliche, aber logisch zusammenhängende Typen speichern kann, dann sind Sie hier bei den Strukturen genau richtig. Mit den Strukturen können Sie solche Daten modellieren.

Neben Strukturen können Sie auch eine Union bilden. Eine Union ist wie eine Struktur aufgebaut, nur haben die einzelnen Elemente (engl. *member*) einer Union immer die gleiche Startadresse. Folglich können Sie bei einer Union zwar ebenfalls mehrere Datentypen zusammenfassen, aber es kann immer nur ein Element genutzt werden.

Aus Strukturen und Unions können dann auch noch Bitfelder gemacht werden, womit eine ganzzahlige Variable aus einer festen Anzahl von Bits besteht. Damit kann ein Speicherbereich in einzelne Bits unterteilt und verwendet werden.

Mit dem Aufzählungstyp enum können Sie den Elementen mit einem Aufzählungstyp einen Namen zuordnen und mit diesem Namen verwenden. Intern sind die Aufzählungstypen natürlich als Ganzzahlen codiert.

Einen Alias-Namen für existierende Datentypen oder Namen zu einem vereinbarten aggregierten Datentyp (z. B. eine Struktur) können Sie mit typedef vereinbaren.

13.1 Strukturen

Mit den Strukturen können Sie einen eigenen Typ definieren, in dem Sie die einzelnen Daten und die Eigenschaften bestimmter Objekte beschreiben (z. B. Kundendaten einer Firma). Sie werden als Datensätze (engl. *records*) zusammengefasst. Der Datensatz selbst besteht wiederum aus Datenfeldern mit den nötigen Informationen (Name, Adresse, Telefonnummer usw.). Datenfelder sind die Elemente einer Struktur. Die definierte Struktur kann anschließend wie ein übliches Speicherobjekt bzw. wie ein Datentyp als Zeiger oder Array mit den Strukturelementen deklariert werden.

13.1.1 Struktur deklarieren

Die Deklaration einer Struktur fängt immer mit dem Schlüsselwort `struct` an und enthält eine Liste von Elementen in geschweiften Klammern. Die Liste wird mit einem Semikolon abgeschlossen. Hierbei muss mindestens ein Element deklariert werden. Die Syntax einer solchen Struktur sieht folgendermaßen aus:

```
struct [name] { Liste_von_Elementen } [Bezeichner];
```

Die Elemente der Struktur können einen beliebigen Datentypen enthalten, der natürlich auch zuvor definierte Strukturtypen beinhalten kann. Lediglich Arrays mit variabler Länge und Zeiger auf solche Arrays sind nicht erlaubt. Die Sichtbarkeit und Lebensdauer von Strukturen entspricht exakt der von einfachen Datentypen.

Genug der Theorie. Mit dem folgenden Strukturtyp Id3_tag werden Daten ähnlich einer MP3-Datei beschrieben:

```
struct Id3_tag {
  char titel[30];
  char kuenstler[30];
  char album[30];
  short jahr;
  char kommentar[30];
  char genere[30];
};
```

Hier haben Sie einen Strukturtyp Id3_tag mit fünf Elementen, der die typischen Daten von einem MP3-Musikstück enthält. Wie Sie am Beispiel erkennen können, sind die einzelnen Strukturelemente wiederum nichts anderes als gewöhnliche Variablen mit den bekannten Datentypen.

ID3-Tag

ID3-Tags sind die Informationen (Metadaten), die in den MP3-Audiodateien enthalten sind (ID3 = **Id**entify an MP**3**). Um allerdings hier vor falschen Erwartungen zu warnen: Die Struktur im Beispiel ist nicht völlig ID3-Tag-konform. Die einzelnen Datentypen (Länge) wurde hierbei nicht ganz eingehalten. Falls Sie vorhaben, einen echten ID3-Tag-Editor zu erstellen bzw. die Tags auszulesen, finden Sie unter *http://www.id3.org/* und unter *http://de.wikipedia.org/wiki/ID3-Tag* weitere Informationen zu diesem Thema.

Wie bei der Deklaration von normalen Datentypen können Sie Elemente mit demselben Typ in der Struktur, getrennt von einem Komma, zusammenfassen. Hier ein Beispiel:

```
struct Id3_tag {
  char titel[30], kuenstler[30], album[30];
  short jahr;
  char kommentar[30], char genere[30];
};
```

Hier soll nochmals erwähnt werden, dass bisher nur die Rede von einer Deklaration, nicht aber von der Speicherplatzreservierung ist. Speicherplatz wird erst reserviert, wenn Sie eine Variable, also einen Bezeichner, von diesem selbsterstellten Strukturtyp definieren.

13.1.2 Definition einer Strukturvariablen

Die Definition einer Struktur erstellen Sie mithilfe eines Bezeichners. In diesem Fall spricht man von der Definition einer Strukturvariablen. Folgendermaßen werden bspw. drei Strukturvariablen mit dem Typ struct Id3_tag definiert. Dabei wird Speicherplatz für den Typ struct Id3_tag und seine einzelnen Elemente reserviert:

```
// Definition einer Strukturvariable
struct Id3_tag data1;
...
// Definition von zwei Strukturvariablen
struct Id3_tag data2, data3
```

13.1.3 Deklaration und Definition zusammenfassen

Die Deklaration einer Struktur und die Definition einer Strukturvariablen können Sie auch zu einer Anweisung zusammenfassen:

```
struct Id3_tag {
  char titel[30];
  char kuenstler[30];
  char album[30];
  short jahr;
  char kommentar[30];
  char genere[30];
} data;
```

Hiermit deklarieren Sie eine Struktur Id3_tag und definieren eine Strukturvariable namens data. Natürlich können Sie so auch mehrere Strukturvariablen auf einmal definieren:

```
struct Id3_tag {
  char titel[30];
  char kuenstler[30];
  char album[30];
  short jahr;
  char kommentar[30];
  char genere[30];
} data1, data2, data3, data4, data5;   // 5 Strukturvariablen
```

Wenn die Deklaration einer Struktur mit der Definition einer Strukturvariablen zusammengefasst wird, kann der Name der Struktur komplett weggelassen werden. Folgendermaßen deklarieren Sie eine Struktur ohne Typennamen und definieren eine Strukturvariable namens data:

```
struct {
  char titel[30];
  char kuenstler[30];
  char album[30];
  short jahr;
  char kommentar[30];
  char genere[30];
} data;
```

13.1.4 Synonyme für Strukturtypen erstellen

Wenn Sie nicht ständig das Schlüsselwort struct bei der Verwendung des Strukturtyps verwenden möchten, können Sie mit typedef ein Synonym dafür erstellen. Hier ein Beispiel:

```
typedef struct Id3_tag Id3_t;
```

Durch typedef können Sie bspw. eine Struktur mit einer Strukturvariablen definieren:

```
Id3_t data1;   // Anstatt: struct Id3_tag data1;
```

Ein solches Synonym können Sie bei der Deklaration einer Struktur wie folgt erstellen:

```
typedef struct Id3_tag {
  char titel[30];
  char kuenstler[30];
```

```
  char album[30];
  short jahr;
  char kommentar[30];
  char genere[30];
} Id3_t;
```

Anstatt struct Id3_tag verwenden Sie nur noch den Strukturtyp Id3_t.

13.1.5 Zugriff auf Strukturelemente

Um auf die einzelnen Elemente einer Strukturvariablen zugreifen zu können, wird der Punkt-Operator verwendet. Abgesehen davon erfolgt der Zugriff auf die einzelnen Elemente wie bei normalen Variablen. Hier ein Beispiel:

```
Id3_t data;
...
strncpy(data.titel, "21st Century Breakdown", 29);
strncpy(data.kuenstler, "Green Day", 29);
...
data.jahr=2009;
...
```

Sie speichern die Strings "21st Century Breakdown" und "Green Day" in den Strukturvariablen titel und kuenstler. Der Strukturvariablen jahr übergeben Sie den Wert 2009. An diesem Beispiel können Sie sehr schön sehen, dass Sie Strukturelemente wie einfache Variablen behandeln können.

Nachfolgend ein einfaches Beispiel, wie Sie Inhalt zu einer Struktur hinzufügen und darauf zugreifen können:

```
00  // kap013/loesung001.c
01  #include <stdio.h>
02  #include <stdlib.h>

03  typedef struct Id3_tag {
04     char titel[30];
05     char kuenstler[30];
06     char album[30];
07     short jahr;
08     char kommentar[30];
09     char genere[30];
10  } Id3_t;
```

```
11  void output(Id3_t song) {
12      printf("\n\nDer Song den Sie eingaben:\n");
13      printf("Titel     : %s", song.titel);
14      printf("Künstler  : %s", song.kuenstler);
15      printf("Album     : %s", song.album);
16      printf("Jahr      : %hd\n", song.jahr);
17      printf("Kommentar : %s", song.kommentar);
18      printf("Genere    : %s", song.genere);
19  }

20  int main(void) {
21      Id3_t data;
22      printf("Titel     : ");
23      fgets(data.titel, 30, stdin);
24      printf("Künstler  : ");
25      fgets(data.kuenstler, 30, stdin);
26      printf("Album     : ");
27      fgets(data.album, 30, stdin);
28      printf("Jahr      : ");
29      do { scanf("%hd", &data.jahr);
30      } while(getchar() != '\n');
31      printf("Kommentar : ");
32      fgets(data.kommentar, 30, stdin);
33      printf("Genere    : ");
34      fgets(data.genere, 30, stdin);
35      // Daten der Struktur ausgeben
36      output(data);
37      return EXIT_SUCCESS;
38  }
```

In Zeile **(21)** wird die Strukturvariable data definiert, und in den Zeilen **(22)** bis **(34)** werden die einzelnen Elemente der Struktur mithilfe des Punkt-Operators eingelesen. Das Konstrukt der do-while-Schleife in den Zeilen **(29)** und **(30)** dient lediglich dazu, dass das Newline-Zeichen nicht in der Standardeingabe verbleibt. Sonst überspringen Sie das Einlesen in Zeile **(32)**, weil hier das Newline-Zeichen verwendet wird. In Zeile **(36)** wird die komplette Struktur als Kopie (call-by-value) an die Funktion output() (Zeile **(11)** bis **(19)**) übergeben. Dort wird demonstriert, wie Sie mithilfe des Punkt-Operators die einzelnen Elemente der Strukturvariablen wieder ausgeben können.

Das Programm bei der Ausführung:

```
Titel     : Heavy Cross
Künstler  : Gossip
Album     : Heavy Cross - Single
Jahr      : 2009
Kommentar : Cooler Punk-Rock
Genere    : Alternative

Der Song den Sie eingaben:
Titel     : Heavy Cross
Künstler  : Gossip
Album     : Heavy Cross – Single
Jahr      : 2009
Kommentar : Cooler Punk-Rock
Genere    : Alternative
```

13.1.6 Strukturen initialisieren

Sie initialisieren eine Struktur explizit, indem Sie eine Initialisierungsliste verwenden, in der die einzelnen Initialisierer durch ein Komma getrennt in geschweiften Klammern zugewiesen werden. Halten Sie hier die richtige Reihenfolge der Deklaration der Struktur ein. Ebenso muss der Initialisierer demselben Typ der Deklaration entsprechen. Ein kurzer Codeausschnitt zeigt Ihnen, wie dies gemacht werden kann:

```
Id3_t data = { "Kings and Queens",
               "30 Seconds to Mars",
               "This Is War",
               2009,
               "Komponist: Jared Leto",
               "Alternative"
             };
```

In der Liste enthält jedes Strukturelement einen Initialisierer. Sie können aber auch weniger Initialisierer angeben, als es Elemente in der Struktur gibt. Dennoch müssen Sie die richtige Reihenfolge und den Typ einhalten. Hier ein Beispiel:

```
Id3_t data = { "Kings and Queens",
               "30 Seconds to Mars",
             };
```

Es werden nur die ersten beiden Elemente der Strukturvariablen initialisiert. Die restlichen Elemente werden automatisch mit 0 initialisiert. Sie können quasi mit einer leeren Initialisierungsliste alle Werte mit 0 vorbelegen.

> **Implizite Initialisierung von Strukturen**
>
> Wird eine Strukturvariable nicht initialisiert, gilt auch hier die übliche Regel: Bei Strukturvariablen mit einer automatischen Speicherdauer in einem Anweisungsblock haben die einzelnen Elemente einen undefinierten Wert. Bei statischen oder globalen Strukturvariablen (und hier ist nicht die Deklaration gemeint(!)) haben die einzelnen Elemente automatisch den Anfangswert 0, '\0' oder 0.0.

Natürlich dürfen Sie als Initialisierer auch eine andere Strukturvariable verwenden. Hier ein Beispiel:

```
Id3_t data = { "Undisclosed Desires",
               "Muse",
             };
// Struktur zuweisen
Id3_t data_new = data;
```

13.1.7 Nur bestimmte Elemente initialisieren (C99)

Mit dem C99-Standard ist es möglich, nur bestimmte Elemente einer Struktur zu initialisieren. Es muss als Initialisierer ein sogenannter Elementebezeichner verwendet werden, der wie folgt aussieht:

```
.strukturelement = wert
```

Ein Beispiel hierzu, bezogen auf die Struktur Id3_t (alias struct Id3_tag):

```
Id3_t data = { .kuenstler = "Stanfour",
               .album     = "Wishing Yo Well",
               .genere    = "Rock"
             };
```

Hier wurden die Elemente kuenstler, album und genere der Strukturvariablen initialisiert. Die restlichen Elemente werden automatisch mit 0 initialisiert. Der Clou dabei ist, dass Sie nicht einmal auf die richtige Reihenfolge der Elemente achten müssen. Folgende Initialisierung verursacht nach dem C99-Standard keinerlei Probleme:

```
Id3_t data = { .genere = "Pop",
               .jahr = 2010,
               .kuenstler = "Goldfrapp",
               .titel = "Rocket"
             };
```

Sie können bei der Initialisierung aber auch den üblichen Weg gehen und nur für einzelne Elemente den Elementebezeichner verwenden. Sie müssen allerdings teilweise die Reihenfolge beachten. Hier ein Beispiel:

```
Id3_t data = { "Gypsy",
               "Shakira",
               .genere = "Pop"
             };
```

Es werden die ersten zwei Elemente wie mit einer üblichen Initialisierungsliste initialisiert und das letzte Element genere mithilfe des Elementebezeichners. Die restlichen Werte werden automatisch mit 0 initialisiert.

13.1.8 Operationen auf Strukturen

Folgende Operationen sind laut ANSI C auf Strukturen erlaubt:

- Zuweisen einer Struktur an eine andere Struktur mit demselben Typ
- Rückgabe und Übergabe von Strukturen von einer und an eine Funktion
- Ermitteln der Adresse einer Struktur mit dem Adressoperator &
- Ermitteln der Größe einer Struktur mit dem sizeof-Operator

Strukturen vergleichen

Da Strukturen das sogenannte Padding-Verfahren (es gibt Lücken zwischen den Elementen) verwenden, gibt es leider keinen portablen Weg, mit dem Sie zwei Strukturen direkt mit dem ==-Operator vergleichen können. Es bleibt Ihnen also nichts anderes übrig, als selbst eine Funktion zu schreiben, die Element für Element zwei Strukturen miteinander vergleicht.

13.1.9 Strukturen, Funktionen und Strukturzeiger

In unserem ersten Beispiel dieses Kapitels wurde eine Struktur als Kopie (call-by-value) an eine Funktion übergeben. Der Vorgang ist allerdings nicht sehr effektiv, weil Strukturen einen ziemlichen Datenumfang haben können. So hat die Struktur struct Id3_tag an die 152 Bytes, die bei jedem Funktionsaufruf auf dem Stack kopiert und wieder freigegeben werden müssen. Bei häufigen Funktionsaufrufen wird dabei die Laufzeit des Programms erheblich beeinträchtigt. Daher empfiehlt es sich, auch hier Zeiger zu verwenden (call-by-reference).

Zeiger auf Strukturen

Zeiger auf Strukturen lassen sich exakt so verwenden wie Zeiger auf normalen Variablen. Auch die Größe der Zeiger entspricht der von typischen Zeigern (gewöhnlich vier Bytes; abhängig von der Wortgröße). Mit folgender Anweisung speichern Sie z. B. die Adresse der Strukturvariablen data im Zeiger id3_ptr:

```
struct Id3_tag data = { "Undisclosed Desires",
                        "Muse",
                      };
struct Id3_tag *id3_ptr;
// id3_ptr verweist auf die Anfangsadresse von data
id3_ptr =& data;
```

Zugriff über Strukturzeiger

Wenn Sie eine Zeigervariable verwenden, welche die Adresse einer Struktur enthält, erfolgt der Zugriff auf die einzelnen Strukturelemente etwas anders. Zwar können Sie den Dereferenzierungsoperator und den Punkt-Operator auf das gewünschte Element verwenden, aber Sie müssen dann eine Klammerung verwenden, weil der Punkt-Operator eine höhere Priorität als der Dereferenzierungsoperator (*) hat. Ein Zugriff auf ein einzelnes Element über einen Strukturzeiger muss daher mit folgender Syntax realisiert werden:

```
(*struct_zeiger).element
```

Allerdings ist diese Art, einen Strukturzeiger zu verwenden, etwas umständlich. Glücklicherweise gibt es mit dem Pfeil-Operator (->) eine einfache und äquivalente Alternative. Die Syntax mit dem Pfeil-Operator sieht wie folgt aus:

```
struct_zeiger->element   // entspricht: (*struct_zeiger).element
```

Mit diesen Kenntnissen soll jetzt ein Listing erstellt werden, mit dem eine Struktur dynamisch in einer Funktion erzeugt und die Adresse an den Aufrufer zurückgegeben wird. Die Strukturvariable wird außerdem per call-by-reference an einen Funktion übergeben und ausgegeben.

```
00  // kap013/listing002.c
01  #include <stdio.h>
```

13 Fortgeschrittene Datentypen

```
02  #include <stdlib.h>

03  typedef struct Id3_tag {
04    char titel[30];
05    char kuenstler[30];
06    char album[30];
07    short jahr;
08    char kommentar[30];
09    char genere[30];
10  } Id3_t;

11  void output(Id3_t *song) {
12    printf("\n\nDer Song den Sie eingaben:\n");
13    printf("Titel     : %s", song->titel);
14    printf("Künstler  : %s", song->kuenstler);
15    printf("Album     : %s", song->album);
16    printf("Jahr      : %hd\n", song->jahr);
17    printf("Kommentar : %s", song->kommentar);
18    printf("Genere    : %s", song->genere);
19  }

20  Id3_t *input(void) {
21    Id3_t *data = malloc(sizeof(Id3_t));
22    if( data == NULL ) {
23      printf("Konnte keinen Speicher reservieren!\n");
24      exit(EXIT_FAILURE);
25    }
26    printf("Titel     : ");
27    fgets(data->titel, 30, stdin);
28    printf("Künstler  : ");
29    fgets(data->kuenstler, 30, stdin);
30    printf("Album     : ");
31    fgets(data->album, 30, stdin);
32    printf("Jahr      : ");
33    do { scanf("%hd", &data->jahr);
34    } while(getchar() != '\n');
35    printf("Kommentar : ");
36    fgets(data->kommentar, 30, stdin);
37    printf("Genere    : ");
38    fgets(data->genere, 30, stdin);
39    return data;
40  }
```

```
41  int main(void) {
42    Id3_t *data = input();
43    output(data);
44    return EXIT_SUCCESS;
45  }
```

In Zeile **(42)** rufen Sie die Funktion input() auf, deren Rückgabewert Sie an den Strukturzeiger data zuweisen. In der Funktion input() selbst (Zeile **(20)** bis **(40)**) wird zunächst in Zeile **(21)** ein Speicher vom Heap für eine neue Struktur angefordert. Als Alternative können Sie eine mit static deklarierte Strukturvariable verwenden. Anschließend werden in den Zeilen **(26)** bis **(38)** die einzelnen Elemente der dynamisch reservierten Strukturvariablen eingelesen. Das haben Sie bereits im ersten Beispiel (listing001.c) dieses Kapitels gesehen. Hier wird jetzt allerdings der Pfeil-Operator statt des Punkt-Operators verwendet. In Zeile **(39)** wird die Anfangsadresse der kompletten Struktur an den Aufrufer (Zeile **(42)**) zurückgegeben.

> **Ein Strukturzeiger ist auch nur ein Zeiger**
>
> Die Überschrift ist eine klare Ansage. Trotzdem wird immer wieder der Fehler gemacht, mit einem Strukturzeiger auf Strukturelemente zugreifen zu wollen, obwohl vorher kein Speicherplatz reserviert wurde. Ein Strukturzeiger speichert wie ein gewöhnlicher Zeiger nur Adressen und reserviert daher auch keinen Speicherplatz. Schreiben Sie trotzdem über einen Strukturzeiger auf einzelne Strukturelemente, ist das weitere Verhalten des Programms undefiniert, weil Sie in eine zufällige Adresse schreiben.

In Zeile **(43)** wird die Anfangsadresse per call-by-reference an die Funktion output() (Zeile **(11)** bis **(19)**) übergeben. In der Funktion output() selbst wird dann nochmals demonstriert, wie mithilfe des Pfeil-Operators auf die einzelnen Elemente des Strukturzeigers zugegriffen wird. Das Programm bei der Ausführung entspricht ansonsten dem Listing listing001.c.

13.1.10 Arrays von Strukturen

Im Grunde spricht nichts dagegen, ein Array von Strukturen zu verwenden. Auch diese lassen sich verwenden wie gewöhnliche Arrays. Zur Initialisierung wird hierzu der Punkt-Operator verwendet. Ein einfaches Beispiel hierzu:

13 Fortgeschrittene Datentypen

```c
00  // kap013/listing003.c
01  #include <stdio.h>
02  #include <stdlib.h>
03  #define MAX 5

04  typedef struct Id3_tag {
05     char titel[30];
06     char kuenstler[30];
07     char album[30];
08     short jahr;
09     char kommentar[30];
10     char genere[30];
11  } Id3_t;

12  void output(Id3_t *song) {
13     printf("\n\n");
14     printf("Titel     : %s", song->titel);
15     printf("Künstler  : %s", song->kuenstler);
16     printf("Album     : %s", song->album);
17     printf("Jahr      : %hd\n", song->jahr);
18     printf("Kommentar : %s", song->kommentar);
19     printf("Genere    : %s", song->genere);
20  }

21  int main(void) {
22     Id3_t data[MAX];
23     int i;
24     for( i=0; i < MAX; i++) {
25        printf("Titel     : ");
26        fgets(data[i].titel, 30, stdin);
27        printf("Künstler  : ");
28        fgets(data[i].kuenstler, 30, stdin);
29        printf("Album     : ");
30        fgets(data[i].album, 30, stdin);
31        printf("Jahr      : ");
32        do { scanf("%hd", &data[i].jahr);
33        } while(getchar() != '\n');
34        printf("Kommentar : ");
35        fgets(data[i].kommentar, 30, stdin);
36        printf("Genere    : ");
37        fgets(data[i].genere, 30, stdin);
38     }
```

```
39    for( i=0; i < MAX; i++ ) {
40      output(&data[i]);
41    }
42    return EXIT_SUCCESS;
43 }
```

In Zeile **(22)** wurde ein Array mit MAX-Elementen deklariert. Die Werte der einzelnen Strukturelemente werden in den Zeilen **(24)** bis **(38)** übergeben. Hierbei muss darauf geachtet werden, dass der Index-Operator ([]) richtig verwendet wird. In den Zeilen **(39)** bis **(41)** werden die eingegebenen Werte von MAX-Strukturvariablen ausgegeben. Hierbei wird die im Listing zuvor erstellte Funktion output() (Zeilen **(12)** bis **(20)**) verwendet, in der die Anfangsadresse der Struktur an die Funktion per call-by-reference übergeben wird.

Die Verwendung von Strukturen von Arrays stellt keine allzu großen Anforderungen an den Programmierer; sie sind einfach zu erstellen und zu handhaben. Allerdings sollten Sie sich immer vor Augen halten, dass Sie hiermit eine Menge Speicherplatz vergeuden können. Verwenden Sie ein Array für 1.000 Songtitel (was nicht unbedingt sehr viel ist), werden stolze 150 Megabytes benötigt. Und reichen diese 1.000 Songtitel nicht aus, müssen Sie sich wieder Gedanken über neuen Speicherplatz machen. Bei solchen Programmen sollten Sie den Speicher zur Laufzeit reservieren. Mehr dazu erfahren Sie in Kapitel 14, »Dynamische Datenstrukturen«.

> **Datenbank verwenden**
>
> Wenn es die Möglichkeiten zulassen und Sie eine typische Server-Client-Anwendung schreiben müssen, können Sie auch eine C-Schnittstelle (API = Application Interface) mit einer Datenbank wie bspw. MySQL oder PostgreSQL verwenden. Allerdings setzt dies immer voraus, dass auf dem Rechner, auf dem das Programm läuft, ein solcher Datenbank-Server vorhanden ist oder zumindest eine Verbindung zu einem solchen besteht. Mehr zu diesem Thema finden Sie in meinem umfassenden Handbuch »C von A bis Z«, das ebenfalls bei Galileo Press erschienen ist.

13.1.11 Strukturen in Strukturen

Natürlich spricht überhaupt nichts dagegen, Strukturen innerhalb von Strukturen zu verwenden. Hierbei wird auch von Nested Structures gesprochen. Ein einfaches Beispiel:

13 Fortgeschrittene Datentypen

```c
typedef struct Details {
  short bitrate;
  short spielzeit;
  short abtastrate;
  char version[30];
} Info_t;

typedef struct Id3_tag {
  char titel[30];
  char kuenstler[30];
  char album[30];
  short jahr;
  char kommentar[30];
  char genere[30];
  Info_t info;
} Id3_t;
```

Die Struktur `struct Details` (alias `Info_t`) wird innerhalb der Struktur `struct Id3_tag` (alias `Id3_t`) verwendet. Um bspw. über eine Strukturvariable vom Typ `Id3_t` auf das Strukturelement `bitrate` der Struktur `Info_t` zugreifen zu können, müssen Sie im Fall einer Strukturvariable einen Punkt-Operator mehr verwenden. Hier ein Beispiel:

```c
Id3_t data;
...
data.info.bitrate = 256;
```

Ist `data` hingegen ein Strukturzeiger, für den zuvor Speicher reserviert wurde, müssen Sie wie gehabt den Pfeil-Operator an der richtigen Stelle verwenden:

```c
data->info.bitrate = 256;
```

Es spricht auch nichts dagegen, die beiden Strukturen `Id3_t` und `Info_t` in eine neue Struktur zu verpacken:

```c
typedef struct Meta_Info {
  Id3_t id3;
  Info_t info;
} Meta_t;
```

Abgesehen davon, dass Sie hierbei einen Zugriffsoperator mehr auf die Struktur benötigen, ändert sich nicht sehr viel. Sehen Sie nachfolgend ein etwas umfangreicheres, aber einfaches Beispiel, wie Sie auf die einzelnen Elemente einer *verschachtelten* Struktur zugreifen können:

13.1 Strukturen

```
00  // kap013/listing004.c
01  #include <stdio.h>
02  #include <stdlib.h>

03  typedef struct Details {
04     short bitrate;
05     short spielzeit;
06     int abtastrate;
07     char version[30];
08  } Info_t;

09  typedef struct Id3_tag {
10     char titel[30];
11     char kuenstler[30];
12     char album[30];
13     short jahr;
14     char kommentar[30];
15     char genere[30];
16  } Id3_t;

17  typedef struct Meta_Info {
18     Id3_t id3;
19     Info_t info;
20  } Meta_t;

21  void output(Meta_t *song) {
22     printf("\n\n");
23     printf("Titel    : %s", song->id3.titel);
24     printf("Künstler : %s", song->id3.kuenstler);
25     printf("Album    : %s", song->id3.album);
26     printf("Jahr     : %hd\n", song->id3.jahr);
27     printf("Kommentar : %s", song->id3.kommentar);
28     printf("Genere   : %s", song->id3.genere);
29     printf("Bitrate  : %hd\n", song->info.bitrate);
30     printf("Spielzeit : %hd\n", song->info.spielzeit);
31     printf("Abtastrate: %d\n", song->info.abtastrate);
32    printf("Version   : %s", song->info.version);
33  }

34  int main(void) {
35     Meta_t data;
36     printf("Titel    : ");
```

13 Fortgeschrittene Datentypen

```
37      fgets(data.id3.titel, 30, stdin);
38      printf("Künstler  : ");
39      fgets(data.id3.kuenstler, 30, stdin);
40      printf("Album     : ");
41      fgets(data.id3.album, 30, stdin);
42      printf("Jahr      : ");
43      do { scanf("%hd", &data.id3.jahr);
44      } while(getchar() != '\n');
45      printf("Kommentar : ");
46      fgets(data.id3.kommentar, 30, stdin);
47      printf("Genere    : ");
48      fgets(data.id3.genere, 30, stdin);
49      printf("Bitrate   : ");
50      do { scanf("%hd", &data.info.bitrate);
51      } while(getchar() != '\n');
52      printf("Dauer(sec): ");
53      do { scanf("%hd", &data.info.spielzeit);
54      } while(getchar() != '\n');
55      printf("Abtastrate: ");
56      do { scanf("%d", &data.info.abtastrate);
57      } while(getchar() != '\n');
58      printf("Version   : ");
59      fgets(data.info.version, 30, stdin);
60      // Ausgabe der Daten
61      output(&data);
62      return EXIT_SUCCESS;
63   }
```

In den Zeilen **(17)** bis **(20)** wurde die verschachtelte Struktur struct Meta_Info (alias Meta_t) mit den Strukturvariablen vom Typ Id3_t und Info_t deklariert. In Zeile **(35)** wird die Strukturvariable data mit dem Typ Meta_t angelegt, und in den Zeilen **(36)** bis **(59)** werden die einzelnen Werte an diese verschachtelte Strukturvariable übergeben. Um auch den Zugriff über Zeiger auf die einzelnen Strukturelemente zu demonstrieren, wurde die Anfangsadresse dieser Struktur in Zeile **(61)** an die Funktion output() (Zeilen **(21)** bis **(33)**) per call-by-reference übergeben.

Das Programm bei der Ausführung:

```
Titel     : Use Somebody
Künstler  : Kings Of Leon
Album     : Only By The Night
Jahr      : 2008
```

```
Kommentar :  Komponist: Nathan Followill
Genere    :  Alternative Rock
Bitrate   :  256
Dauer(sec):  231
Abtastrate:  44100
Version   :  MPEG-1, Layer 3


Titel      : Use Somebody
Künstler   : Kings Of Leon
Album      : Only By The Night
Jahr       : 2008
Kommentar  : Komponist: Nathan Followill
Genere     : Alternative Rock
Bitrate    : 256
Spielzeit  : 231
Abtastrate: 44100
Version    : MPEG-1, Layer 3
```

13.1.12 Zeiger in Strukturen

An dieser Stelle muss noch kurz auf Zeiger in Strukturen, ein etwas komplexeres Thema, eingegangen werden. Es ist nicht mit den Strukturzeigern zu verwechseln. Hierbei gilt, dass Zeiger in Strukturen ebenfalls lediglich wieder eine Anfangsadresse repräsentieren. Verwenden Sie dann noch einen Strukturzeiger als Zeiger in einer Struktur wie im folgenden Codeausschnitt mit info

```
typedef struct Id3_tag {
  char titel[30];
  char kuenstler[30];
  char album[30];
  short jahr;
  char kommentar[30];
  char genere[30];
  Info_t *info;     // Zeiger in Struktur
} Id3_t;
```

dann müssen Sie selbst dafür sorgen, dass Sie für die Struktur Info_t (alias struct Details) dynamisch Speicher zur Laufzeit reservieren. Bezogen auf das Listing listing004.c müssen Sie dann folgendermaßen vorgehen:

13 Fortgeschrittene Datentypen

```
Id3_t data;
...
data.info = malloc(sizeof(Info_t));
printf("Bitrate    : ");
do { scanf("%hd", &data.info->bitrate);
} while(getchar() != '\n');
...
```

Entsprechend erfolgt der Zugriff auf die einzelnen Strukturelemente mit dem Zeiger in der Struktur über den Pfeil-Operator, wie hier mit &data.info->bitrate demonstriert wurde. Der Zugriff von Strukturzeigern mit Zeigern in Strukturen erfolgt dann über zwei Pfeil-Operatoren (vorausgesetzt immer, es wurde Speicher reserviert). Bezogen auf das Listing listing004.c in der Funktion output() sieht das dann so aus:

```
void output(Id3_t *song) {
    ...
    printf("Bitrate    : %hd\n", song->info->bitrate);
    ...
}
```

Der Vorteil von solchen Zeigern in Strukturen, die ggf. selbst Strukturen sind, ist, dass sich hiermit Speicherplatz sparen lässt, weil diese zunächst nur die Größe eines typischen Zeigers benötigen. Wird bspw. diese verschachtelte Struktur, die ja als Zeiger in Struktur vorhanden ist, nicht benötigt, so wird auch weniger Speicherplatz benötigt. Nochmals bezogen auf das Listing listing004.c könnten Sie somit Folgendes deklarieren:

```
typedef struct Meta_Info {
    Id3_t *id3;
    Info_t *info;
} Meta_t;
...
Meta_t data;
```

Da hier die Struktur Meta_t die beiden Strukturen Id3_t und Info_t als Zeiger deklariert, belegt das Speicherobjekt data zunächst nur die Größe von zwei Zeigern. Das sind auf üblichen 32-Bit-Rechnern gerade mal acht Bytes (2 × 4 Bytes; abhängig von der Wortgröße der CPU). Bei der Version ohne Zeiger in der Struktur Meta_t benötigt data dann immerhin stolze 192 Bytes. Natürlich erhöht sich mit Zeigern in Strukturen auch die Komplexität des Programms, weil Sie sich zusätzlich noch um die Reservierung und Freigabe von Speicher kümmern müssen.

Außerdem können Sie mithilfe von Zeigern in Strukturen dynamische Elemente innerhalb von Strukturen verwenden, bei denen Sie noch nicht wissen, wie viel Speicherplatz diese benötigen (bspw. ein dynamisches Array innerhalb einer Struktur).

13.2 Union

Eine weitere Möglichkeit, Daten zu strukturieren, sind Unions (auch Varianten genannt). Abgesehen von einem anderen Schlüsselwort bestehen zwischen Unions und Strukturen keine syntaktischen Unterschiede. Der Unterschied liegt in der Art und Weise, wie mit dem Speicherplatz der Daten umgegangen wird. Die folgende Struktur belegt bspw. 36 Bytes im Speicher:

```
typedef struct variant {
  char cval[20];
  short sval;
  int ival;
  double dval;
} Variant_t;
```

Tauschen Sie jetzt das Schlüsselwort struct gegen union aus, benötigt die Struktur nur noch insgesamt 20 Bytes an Speicher:

```
typedef union variant {
  char cval[20];
  short sval;
  int ival;
  double dval;
} Variant_t;
```

Verursacht werden die 20 Bytes durch das größte Element in der Union, was hier das char-Array cval ist.

Der Unterschied zwischen einer Struktur und einer Union liegt darin, dass bei einer Struktur jedes Element einen eigenen Speicherplatz belegt. Bei einer Union hingegen hat jedes Element dieselbe Anfangsadresse. Daher kann eine Union nur ein Element gleichzeitig mit einer Strukturvariable (bzw. Union-Variable) belegen. Unions können sehr nützlich sein, wenn eine Speicherstelle auf verschiedene Arten genutzt werden soll.

13 Fortgeschrittene Datentypen

In der eben deklarierten Union kann somit entweder ein String, eine short-, eine int- oder eine double-Variable gespeichert werden. Der Zugriff auf die einzelnen Elemente erfolgt ebenso wie auf Strukturen mithilfe des Punkt-Operators, wenn es eine Union-Variable ist oder mit dem Pfeil-Operator, wenn es ein Union-Zeiger ist. Da Sie leider nicht ermitteln können, von welchem Datentyp eine Union gerade einen Wert speichert, müssen Sie sich selbst darum kümmern, dass der aktuelle Inhalt einer Union richtig verarbeitet wird.

Hierzu ein Beispiel:

```
00  // kap013/listing005.c
01  #include <stdio.h>
02  #include <stdlib.h>

03  typedef union variant {
04    char cval[20];
05    short sval;
06    int ival;
07    double dval;
08  } Variant_t;

09  int main(void) {
10    Variant_t var;
11    printf("Union = %d Bytes\n", sizeof(var));
12    var.dval=5.5f;
13    printf("%lf\n", var.dval);

14    printf("Eingabe machen: ");
15    // Element dval wird überschrieben
16    fgets(var.cval, 20, stdin);
17    printf("Die Eingabe lautet: %s\n", var.cval);
18    return EXIT_SUCCESS;
19  }
```

In den Zeilen **(03)** bis **(08)** wird die Union Variant_t deklariert, die entweder einen String, eine short-, eine int- oder eine double-Variable speichern kann. In Zeile **(10)** wird eine solche Union angelegt, und in der Zeile **(12)** wird ihr ein double-Wert zugewiesen. Das bestätigt die Ausgabe in der Zeile **(13)**. Dann werden Sie aufgefordert, einen String einzugeben. In Zeile **(16)** erhält die Union-Variable cval einen Wert. Wenn sich ein Union-Element ändert und ein anderes Element bereits mit einem Wert versehen war, wird dieses Element überschrieben. Ein erneuter Zugriff auf die Variable `dval` nach Zeile **(16)** ist zwar möglich, liefert aber einen undefinierten Wert zurück.

Natürlich können Sie mit dem Schlüsselwort `union` auch ein Array von Unions realisieren. Der Zugriff und die Initialisierung erfolgen genau so, wie ich es bei den Strukturen bereits beschrieben habe:

```
// Ein Array mit 100 Elementen vom Typ union variant
union variant varArray[100];
```

Speicherplatz einsparen

Unions sind sehr nützlich, um Speicherplatz einzusparen und Programme flexibler einzusetzen. Nehmen wir an, Sie haben eine Struktur für ID3-Tags mit der Version 1.1 und eine für die Version 2.3 erstellt. Um jetzt möglichst flexibel zu bleiben und nicht für jede Strukturvariable gleich Speicher für beide Versionen zu reservieren, können Sie eine Union verwenden, die entweder nur Speicher für die Version 1.1 oder für die Version 2.3 bereithält. Hier ein Beispiel einer solchen Union:

```
typedef struct Id3_v1_1 {
  // Verschiedene Strukturelemente
} Id3_V1_t;

typedef struct Id3_v2_3 {
  // Verschiedene Strukturelemente
} Id3_V2_t;

typedef union Id3_tag {
  Id3_V1_t id3_old;
  Id3_V2_t id3_new;
} Id3_t;
```

In diesem Fall kann unser Programm sowohl mit der Version 1.1 des ID3-Tags oder mit der Version 2.3 umgehen. Beide zusammen werden in diesem Fall nie benötigt. Neben der Speicherplatzeinsparung haben Sie durch eine bessere Kompatibilität gleich zwei Fliegen mit einer Klappe geschlagen.

Überlagerungstechnik

Mit Unions können Sie außerdem den Speicherinhalt von Elementen unterschiedlich präsentieren. Im folgenden Beispiel wird bspw. die Speicherbelegung eines `double`-Inhalts angezeigt:

```
00  // kap013/listing006.c
01  #include <stdio.h>
02  #include <stdlib.h>
03  typedef unsigned char byte;

04  typedef union variant {
05    char cval[20];
06    double dval;
07  } Variant_t;

08  int main(void) {
09    Variant_t var;
10    int i;

11    var.dval=1234.1234;
12    printf("Speicherbelegung von %lf: ",var.dval);
13    for( i=sizeof(double)-1; i>=0; i--) {
14      printf("%02x ",(byte)var.cval[i]);
15    }
16    printf("\n");
17    return EXIT_SUCCESS;
18  }
```

In der Schleife der Zeile **(13)** wird i die Größe eines double-Typs minus 1 zugewiesen. Damit wird praktisch mit dem höchsten Byte des double-Wertes angefangen. In Zeile **(14)** wird jetzt der Inhalt Byte für Byte auf dem Bildschirm ausgegeben. Für eine bessere Nachvollziehbarkeit wurde in Zeile **(03)** eine typedef für unsigned char als byte gemacht.

Unions initialisieren

Wenn Sie eine Union initialisieren, erlaubt ANSI C nur einen Initialisierer. Standardmäßig bedeutet das, dass immer das erste Element der Union initialisiert wird:

```
union 2_D {
  float x;
  float y;
};
// coordinate.x hat den Wert 123.22
union 2_D coordinate = { 40.5 };
```

Haben Sie eine Union bereits initialisiert, und weisen Sie einem anderen Union-Element einen Wert zu, wird der Wert des anderen Union-Elements überschrieben:

```
union 2_D {
  float x;
  float y;
};
...
union 2_D coordinate;
coordinate.x = 20.1;
...
coordinate.y = 40.9; // Element x wird hier überschrieben
```

Laut C99-Standard können Sie bei den Unions ebenfalls den Elementebezeichner verwenden; mit diesem legen Sie fest, welches Element in der Union initialisiert werden soll:

```
union 2_D {
  float x;
  float y;
};
...
union 2_D coordinate = { .y = 99.9 };
```

Beim Zuweisen eines vorhandenen und initialisierten Union-Objekts an ein anderes wird das neue Union-Objekt mit demselben Typ initialisiert:

```
// wird mit dem vorhandenen Objekt desselben
// Typs initialisiert
union 2_D coordinate2 = coordinate;
```

13.3 Bitfelder

Als Bitfelder können einzelne Elemente einer Struktur oder einer Union deklariert werden. Das heißt, dass diese Elemente aus einer ganzzahligen Variable bestehen, die wiederum aus einer bestimmten Anzahl Bits bestehen. Damit können Sie quasi Bit für Bit innerhalb eines Bytes verarbeiten. Das hat gegenüber den Bit-Operationen den Vorteil, dass auf diese Bitfelder wie auf gewöhnliche Strukturelemente (bzw. Union-Elemente) zugegriffen wird. In der Praxis werden Bitfelder vorwiegend aus folgenden zwei Gründen verwendet:

13 Fortgeschrittene Datentypen

- Einsparung von Speicherplatz. Dies macht vor allem bei eingebetteten Systemen (Embedded Systems) noch Sinn, weil hier nicht unendlich Arbeitsspeicher zur Verfügung steht.
- Zugriff auf die Hardware bzw. Peripherie eines Controllers. Hier sind die einzelnen Funktionen gewöhnlich bitweise in den Registern kodiert.

Die Deklaration eines Bitfeldes als Struktur- oder Union-Element hat folgende Syntax:

```
Typ Elementname : Breite;
```

Für `Typ` muss ein ganzzahliger Datentyp verwendet werden. Erlaubt sind `char`, `short`, `int` und `long` (als `signed` und `unsigned`) sowie `_Bool`. Mit dem Bezeichner `Elementname` können Sie wie bei einer Struktur auf dieses Element zugreifen. Bei Bitfeldern ist dieser `Elementname` allerdings auch optional. Es kann also ein namenloses Bitfeld verwendet werden, mit dem Sie ein Bitfeld auf eine bestimmte Position im Rechenwort auffüllen. Mit `Breite` geben Sie die Anzahl der Bits an, die das Bitfeld im Speicher belegen soll. Hierbei muss ein ganzzahliger konstanter Ausdruck verwendet werden, dessen Wert nicht negativ sein darf.

Als Beispiel soll folgende Struktur verwendet werden, die Daten aus Zeit und Datum enthält:

```
typedef struct zeit {
  unsigned char stunde;
  unsigned char minute;
  unsigned char tag;
  unsigned char monat;
  unsigned int jahr;
  unsigned char sommerzeit;
} Zeit_t;
```

Insgesamt benötigt die Struktur 12 Bytes (= 96 Bits). Den Speicher können Sie jetzt mit Bitfeldern komprimieren. Hierbei müssen Sie natürlich darauf achten, dass der Wertebereich noch in das Bitfeld passt. Sie können also für die Minuten kein Bitfeld von fünf Bits verwenden, weil nur maximal ein Wert von 32 gespeichert werden könnte (2^5 = 32). Sie benötigen also ein Bitfeld mit mindestens sechs Bits (2^6 = 64). Hierzu nun erneut die Struktur mit den passenden Bitfeldern:

```
typedef struct zeit {
  unsigned char stunde:6;
  unsigned char minute:5;
```

```
  unsigned char tag:5;
  unsigned char monat:4;
  unsigned int jahr:11;
  unsigned char sommerzeit:1;
} Zeit_t;
```

Der Speicherplatz wurde von immerhin 12 auf acht Bytes reduziert. An dieser Stelle werden Sie sich wohl fragen, warum auf acht Bytes (=64 Bits) reduziert wurde, da durch das Zusammenzählen der einzelnen Bits doch eigentlich 32 Bits verwendet werden. Das liegt daran, dass der Compiler für ein Bitfeld immer einen ausreichend großen adressierbaren Speicher reserviert. Das ist üblicherweise ein Rechnerwort. In der Praxis ist ein Rechnerwort immer `sizeof(int)`. In unserem Beispiel reicht der Speicherplatz für vier Bytes (0 bis 31 Bit) nicht aus, und es wird ein weiteres Rechnerwort verwendet. Das bedeutet in diesem Fall, dass der größte Teil der vier Bytes verschenkter Speicherplatz ist.

> **Attribute von Strukturen ändern**
>
> Damit Sie schneller auf Daten im Speicher zugreifen können, werden diese in Rechnerworten, also in `sizeof(int)`-teilbare Adressen, aufgeteilt. Es wird dabei in Kauf genommen, dass dabei Lücken zwischen den Elementen entstehen, weil die Vorteile des `sizeof(int)`-Alignment überwiegen. Trotzdem enthalten viele Compiler Funktionen, mit denen diese Lücken entfernt werden können. Damit sind dann auch krumme Speicherplatzbelegungen wie drei Bytes, fünf Bytes usw. möglich. Allerdings sollten Sie sich darüber im Klaren sein, dass das Eingreifen zwar Speicherplatz einspart, aber die Performance des Programms einbremst. Außerdem ist das Ganze weder ANSI-C-konform noch portabel.

Das folgende Beispiel demonstriert den Zugriff auf die einzelnen Elemente der Bitfelder, was im Grunde genommen dem Zugriff auf Struktur- bzw. Union-Elemente entspricht:

```
00  // kap013/listing007.c
01  #include <stdio.h>
02  #include <stdlib.h>

03  typedef struct zeit {
04    unsigned char stunde:6;
05    unsigned char minute:5;
```

```
06    unsigned char tag:5;
07    unsigned char monat:4;
08    unsigned int jahr:11;
09    unsigned char sommerzeit:1;
10  } Zeit_t;

11  void zeit(Zeit_t *z) {
12    printf("%02d:%02d Uhr\n",z->stunde,z->minute);
13  }

14  void datum(Zeit_t *d) {
15    printf("%02d.%02d.%04d\n",d->tag,d->monat,d->jahr);
16  }

17  int main(void) {
18    Zeit_t z1;
19    Zeit_t z2 = { 17, 22, 17, 6, 2010, 1 };

20    z1.stunde = 19;
21    z1.minute = 01;
22    z1.tag    = 18;
23    z1.monat  = 6;
24    z1.jahr   = 2010;
25    z1.sommerzeit = 1;
26    zeit(&z1);
27    datum(&z2);
28    return EXIT_SUCCESS;
29  }
```

Das Programm entspricht einem typischen Strukturbeispiel und sieht bei der Ausführung folgendermaßen aus:

```
19:01 Uhr
17.06.2010
```

Zum Schluss sei noch auf einige Einschränkungen hingewiesen, die Sie bei Bitfeldern hinnehmen müssen:

- Bitfeldelemente können keine adressierbare Speicherstelle belegen. Aufgrund dieser Einschränkung können Sie ...
    - ... den Adressoperator & nicht auf einzelne Bitfeldelemente anwenden.
    - ... ein Bitfeld nicht mithilfe von scanf() direkt einlesen.

- ... kein Array von Bitfeldelementen verwenden.
- ... nicht das `offsetof`-Makro verwenden.
- Die Anordnung der einzelnen Bits in einem Bitfeld ist nicht vorgeschrieben. Der Standard schreibt nicht vor, dass das erste Bit im Bitfeld auch das niedrigste Bit im Speicher ist.

13.4 Das offsetof-Makro

Wenn Sie den Abstand eines Strukturelements von der Anfangsadresse in Bytes benötigen, können Sie das `offsetof`-Makro verwenden, das in der Headerdatei <stddef.h> definiert ist. Aufgerufen wird das Makro mit dem Strukturtyp und dem Namen des Elements:

```
offsetof( Strukturtyp, Element )
```

Im folgenden Codeausschnitt wird der Abstand zwischen der Anfangsadresse der Struktur `Id3_t` (alias `struct Id3_tag`) und dem Strukturelement `album` in Bytes zurückgegeben:

```c
typedef struct Id3_tag {
  char titel[30];
  char kuenstler[30];
  char album[30];
  short jahr;
  char kommentar[30];
  char genere[30];
} Id3_t;
...
int abstand = offsetof(Id3_t, album);
printf("Abstand zu \"album\": %d Bytes\n", abstand);
```

13.5 Der Aufzählungstyp »enum«

Mit der `enum`-Aufzählung können Sie Namen für ganzzahlige Datentypen definieren, die Sie mit diesem Namen dann verwenden können. Hier ein Beispiel:

```c
enum religion { rk, evang, islam, bud, sonstige };
```

Der Bezeichner der Aufzählung lautet `religion`. Die Aufzählungskonstanten sind `rk` (für römisch-katholisch) `evang` (für evangelisch), `islam`, `bud` (für buddhistisch) und `sonstige`. Alle Aufzählungskonstanten sind vom Datentyp

13 Fortgeschrittene Datentypen

int und können überall dort eingesetzt werden, wo auch ein int verwendet wird. Solche Aufzählungskonstanten werden gerne bei den case-Konstanten innerhalb einer switch-Anweisung verwendet.

Intern beginnen diese Wert mit der ersten Aufzählungskonstante bei 0, wenn nicht anders vorgegeben, und werden jeweils um den Wert 1 gegenüber dem Vorgänger erhöht, wenn auch hier nichts anderes vorgegeben ist. Somit ist im Beispiel rk gleich 0, evang gleich 1, islam gleich 2, bud gleich 3 und sonstige gleich dem Wert 4. Verwenden Sie enum hingegen wie folgt

```
enum religion { rk=1, evang, islam, bud=24, sonstige };
```

hat rk den Wert 1, evang ist gleich 2, und islam ist 3. Der Wert für bud lautet jetzt 24, und für sonstige erhöht sich der Wert ebenfalls wieder um 1 vom Vorgänger. Er ist somit automatisch 25.

Es spricht nichts dagegen, enum-Konstanten mit demselben Wert zu definieren. Hier ein Beispiel:

```
enum zustand { READ, WRITE, LESEN=0, SCHREIBEN=1 };
```

Hier haben READ und LESEN jeweils den Wert 0 und WRITE und SCHREIBEN den Wert 1.

Sicher fragen Sie sich jetzt, wo der Vorteil ist, den Aufzählungstyp enum

```
enum wochentag{ MO=1, DI, MI, DO, FR, SA, SO };
```

statt define zu verwenden:

```
#define MO 1
#define DI 2
#define MI 3
#define DO 4
...
```

Beide Varianten lassen sich äquivalent in einem Programm verwenden. Die enum-Variante hat allerdings den Vorteil, dass enum-Werte im Debugger symbolisch dargestellt werden können, vorausgesetzt Sie haben einen Bezeichner bzw. Namen für die enum-Aufzählung verwendet.

enum kann innerhalb eines Geltungsbereiches als Deklaration wie folgt verwendet werden:

```
enum wochentag tag1 = MO, tag2 = FR;
// Oder in einer Funktion:
void setDate( enum wochentag tag );
```

13.6 Eigene Typen mit »typedef«

Bei den Strukturen wurde bereits kurz gezeigt, wie Sie aus komplexeren Namen bzw. Typen etwas einfachere und vor allem übersichtliche Synonyme erstellen können. Ein mit typedef erstelltes Synonym können Sie nach wie vor mit dem umständlicheren Namen verwenden. Hier ein Beispiel:

```
typedef unsigned char Byte_t;
Byte_t byte;     // gleich wie: unsigned char byte;
Byte_t *bytePtr; // gleich wie: unsigned char *bytePtr;
```

Mithilfe von typedef haben Sie ein Synonym für unsigned char erstellt. Anstatt unsigned char können Sie jetzt bspw. auch eine Variable mit dem typedef-Namen Byte_t deklarieren. Im Geltungsbereich der typedef-Deklaration ist Byte_t damit gleichbedeutend mit dem Typ unsigned char. Weitere gängige Beispiele dazu sind:

```
typedef unsigned char* BytePtr_t;
typedef int Word;
```

Auch die Standard-Bibliothek macht regen Gebrauch von typedef und sogenannten primitiven Datentypen, damit sie möglichst portabel bleibt. So ist bspw. in der Headerdatei <time.h> der primitive Datentyp uclock_t wie folgt definiert:

```
typedef long uclock_t;
```

Auf einem anderen System kann die Deklaration auch folgendermaßen aussehen:

```
typedef unsigned int uclock_t;
```

Der Vorteil ist offensichtlich: Bei der Verwendung von uclock_t müssen Sie sich über die Portierung auf andere Systeme keine Gedanken machen. Sie verwenden einfach uclock_t, und den Rest übernimmt der Standard für Sie.

typedef kann auch für komplexere Datentypen wie Arrays verwendet werden. Hier ein Beispiel:

```
typedef int Wochen[52];
...
// int-Array mit 52 Elementen
Wochen jahr2010;
// Zugriff wie gewöhnlich:
jahr2010[0] = 1234;
jahr2010[1] = 2345;
...
```

```
// Es geht noch komplexer:
Wochen jahr2010_Abteilung[4];  // = jahr2010_Abteilung[52][4]
Wochen *jahrPtr;               // = (*jahrPtr)[52]
```

Natürlich muss hinzugefügt werden, dass mit typedef das Programm nicht etwa besser oder schneller wird. Vielmehr ist es eine Hilfe, komplexe Speicherobjekte mit einem einfacheren Synonym bei der Entwicklung zu verwenden. Auch bei der Portierung auf andere Systeme kann typedef das Leben erheblich vereinfachen.

13.7 Aufgaben

Im Großen und Ganzen ist das Thema Strukturen nicht allzu komplex, aber zugegebenermaßen doch sehr umfangreich. Trotzdem ist das Wichtigste hier erläutert worden. Mithilfe der folgenden Tests können Sie ermitteln, wie viel Sie in diesem Kapitel verstanden haben.

13.7.1 Level 1

1. Erklären Sie kurz und bündig, was Strukturen sind.
2. Was sind Unions, und worin unterscheiden sich diese von den Strukturen?
3. Was sind Bitfelder?

13.7.2 Level 2

1. Warum lässt sich im folgenden Codeausschnitt die Strukturvariable artikel1 in der Zeile **(06)** nicht erstellen? Was können Sie tun, dass Sie Zeile **(06)** trotzdem so verwenden können?

   ```
   01  struct Artikel {
   02     char schlagzeile[255];
   03     int seite;
   04     int ausgabe;
   05  };
   ...
   06  Artikel artikel1;   // Geht nicht
   ```

2. Das folgende Listing enthält einige klassische Zugriffsfehler auf Strukturelemente. Ermitteln Sie diese und bringen Sie das Programm zum Laufen.

```
00  // kap013/aufgabe001.c
01  #include <stdio.h>
02  #include <stdlib.h>
03  #include <string.h>

04  typedef struct artikel{
05    char schlagzeile[255];
06    int seite;
07    int ausgabe;
08  } Artikel;

09  void output( Artikel *a ) {
10    printf("%s\n", a->schlagzeile);
11    printf("%d\n", a->seite);
12    printf("%d\n\n", a->ausgabe);
13  }

14  int main(void) {
15    Artikel art1 = {244, "Die Schlagzeile schlechthin", 33};
16    Artikel *art2;
17    Artikel artArr[2];

18    strncpy( art2->schlagzeile, "Eine Schlagzeile", 255);
19    art2->seite = 212;
20    art2->ausgabe = 43;

21    strncpy( artArr.schlagzeile[0], "Noch eine", 255);
22    artArr.seite[0] = 266;
23    artArr.ausgabe[0] = 67;

24    output( &art1 );
25    output( art2 );
26    output( &artArr[0] );
27    return EXIT_SUCCESS;
28  }
```

13.7.3 Level 3

Da es keinen direkten und portablen Weg gibt, zwei Strukturen mit dem ==-Operator zu vergleichen, erstellen Sie eine Funktion, die zwei Strukturvariablen auf Gleichheit hin überprüft. Folgende Struktur und folgende Strukturvariablen seien hierfür gegeben:

13 Fortgeschrittene Datentypen

```c
typedef struct artikel {
  char schlagzeile[255];
  int seite;
  int ausgabe;
} Artikel;

Artikel art1 = { "Die Schlagzeile schlechthin", 244, 33 };
Artikel art2 = { "Die Schlagzeile schlechthin", 244, 33 };
Artikel art3 = { "Die Schlagzeile_schlechthin", 244, 33 };
```

14 Dynamische Datenstrukturen

Mit den Kenntnissen zur dynamischen Speicherverwaltung (Kapitel 12) und den Strukturen (Kapitel 13) haben Sie die Grundlagen für dynamische Datenstrukturen wie verkettete Listen oder binäre Bäume geschaffen. Der Vorteil solcher Listen ist, dass hiermit wesentlich schneller Elemente eingefügt oder nicht mehr benötigte Elemente gelöscht werden können. Dies ist bspw. auch mit Arrays möglich, weil Listen nicht nacheinander angelegt sein müssen und somit nur neue Verweise gesetzt werden. Außerdem wird immer nur so viel Speicher verwendet, wie Elemente in der Liste vorhanden sind. Auch das Sortieren ist mit Listen wesentlich schneller zu realisieren als mit Arrays. Muss dann auch noch die Suche extra schnell sein, greift man zu den binären Bäumen, die im Grunde wiederum nur eine andere Form von Listen darstellen.

> **Mehr davon ...?**
>
> Da es sich bei diesem Buch um ein Taschenbuch und nicht um ein Kompendium handelt, wird das Thema nur grundlegend anhand einer einfachen verketteten Liste beschrieben. Wesentlich umfassender (u.a. auch mit binären Bäumen, Stacks, Queues und noch viel mehr) werden die fortgeschrittenen Themen in dem extra dicken Buch »C von A bis Z« (über 1100 Seiten geballtes Wissen zu C) beschrieben, das ebenfalls bei Galileo Press erschienen ist.

14.1 Verkettete Liste

Verkettete Listen sind nichts anderes als gewöhnliche Strukturen mit einem Strukturzeiger vom selben Typ, wie es die Struktur selbst ist. Damit kann der Zeiger innerhalb dieser Struktur die Adresse einer anderen Struktur vom selben Typ speichern. Da jede Struktur einen solchen Strukturzeiger enthält, können Sie so eine Struktur nach der anderen aneinanderhängen. Ein Beispiel hierzu:

```
struct Id3_tag {
  char titel[30];
  char kuenstler[30];
  char album[30];
  short jahr;
```

```
char kommentar[30];
char genere[30];
struct Id3_tag *next;
};
```

Das Besondere an diesem Zeiger ist, dass er ein Zeiger auf eine Adresse ist, die denselben Typ wie die Struktur selbst (struct Id3_tag) beinhaltet. Mit diesem Zeiger können somit einzelne Strukturen miteinander verkettet werden. Der next-Zeiger verweist immer auf die Adresse des nächsten Elements, das wiederum eine Struktur mit denselben Elementen und ebenfalls wieder einen weiteren Zeiger beinhaltet. Zudem wird noch ein Ende für die Kette benötigt. Dazu kann man dem letzten next-Zeiger bspw. den NULL-Zeiger zuweisen oder ebenfalls einen speziellen Dummy-Ende-Zeiger dafür anlegen. Auf jeden Fall sollten Sie einen speziellen Zeiger verwenden, der immer auf das erste Element verweist, um nicht den »Faden« bzw. den Anfang der Kette zu verlieren.

Sie sollten wissen, dass für jedes neue Element in der Liste, das Sie hinzufügen, auch ein Speicherplatz vorhanden sein muss. In der Praxis wird für jedes neue Element mittels malloc() ein Speicher vom Heap angefordert. Beim Löschen eines Elements in der Liste müssen Sie darauf achten, dass Sie den Speicher wieder an das System zurückgeben und die Liste nicht abreißen lassen. Achten Sie ganz besonders darauf, dass die Zeiger richtig miteinander »verkettet« sind. Nichts ist schlimmer als ein ins Nirwana zeigender Zeiger bei einer verketteten Liste mit vielen Daten. Meistens können Sie dann nicht mehr auf diese Daten zugreifen.

Jedes Element in der Liste wird als **Knoten** (engl. *node*) bezeichnet. Ein solcher Knoten enthält die eigentlichen Daten und einen Zeiger auf seinen Nachfolger.

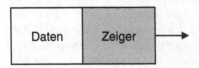

Abbildung 14.1 Ein Listenelement mit seinen Daten und einem Zeiger auf seinen Nachfolger wird als Knoten bezeichnet.

14.1 Verkettete Liste

> **Vereinfachtes Beispiel im Buch**
>
> Damit der Buchumfang wegen der Listings zu den verketteten Listen nicht ins Unermessliche wächst, wurde eine sehr einfache Datenstruktur mit nur einer Ganzzahl und dem Zeiger auf das nächste Element zur Demonstration verwendet.

Nachfolgend sehen Sie ein etwas umfangreicheres Beispiel, das aber auf die nötigsten Funktionen beschränkt wurde. Die einzelnen Funktionen werden anschließend noch genauer erläutert.

```
00  // kap014/listing001.c
01  #include <stdio.h>
02  #include <stdlib.h>

03  struct knoten {
04    int wert;
05    struct knoten *next;
06  };

07  typedef struct knoten Knoten_t;
08  typedef struct knoten* KnotenPtr_t;
09  KnotenPtr_t anfang = NULL;

10  void einfuegenKnoten( KnotenPtr_t neu ) {
11    KnotenPtr_t hilfZeiger;
12    if( anfang == NULL ) {
13      anfang = neu;
14      neu->next = NULL;
15    }
16    else {
17      hilfZeiger = anfang;
18      while(hilfZeiger->next != NULL) {
19        hilfZeiger = hilfZeiger->next;
20      }
21      hilfZeiger->next = neu;
22      neu->next = NULL;
23    }
24  }

25  void neuerKnoten( void ) {
26    KnotenPtr_t neu = malloc(sizeof(Knoten_t));
```

14 Dynamische Datenstrukturen

```c
27    if( neu == NULL ) {
28      printf("Kein Speicher vorhanden!?\n");
29      return;
30    }
31    printf("Wert für Knoten eingeben: ");
32    do { scanf("%d", &neu->wert);
33    } while( getchar() != '\n');
34    einfuegenKnoten( neu );
35  }

36  void loescheKnoten( int val ) {
37    KnotenPtr_t hilfZeiger1;
38    KnotenPtr_t hilfZeiger2;

39    if( anfang != NULL ) {
40      if( anfang->wert == val ) {
41        hilfZeiger1 = anfang->next;
42        free(anfang);
43        anfang = hilfZeiger1;
44      }
45      else {
46        hilfZeiger1 = anfang;
47        while( hilfZeiger1->next != NULL ) {
48          hilfZeiger2 = hilfZeiger1->next;
49          if( hilfZeiger2->wert == val ) {
50            hilfZeiger1->next = hilfZeiger2->next;
51            free(hilfZeiger2);
52            break;
53          }
54          hilfZeiger1 = hilfZeiger2;
55        } // Ende while
56      } // Ende else
57    } // Ende if
58  }

59  void knotenAuflisten( void ) {
60    KnotenPtr_t hilfZeiger = anfang;
61    while( hilfZeiger != NULL ) {
62      printf("%d\n", hilfZeiger->wert);
63      hilfZeiger = hilfZeiger->next;
64    }
65  }
```

14.1 Verkettete Liste

```
66  int main(void) {
67    int wahl, val;
68    do {
69      printf(" -1- Neues Element hinzufügen\n");
70      printf(" -2- Element löschen\n");
71      printf(" -3- Alle Elemente auflisten\n");
72      printf(" -0- Programmende\n");
73      printf(" Ihre Auswahl : ");
74      scanf("%d", &wahl);
75      switch( wahl ) {
76        case 1 : neuerKnoten(); break;
77        case 2 : printf("Wert zum Löschen : ");
78                 scanf("%d", &val);
79                 loescheKnoten( val );
80                 break;
81        case 3 : knotenAuflisten(); break;
82      }
83    }while( wahl != 0 );
84    return EXIT_SUCCESS;
85  }
```

Das Programm bei der Ausführung:

```
 -1- Neues Element hinzufügen
 -2- Element löschen
 -3- Alle Elemente auflisten
 -0- Programmende
 Ihre Auswahl : 1
Wert für Knoten eingeben: 6789
 -1- Neues Element hinzufügen
 -2- Element löschen
 -3- Alle Elemente auflisten
 -0- Programmende
 Ihre Auswahl : 3
1234
2345
4567
6789
 -1- Neues Element hinzufügen
 -2- Element löschen
 -3- Alle Elemente auflisten
 -0- Programmende
```

Ihre Auswahl : **2**
Wert zum Löschen : **2345**
 -1- Neues Element hinzufügen
 -2- Element löschen
 -3- Alle Elemente auflisten
 -0- Programmende
 Ihre Auswahl : **3**
1234
4567
6789

14.1.1 Neues Element in der Liste einfügen

Die grundlegende Operation auf verketteten Listen dürfte das Hinzufügen neuer Elemente sein. In unserem Listing wird diese Operation mit den Zeilen **(10)** bis **(35)** durchgeführt:

```
10  void einfuegenKnoten( KnotenPtr_t neu ) {
11    KnotenPtr_t hilfZeiger;
12    if( anfang == NULL ) {
13      anfang = neu;
14      neu->next = NULL;
15    }
16    else {
17      hilfZeiger = anfang;
18      while(hilfZeiger->next != NULL) {
19        hilfZeiger = hilfZeiger->next;
20      }
21      hilfZeiger->next = neu;
22      neu->next = NULL;
23    }
24  }

25  void neuerKnoten( void ) {
26    KnotenPtr_t neu = malloc(sizeof(Knoten_t));
27    if( neu == NULL ) {
28      printf("Kein Speicher vorhanden!?\n");
29      return;
30    }
31    printf("Wert für Knoten eingeben: ");
32    do { scanf("%d", &neu->wert);
33    } while( getchar() != '\n');
```

```
34      einfuegenKnoten( neu );
35  }
```

Legen Sie zuerst einen neuen Knoten dynamisch zur Laufzeit an. Den neuen Knoten legen wir im Listing in den Zeilen **(25)** bis **(35)** an. In Zeile **(26)** wird ein Speicher vom Heap für das neue Element angefordert, und anschließend werden auch gleich die Werte, in unserem Fall nur ein Wert, für das Strukturelement eingelesen. In Zeile **(34)** soll der fertige Knoten zur Liste hinzugefügt werden. Hierbei wird die Adresse des Knotens an die Funktion einfuegenKnoten() übergeben, welche in den Zeilen **(10)** bis **(24)** aufgeführt ist.

In Zeile **(12)** wird zunächst überprüft, ob überhaupt ein Element in der Liste vorhanden ist. Der Strukturzeiger anfang wurde am Anfang des Programms mit dem NULL-Zeiger belegt. Hat anfang immer noch den NULL-Zeiger, handelt es sich um den ersten Knoten in der Liste, der hinzugefügt werden soll. Daher bekommt der Zeiger anfang die Adresse des neuen Knotens (Zeile **(13)**), und der Zeiger des Knotens bekommt jetzt den NULL-Zeiger.

Abbildung 14.2 Der erste Knoten mit dem Wert 1234 wurde hier zu dem Beispiel in der Liste hinzugefügt.

Handelte es sich nicht um das erste Element, das hinzugefügt werden soll, durchlaufen Sie in den Zeilen **(16)** bis **(23)** die komplette verkettete Liste, bis Sie am Ende angekommen sind. Genaugenommen wird dies in der while-Schleife in den Zeilen **(18)** bis **(20)** gemacht. Ein hilfZeiger wird so lange auf das nächste Element gesetzt, bis das nächste Element ein NULL-Zeiger ist. Erst dann bekommt das nächste Element, das zuvor noch den NULL-Zeiger enthielt, in Zeile **(21)** die Adresse des neuen Knotens. Der next-Zeiger des neuen Knotens bekommt anschließend den NULL-Zeiger.

> **Tipp: Zeiger auf den letzten Knoten**
>
> An dieser Stelle muss angemerkt werden, dass ein Zeiger auf den letzten Knoten erheblich sinnvoller wäre, wenn Sie bei einer verketteten Liste das Element immer nur hinten anhängen.

14 Dynamische Datenstrukturen

In unserem Beispiel wurde das letztendlich auch so getan. Damit ersparen Sie sich das ständige Durchlaufen aller Knoten. Allerdings hilft Ihnen das Durchlaufen der einzelnen Knoten zum besseren Verständnis, wenn Sie bei den Aufgaben anschließend den neuen Knoten sortiert eingeben sollen. Alternativ können neue Elemente auch sofort immer am Anfang der Liste eingefügt werden. Das minimiert den Zeigeraufwand noch mehr.

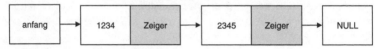

Abbildung 14.3 Ein weiteres Element (hier mit dem Wert 2345) wurde zur verketteten Liste hinzugefügt.

14.1.2 Element ausgeben (und suchen)

Das Ausgeben aller Elemente ist ein Kinderspiel. Hierbei müssen Sie lediglich vom ersten Knoten bis zum letzten Knoten alle durchlaufen. Die Funktion wurde mit den Zeilen **(59)** bis **(65)** definiert:

```
59  void knotenAuflisten( void ) {
60    KnotenPtr_t hilfZeiger = anfang;
61    while( hilfZeiger != NULL ) {
62      printf("%d\n", hilfZeiger->wert);
63      hilfZeiger = hilfZeiger->next;
64    }
65  }
```

Wichtig dabei ist, dass Sie einen Hilfszeiger verwenden und die einzelnen Knoten nicht über den anfang-Zeiger durchlaufen. Machen Sie das, ist die Liste für immer verloren. Der Hilfszeiger durchläuft in einer Schleife Knoten für Knoten, bis er auf den NULL-Zeiger und somit auf das Ende der Liste stößt. Ähnlich wie diese Funktion ist auch die Suchfunktion aufgebaut, die Sie am Ende des Kapitels als Aufgabe erstellen sollen. Hierbei müssen Sie zusätzlich noch Knoten für Knoten überprüfen, ob das gesuchte Element gefunden wurde.

14.1.3   Element aus der Liste entfernen

Das Löschen eines Knotens ist etwas schwieriger. Die Funktion wurde in den Zeilen **(36)** bis **(58)** definiert. Dort wurde der zu löschende Wert als Funktionsparameter mit übergeben:

```
36  void loescheKnoten( int val ) {
37    KnotenPtr_t hilfZeiger1;
38    KnotenPtr_t hilfZeiger2;

39    if( anfang != NULL ) {
40      if( anfang->wert == val ) {
41        hilfZeiger1 = anfang->next;
42        free(anfang);
43        anfang = hilfZeiger1;
44      }
45      else {
46        hilfZeiger1 = anfang;
47        while( hilfZeiger1->next != NULL ) {
48          hilfZeiger2 = hilfZeiger1->next;
49          if( hilfZeiger2->wert == val ) {
50            hilfZeiger1->next = hilfZeiger2->next;
51            free(hilfZeiger2);
52            break;
53          }
54          hilfZeiger1 = hilfZeiger2;
55        } // Ende while
56      } // Ende else
57    } // Ende if
58  }
```

Überprüfen Sie zunächst in Zeile **(39)**, ob überhaupt ein Knoten in der Liste vorhanden ist. Ist dem nicht so, macht diese Funktion nichts, weil der nachfolgende Anweisungsblock nicht ausgeführt wird.

Erstes Element in der Liste löschen

Überprüfen Sie nun, ob es der erste Knoten in der Liste ist, der das gesuchte Element enthält und der gelöscht werden soll. Dieser Fall wird in den Zeilen **(40)** bis **(44)** behandelt. Jetzt müssen Sie in Zeile **(40)** überprüfen, ob das erste Element den Wert enthält, den Sie aus der Liste entfernen wollen. Ist dies der Fall, bekommt hilfZeiger1 die Adresse von dem nächsten Element, auf das anfang verweist (Zeile **(41)**:

14 Dynamische Datenstrukturen

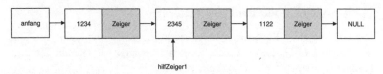

Abbildung 14.4 Das erste Element ist das gesuchte, daher verweist »hilfZeiger1« zunächst auf das nachfolgende Element.

Mit dem `hilfZeiger1` haben Sie den künftig neuen Anfang der Liste gesichert. Nun können Sie den alten `anfang` mit `free()` in Zeile **(42)** löschen:

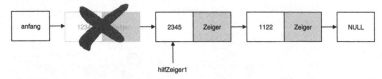

Abbildung 14.5 Der Speicher für das erste Element wurde freigegeben.

Zum Schluss müssen Sie dem Zeiger `anfang` die Adresse des neuen Anfangs in der Liste übergeben, den Sie zuvor in Zeile **(41)** gesichert haben. In Zeile **(43)** bekommt der Zeiger `anfang` die Adresse von `hilfZeiger1`, und die Löschung des ersten Elements ist komplett:

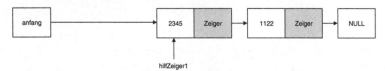

Abbildung 14.6 Der Zeiger »anfang« verweist auf das neue erste Element in der Liste.

Beliebiges Element in der Liste löschen

Sie können aber auch ein beliebiges Element in der Liste zu löschen, sofern es nicht das erste ist. Dies wird im Code in den Zeilen **(45)** bis **(56)** ausgeführt. Auch hier lassen Sie `hilfZeiger1` zunächst in Zeile **(46)** auf den Anfang der Liste verweisen. Anschließend wird der Code zwischen den Zeilen **(47)** bis **(55)** ausgeführt. Die while-Schleife der Zeile **(47)** wird so lange durchlaufen, bis das nächste Element, auf das `hilfZeiger1` verweist, der

NULL-Zeiger und somit das Ende der Liste ist. Das bedeutet, dass das Element nicht in der Liste vorhanden ist. In der Schleife selbst bekommt hilfZeiger2 in Zeile **(48)** immer die Adresse des nächsten Elements von hilfsZeiger1. Schlägt die Überprüfung der Zeile **(49)** fehl, wurde der von uns gesuchte Knoten nicht gefunden, und hilfZeiger1 bekommt die Adresse von hilfZeiger2. Dann beginnt der nächste Schleifendurchgang.

Im Beispiel wird jetzt davon ausgegangen, dass das zweite Element in der Liste das gesuchte ist – dass Zeile **(49)** also wahrheitsgemäß zutrifft. Grafisch würde die Liste bis zu Zeile **(49)** wie folgt aussehen:

Abbildung 14.7 »hilfZeiger2« verweist auf den von uns gesuchten Knoten.

In Zeile **(50)** wird das zu löschende Element »ausgehängt«, indem der next-Zeiger vom Knoten hilfsZeiger1 auf den nächsten Knoten von hilfsZeiger2 verweist. Grafisch dürfte dies einfacher verstehen zu sein:

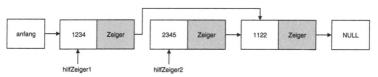

Abbildung 14.8 Das zu löschende Element wird ausgehängt.

Der Knoten ist nun aus der Liste entfernt worden. Jetzt müssen Sie nur noch den reservierten Speicherplatz für den Knoten in Zeile **(51)** mittels free() freigeben, damit hier keine Speicherlecks entstehen. Mit break wird die Schleife und damit auch die Funktion abgebrochen:

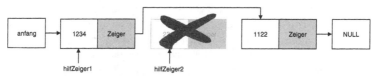

Abbildung 14.9 Um Speicherlecks (Memory Leaks) zu vermeiden, muss der nicht mehr benötigte Knoten wieder freigegeben werden.

14.2 Doppelt verkettete Listen

Benötigen Sie eine Liste, die von beiden Richtungen durchlaufen werden kann, also von vorne nach hinten und umgekehrt, dann können Sie eine doppelt verkettete Liste verwenden. Im Gegensatz zu einer einfach verketteten Liste ändert sich hierbei nur, dass in der Struktur ein weiterer Zeiger auf das vorherige Element hinzugefügt werden muss. Natürlich müssen Sie diesen weiteren Zeiger auch zusätzlich im Code verwalten, was den Aufwand bei der Programmierung etwas erhöht. Bezogen auf das Listing in diesem Kapitel sieht die Struktur dann wie folgt aus:

```
struct knoten {
  int wert;
  struct knoten *next;     // Zeiger auf nächstes Element
  struct knoten *previous; // Zeiger auf vorheriges Element
};
```

Durch den zusätzlichen Zeiger wird zwar ein Zeiger mehr und somit auch mehr Speicherplatz für einen Zeiger benötigt. Aber dies kann, richtig implementiert, durch ein effizienteres Sortieren, schnelleres Auffinden, schnelleres Löschen und Einfügen von Elementen in der Liste wieder wettgemacht werden.

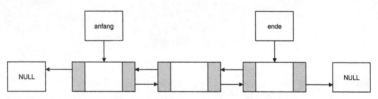

Abbildung 14.10 Eine doppelt verkette Liste

Dies sind natürlich nicht die einzigen Formen von verketteten Listen. Es können bspw. Stacks nach dem LIFO-Prinzip (Last-In-First-Out) oder Queues (Warteschlangen) nach dem FIFO-Prinzip (First-In-First-Out) als abstrakte Datenstrukturen daraus erstellt werden. Auch binäre Suchbäume werden zunächst nur als Struktur mit zwei Zeigern auf dem linken und dem rechten Ast implementiert. Die Implementierung davon ist allerdings etwas komplexer als bei verketteten Listen. Hier gibt es noch viele weitere spezielle Formen, die alle die verketteten Listen als Grundlage haben, auf die hier allerdings nicht mehr eingegangen werden soll.

14.3 Aufgaben

In diesem Kapitel haben Sie etwas über fortgeschrittene Datenstrukturen erfahren. Zwar war dieses Thema komplexer als alle anderen Kapitel im Buch, aber für angehende C-Programmierer ist es unverzichtbar. Mit den folgenden Aufgaben können Sie überprüfen, wie viel Sie verstanden haben.

14.3.1 Level 1

1. Was sind verkettete Listen?
2. Welchen Vorteil haben verkettete Listen gegenüber Arrays?
3. Was sind doppelt verkettete Listen?

14.3.2 Level 2

Welcher Fehler wurde hier beim Löschen des Knotens gemacht?
```
01  void loescheKnoten( int val ) {
02    KnotenPtr_t hilfZeiger1;
03    KnotenPtr_t hilfZeiger2;
04    if( anfang != NULL ) {
05      if( anfang->wert == val ) {
06        hilfZeiger1 = anfang->next;
07        free(anfang);
08        anfang = hilfZeiger1;
09      }
10      else {
11        hilfZeiger1 = anfang;
12        while( hilfZeiger1->next != NULL ) {
13          hilfZeiger2 = hilfZeiger1->next;
14          if( hilfZeiger2->wert == val ) {
15            hilfZeiger1 = hilfZeiger2->next;
16            free(hilfZeiger2);
17            break;
18          }
19          hilfZeiger1 = hilfZeiger2;
20        } // Ende while
21      } // Ende else
22    } // Ende if
23  }
```

14.3.3 Level 3

1. Ändern Sie die Funktion `einfuegenKnoten()` vom Listing `listing001.c` um, damit die neuen Elemente in der Liste sortiert eingefügt werden. Verhindern Sie außerdem, dass doppelte Einträge eingefügt werden. Ein Tipp, wie Sie vorgehen können:

   - Überprüfen Sie, ob überhaupt etwas in der Liste vorhanden ist, und fügen Sie das erste Element ein.
   - Jetzt können Sie die einzelnen Knoten durchlaufen und prüfen, ob der aktuelle Wert größer oder kleiner ist (die Reihenfolge entscheiden Sie selbst) als der neu hinzuzufügende Wert. Haben Sie den passenden Knoten gefunden, müssen Sie das Element ...
   - ... am Ende einfügen (wenn `NULL` erreicht).
   - ... auf doppelte Werte prüfen und nicht einfügen.
   - ... am Anfang einfügen (wenn nicht weiter als bis zum Anfang iteriert wurde).
   - ... irgendwo dazwischen einfügen.

2. Erweitern Sie das Programm `listing001.c` um eine Funktion zum Suchen eines Knotens mit einem bestimmten Wert in der Liste.

15 Eingabe- und Ausgabe-Funktionen

Ist die Rede von der Ein- und Ausgabe in Programmen, sind damit die üblichen Dinge gemeint wie die Ausgabe von Daten in eine Datei, in einen Bildschirm oder Drucker und auf der anderen Seite natürlich die Möglichkeit, Daten aus einer Datei oder der Tastatur lesen zu können. Die Standard-Ein-/Ausgabe (auch Standard-I/O-Bibliothek genannt) stellt hier die nötigsten Funktionen zur Verfügung. Diese sind alle in der Headerdatei <stdio.h> deklariert. Ein-/Ausgabe-Funktionen für Breitzeichen (wchar_t) hingegen sind in der Headerdatei <wchar.h> deklariert. Ehe Sie mit den Standard-Funktionen zur Ein- und Ausgabe arbeiten können, müssen Sie noch einige Details dazu wissen. Sicherlich könnte ich Ihnen hier einfach die nötigen Funktionen und Listings zeigen, aber wenn es dann darauf ankommt, fehlt das nötige Hintergrundwissen.

15.1 Verschiedene Streams und Standard-Streams

Die Ein- und Ausgabe von Daten in C wird über einen sogenannten Stream (*data stream* = Datenstrom) realisiert. Beim Öffnen einer Datei wird dabei gewöhnlich ein neuer Stream angelegt und beim Schließen wieder entfernt. Die einzelnen Streams werden als Ressource von dem Betriebssystem verwaltet, auf dem das Programm ausgeführt wird. In C gibt es Text-Streams, binäre Streams und die Standard-Streams.

15.1.1 Text-Streams

Ein Text-Stream liest und schreibt einzelne Zeichen eines Textes. Gewöhnlich wird dieser Text in einzelne Zeilen aufgeteilt. Die interne Darstellung von Text ist unabhängig von dem Betriebssystem, in dem das Programm ausgeführt wird. Bei Text-Streams werden alle sichtbaren ASCII-Zeichen und einige Steuercodes, etwa Zeilenschaltung oder Tabulatoren, verwendet. Da bei Windows-Systemen das Zeilenende oft mit \r\n ausgegeben wird und Linux/Unix-Systeme nur \n dafür verwenden, führt der Compiler hier eine automatische Konvertierung durch. Um diese müssen Sie sich aber nicht kümmern. Das Ende eines Textes wird gewöhnlich durch das Steuerzeichen ^Z (Zeichencode 26) angezeigt (welches auch mit der Tastenkombination [Strg]+[Z] unter Windows oder [Strg]+[D] unter Linux/UNIX »ausgelöst« werden kann).

15.1.2 Binäre Streams

Bei den binären Streams wird nicht mehr auf den Inhalt wie einzelne Zeilen, Zeichen oder Sonderzeichen geachtet, sondern sie werden Byte für Byte verarbeitet. Daher stehen Daten, die auf demselben System mit einem binären Stream geschrieben wurden, auch exakt so beim Lesen wieder zur Verfügung. Es werden keinerlei automatische Konvertierungen durchgeführt.

> **Binäre Streams unter Linux/Unix**
>
> Bei Linux/Unix gibt es den Unterschied zwischen Text-Streams und binären Streams nicht.

15.1.3 Standard-Streams

Drei Streams, die Standard-Streams, sind bei jedem C-Programm von Anfang an vorhanden. Bei den Standard-Streams handelt es sich um Zeiger auf ein FILE-Objekt. Nachfolgend sehen Sie die Standard-(Text)-Streams:

- stdin – Die Standardeingabe (**st**andard **in**put), die gewöhnlich mit der Tastatur verbunden ist. Der Stream ist zeilenweise gepuffert.
- stdout – Die Standardausgabe (**st**andard **out**put) ist mit dem Bildschirm zur Ausgabe verbunden. Auch die Standardausgabe wird zeilenweise gepuffert.
- stderr – Die Standardfehlerausgabe (**st**andard **err**or output) ist wie stdout ebenfalls mit dem Bildschirm verbunden, aber die Ausgabe erfolgt ungepuffert.

> **Neutrale Standard-Streams**
>
> Beim Start eines Programms sind die Standard-Streams weder byte- noch wide-orientiert.

Alle drei Standard-Streams können umgelenkt werden. Die Umlenkung kann dabei mit der Standardfunktion freopen() durchgeführt werden oder über die Umgebung des Programms, bspw. mit einem Umleitungszeichen im Terminal.

15.2 Dateien

Häufig wendet man elementare Datei-E/A-Funktionen (E/A steht für Eingabe/Ausgabe) an, ohne sich Gedanken darüber zu machen, was eine Datei eigentlich ist. Im Prinzip können Sie sich eine Datei als ein riesengroßes char-Array vorstellen. Das char-Array besteht dabei aus einer bestimmten Byte-Folge – unabhängig davon, ob es sich um eine Textdatei oder um eine ausführbare binäre Datei handelt. Erst bei der Verarbeitung der Daten bekommen die einzelnen Bytes oder Zeichen eine Bedeutung.

Öffnen Sie in C eine Datei mit einer der dafür vorgesehenen Standardfunktionen wie fopen(), freopen() oder tmpfile(), wird ein Speicherobjekt vom Typ FILE angelegt und initialisiert. Eine erfolgreich geöffnete Datei in C liefert immer einen Zeiger auf ein FILE-Speicherobjekt zurück, das mit dem Stream verbunden ist. Ob hierbei ein Text- oder ein binärer Stream verwendet wird, kann mit einer zusätzlichen Option der Funktionen angegeben werden. Allerdings machen hier die meisten Linux/Unix-Systeme ohnehin keinen Unterschied mehr.

Das FILE-Objekt ist letztendlich auch eine Struktur, die in der Headerdatei <stdio.h> deklariert ist. Diese Struktur enthält alle nötigen Informationen, die Sie für die Ein- und Ausgabe-Funktionen benötigen. Sie beinhaltet unter anderem:

- den Puffer – die Anfangsadresse, den aktuellen Zeiger, die Größe
- den File-Deskriptor (eine Ganzzahl mit der aktuellen Dateiposition der niedrigeren Ebene)
- die Position des Schreib- oder Lesezeigers
- die Fehler- und Dateiende-Flags

Wenn Sie eine Datei erfolgreich geöffnet haben, können Sie mithilfe des zurückgegebenen FILE-Speicherobjekts die Daten des Streams über die Standardfunktionen, die einen Zeiger auf das FILE-Speicherobjekt als Argument erwarten, auslesen und ändern.

15.3 Dateien öffnen

Wollen Sie eine Datei bearbeiten, müssen Sie diese zunächst öffnen. Wie bereits im Abschnitt zuvor erwähnt, stehen Ihnen hierzu drei Funktionen zum

15 Eingabe- und Ausgabe-Funktionen

Öffnen zur Verfügung, die alle einen Zeiger auf ein FILE-Objekt zurückliefern. Hierzu die einzelnen Funktionen im Überblick:

```
FILE *fopen( const char * restrict filename,
             const char * restrict mode );
```

Mit der Funktion fopen() öffnen Sie eine Datei mit dem Namen filename. Der Name filename darf auch eine Pfadangabe sein. Die maximale Länge für den String filename ist in der Konstante FILENAME_MAX (meistens mit 4.096 Zeichen) in der Headerdatei <stdio.h> deklariert. Konnte eine Datei nicht geöffnet werden, oder existiert eine Datei gar nicht, gibt diese Funktion den NULL-Zeiger zurück. Mit dem zweiten Argument mode bestimmen Sie den Zugriffsmodus. Bei der Festlegung des Zugriffsmodus ist nur ein String mit einem bestimmten Inhalt erlaubt. Die einzelnen Zugriffsmodi und deren Bedeutung sind in der Tabelle 15.1 aufgelistet.

Modus	Bedeutung
"r"	Öffnet eine Datei zum Lesen (r=read).
"w"	Öffnet eine Datei zum Schreiben. Existiert diese Datei nicht, wird sie neu erzeugt. Existiert diese Datei mit Inhalt, wird er auf 0 gekürzt und ist somit verloren (w=write).
"a"	Wie der Modus "w", nur wird hiermit der Inhalt einer eventuell existierenden Datei nicht gelöscht, sondern der neu zu schreibende Inhalt am Dateiende angefügt (a=append).
"r+"	Öffnet eine Datei zum Lesen und Schreiben. Existiert diese Datei nicht, wird der NULL-Zeiger zurückgegeben.
"w+"	Wie mit "r+" wird eine Datei zum Lesen und Schreiben geöffnet. Es wird ggf. eine neue Datei angelegt, wenn sie nicht existiert oder der alte Inhalt der ursprünglichen Datei gelöscht wird.
"a+"	Hiermit wird eine Datei zum Lesen und Schreiben am Ende der Datei geöffnet. Ist die Datei noch nicht vorhanden, wird sie neu angelegt.

Tabelle 15.1 Modus zum Öffnen einer Datei mit »fopen()«

Mithilfe des +-Symbols können Sie immer eine Datei zum Lesen und Schreiben öffnen. Allerdings muss beim Wechseln vom Schreib- zum Lesezugriff die Schreiboperation mit der Funktion `fflush()` `fsetpos()`, `fseek()` oder `rewind()` abgeschlossen werden, wenn Sie unmittelbar darauf eine Leseoperation ausführen wollen. Wollen Sie nach einer Leseoperation eine Schreiboperation aufrufen, müssen Sie eine der Funktionen `fseek()`, `fsetpos()` oder `rewind()` zur richtigen Positionierung des Schreibzeigers aufrufen; es sei denn, es wurde das Dateiende (`EOF`) gelesen.

> **Zugriffsrechte**
>
> Damit Sie überhaupt eine Datei in einem bestimmten Modus öffnen können, müssen die entsprechenden Zugriffsrechte vorhanden sein. Sind die Rechte für normale Benutzer bei einer Datei nur auf Lesen eingestellt, schlägt der Versuch, diese Datei zum Schreiben zu öffnen, fehl. In diesem Fall wird ein `NULL`-Zeiger zurückgegeben. Unter Windows werden diese Zugriffsrechte allerdings weniger streng als unter Linux-/Unix-Systemen behandelt. Unter Linux-/Unix-Systemen ist es typisch, dass eine Datei, die Sie mit den Modi `"w"` oder `"a"` anlegen, mit folgenden Rechten ausgestattet wird: `-rw-rw-rw`.

An alle Modi können Sie noch das Zeichen `b` anfügen (bspw. `"rb"` oder `"w+b"`). Damit wird eine Datei im Binärmodus geöffnet, d. h. sie wird mit einem binären Stream verbunden. Ohne das zusätzliche Zeichen `b` werden alle Dateien als Textdatei, also mit einem Text-Stream geöffnet. Der Modus `b` wird bei Linux nicht verwendet und bei Angabe ignoriert. Er wird nur aus Kompatibilitätsgründen zu ANSI C beibehalten.

Hierzu ein einfaches Beispiel zur Funktion `fopen()`:

```
00  // kap015/listing001.c
01  #include <stdio.h>
02  #include <stdlib.h>
03  #include <string.h>

04  int main(void) {
05      char filename[FILENAME_MAX];
06      size_t p;
07      FILE *fp;

08      printf("Welche Datei soll geöffnet werden: ");
09      fgets(filename, FILENAME_MAX, stdin);
10      // Newline entfernen
11      p = strlen(filename);
```

15 Eingabe- und Ausgabe-Funktionen

```
12    filename[p-1] = '\0';

13    fp = fopen(filename, "r");
14    if( fp != NULL ) {
15      printf("Datei zum Lesen geöffnet\n");
16      fclose(fp);
17    }
18    else {
19      printf("Datei konnte nicht geöffnet werden\n");
20    }
21    return EXIT_SUCCESS;
22  }
```

Bei diesem Beispiel sollen Sie eine Datei zum Lesen (gerne auch mit Pfad) eingeben. In Zeile **(13)** wird versucht, diese Datei zum Lesen zu öffnen. Ob das klappt oder nicht wird in Zeile **(14)** überprüft: Ist der Rückgabewert von fopen() ungleich dem NULL-Zeiger? Ist dies der Fall, wird Entsprechendes ausgegeben, und die Datei wird in Zeile **(16)** mit fclose() wieder geschlossen.

Jetzt kommen wir zu den anderen beiden Funktionen, mit denen Sie eine Datei öffnen können. Zunächst die Funktion freopen():

```
FILE *freopen( const char * restrict filename,
               const char * restrict mode,
               FILE * restrict stream );
```

Die Funktion freopen() öffnet wie schon fopen() die Datei filename im Modus mode. Im Gegensatz zu fopen() wird allerdings kein neuer Stream erzeugt, sondern es wird der Stream verwendet, den Sie mit dem dritten Argument stream verwenden. Die Hauptanwendung von freopen() ist es, die Standard-Streams stdin, stdout und stderr umzulenken. Hierzu ein einfaches Beispiel:

```
00  // kap015/listing002.c
01  #include <stdio.h>
02  #include <stdlib.h>

03  int main(void) {
04    printf("Diesen Text können Sie sehen\n");
05    freopen("logfile.txt", "a+", stdout);
06    printf("Dieser Text steht in logfile.txt\n");
07    return EXIT_SUCCESS;
08  }
```

In Zeile **(04)** wird die `printf`-Ausgabe noch gewöhnlich über die Standardausgabe gemacht. Mit Zeile **(05)** lenken Sie über `freopen()` die Standardausgabe (`stdout`) in die Datei `logfile.txt` um. Daher wird der Text von Zeile **(06)** nicht mehr auf den Bildschirm, sondern in die Datei `logfile.txt` geschrieben.

Die letzte Funktion zum Öffnen einer Datei ist `tmpfile()`. Hier die Syntax dazu:

```
FILE *tmpfile(void);
```

Mit dieser Funktion wird eine neue temporäre Datei mit einem eindeutigen Namen erzeugt. Die Datei wird binär mit dem Modus `"wb+"` zum Lesen und Schreiben geöffnet. Die temporäre Datei wird nach dem Schließen mittels `fclose()` oder mit Beendigung des Programms automatisch wieder gelöscht. Konnte keine temporäre Datei geöffnet werden, wird der `NULL`-Zeiger zurückgegeben. Wenn Sie das Programm abnormal beendet haben, ist es implementierungsabhängig, ob die temporäre Datei gelöscht wird oder nicht. Auch die Anzahl der maximal gleichzeitig geöffneten temporären Dateien ist mit `TMP_MAX` in der Headerdatei `<stdio.h>` beschränkt.

15.4 Dateien schließen

Wenn Sie mit der Datei fertig sind, sollten Sie diese mit der Funktion `fclose()` wieder schließen. Die Syntax dieser Funktion lautet:

```
int fclose( FILE *stream );
```

Nach dem Aufruf der Funktion werden noch ungeschriebene Daten im Puffer geschrieben. Wenn ein Fehler beim Schließen einer Datei aufgetreten ist, wird `EOF`, ansonsten 0, zurückgegeben.

Zwar wird ein Stream auch nach Beendigung (was auch ein abnormale Beendigung mit einschließt) eines Programms geschlossen, aber nur mithilfe der Funktion `fclose()` ist wirklich sichergestellt, dass noch nicht geschriebene Daten im Puffer in die Datei geschrieben werden.

Limit maximal geöffneter Dateien

Ein weiteres wichtiges Argument, eine Datei zu schließen ist, dass Sie nicht unbegrenzt Dateien auf einmal geöffnet lassen können. Der Standard von C schreibt hierbei mit `FOPEN_MAX` in `<stdio.h>` vor, wie viele `FILE`-Objekte Sie maximal in einem Programm verwenden können. Laut Standard sollten es mindestens acht offene Streams (ohne den Standard-Streams `stdin`, `stdout` und `stderr`) sein. In der Praxis liegt dieser Wert allerdings meistens viel höher.

15.5 Lesen und Schreiben

Auf den folgenden Seiten soll nun beschrieben werden, wie Sie Daten an einen Stream senden und davon wieder abholen. Die Übertragung der Daten kann über den Datentyp `char` als byte-orientierter oder über den Datentyp `wchar_t` als breitzeichenorientierter Stream erfolgen. Letzterer wird auch als wide-orientiert bezeichnet. Für beide Stream-Orientierungen stehen spezielle Funktionen zur Verfügung. Es kann also nicht eine Funktion für beide verwendet werden. Nach dem Öffnen eines Streams mit `fopen()`, `freopen()` oder `tmpfile()` steht die entsprechende Orientierung des Streams noch **nicht** fest. Diese entscheidet sich erst beim ersten Zugriff einer byte- oder wide-orientierten Funktion.

> **Orientierung eines Streams abfragen oder festlegen**
>
> Ob ein Stream byte- oder wide-orientierter Natur ist, können Sie mit der C99-Funktion `fwide()` abfragen. Mit `fwide()` können Sie auch die Stream-Orientierung festsetzen bzw. ändern. Allerdings müssen hierfür dann den Stream mit der Funktion `freopen()` erneut öffnen.

15.6 Funktionen zur unformatierten Ein-/Ausgabe

Im folgenden Abschnitt lernen Sie die Funktionen kennen, mit denen Sie einzelne Zeichen, Zeilen oder ganze Datenblöcke unformatiert an den Stream senden oder aus diesem lesen können.

15.6.1 Einzelne Zeichen lesen

Zum Lesen von einzelnen Zeichen sind in der Headerdatei `<stdio.h>` folgende Funktionen vorhanden:

```
int fgetc( FILE *fp );
int getc( FILE *fp );
int getchar();
```

15.6 Funktionen zur unformatierten Ein-/Ausgabe

Mit fgetc() können Sie einzelne Zeichen aus dem Stream fp lesen. Als Rückgabewert erhalten Sie bei Erfolg das gelesene Zeichen oder bei einem aufgetretenen Fehler EOF. Der Unterschied zwischen fgetc() und getc() besteht darin, dass getc() als Makro implementiert sein darf. Mit getchar() hingegen lesen Sie ein Zeichen von der Standardeingabe (stdin). getchar() ist daher gleichwertig zu getc(stdin).

Die Gegenstücke für einen wide-orientierten Stream lauten in der Headerdatei <wchar.h>:

```
wint_t fgetwc( FILE *fp );
wint_t getwc( FILE *fp );
wint_t getwchar();
```

Zeichen in den Stream zurückstellen

Haben Sie ein zuviel gelesenes Zeichen aus dem Stream geholt, können Sie dieses mit der Funktion ungetc() wieder in den Stream zurückschieben. Die Syntax dieser Funktion lautet:

```
int ungetc( int c, FILE *fp );
```

Damit schieben Sie das Zeichen c in den Eingabe-Stream fp zurück. Die Funktion gibt das zurückgeschobene Zeichen zurück, oder sie meldet bei einem Fehler EOF. Damit ist c das erste Zeichen, das bei der nächsten Leseoperation aus dem Stream fp erneut gelesen wird. Das gilt allerdings nicht mehr, wenn vor der nächsten Leseoperation eine der Funktionen fflush(), rewind(), fseek() oder fsetpos() aufgerufen wurde.

Natürlich gibt es auch hierzu wieder ein wide-orientiertes Gegenstück in der Headerdatei <wchar.h>:

```
wint_t ungetwc( wint_t wc, FILE *fp );
```

> **»wint_t« und »WEOF« bei wide-orientierten Streams**
>
> Der Typ wint_t bei wide-orientierten Streams ist ein ganzzahliger Typ, der mindestens den Wertebereich des Typs wchar_t speichert. Anstatt EOF gibt ein wide-orientierter Stream WEOF bei einem Fehler zurück.

15.6.2 Einzelne Zeichen schreiben

Die Funktionen zum Schreiben von einzelnen Zeichen in den Stream lauten:

15 Eingabe- und Ausgabe-Funktionen

```c
int fputc( int c, FILE *fp );
int putc( int c, FILE *fp );
int putchar( int c );
```

Mit fputc() schreiben Sie das Zeichen c in den verbundenen Stream fp. Zurückgegeben wird das geschriebene Zeichen oder EOF im Falle eines Fehlers. Die Version putc() entspricht der Funktion fputc(). Es handelt sich hierbei aber um ein Makro. Mit putchar() wird das angegebene Zeichen c auf die Standardausgabe (stdout) geschrieben. putchar(c) entspricht somit putc(c, stdout).

Auch hierzu finden Sie in der Headerdatei <wchar.h> die wide-orientierten Gegenstücke zu den eben vorgestellten byte-orientierten:

```c
wint_t fputwc( wchar_t wc, FILE *fp );
wint_t putwc( wchar_t wc, FILE *fp );
wint_t putwchar( wchar_t wc );
```

Nachfolgend sehen Sie ein einfaches Beispiel, welches das zeichenweise Lesen und Schreiben demonstrieren soll:

```c
00  // kap015/listing003.c
01  #include <stdio.h>
02  #include <stdlib.h>
03  #define FILENAME "datei.txt"  // Anpassen
04  #define COPY "kopie.txt"      // Anpassen

05  int main(void) {
06    FILE *fpr, *fpw;
07    int c;

08    fpr = fopen( FILENAME, "r" );
09    fpw = fopen( COPY, "w" );
10    if( fpr == NULL || fpw == NULL ) {
11      printf("Fehler beim Öffnen von %s bzw. %s",
          FILENAME, COPY);
12      return EXIT_FAILURE;
13    }
14    while ( (c=fgetc(fpr)) != EOF ) {
15      if( c > 127 ) {
16        putchar('-');
17      }
18      else {
19        putchar(c);
```

```
20    }
21    fputc(c, fpw );
22  }
23  return EXIT_SUCCESS;
24 }
```

Das Listing ist sehr einfach aufgebaut. In Zeile (08) wird eine Datei zum Lesen geöffnet. In Zeile (09) wird eine Datei zum Schreiben geöffnet. Ziel des Beispiels ist es, eine Datei zeichenweise bzw. byte-orientiert zu kopieren. In Zeile (14) lesen Sie so lange Zeichen für Zeichen (bzw. Byte für Byte) aus dem Lese-Stream fpr ein, bis Sie auf das Dateiende (EOF) stoßen. In Zeile (15) überprüfen Sie, ob der Wert des Zeichens größer als 127 war. In diesem Fall bedeutet das, dass dieses Zeichen oberhalb des 7-Bit-ASCII-Zeichensatzes ist. Dort könnten Sie auf einigen Systemen bspw. mit Umlauten und anderen speziellen Zeichen Probleme bekommen. Das kommt immer auf dem Zeichensatz an, der verwendet wird. Daher wird anstatt eines solchen Zeichens, das vielleicht nicht richtig ausgegeben wird, einfach ein Trennstrich in Zeile (16) auf dem Bildschirm ausgegeben. Alle anderen Zeichen unter dem ASCII-Wert 127 werden ganz normal in Zeile (19) ausgegeben. Unbehandelt, also byte-orientiert, wird allerdings jedes Zeichen auf jeden Fall so in den Schreib-Stream fpw in Zeile (21) geschrieben, wie es gelesen wurde.

Das Beispiel zeigt eine interessante Möglichkeit auf, wie Sie einen Filter schreiben können. Sie setzen nicht wie in Zeile (16) einen Trennstrich, sondern Sie schreiben eine spezielle Funktion, die sich mit diesem Problem auseinandersetzt.

15.6.3 Zeilenweise (bzw. String) einlesen

Zum zeilenweisen Einlesen steht Ihnen folgende Funktion zur Verfügung:

```
char *fgets( char *buf, int n, FILE *fp );
```

Die Funktion wurde im Buch schon des Öfteren verwendet. Damit lesen Sie vom Stream fp maximal n-1 Zeichen in den Puffer buf und hängen ein Null-Zeichen am Ende an. Ein Lesevorgang wird beim Erreichen eines Newline-Zeichens (Zeilenende) oder dem Dateiende beendet. Das eingelesene Newline-Zeichen '\n' wird ebenfalls im Puffer buf gespeichert. Als Rückgabewert gibt diese Funktion entweder die Anfangsadresse von buf oder, wenn kein einziges Zeichen eingelesen wurde, den NULL-Zeiger zurück.

15 Eingabe- und Ausgabe-Funktionen

> **Und was ist mit der Funktion »gets()«?**
>
> Es gibt noch eine gets()-Funktion, die rein auf die Standardeingabe (stdin) ausgelegt ist. Das Manko dieser Funktion ist allerdings, dass hiermit nicht die Anzahl der einzugebenden Zeichen überprüft wird, was zu einem Pufferüberlauf (Buffer Overflow) führen kann. Die Funktion gets() hat in ihrem Dasein schon genug Schaden angerichtet und wird im kommenden C1X-Standard komplett aus der C-Bibliothek entfernt.

Die Funktion fgets() gibt es auch für wide-orientierte Streams. Die Syntax hierzu lautet:

```
wchar_t *fgetws( wchar_t *buf, int n, FILE *fp );
```

15.6.4 Zeilenweise (bzw. String) schreiben

Die Gegenstücke zum Schreiben eines nullterminierten Strings in einen Stream sind:

```
int fputs( const char* str, FILE *fp );
int puts( const char* str );
```

Mit fputs() schreiben Sie den nullterminierten String str in den Stream fp. Das Nullzeichen '\0' wird **nicht** (!) mit in den Stream geschrieben. Die Funktion puts() hingegen gibt den String str auf die Standardausgabe stdout auf dem Bildschirm mit einem zusätzlichen *Newline*-Zeichen aus. Der Rückgabewert ist ein nicht-negativer Wert bei Erfolg oder EOF im Falle eines Fehlers.

Hierzu ein Beispiel, das einige gängige Funktionen zum zeilen- bzw. stringweisen Lesen und Schreiben demonstriert:

```
00  // kap015/listing004.c
01  #include <stdio.h>
02  #include <stdlib.h>
03  #include <string.h>
04  #define LINEBUF 256

05  void killNL( char *str ) {
06     size_t p = strlen(str);
07     str[p-1] = '\0';
08  }

09  void countLineOut( FILE *rfp ) {
```

15.6 Funktionen zur unformatierten Ein-/Ausgabe

```
10     char buf[LINEBUF];
11     int count = 1;
12     while( fgets(buf, LINEBUF, rfp) != NULL ) {
13       printf("%3d | ", count);
14       fputs( buf, stdout );
15       count++;
16     }
17   }

18   void search( FILE *fp) {
19     char str[LINEBUF], buf[LINEBUF];
20     int count = 1;
21     printf("Wonach wollen Sie suchen: ");
22     fgets(str, LINEBUF, stdin);
23     killNL(str);
24     while( fgets(buf, LINEBUF, fp) != NULL ) {
25       if(strstr(buf, str) != 0) {
26         printf("%3d  :  %s", count, buf);
27       }
28       count++;
29     }
30   }

31   void copyFile( FILE *rfp, FILE *wfp ) {
32     char buf[LINEBUF];
33     while( fgets(buf, LINEBUF, rfp ) != NULL ) {
34       fputs(buf, wfp);
35     }
36   }

37   int main(void) {
38     char filename1[LINEBUF], filename2[LINEBUF];
39     FILE *rfp = NULL, *wfp = NULL;
40     int input;

41     printf("Datei zum Lesen: ");
42     fgets(filename1, LINEBUF, stdin);
43     killNL(filename1);

44     printf("Was wollen Sie mit der Datei machen?\n");
45     printf("-1- Zeilen zählen (Bildschirmausgabe)\n");
46     printf("-2- Zeilen zählen (in Datei schreiben\n");
```

15 Eingabe- und Ausgabe-Funktionen

```
47    printf("-3- Suchen\n");
48    printf("-4- Kopieren\n");
49    printf("-0- Gar nichts\n");
50    printf("Ihre Auswahl: ");
51    do { scanf("%d", &input); }while(getchar() != '\n');
52    switch( input ) {
53      case 1 :
54      case 2 :   if( input == 2 ) {
55                    printf("Dateiname der Kopie : ");
56                    fgets(filename2, LINEBUF, stdin);
57                    killNL(filename2);
58                    wfp = freopen(filename2, "w", stdout);
59                    }
60                 rfp = fopen(filename1, "r");
61                 if( rfp != NULL ) {
62                    countLineOut(rfp);
63                    }
64                 break;
65      case 3 :   rfp = fopen(filename1, "r");
66                 if( rfp != NULL ) {
67                    search(rfp);
68                    }
69                 break;
70      case 4 :   rfp = fopen(filename1, "r");
71                 printf("Dateiname der Kopie : ");
72                 fgets(filename2, LINEBUF, stdin);
73                 killNL(filename2);
74                 wfp = fopen(filename2, "w");
75                 if( rfp != NULL && wfp != NULL ) {
76                    copyFile( rfp, wfp );
77                    }
78                 break;
79      default:   printf("Falsche Eingabe\n");
80    }
81    return EXIT_SUCCESS;
82  }
```

In diesem Listing werden mehrere typische Anwendungsfälle demonstriert, wozu das zeilenweise Einlesen und Schreiben hilfreich sein kann. In den Zeilen **(05)** bis **(08)** finden Sie die gängige Funktion, mit der Sie das Newline-Zeichen aus einem String entfernen. Es wird bei fgets() von der Standardeingabe mit eingelesen, ist aber nicht immer erwünscht. Anstelle des Newline-Zeichens setzen Sie hier einfach das Stringende-Zeichen.

Mit der Funktion countLineOut() in den Zeilen **(09)** bis **(17)** können Sie die Zeilen einer Datei mit den Zeilennummern ausgeben lassen. Hierbei wird in der while-Schleife (Zeile **(12)** bis **(16)**) so lange zeilenweise eingelesen und wieder ausgegeben, wie die Funktion fgets() ungleich NULL zurückgibt. In der main()-Funktion wurde zusätzlich noch die Option angeboten, diese Ausgabe der Funktion countLineOut() in eine Datei anstatt in die Standardausgabe zu schreiben. Hierbei müssen Sie die Standardausgabe in der Zeile **(58)** mittels freopen() umleiten.

In den Zeilen **(18)** bis **(30)** finden Sie mit der Funktion search() eine einfache Funktion, mit der Sie innerhalb einer Datei nach Zeilen mit einer bestimmten Stringfolge suchen können. Es wird ebenfalls Zeile für Zeile in einer while-Schleife durchlaufen und in jeder Zeile nach einer bestimmten Stringfolge mit der Funktion strstr() gesucht. Wurde eine Stringfolge gefunden, wird diese Zeile mit der Zeilennummer ausgegeben.

Mit der Funktion copyFile() sehen Sie in den Zeilen **(31)** bis **(36)** einen Klassiker. Mittels fgets() und fputs() können Sie ganz einfach zeilenweise den Inhalt von einem Lese-Stream in einen Schreib-Stream kopieren.

15.6.5 Blockweise lesen und schreiben

Die Funktionen fread() und fwrite() sind speziellere Funktionen, die nicht mit einzelnen Zeichen oder Strings arbeiten. Hier wird eine Datei weder als strukturierter Text-Stream noch als unformatierter Byte-Stream betrachtet. Die Daten werden rein binär behandelt, weshalb es hierfür auch keine wide-orientierte Version gibt. Bei Systemen, die zwischen Text-Streams und binären Streams unterscheiden, sollten Sie diese Funktionen nur auf binäre Streams anwenden.

> **Daten nicht portabel ...**
>
> Die Daten, die mit fwrite() geschrieben werden, sind nicht portabel, sondern plattformabhängig. Da Sie hiermit den Hauptspeicherinhalt direkt in eine Datei schreiben können, bedenken Sie bitte, dass jedes System diesen Inhalt anders interpretieren kann. Es kann bspw. aufgrund einer anderen Byte-Reihenfolge (Stichwörter: Big-Endian und Little-Endian) schon zu falschen Werten kommen.

15 Eingabe- und Ausgabe-Funktionen

Trotz allem sind diese Funktionen eine prima Ergänzung zu fputs() und fgets(), die wegen der besonderen Bedeutung der Zeichen '\0' und '\n' nicht so gut geeignet sind, ganze Blöcke von Daten zu verarbeiten. Daten sollten zudem nicht Zeichen für Zeichen bzw. Byte für Byte mit den Funktionen fputc() und fgetc() abgearbeitet werden. Wenn Sie Strukturen speichern und wieder auslesen wollen, dann sind fread() und fwrite() die perfekten Funktionen dazu.

Die Syntax zum blockweisen Lesen mit fread() lautet:

```
size_t fread( void *buffer, size_t size, size_t n, FILE *fp );
```

Mit der Funktion fread() lesen Sie n Objekte mit der Größe size Bytes aus dem Stream fp und schreiben diese in die Adresse buffer. Für buffer muss natürlich entsprechend Platz zur Verfügung stehen. Der Rückgabewert ist die Anzahl erfolgreich eingelesener Objekte. Wurden weniger als n Objekte eingelesen, kann es sein, dass vorher das Dateiende erreicht wurde oder ein Fehler auftrat.

> **Primitiver Datentyp: size_t**
>
> size_t ist ein primitiver Datentyp, der in der Headerdatei <stddef.h> über ein typedef deklariert ist. Der maximale Wert ist abhängig von der Implementierung. Meistens ist er allerdings als unsigned int implementiert.

Jetzt zur Syntax von fwrite(), dem blockweisen Schreiben:

```
size_t fwrite( const void *buffer, size_t size,
               size_t n, FILE *fp );
```

Sie schreiben n Objekte mit der Größe von size aus dem durch buffer adressierten Speicherbereich in den Ausgabe-Stream fp. Auch hier ist der Rückgabewert die Anzahl der erfolgreich geschriebenen Objekte. Wurden weniger als n Objekte geschrieben, ist ein Fehler aufgetreten.

Nachfolgend sehen Sie ein Beispiel, wie Sie Datensätze von Strukturen speichern und wieder lesen können, ohne auf verkettete Listen oder Arrays von Strukturen zurückgreifen zu müssen, indem Sie einen neuen Datensatz direkt in eine Datei schreiben bzw. direkt daraus lesen können:

```
00  // kap015/listing005.c
01  #include <stdio.h>
02  #include <stdlib.h>
03  #define BUF 256
```

15.6 Funktionen zur unformatierten Ein-/Ausgabe

```c
04  #define DATAFILE "data.dat"

05  typedef struct _plz {
06    char ort[BUF];
07    unsigned int plz;
08  } Plz_t;

09  void newPLZ(void) {
10    Plz_t data;
11    FILE *fp;
12    printf("Ort          : ");
13    fgets(data.ort, BUF, stdin);
14    printf("Postleitzahl : ");
15    do{ scanf("%u", &data.plz); }while(getchar() != '\n');

16    fp = fopen(DATAFILE, "a+b");
17    if( fp == NULL ) {
18      printf("Fehler beim Öffnen von %s\n", DATAFILE);
19      exit(EXIT_FAILURE);
20    }
21    if(fwrite(&data, sizeof(data), 1, fp) != 1) {
22      printf("Fehler beim Schreiben in %s\n", DATAFILE);
23      return;
24    }
25    fclose(fp);
26  }

27  void printPLZ(void) {
28    Plz_t data;
29    FILE *fp = fopen(DATAFILE, "r+b");
30    if( fp == NULL ) {
31      printf("Fehler beim Öffnen von %s\n", DATAFILE);
32      return;
33    }
34    while(fread(&data, sizeof(data), 1, fp) == 1 ) {
35      printf("\nOrt          : %s", data.ort);
36      printf("Postleitzahl : %u\n\n", data.plz);
37    }
38    fclose(fp);
39  }

40  int main(void) {
```

```
41   int input;
42   do {
43     printf("-1- Neuer Datensatz\n");
44     printf("-2- Datensätze ausgeben\n");
45     printf("-0- Programm beenden\n\n");
46     printf("Ihre Auswahl : ");
47     do{ scanf("%d", &input ); }while(getchar() != '\n');
48     switch( input ) {
49       case 1 : newPLZ( );    break;
50       case 2 : printPLZ( ); break;
51     }
52   }while(input!=0);
53   return EXIT_SUCCESS;
54 }
```

Zur Vereinfachung wurde in den Zeilen **(05)** bis **(08)** eine Struktur deklariert, die Postleitzahlen mit deren Ort und Nummer speichert. Das Programm selbst besteht aus zwei Funktionen. Zum einen aus einer Schreibfunktion `newPLZ()`, die in den Zeilen **(09)** bis **(26)** definiert wurde. In dieser Funktion werden jeweils die Daten für die Struktur in einer Strukturvariablen `Plz_t` eingelesen (Zeilen **(12)** bis **(15)**). Anschließend wird eine Datei in Zeile **(16)** im Modus "a+b" geöffnet, wo die Daten der Strukturvariablen binär geschrieben und immer an das Ende angehängt werden sollen. Existiert diese Datei noch nicht, wird sie angelegt. In Zeile **(21)** wird diese Strukturvariable als Ganzes in den Stream geschrieben. Am Ende wird der Stream in Zeile **(25)** wieder ordnungsgemäß geschlossen.

Die zweite Funktion `printPLZ()` liest diese Daten der Datei wieder aus. Zunächst wird die Datei in Zeile **(29)** zum binären Lesen geöffnet und in den Zeilen **(34)** bis **(37)** Datensatz für Datensatz gelesen. Solange `fread()` in der Zeile **(34)** 1 für einen erfolgreich gelesenen Datensatz zurückgibt, wurde einen kompletter Datensatz `Plz_t` gefunden und ausgegeben. Am Ende wird der Stream in Zeile **(38)** mit `fclose()` wieder geschlossen.

15.7 Funktionen zur formatierten Ein-/Ausgabe

Zum formatierten Einlesen und Schreiben von Daten stehen Ihnen verschiedene `scanf`- und `printf`-Funktionen zur Verfügung. Beide Funktionsfamilien bieten sogenannte Umwandlungsvorgaben des Formatstrings an, womit Sie das Datenformat steuern können.

15.7.1 Funktionen zur formatierten Ausgabe

Die einfache `printf`-Funktion haben Sie ja schon des Öfteren in diesem Buch verwendet. Neben dieser Version gibt es noch einige andere Versionen, die alle auf dieselbe Art und Weise den Formatstring verwenden können. Folgende `printf`-Versionen stehen ihnen zur Verfügung:

```
int printf( const char * restrict format, ... );
```

Die grundlegende `printf`-Funktion schreibt den String `format` auf die Standardausgabe `stdout`. Die Version mit Stream hat folgende Syntax:

```
int fprintf( FILE * restrict fp,
             const char * restrict format, ... );
```

Damit schreiben Sie den String `format` auf den Ausgabe-Stream `fp`. `printf(format)` entspricht daher `fprintf(stdout, format)`. Es ist sehr hilfreich, etwas formatiert in eine Datei zu schreiben. Zu guter Letzt gibt es noch zwei String-Versionen. Die Syntax dazu:

```
int sprintf( char * restrict buf,
             const char * restrict format, ... );
int snprintf( char * restrict buf,
              size_t n,
              const char * restrict format, ... );
```

Hiermit schreiben Sie `format` in den String `buf`. Die Version `snprintf()` begrenzt die Zeichen, die nach `buf` geschrieben werden, zudem noch auf n Bytes. Das stellt die sicherere Alternative gegenüber `sprintf()` dar.

> **Drei Punkte von printf**
>
> Die drei Punkte in den `printf`-Anweisungen (auch als Ellipse bekannt) stehen für weitere optionale Argumente, die hier neben dem festen Argument `format` verwendet werden können.

Natürlich gibt es auch hierzu die wide-orientierten Versionen mit `wprintf()` für `printf()`, `fwprintf()` für `fprintf()` und `swprintf()` (!) für `snprintf()`.

Umwandlungsvorgaben für die printf-Familie

Bei den Datentypen haben Sie die Umwandlungsvorgaben zu den einzelnen Typen näher kennengelernt, die mit dem Zeichen % beginnen und mit einem Buchstaben, dem Konvertierungsspezifizierer, enden. Sie beziehen sich dann auf das nachfolgende Argument. %d steht bspw. für den Spezifizierer des Integer-Wertes (int). Folglich wird in der Argumentenliste auch ein solcher Typ zur Konvertierung im Formatstring passen. Hier ein Beispiel:

```
int val = 12345;
char str[] = "Hallo Welt";
printf("Der Wert ist %d und der String lautet %s", val, str);
```

Neben den einfachen Umwandlungszeichen für den entsprechenden Typ zur Konvertierung im Formatstring gibt es noch einige Möglichkeiten mehr, den Formatstring zu formatieren. Folgende Syntax soll hier für die anschließende Beschreibung verwendet werden:

%[F][W][G][L]U

Die einzelnen Teile in den eckigen Klammern können optional zu U verwendet werden. Die Bedeutung der einzelnen Buchstaben lautet:

- F = Flags
- W = Weite, Feldbreite
- G = Genauigkeit
- L = Längenangabe
- U = Umwandlungszeichen, Konvertierungsspezifizierer

> **Regel für eine Konvertierungsspezifikation**
>
> Die Syntax einer Konvertierungsspezifikation, die mit dem Zeichen % beginnt, endet immer mit einem Konvertierungsspezifizierer, also dem Buchstaben (Umwandlungszeichen) für den entsprechenden Typ.

Weite, Feldbreite

Die wohl am häufigsten verwendete Konvertierungsspezifikation dürfte die Feldbreite sein. Sie kann bei jedem Umwandlungstyp verwendet werden. Damit können Sie festlegen, wie viele Zeichen zur Ausgabe mindestens verwendet werden dürfen. Zur Angabe der Feldbreite wird entweder eine Ganzzahl oder ein Stern (*) verwendet. Standardmäßig erfolgt die Ausgabe rechtsbündig, während eine zu große Feldbreite mit Leerzeichen auf der linken Seite aufgefüllt wird. Für eine linksbündige Ausrichtung setzen Sie vor der Feldbreite das Minuszeichen (ein Flag). Wenn Sie eine zu kleine Feldbreite angeben, bewirkt dies bei der Ausgabe nicht, dass die Zahlen beschnitten bzw. weniger Zeichen ausgegeben werden. Die Feldbreite kann noch so klein sein, es wird auf jeden Fall nichts verschluckt. Hierzu ein einfaches Listing, mit dem die Wirkung der Feldbreite demonstriert wird:

```
00  // kap015/listing006.c
01  #include <stdio.h>
02  #include <stdlib.h>

03  int main (void) {
04     char text[]="Tiefstand";
05     int breite = 20;
06     printf("|01234567890123456789|\n");
07     printf("|%s|\n",text);
08     printf("|%20s|\n",text);
09     printf("|%-20s|\n",text);
10     printf("|%20s|\n",text+4);
11     printf("|%-20s|\n",text+4);
12     printf("|%*s|\n",breite, text);
13     return EXIT_SUCCESS;
14  }
```

Das Programm bei der Ausführung:

```
|01234567890123456789|
|Tiefstand|
|           Tiefstand|
|Tiefstand           |
|               stand|
|stand               |
|           Tiefstand|
```

Flags

Die Flags stehen unmittelbar nach dem %-Zeichen. Wenn es sinnvoll ist, können mehrere Flags gleichzeitig verwendet werden. In der folgenden Tabelle finden Sie die Flags und deren Bedeutung aufgelistet.

Flag	Beschreibung
-	linksbündig justieren
+	Ausgabe des Vorzeichens. + wird vorangestellt bei positiven und – bei negativen Werten.

Tabelle 15.2 Flags für die Formatierungsanweisung

Flag	Beschreibung
Leerzeichen	Ist ein Argument kein Vorzeichen, wird ein Leerzeichen ausgegeben.
0	Bei numerischer Ausgabe wird mit Nullen bis zur angegebenen Feldbreite gefüllt.
#	Bei o bzw. x oder X (bspw. %#X) wird der Wert im Formatstring mit vorangestellter 0 bzw. 0x ausgegeben. Bei e, E oder f wird der Wert mit einem Dezimalpunkt ausgegeben, auch wenn keine Nachkommastelle existiert.

Tabelle 15.2 Flags für die Formatierungsanweisung (Forts.)

Zum besseren Verständnis der einzelnen Flags soll auch hierzu wieder ein einfaches Listing mit deren Anwendung gezeigt werden:

```
00  // kap015/listing007.c
01  #include <stdio.h>
02  #include <stdlib.h>

03  int main (void) {
04     int val = 123456789;
05     printf("|012345678901|\n");
06     printf("|%d|\n",val);
07     printf("|%+12d|\n",val);
08     printf("|%-12d|\n",val);
09     printf("|%012d|\n",val);
10     printf("|%-#12o|\n",val);
11     printf("|%#x|\n", val);
12     printf("|%#012X|\n", val);
13     return EXIT_SUCCESS;
14  }
```

Das Programm bei der Ausführung:

```
|012345678901|
|123456789|
| +123456789|
|123456789   |
|000123456789|
|0726746425  |
|0x75bcd15|
|0X00075BCD15|
```

15.7 Funktionen zur formatierten Ein-/Ausgabe

Genauigkeit

Geben Sie einen Punkt gefolgt von einer Ganzzahl an, können Sie die Genauigkeitsangabe der Nachkommastelle von Gleitpunktzahlen oder einem String beschneiden. Natürlich wird hierbei nicht der Wert selbst verändert, sondern die Angaben beziehen sich immer nur auf die formatierte Ausgabe. Bei Ganzzahlen hat eine kleinere Genauigkeitsangabe keine Wirkung auf die Ausgabe. Hierzu wieder ein kleines Beispiel, das Ihnen die Genauigkeitsangabe etwas näher bringt:

```
00  // kap015/listing008.c
01  #include <stdio.h>
02  #include <stdlib.h>

03  int main (void) {
04     float fval = 3.14132;
05     char text[] = "Tiefstand";
06     printf("|%08.2f|\n", fval);
07     printf("|%-8.0f|\n", fval);
08     printf("|%8.4s|\n", text);
09     printf("|%-8.4s|\n", text);
10     return EXIT_SUCCESS;
11  }
```

Das Programm bei der Ausführung:

```
|00003.14|
|3       |
|    Tief|
|Tief    |
```

Umwandlungszeichen

Zwar haben Sie die Umwandlungszeichen bereits mit den Datentypen näher kennengelernt, aber trotzdem sollen hier zur besseren Übersicht nochmals alle aufgelistet werden.

Zeichen	Typ	Bedeutung
c	char, int	einzelnes Zeichen
lc	wchar_t	einzelnes Breitzeichen bei entsprechender w-Funktion

Tabelle 15.3 Umwandlungszeichen für die einzelnen Typen

Zeichen	Typ	Bedeutung
s	Zeiger auf char	ein String (char-Array)
p		Ausgabe des Zeigerwertes (Adresse)
d, i	int	vorzeichenbehaftete dezimale Ganzzahl
u	unsigned int	vorzeichenlose Ganzzahl
o	unsigned int	oktale Darstellung einer vorzeichenlosen Ganzzahl
x	unsigned int	hexadezimale Darstellung einer vorzeichenlosen Ganzzahl mit den Buchstaben a, b, c, d, e, f
X	unsigned int	hexadezimale Darstellung einer vorzeichenlosen Ganzzahl mit den Buchstaben A, B, C, D, E, F
lld, lli	long long	vorzeichenbehaftete Ganzzahl
llu	unsigned long long	vorzeichenlose Ganzzahl
llx, llX	unsigned long long	Hexadezimale Darstellung einer vorzeichenlosen Ganzzahl mit den Buchstaben a, b, c, d, e, f bzw. A, B, C, D, E, F
f	double	dezimale Gleitpunktzahl in Form von dd.dddd
e, E	double	Exponentiale Darstellung der Gleitpunktzahl in Form von d.dde+-dd bzw. d.ddE+-dd. Der Exponent enthält mindestens zwei Ziffern.
g, G	double	Gleitpunkt- oder Exponentialdarstellung. Abhängig davon, was kürzer ist.
a, A	double	Exponentialdarstellung der Gleitpunkt in hexadezimaler Form.

Tabelle 15.3 Umwandlungszeichen für die einzelnen Typen (Forts.)

Neben den Umwandlungsvorgaben gibt es sogenannte Argumenttyp-Modifikationen, die vielen nicht so geläufig sind. Folgende Typen gibt es hierzu, und folgende Auswirkungen haben sie auf die damit verwendeten Umwandlungszeichen:

Modifikation	Auswirkung
h	Die Umwandlungszeichen d, i, o, u, x, X werden als short int-bzw. unsigned short int-Wert behandelt (bspw. %hd).
l	Die Umwandlungszeichen d, i, o, u, x, X werden als long int- bzw. unsigned long int-Wert behandelt. Wird hingegen e, f oder g verwendet, werden die Umwandlungszeichen als double-Wert behandelt (bspw. %lf).
L	Die Umwandlungszeichen e, E, f, g, G werden als long double-Wert behandelt. Die Umwandlungszeichen d, i, o, u, x, X hingegen werden als long long-Wert behandelt (bspw. %Ld).
hh	Wie h, nur dass die Umwandlungszeichen d, i, o, u, x, X als signed char- bzw. unsigned char-Wert behandelt werden (bspw. %hhd).
j	Die Umwandlungszeichen d, i, o, u, x, X werden als intmax_t- bzw. uintmax_t-Wert behandelt (neu ab C99).
t	Die Umwandlungszeichen d, i, o, u, x, X werden als ptrdiff_t-Wert behandelt (neu ab C99).
z	Die Umwandlungszeichen d, i, o, u, x, X werden als size_t-Wert behandelt (neu ab C99).

Tabelle 15.4 Argumenttyp-Modifikationen

15.7.2 Funktionen zur formatierten Eingabe

Wie auch bei der printf-Familie für die Ausgabe gibt es von der scanf-Familie für die Eingabe mehrere Funktionen. Alle Funktionen verarbeiten die Eingabe auf die gleiche Art. Nur die Angaben der Quelle und Argumentenübergabe sind hierbei anders. Hierzu wieder ein Überblick über die einzelnen scanf-Funktionen:

```
int scanf( const char * restrict format, ... );
```

15 Eingabe- und Ausgabe-Funktionen

Damit lesen Sie von der Standardeingabe `stdin` formatiert ein. Natürlich gibt es wieder ein stream-orientiertes Gegenstück. Die Syntax hierzu lautet:

```
int fscanf( FILE * restrict fp,
            const char * restrict format, ... );
```

Die Funktion entspricht der einfachen `scanf`-Funktion, nur wird hierbei vom Eingabe-Stream `fp` eingelesen. `fscanf(stdin, format)` hat somit denselben Effekt wie die einfache `scanf`-Funktion. Auch eine string-orientierte Version ist vorhanden. Die Syntax hierzu:

```
int sscanf( const char * restrict src,
            const char * restrict format, ... );
```

Das liest den mit `src` adressierten String (`char`-Array) ein.

Die wide-orientierten Gegenstücke zu `scanf()`, `fscanf()` und `sscanf()` lauten `wscanf()`, `fwscanf()` und `swscanf()`.

Umwandlungsvorgaben für die scanf-Familie

Die gängigen Umwandlungszeichen zu `scanf` entsprechen denselben Zeichen, die im Abschnitt zuvor mit der `printf`-Familie beschrieben wurden. Daher wird in diesem Abschnitt darauf verzichtet, nochmals auf die einzelnen Umwandlungszeichen einzugehen. Sie können den Formatstring mit unterschiedlichen `scanf`-Funktionen formatieren. Es gilt folgende allgemeine Syntax:

`%[W][L][S]U`

Die einzelnen Teile in den eckigen Klammern können optional zu U verwendet werden. Die Bedeutung der einzelnen Buchstaben lautet:

- W = Weite, Feldbreite
- L = Längenangabe
- S = Suchmengenkonvertierung
- U = Umwandlungszeichen, Konvertierungsspezifizierer

Die Konvertierungsspezifikationen von W (für Weite, Feldbreite), L (für Längenangabe) und U (für Umwandlungszeichen) haben Sie bereits ausführlich im Abschnitt »Umwandlungsvorgaben für die printf-Familie« in Abschnitt 15.7.1, »Funktionen zur formatierten Ausgabe«, kennengelernt. Die Bedeutung ist im Allgemeinen dieselbe, nur bezieht sich diese hier auf die Eingabe statt auf die Ausgabe.

Suchmengenkonvertierung

Zusätzlich bieten die `scanf`-Funktionen beim Einlesen von Strings sogenannte Suchmengenkonvertierungen an. Sie können anstelle des Umwandlungszeichens s (für Strings, `char`-Arrays) verwendet werden.

Suche	Es wird eingelesen,
%[bezeichner]	bis ein Zeichen vorkommt, das nicht in der Liste bezeichner steht.
%[^bezeichner]	bis ein Zeichen vorkommt, das in der Liste bezeichner steht.

Tabelle 15.5 Suchmengenkonvertierung für die scanf-Funktionen

Ein kurzer Codeausschnitt hierzu:
```
01  char str[255], str2[255];
02  printf("Nur Zahlen eingeben   : ");
03  scanf("%254[0-9]", str);
04  printf("Keine Zahlen eingeben : ");
05  scanf("%254[^0-9]", str2);
```

Wenn Sie in Zeile **(03)** etwas eingeben, wird so lange eingelesen, bis das erste Zeichen nicht 0 bis 9 ist. Verwenden Sie dasselbe mit dem Caret-Zeichen (^), wird so lange eingelesen, bis ein Zeichen 0 bis 9 ist (siehe Zeile **(05)**). Zusätzlich wurde hier auch die Feldbreite mit 254 in den Zeilen **(03)** und **(05)** verwendet, damit kein Pufferüberlauf stattfindet. Weitere mögliche Beispiele zur Suchmengenkonvertierung:

```
%[A-Z]    // Großbuchstaben von A bis Z
%[a-fm-z] // Kleinbuchstaben a bis f und m bis z
%[a-fA-F] // Groß- und Kleinbuchstaben a-f A-F (Hexadezimal)
```

Bei der Verwendung eines Bindestrichs müssen Sie darauf achten, dass die Zeichen lexikalisch nach der ASCII-Tabelle verwendet werden. Es kann also nicht C-A, sondern es muss immer A-C verwendet werden.

15.8 Wahlfreier Dateizugriff

Wenn Sie eine Datei öffnen, verweist ein Indikator für die Dateiposition (der Schreib-/Lesezeiger) auf den Anfang der Datei, genauer gesagt auf das erste Zeichen mit der Position 0. Öffnen Sie eine Datei im Anhängemodus (a bzw. a+), verweist der Schreib-/Lesezeiger auf das Ende der Datei. Mit jeder Lese- oder Schreiboperation erhöht sich auch der Schreib-/Lesezeiger um die Anzahl der übertragenen Zeichen. Möchten Sie diesen sequenziellen Arbeitsfluss von Dateien ändern, müssen Sie Funktionen für einen wahlfreien Dateizugriff verwenden. Hierfür stehen die Funktionen fseek(), rewind() und fsetpos() zur Verfügung.

> **Wahlfreier Zugriff nicht immer möglich**
>
> Nicht bei allen Arten von Dateien kann ein wahlfreier Zugriff durchgeführt werden. Bei Gerätedateien wie von Druckern oder Terminals ist ein wahlfreier Zugriff bspw. nicht möglich.

15.8.1 Dateiposition ermitteln

Häufig werden Sie in der Praxis eine aktuelle Dateiposition im Programm abfragen wollen und erst später wieder auf diese Position zugreifen. Hierzu bietet C in der Headerdatei <stdio.h> zwei verschiedene Funktionen an. Zunächst die Funktion ftell():

long **ftell**(FILE * fp);

Diese Funktion liefert die aktuelle Schreib-/Lese-Position des Streams fp zurück. Erhalten Sie einen Fehler zurück, dann ist der Wert –1. Ähnlich funktioniert auch die Funktion fgetpos():

int **fgetpos**(FILE * restrict fp, fpos_t * restrict pos);

Bei dieser Funktion wird die aktuelle Schreib-/Lese-Position des Streams fp an das mit pos referenzierte Speicherobjekt vom Typ fpos_t (meistens ein typedef auf long oder long long) geschrieben. Die Funktion gibt 0 zurück, wenn alles in Ordnung war, ansonsten wird ein Wert ungleich 0 zurückgegeben.

15.8.2 Dateiposition ändern

Die Position von Schreib-/Lesezeigern ändern Sie durch drei in der Headerdatei definierte Funktionen. Zunächst die Syntax der Funktion fseek():

int **fseek**(FILE *fp, long offset, int origin);

Damit wird der Schreib-/Lesezeiger vom Stream fp durch die Angaben von offset relativ von dem Bezugspunkt origin versetzt. Für origin sind folgende drei Makros definiert:

Makro	Bezugspunkt ab ...
SEEK_SET	... dem Anfang der Datei (dezimaler Wert: 0)
SEEK_CUR	... der aktuellen Position (dezimaler Wert: 1)
SEEK_END	... dem Ende der Datei (dezimaler Wert: 2)

Tabelle 15.6 Makro für den Bezugspunkt »origin« in der Funktion »fseek()«

Trat bei der Funktion fseek() kein Fehler auf, wird 0 zurückgegeben und ggf. auch das EOF-Flag gelöscht. Im Fehlerfall ist der Rückgabewert der Funktion ungleich 0.

> **Maximal zwei Gigabytes**
>
> Auf den meisten 32-Bit-Systemen ist fseek() wegen long auf zwei Gigabytes beschränkt. Dafür sind häufig Spezialversionen (kein Standard) wie bspw. fseeko64() oder ähnlich vorhanden, die einen noch größeren wahlfreien Zugriff gewähren. Meistens sind auch spezielle Versionen wie bspw. ftello() vorhanden. Damit können Sie ebenfalls jenseits der zwei Gigabyte-Grenzen die Dateiposition abfragen.

Die zweite Funktion zum Ändern des Schreib-/Lesezeigers und so etwas wie das Gegenstück zur Funktion fgetpos() ist die Funktion fsetpos(). Hier die Syntax dazu:

```
int fsetpos( FILE *fp, const fpos_t *pos );
```

Hiermit setzen Sie den Schreib-/Lesezeiger des Streams fp auf den Wert, der durch pos referenziert wird. In der Regel sollte diese Position ein Wert von der zuvor aufgerufenen Funktion fgetpos() sein. Wurde die Funktion erfolgreich ausgeführt, wird 0 zurückgegeben und ebenfalls das EOF-Flag gelöscht. Bei einem Fehler wird ein Wert ungleich 0 zurückgegeben.

Mit der Funktion rewind() gibt es noch eine dritte Funktion zum Verändern der Dateiposition. Wie Sie am Namen schon herauslesen können, setzt diese

15 Eingabe- und Ausgabe-Funktionen

Funktion den Schreib-/Lesezeiger auf den Anfang der Datei. Hier die Syntax dazu:

```
void rewind( FILE * fp );
```

Nachdem der Schreib-/Lesezeiger des Streams fp auf den Anfang gesetzt wurde, wird auch das EOF-Flag gelöscht. Ein Aufruf von rewind(fp) entspricht folgendem Aufruf:

```
(void)fseek( fp, 0L, SEEK_SET );
```

Hierzu ein einfaches Beispiel, das Ihnen den wahlfreien Dateizugriff in der Praxis demonstriert:

```
00  // kap015/listing009.c
01  #include <stdio.h>
02  #include <stdlib.h>

03  long fileSize( FILE *fp ) {
04    fseek( fp, 0L, SEEK_END );
05    return ftell(fp);
06  }

07  int main (void) {
08    FILE *rfp;
09    long endPos, aktPos, neuPos;
10    int c;
11    rfp = fopen("datei.txt", "r");
12    if( rfp != NULL ) {
13      endPos = fileSize( rfp );
14    }
15    rewind( rfp ); // Wieder zum Anfang zurück
16    printf("Lesezeiger nach vorne setzen. Um wie viel: ");
17    do{ scanf("%ld", &neuPos); }while(getchar() != '\n');
18    if( neuPos > endPos ) {
19      printf("Fehler: Datei ist nur %ld Byte groß\n",endPos);
20    }
21    fseek( rfp, neuPos, SEEK_CUR );
22    while( (c=getc(rfp)) != EOF ) {
23      putc(c, stdout);
24    }
25    return EXIT_SUCCESS;
26  }
```

Nachdem eine Datei in Zeile **(11)** geöffnet worden ist, holen Sie die Dateigröße in Zeile **(13)** mit der selbstgeschriebenen Funktion `fileSize()`. Die Funktion wurde in den Zeilen **(03)** bis **(06)** definiert. In der Funktion wird zunächst in Zeile **(04)** der Stream mit `fseek()` auf das Dateiende gesetzt. Diese Position wird in Zeile **(05)** an den Aufrufer mit der Funktion `ftell()` zurückgegeben. In der Variablen `endPos` in Zeile **(13)** steht dann quasi die Dateigröße in Bytes. In Zeile **(15)** setzen Sie den Lesezeiger des Streams mit `rewind()` wieder auf den Anfang der Datei.

In den Zeilen **(16)** und **(17)** werden Sie gefragt, wie viele Bytes Sie dem Anfang des Lesezeigers vorsetzen wollen. Den eingegebenen Wert überprüfen Sie zunächst in Zeile **(18)** mit der zuvor ermittelten Dateigröße. Damit verschieben Sie den Lesezeiger nicht über die Dateigröße hinaus, denn das würde zu einem Fehler führen. In Zeile **(21)** wird der Lesezeiger des Streams dann von der aktuellen Position, dem Dateianfang, auf die neue Position gesetzt und in den Zeilen **(22)** bis **(24)** Zeichen für Zeichen eingelesen und ausgegeben.

> **Aktuelle Position überschreiben**
>
> Wenn Sie eine Datei in einem Schreibmodus (bspw. `"w"`) öffnen, den Schreibzeiger in der Datei irgendwo positionieren und an dieser Stelle mit einer entsprechenden Funktion etwas in den Stream schreiben, wird der Inhalt an dieser Stelle überschrieben.

15.9 Fehlerbehandlung

Neben den Rückgabewerten der einzelnen Funktionen können Sie auch Funktionen verwenden, mit denen Sie überprüfen, ob ein Fehler mit einem FILE-Objekt und den Ein- und Ausgabe-Funktionen entstanden ist.

15.9.1 Fehler-Flag von Stream überprüfen – »ferror()«

Generell können Sie immer den Rückgabewert zum Überprüfen auf einen Fehler von Ein-/Ausgabe-Funktionen verwenden. Da bei einem Fehler im FILE-Speicherobjekt auch ein Fehler-Flag gesetzt wird, können Sie den Stream regelmäßig mit der Funktion `ferror()` überprüfen. Wenn ein Fehler-Flag gesetzt ist, ist beim Lesen oder Schreiben ein Fehler aufgetreten. Die Syntax dieser Funktion lautet:

```
int ferror( FILE * fp );
```

15 Eingabe- und Ausgabe-Funktionen

Bei einem Fehler im Stream fp gibt diese Funktion einen Wert ungleich 0 zurück. 0 wird zurückgegeben, wenn alles in Ordnung war.

Eine einfache Verwendung von ferror() wäre:

```
FILE *fp = fopen("datei.txt", "r");
if(ferror(fp)) {
  // Fehler beim Öffnen der Datei
}
```

Hier wird überprüft, ob der Stream fp nach dem Öffnen das Fehler-Flag gesetzt hat. Dies würde bedeuten, dass ein Fehler beim Öffnen aufgetreten ist. Selbiges können Sie natürlich bei den Lese- und Schreiboperationen testen. Hier ein Beispiel:

```
...
fputc( ch, fp );
if( ferror(fp)) {
  // Fehler beim Schreiben mit fputc
}
```

15.9.2 Dateiende von Stream überprüfen – »feof()«

Ähnlich ist dies mit dem EOF-Flag eines Streams, wenn das Dateiende erreicht wird. Anstatt das Flag wie folgt zu testen

```
while( (ch=getc(fp)) != EOF) {
...
}
```

können Sie mithilfe der dafür vorgesehenen Funktion feof() Folgendes schreiben:

```
while( ch = getc(fp) ) {
  if( feof(fp) ) {
    // EOF-Flag gesetzt, Dateiende erreicht
  }
  ...
}
```

Die Syntax von feof() ist ähnlich zu ferror() und lautet:

```
int feof( FILE *fp );
```

Auch die Rückgabewerte entsprechen der Funktion ferror(). Wenn der Rückgabewert gleich 0 ist, wurde das EOF-Flag noch nicht gesetzt. Ungleich 0 wird zurückgegeben, wenn das EOF-Flag gesetzt wurde.

> **»feof()« und »ferror()« versus Rückgabewerte**
>
> Das EOF-Flag (bzw. WEOF bei den entsprechenden Funktionen von breiten Zeichen) wird von einer Lesefunktion gesetzt, wenn das Dateiende erreicht wird. Der Rückgabewert EOF (bzw. WEOF) kann aber auch bei einem aufgetretenen Fehler zurückgegeben werden. Damit Sie diese beiden Fälle unterscheiden können, müssen Sie entweder die Funktion feof() oder die Funktion ferror() aufrufen.

15.9.3 Die Fehlervariable »errno«

Tritt bei einem Systemaufruf ein Fehler auf, wird in der globalen Variable errno ein entsprechender Fehlerwert gesetzt. Mit den beiden Funktionen strerror() und perror() können Sie diese Systemfehlermeldung, die einige Standardfunktionen unterstützen, ausgeben lassen. Die Variable errno ist in der Headerdatei <errno.h> definiert. Hier ein Beispiel:

```
long aktPos = ftell(fp);
if(aktPos < 0) {
   perror("Fehler bei ftell()");
}
```

Hat in diesem Fall die Funktion ftell() fehlgeschlagen, gibt die Funktion perror() auf dem GCC eine Fehlermeldung aus wie:

```
Fehler bei ftell(): Bad file descriptor
```

Der Doppelpunkt und die Fehlermeldung dahinter mit einem Newline-Zeichen wurde von der Funktion perror() hinzugefügt. Leider sind die meisten Fehlermeldungen compiler- und systemabhängig. Lediglich folgende drei Fehlerkonstanten sind in der Headerdatei <errno.h> garantiert und können daher zuverlässig von perror() oder strerror() ausgegeben werden:

Konstante	Bedeutung
EDOM	*Domain error*: unzulässiges Argument für eine mathematische Funktion
EILSEQ	*Illegal sequence*: Bei der Verarbeitung von Multibyte-Zeichen wurde ein Byte entdeckt, das kein gültiges Zeichen darstellt.
ERANGE	*Range error*: Das Ergebnis liegt außerhalb des Bereichs.

Tabelle 15.7 Standardmäßige Fehlerkonstanten

15.9.4 Fehler- und EOF-Flag zurücksetzen – »clearerr()«

Wollen Sie das EOF-Flag und das Fehler-Flag eines Streams zurücksetzen, brauchen Sie nur die Funktion clearerr() aufrufen:

void **clearerr**(FILE *fp);

Das kann sinnvoll sein, wenn Sie bspw. nach einer fehlerhaften Ein-/Ausgabe-Operation erneut die Funktionen feof() und/oder ferror() zur Überprüfung verwenden wollen.

15.10 Datei löschen oder umbenennen

Möchten Sie eine Datei löschen oder umbenennen, stehen Ihnen in der Headerdatei <stdio.h> zwei Funktionen zur Verfügung, die keinen Stream benötigen. Eine Datei löschen können Sie ganz einfach mit der Funktion:

int **remove**(const char *pathname);

Bei Erfolg gibt die Funktion 0 aus. Bei einem Fehler, wenn die Datei nicht gelöscht werden konnte, gibt sie –1 zurück. Neben der richtigen Pfadangabe sind beim Löschen natürlich auch die erforderlichen Zugriffsrechte nötig.

Ähnlich einfach ist die Funktion zum Umbenennen von Dateien aufgebaut. Die Syntax hierzu:

int **rename**(const char *oldname, const char *newname);

Wenn alles glatt verlief, wird der Name oldname durch newname ersetzt, und die Funktion gibt 0 zurück. Im Fehlerfall wird –1 zurückgegeben.

15.11 Pufferung

Eine kurze Erklärung noch zur Pufferung: Die Standardeinstellung ist bei ANSI-C-Compilern die Vollpufferung. Das ist sinnvoller und schneller, als einzelne Zeichen zu lesen oder zu schreiben, denn es finden weniger Lese- und Schreiboperationen etwa auf der Festplatte oder auf dem Arbeitsspeicher statt. Die Puffergröße ist abhängig vom Compiler, liegt aber meistens bei 512 und 4.096 Bytes. Die Größe ist in der Headerdatei <stdio.h> mit der Konstante BUFSIZ angegeben.

Das bedeutet allerdings nicht, dass Sie jetzt von der Vollpufferung abhängig sind. Wenn Sie eine andere Pufferung für einen Stream verwenden möchten, können Sie dies mit den Funktionen setbuf() oder setvbuf() nach dem Öffnen eines Streams mittels `fopen()` ändern. Folgende Pufferungsarten können Sie verwenden:

- Vollpufferung: Das ist die Standardeinstellung. Die Zeichen im Puffer werden erst übertragen, wenn der Puffer voll ist. Die Ausgabe von Daten, die noch im Puffer liegen, kann aber auch mit der Funktion `fflush()` erzwungen werden. Der Puffer wird nach dem normalen Schließen eines Streams und nach dem normalen Beenden eines Programms automatisch geleert.
- Zeilenpufferung: Hier werden die Daten im Puffer erst übertragen, wenn ein Newline-Zeichen vorhanden ist oder wenn der Puffer voll ist.
- Ungepuffert: Die Zeichen werden unmittelbar aus dem Stream übertragen.

15.12 Aufgabe

Zugegeben, das Kapitel ist jetzt etwas umfangreicher geworden und doch irgendwie ziemlich kompakt. Es wurde relativ viel Stoff auf engstem Raum untergebracht. Die Grundlagen der Ein-/Ausgabe haben Sie jetzt allerdings kennengelernt. Mal sehen, wie viel Sie davon verstanden haben.

15.12.1 Level 1

1. Was sind Streams?
2. Welche Funktionen kennen Sie, mit denen Sie eine Datei öffnen können?
3. Nennen Sie kurz die Funktionen zur unformatierten Ein-/Ausgabe und deren Art der Verwendung.
4. Nennen Sie jeweils drei Funktionen der `scanf`- und `printf`-Familie sowie deren Anwendungsgebiete.

15.12.2 Level 2

1. Im folgenden Codeausschnitt soll die Datei *datei.txt* in die Datei *kopie.txt* zeichenweise kopiert werden. Allerdings sind nach diesem Vorgang beide Dateien leer. Was wurde falsch gemacht?

```
01  #define FILENAME1 "datei.txt"
02  #define FILENAME2 "kopie.txt"
```

15 Eingabe- und Ausgabe-Funktionen

```
...
03    FILE *fpr, *fpw;
04    int c;
05    fpr = fopen( FILENAME1, "w" );
06    fpw = fopen( FILENAME2, "a+" );
   ...
07    while ( (c=fgetc(fpr)) != EOF ) {
08       fputc(c, fpw );
09    }
```

2. Im folgenden Beispiel soll in einer Schleife eine Art Berechnung simuliert werden. Natürlich wird keine Berechung durchgeführt. In Zeile **(10)** basteln Sie den Dateinamen mithilfe der Funktion sprintf() à la *Berechnung1.txt*, *Berechnung2.txt* usw. In den Zeilen **(11)** und **(12)** tun Sie einfach so, als fände eine Berechnung statt. In Zeile **(15)** erstellen Sie eine neue Datei für die Berechnung mit dem zuvor erzeugten Dateinamen von Zeile **(10)** und schreiben das Ergebnis der Berechnung in Zeile **(16)** in die Datei, in diesem Fall nur einen formatierten String mit der Nummer der Berechnung. Konnte keine Datei erzeugt werden, wird stattdessen das Ergebnis der Berechnung in Zeile **(19)** formatiert und auf die Standardfehlerausgabe, also den Bildschirm, ausgegeben. Auf einigen Systemen werden alle Berechnungen in eine Datei von *Berechnung1.txt* bis *Berechnung999.txt* geschrieben. Bei anderen Systemen werden ab einer gewissen Anzahl von Berechnungen nur noch die Ergebnisse auf die Standardfehlerausgabe gemacht und keine neue Datei mehr angelegt. Warum?

```
00 // kap015/aufgabe001.c
01 #include <stdio.h>
02 #include <stdlib.h>

03 int main(void) {
04    int i = 0;
05    char filename[255];
06    FILE *fp[1000];
07    printf("Programmstart\n");
08    while( i < 1000 ) {
09       // Dateinamen basteln mit fortlaufender Nummer
10       sprintf( filename, "Berechnung%d.txt", i);
11       // Umfangreiche Berechnung hier
12       // ...
13       // Ergebnis in eine Datei
```

```
14      fp[i] = fopen( filename, "w" );
15      if( fp[i] != NULL ) {
16         fprintf(fp[i], "Ergebnis der Berechnung Nr.%d", i );
17      }
18      else {
19         fprintf(stderr, "Ergebnis der Berechnung Nr.%d", i);
20      }
21      ++i;
22   }
23   return EXIT_SUCCESS;
24 }
```

15.12.3 Level 3

1. Erstellen Sie ein Programm, das eine Datei mit folgendem Inhalt ausliest:

   Montag;2345;2341
   Dienstag;3245;1234
   Mittwoch;3342;2341
   Donnerstag;2313;2341
   Freitag;2134;6298

   Die Semikolons stellen die Trennzeichen zwischen den einzelnen Werten da. Folgende Bedeutung fällt den einzelnen Werten zu:

   Tag;Einnahmen;Ausgaben

   Berechnen Sie zusätzlich alle Einnahmen und Ausgaben am Ende der Woche, und erstellen Sie eine Gesamtbilanz, wie viel in der Woche eingenommen bzw. ausgegeben wurde. **Tipp:** Verwenden Sie fscanf() zum formatierten Einlesen.

2. Schreiben Sie eine Funktion, mit der Sie eine beliebige Datei löschen können. Beachten Sie allerdings, dass beim Löschen einer Datei mit remove() nur der Speicher freigegeben wird und die Datei jederzeit wiederhergestellt werden kann. Schreiben Sie die Funktion daher so, dass der Inhalt der Datei zuvor zerstört wird (bspw. mit 0 überschreiben).

A Rangfolge der Operatoren

In der folgenden Tabelle werden die Operatoren von C und ihre Assoziativität (die Bindung der Operanden) in absteigender Reihenfolge aufgelistet. Operatoren derselben Prioritätsklasse haben dieselbe Rangstufe.

A.1 Operatoren-Priorität

Operator	Bedeutung / Name	Assoziativität
1. Priorität		
++	Erhöhung nach Auswertung	von links nach rechts
--	Erniedrigung nach Auswertung	
()	Funktionsaufruf	
[]	Array-Element	
->	Zeiger auf Strukturelement	
.	Element einer Struktur oder Union	
2. Priorität		
++	Erhöhung vor Auswertung	von rechts nach links
--	Erniedrigung vor Auswertung	
!	logische Negation	
~	Einerkomplement	
-	unäres Minus	
+	unäres Plus	
&	Adresse	
*	Indirektion	
sizeof	Größe in Bytes	
(type)	Typenumwandlung (cast)	
3. Priorität		
*	Multiplikation	von links nach rechts
/	Division	

A.1 Operatoren-Priorität

Operator	Bedeutung / Name	Assoziativität
%	Rest einer Division	
4. Priorität		
+	Addition	von links nach rechts
-	Subtraktion	
5. Priorität		
<<	bitweises Linksschieben	von links nach rechts
>>	bitweises Rechtsschieben	
6. Priorität		
<	kleiner als	von links nach rechts
<=	kleiner gleich	
>	größer als	
>=	größer gleich	
7. Priorität		
==	gleich	von links nach rechts
!=	ungleich	
8. Priorität		
&	bitweises UND	von links nach rechts
9. Priorität		
^	bitweises EXKLUSIV-ODER	von links nach rechts
10. Priorität		
|	bitweises ODER	von links nach rechts
11. Priorität		
&&	logisches UND	von links nach rechts
12. Priorität		
||	logisches ODER	von links nach rechts
13. Priorität		
?:	Bedingung	von rechts nach links

A Rangfolge der Operatoren

Operator	Bedeutung / Name	Assoziativität
14. Priorität		
=	Zuweisung	von rechts nach links
*=, /=, %=, +=, -=	zusammengesetzte Zuweisungen (arithmetisch)	
<<=, >>=, &=, ^=, |=	zusammengesetzte Zuweisungen (bitweise)	
15. Priorität		
,	Komma-Operator	von links nach rechts

A.2 ASCII-Code-Tabelle

Dez		0	16	32	48	64	80	96	112
	Hex	0	10	20	30	40	50	60	70
0	0	NUL	DLE	(Blank)	0	@	P	'	p
1	1	SOH	DC1	!	1	A	Q	a	q
2	2	STX	DC2	"	2	B	R	b	r
3	3	ETX	DC3	#	3	C	S	c	s
4	4	EOT	DC4	$	4	D	T	d	t
5	5	ENQ	NAK	%	5	E	U	e	u
6	6	ACK	SYN	&	6	F	V	f	v
7	7	BEL	ETB	'	7	G	W	g	w
8	8	BS	CAN	(	8	H	X	h	x
9	9	HT	EM	)	9	I	Y	i	y
10	A	NL	SUB	*	:	J	Z	j	z
11	B	VT	ESC	+	;	K	[	k	{
12	C	NP	FS	,	<	L	\	l	|
13	D	CR	GS	-	=	M	]	m	}
14	E	SO	RS	.	>	N	^	n	~
15	F	SI	US	/	?	O	_	o	(DEL)

A.3 Reservierte Schlüsselwörter in C

auto	break	case	char	const
continue	default	do	double	else
enum	extern	float	for	goto
if	**inline**	int	long	register
restrict	return	short	signed	sizeof
static	struct	switch	typedef	union
unsigned	void	volatile	while	**_Bool**
_Complex	**_Imaginary**			

(Schlüsselwörter in fett wurden erst mit dem ANSI-C99-Standard eingeführt.)

A.4 Standard-Headerdateien der ANSI-C-Bibliothek

assert.h	limits.h	**stdint.h**
complex.h	locale.h	stdio.h
ctype.h	math.h	stdlib.h
errno.h	setjmp.h	string.h
fenv.h	signal.h	**tgmath.h**
float.h	stdarg.h	time.h
inttypes.h	**stdbool.h**	wchar.h
iso646.h	stddef.h	wctype.h

(Headerdateien in fett wurden erst mit dem ANSI-C99-Standard eingeführt.)

B Kommandozeilenargumente

Wenn z. B. ältere Programme überholt werden müssen, wird der Umgang mit der Kommandozeile wichtig. Bei Betriebssystemen wie Linux, Mac OS X, UNIX oder FreeBSD ist es nach wie vor üblich (teilweise sogar unerlässlich), dass man sehr viel mit einer Kommandozeile arbeitet.

Beim Schreiben eines Konsolenprogramms für Linux/UNIX oder MS-DOS (Eingabeaufforderung) sind Kommandozeilenparameter immer noch eines der wichtigsten Konzepte. Da Konsolenprogramme keine grafische Oberfläche besitzen, stellt die Kommandozeile die wichtigste Schnittstelle zwischen dem Anwender und dem Programm dar.

Dem Programm werden Argumente beim Aufruf übergeben. Unter MS Windows können Sie hierfür die Eingabeaufforderung cmd.exe verwenden. Unter Linux genügt eine einfache Konsole bzw. Shell. Sofern Sie Entwicklungsumgebungen (IDEs) verwenden, müssen Sie Kommandozeilenargumente anders übergeben. Viele Entwicklungsumgebungen bieten hierfür beim Menü AUSFÜHREN noch ein Untermenü PARAMETER oder so ähnlich (abhängig von der IDE), um die Argumente noch vor dem Programmstart festzulegen. Mehr dazu finden Sie auf der Webseite *http://www.pronix.de/pronix-1168.html*.

Damit Sie einem Programm beim Start Argumente übergeben können, wird eine parameterisierte Hauptfunktion benötigt. Ihre Syntax sieht wie folgt aus:

```
int main(int argc, char *argv[]) { /* ... */ }
```

Die Hauptfunktion `main()` besitzt zwei Parameter mit den Namen `argc` und `argv`. Die Namen dieser Parameter sind so nicht vorgeschrieben. Sie können genauso gut Folgendes schreiben:

```
int main(int argumenten_zaehler, char *argumenten_vektor[]) {
   /* ... */
}
```

Der erste Parameter beinhaltet die Anzahl von Argumenten, die dem Programm beim Start übergeben wurden. Dabei handelt es sich um einen Integer-Wert. Im zweiten Parameter stehen die einzelnen Argumente. Diese werden als Strings in einer Stringtabelle gespeichert. Folgendes Beispiel demonstriert dies:

```c
/* argument.c */
#include <stdio.h>
#include <stdlib.h>

int main(int argc, char *argv[]) {
  int i;
  for(i=0; i < argc; i++) {
    printf("argv[%d] = %s ", i, argv[i]);
    printf("\n");
  }
  return EXIT_SUCCESS;
}
```

Das Listing wurde z. B. unter dem Namen argument.c gespeichert und anschließend übersetzt. Wenn Sie das Programm starten, wird auf dem Bildschirm der Programmname ausgegeben:

$ ./argument
```
argv[0] = ./argument
```

Starten Sie das Programm jetzt nochmals mit folgender Eingabe (argument sei wieder der Programmname):

$ ./argument Hallo Welt
```
argv[0] = ./argument
argv[1] = Hallo
argv[2] = Welt
```

Die einzelnen Argumente, die dem Programm übergeben werden, müssen immer durch mindestens ein Leerzeichen getrennt sein. Wenn Sie z. B. Folgendes eingeben:

$ ./argument HalloWelt
```
argv[0] = argument
argv[1] = HalloWelt
```

werden nur noch zwei Argumente ausgegeben, weil zwischen *Hallo* und *Welt* kein Leerzeichen mehr war.

Der Parameter int argc zählt die Anzahl der Strings, die dem Programm beim Aufruf mitgegeben wurden. Dazu ein Beispiel:

```c
/* arg_counter.c */
#include <stdio.h>
#include <stdlib.h>
```

B Kommandozeilenargumente

```c
int main(int argc, char **argv) {
  printf("Insgesamt %d Argumente\n", argc-1);
  printf("Letztes Argument: %s\n", argv[argc-1]);
  return EXIT_SUCCESS;
}
```

Bei diesem Beispiel werden die Anzahl der Argumente und das letzte Argument ausgegeben. Es kann nützlich sein, die Anzahl der Argumente zu kennen, wenn Sie ein Programm erstellen, das eine bestimmte Anzahl von Argumenten aus der Kommandozeile erfordert.

C Lösungen der Übungsaufgaben

C.1 Lösungen zum Kapitel 2

C.1.1 Lösung Level 1

1. Der Basic-Zeichensatz enthält alle Zeichen, die für das Schreiben von Programmen verwendet werden können. Die Zeichen des Ausführungszeichensatzes hingegen werden erst bei der Ausführung des Programms beachtet.
2. *Case sensitiv* bedeutet, dass C zwischen Groß- und Kleinschreibung unterscheidet. Bezeichner wie »hip«, »HiP«, »Hip« oder »HIP« sind somit vier verschiedene Bezeichner.
3. Anweisungen werden mit einem Semikolon abgeschlossen.

C.1.2 Lösung Level 2

1. Folgende drei Fehler waren im Programm enthalten:

```
00  // kap002/loesung001.c
01  #include <stdio.h>

02  int main(void) {        // main nicht Main !!!
03      printf("Ei-Pod\n"); // " anstatt ' (Zeichenkette)
04      return 0;           // Semikolon am Ende fehlte
05  }
```

2. In dem Beispiel wurde am Anfang vergessen, die Headerdatei stdio.h zu inkludieren. Es fehlt also die Zeile:

```
#include <stdio.h>
```

C.1.3 Lösung Level 3

Hier eine mögliche Lösung der Aufgabe:

```
00  // kap002/loesung002.c
01  #include <stdio.h>

02  int main(void) {
03      printf("\tJ\n\tu\n\ts\n\tt ");
04      printf("for F\n\t\tu\n\t\tn\n");
```

C.2 Lösungen zum Kapitel 3

C.2.1 Lösung Level 1

1. Mit einer Deklaration teilen Sie dem Compiler den Datentyp und den Bezeichner der Variable mit. Erst wenn ein Speicherplatz für diese Variable reserviert wird, spricht man von einer Definition.
2. Ganzzahlen: char, short, int, long, long long
   Fließkommazahlen: float, double, long double
3. Die Werte für Ganzzahlen sind in der Headerdatei <limits.h> und für Fließkommazahlen in der Headerdatei <float.h> deklariert.
4. Mit unsigned vor dem Datentyp können keine negativen Werte mehr gespeichert werden (vorzeichenlos). Das Schlüsselwort signed wird für vorzeichenbehaftete Variablen verwendet. Allerdings ist dieses Schlüsselwort (abgesehen von char) überflüssig, weil ganzzahlige Typen ohne Verwendung von unsigned immer vorzeichenbehaftet sind.
5. Der Compiler bevorzugt meistens double und wandelt den Fließkommatyp float intern in double um.
6. Die meisten und grundlegenden Funktionen für mathematische Berechnungen sind in der Headerdatei <math.h> deklariert.
7. Das Ergebnis der mathematischen Berechnung kann nicht mehr ohne erhebliche Rundungsfehler dargestellt werden.
8. Wird char ohne die Schlüsselwörter signed und unsigned in Verbindung mit Ganzzahlen verwendet, hängt es von der Implementierung ab, ob char vorzeichenbehaftet ist oder nicht.

C.2.2 Lösung Level 2

1. Die fett hervorgehobenen Teile wurden verbessert:

```
00  // kap003/loesung001.c
01  #include <stdio.h>

02  int main(void) {
03      int var1, var2;
04      printf("Zahl 1 eingeben:");
05      scanf("%d", &var1); // Adressoperator &
```

```
06      printf("Zahl 2 eingeben: ");
07      scanf("%d", &var2); // Falsches Formatzeichen und &
08      printf("%d + %d = %d\n",var1, var2, var1+var2);
09      return 0;
10   }
```

2. Die Ausgabe wurde als Kommentar hinzugefügt:

   ```
   int i = 1;
   printf("i = %d\n", i--);    // i = 1
   printf("i = %d\n", ++i);    // i = 1
   printf("i = %d\n", i++);    // i = 1
   printf("i = %d\n", ++i);    // i = 3
   ```

3. Die Lösungen wurden als Kommentar hinzugefügt:

   ```
   // Richtig - ein Leerzeichen wird übergeben
   01   char ch1 = ' ';
   // Richtig, aber kein guter Stil, 66 ist nach ASCII ein 'A'
   02   char ch2 = 66;
   // Falsch, "X" ist eine Zeichenkette hat zwei Bytes
   03   char ch3 = "X";
   // Richtig, aber kein guter Stil \x42 ist nach ASCII ein 'A'
   04   char ch4 = '\x42';
   // Richtig, ch5 erhält ebenfalls das Leerzeichen von ch1
   05   char ch5 = ch1;
   // Richtig, aber kein guter Stil (0x43 ist nach ASCII 'B')
   06   char ch6 = 0x43;
   // Falsch, hier gibt es keine char-Variable mit A
   07 char ch7 = A;
   ```

C.2.3 Lösung Level 3

Eine einfache Musterlösung könnte wie folgt aussehen:

```
00  // kap003/loesung002.c
01  #include <stdio.h>

02  int main(void) {
03      double cel;
04      printf("Temperatur in Celcius: ");
05      scanf("%lf", &cel );
06      printf("%.2lf Grad Celcius sind ...\n", cel);
07      printf("%.2lf Kelvin\n", cel+273.15);
08      printf("%.2lf Grad Fahrenheit\n", ((cel*9)/5+32));
```

```
09    return 0;
10  }
```

Das Programm sieht bei der Ausführung folgendermaßen aus:

```
Temperatur in Celcius: 11
11.00 Grad Celcius sind ...
284.15 Kelvin
51.80 Grad Fahrenheit
```

C.3 Lösungen zum Kapitel 4

C.3.1 Lösung Level 1

1. Bei der *impliziten Typenumwandlung* nimmt der Compiler automatisch die Konvertierung von einem Datentyp zum anderen nach festen Regeln vor.

2. Mit der *expliziten Typenumwandlung* kann der Programmierer selbst eine Umwandlung von einem zum anderen Datentyp erzwingen. Eine *explizite Umwandlung* sollten Sie immer vornehmen, wenn bei einer Umwandlung Speicherinformationen verloren gehen könnten (bspw. zwischen Gleitpunktzahlen und Ganzzahlen).

3. Die *explizite Umwandlung* wird mithilfe des *Cast-Operators* durchgeführt:

   (typ) ausdruck

   Dabei wird immer zuerst ausdruck ausgewertet, ehe dieser in ausdruck zurückgegebene Wert in den Datentyp typ konvertiert wird.

4. Vor der Verwendung in einer Berechnung oder einem Ausdruck werden die Typen grundsätzlich in ein int umgewandelt. In C wird mit nichts Kleinerem gerechnet als mit einem int. Sollte int nicht ausreichen, um den Wert aufzunehmen, wird mit unsigned int gerechnet.

5. Der Nachkommateil wird abgeschnitten. Aus dem float-Wert mit 3.5 würde ein int-Wert mit 3 werden.

C.3.2 Lösung Level 2

1. Der fett hervorgehobene Teil wurde geändert:

   ```
   01  int ivalA = 25;
   02  int ivalB = 10;
   ```

```
03    float erg = (float)ivalA / ivalB * 100;

04    printf("Ergebnis: %f\n", erg);   // = 250.00
```

2. Im Listing wurden die gleich breiten Typen signed int und unsigned int miteinander verglichen. Das sollten Sie unbedingt vermeiden. Gewöhnlich gibt hierbei der Compiler ohnehin die Warnmeldung aus, dass ein Vergleich zwischen einem vorzeichenlosen und einem vorzeichenbehafteten Typ durchgeführt wird. Als mögliche Lösung würde sich eine explizite Typenumwandlung wie z. B. in Zeile **(05)** der Musterlösung loesung001.c eignen. Oder Sie sollten, sofern möglich, das Mischen von gleich breiten signed- und unsigned-Typen komplett vermeiden. In Zeile **(11)** wurde zu Demonstrationszwecken das Formatzeichen %u für den unsigned-Typen verwendet, um mit der Ausgabe zu zeigen, warum beim Mischen von signed- und unsigned-Typen −1 größer als 1 sein kann.

```
00    // kap004/loesung001.c
01    #include <stdio.h>

02    int main(void) {
03       int ivalA = -1;
04       unsigned int uvalB = 1;
05       if( ivalA > (int) uvalB ) {
06          printf("iValA > iValB\n");
07       }
08       else {
09          printf("ivalA < ivalB\n");
10       }
11       printf("%u > %u\n", ivalA, ivalB);   //4294967295 > 1
12       return 0;
13    }
```

3. Folgende Werte werden ausgegeben:

```
ival : 1234
cval : -46
dval : 1234.123047
```

Bei ival wurde der Nachkommateil weggelassen. Bei cval wurden die höherwertigen Bits weggelassen, und bei dval gibt es im Grunde genommen keine größeren Probleme (abgesehen von den üblichen Rundungsfehlern).

C.3.3 Lösung Level 3

Eine mögliche Musterlösung:

```
00  // kap004/loesung002.c
01  #include <stdio.h>

02  int main(void) {
03      int ivar1 = 123456, ivar2 = 123456789;

04      float fvar = ivar1;
05      printf("%d : %f -> ", ivar1, fvar);
06      printf("Rundungsfehler: %f\n", fvar - ivar1);

07      fvar = ivar2;
08      printf("%d : %f -> ", ivar2, fvar);
09      printf("Rundungsfehler: %f\n", fvar - ivar2);
10      return 0;
11  }
```

Das Programm bei der Ausführung:

```
123456 : 123456.000000 -> Rundungsfehler: 0.000000
123456789 : 123456792.000000 -> Rundungsfehler: 3.000000
```

C.4 Lösungen zum Kapitel 5

C.4.1 Lösung Level 1

1. Wird die Bedingung der if-Anweisung erfüllt (ist sie wahr; true), wird ein Wert ungleich 0 zurückgeliefert. Ansonsten wird bei einer falschen Bedingung (ist unwahr; false) gleich 0 zurückgegeben.

2. Die Alternative, aber optionale Verzweigung einer if-Anweisung wird mit else eingeleitet. Sie wird ausgeführt, wenn die Bedingung von (oder mehrere) if unwahr (also gleich 0) ist.

3. Sie können entweder mehrere if-Anweisungen verketten (mit else if) oder eine Fallunterscheidung mit switch verwenden.

4. break dient als Ausstiegspunkt aus dem switch-Konstrukt. Wird kein break am Ende einer case-Marke verwendet und eine entsprechende Marke angesprungen, werden sämtliche Anweisungen des switch-Konstruktes dahinter abgearbeitet, bis zum Ende des switch-Rumpfes oder

bis zum nächsten `break`. Dies kann allerdings durchaus gewollt sein und ist daher rein syntaktisch kein Fehler.

5. Findet keine Übereinstimmung bei den `case`-Marken statt, können Sie eine `default`-Marke setzen, zu der verzweigt wird.
6. Es gibt den logischen UND-Operator (`&&`), den logischen ODER-Operator (`||`) und den logischen NICHT-Operator (`!`). In der Praxis werden diese Operatoren verwendet, um mehrere Ausdrücke miteinander zu einer Bedingung zu verknüpfen. Damit lassen sich bspw. Verzweigungen ausführen, bei denen zwei oder mehrere Bedingungen gleichzeitig zutreffen (wahr; ungleich 0) oder auch nicht zutreffen (unwahr, gleich 0) sollen.

C.4.2 Lösung Level 2

1. Hier wurde in Zeile **(06)** der Zuweisungsoperator (`=`) statt des Vergleichsoperators (`==`) verwendet. Dies ist ein Fehler, der immer wieder gerne produziert wird. Abhilfe könnten Sie schaffen, indem Sie den Compiler mehr Warnungen ausgeben lassen (bspw. mit der Option `-Wall` beim gcc) oder wenn Sie sich angewöhnen, den Vergleich folgendermaßen umzudrehen:

```
if( 100 == ival ) { ... }
```

Würden Sie jetzt hier versehentlich den Zuweisungsoperator statt des Vergleichsoperators verwenden, würde der Compiler eine Fehlermeldung ausgeben, weil eine Variable nicht an einen Wert zugewiesen werden kann.

2. Folgende Werte haben die logischen Verknüpfungen ergeben:

```
01   logo1 = 1   // wahr
02   logo2 = 1   // wahr
03   logo3 = 0   // unwahr
04   logo4 = 0   // unwahr
05   logo5 = 1   // wahr
```

3. In Zeile **(06)** befindet sich hinter den `if`-Klammern ein Semikolon. Dieses schließt die `if`-Anweisung zwar ordnungsgemäß ab; das war aber hier so nicht gewollt. Der Anweisungsblock in den geschweiften Klammern ist somit nicht mehr Teil der `if`-Anweisung, sondern ein eigenständiger verschachtelter Anweisungsblock in der `main`-Funktion.

```
06   if( chck != 2 );    ← Das Semikolon ist der Fehler
```

C Lösungen der Übungsaufgaben

C.4.3 Lösung Level 3

1. Hierzu eine mögliche Musterlösung:

```
00  // kap005/loesung001.c
01  #include <stdio.h>

02  int main(void) {
03     int ival;

04     printf("Zahl zwischen 1-100 eingeben: ");
05     scanf("%d", &ival);
06     if( (ival >= 1) && (ival <= 100) ) {
07        if( ival % 2 ) {
08           printf("Die Zahl ist ungerade\n");
09        }
10        else {
11           printf("Die Zahl ist gerade\n");
12        }
13     }
14     else {
15        printf("Die Zahl war nicht 1-100!\n");
16     }
17     return 0;
18  }
```

2. Zwar war die Lösung des Problems nicht ganz einfach, weil hier mit dem Formatzeichen %s auf ein Thema vorgegriffen wurde. Aber da es sich hier um eine Aufgabe im Level 3 handelt, habe ich mir erlaubt, sie trotzdem zu stellen. Außerdem haben Sie für diese Aufgabe einen Tipp erhalten. Hierzu eine mögliche Musterlösung für das Problem:

```
00  // kap005/loesung002.c
01  #include <stdio.h>

02  int main(void) {
03     int ival;
04     printf("Wie viele Zeilen wollen Sie lesen: ");
05     scanf("%d", &ival);
06     // Wert muss größer als 0 sein
07     if( ival > 0 ) {
08        printf("Hier die %d Zeil%s\n",ival,(ival>1)?"en":"e");
09     }
10     else {
```

```
11      printf("Zahl ist gleich 0 oder weniger\n");
12   }
13   return 0;
14 }
```

3. Hierzu eine mögliche Musterlösung:

```
00 // kap005/loesung003.c
01 #include <stdio.h>

02 int main(void) {
03    int work;
04    printf("-1- PC 1 hochfahren\n");
05    printf("-2- PC 2 hochfahren\n");
06    printf("-3- Drucker einschalten\n");
07    printf("-4- Kaffee machen\n");
08    printf("-5- Feierabend machen\n");
09    printf("Funktion auswählen: ");
10    scanf("%d", &work);

11    switch( work ) {
12      case 1 : printf("PC 1 wird hochgefahren\n");
13               break;
14      case 2 : printf("PC 2 wird hochgefahren\n");
15               break;
16      case 3 : printf("Drucker wird eingeschaltet\n");
17               break;
18      case 4 : printf("Kaffee wird gemacht\n");
19               break;
20      case 5 : printf("Gute Nacht\n");
21               break;
22      default: printf("Falsche Eingabe !\n");
23    }
24    return 0;
25 }
```

C.5 Lösungen zum Kapitel 6

C.5.1 Lösung Level 1

1. Schleifen sind Kontrollstrukturen, mit denen Anweisungen, die meistens in einem Anweisungsblock zusammengefasst sind, so oft wiederholt werden, bis eine bestimmte Abbruchbedingung erreicht wird.

2. In C stehen die Zählschleife for, die kopfgesteuerte Schleife while und die fußgesteuerte Schleife do-while zur Verfügung.
3. Muss ein Block von Anweisungen mindestens einmal ausgeführt werden, sollten Sie die do-while-Schleife verwenden. Mithilfe der do-while-Schleife wird die Abbruchbedingung nämlich erst am Ende des Schleifenrumpfes überprüft. Alternativ kann auch mithilfe der while- oder for-Schleife und der break-Anweisung eine solche einmal auszuführende Schleife nachgebildet werden.
4. Mit dem Schlüsselwort break können Sie eine Schleife vorzeitig verlassen, und mit dem Schlüsselwort continue können Sie den aktuellen Schleifendurchlauf vorzeitig beenden.
5. Eine Endlosschleife ist eine Schleife, die immer wieder ausgeführt wird. Diese wird realisiert, indem eine Abbruchbedingung niemals erreicht werden kann, also die Bedingung immer wahr ist.

C.5.2 Lösung Level 2

1. Die Schleife gibt gar nichts aus und wird nach der ersten Überprüfung wieder abgebrochen. In diesem Beispiel wurde eine falsche Abbruchbedingung in der Schleife definiert. Die Schleife wird ausgeführt, solange der Wert von ival größer als 10 ist, und das trifft hier gleich von Beginn an nicht zu. Die Schleifenbedingung müsste while lauten, solange der Wert von ival **kleiner** als 10 ist, also:

```
while ( ival < 10 ) {
   ...
}
```

2. Dies ist ein typischer, aber nicht sofort ersichtlicher logischer Fehler. Bei den numerischen Ganzzahlen wurde es bereits erwähnt, dass man besser beraten ist, wenn man in Schleifen nicht auf (Un-)Gleichheit testet, sondern sicherheitshalber auf größer-gleich oder kleiner-gleich. Bei den Gleitpunktzahlen kommt noch das Problem hinzu, dass sie nicht exakt dargestellt werden können. In diesem Beispiel sollten Sie daher unbedingt auf kleiner-gleich anstatt ungleich prüfen. Die bessere Lösung wäre also:

```
float fval;
for( fval = 0.0f; fval <= 1.0f; fval+=0.1f ) {
   printf("%f\n", fval);
}
```

3. Nach dem ersten Schleifendurchlauf wird in diesem Beispiel noch 0 ausgegeben. Im nächsten Schleifendurchlauf, wenn die Schleifenvariable den Wert 1 hat, trifft die if-Verzweigung zu, dass eine Division von ival durch 2 einen Rest ergibt. Deshalb wird mit continue wieder hoch zur while-Schleife gesprungen. Dort hat sich die Bedingung natürlich nicht geändert, und im nächsten Schleifendurchlauf bleibt man erneut in der if-Verzweigung hängen. Sie haben quasi in diesem kleinen Bereich eine Endlosschleife. Wegen des Schlüsselworts continue wird das Hochzählen der Schleifenvariablen ival++ nicht mehr erreicht. Diese ist aber von enormer Bedeutung für die Beendigung der Schleife. Besser wäre es also, die Schleifenvariable auch vor der continue-Anweisung hochzuzählen. Noch besser wäre es aber, gleich eine for-Schleife zu verwenden:

```
int ival;
for(ival = 0; ival < 20; ival++) {
   if(ival % 2) {
      continue;
   }
   printf("%d\n", ival);
}
```

C.5.3 Lösung Level 3

1. Hierzu eine von vielen möglichen Musterlösungen:
```
00  // kap006/loesung001.c
01  #include <stdio.h>

02  int main(void) {
03     int cnt, i;
04     float fval, fsum = 0;
05     printf("Wie viele Zahlen wollen Sie addieren: ");
06     scanf("%d", &cnt);

07     for( i = 0; cnt > 0; cnt--, i++) {
08        printf("Gleitpunktzahl %d : ", i+1);
09        if( scanf("%f", &fval) == 1) {
10           fsum+=fval;
11        }
12        else {
13           printf("Fehler bei der Eingabe! Abbruch!\n");
14           break; // Raus aus der Schleife
```

C Lösungen der Übungsaufgaben

```
15    }
16  }
17  printf("Die Summe beträgt: %.2f\n", fsum);
18  return 0;
19 }
```

2. Auch hierzu eine von vielen möglichen Musterlösungen:

```
00 // kap006/loesung002.c
01 #include <stdio.h>

02 int main(void) {
03   float geld, zs_tmp, zs;
04   int jahre, i;
05   printf("Zinsrechner\n");
06   printf("-----------\n\n");
07   printf("Welchen Geldbetrag wollen Sie einzahlen: ");
08   scanf("%f", &geld);
09   printf("Wie viel Zinsen bekommen Sie dafür   (%%): ");
10   scanf("%f", &zs_tmp);
11   zs = (zs_tmp / 100) + 1.0f;
12   printf("Wie viele Jahre wollen Sie sparen       : ");
13   scanf("%d", &jahre);

14   for( i = 0; i < jahre; geld=geld*zs, i++ ) {
15     printf("%2d. Jahr: %.2f\n",i+1, geld);
16   }
17   return 0;
18 }
```

Das Programm bei der Ausführung:

```
Zinsrechner
-----------
Welchen Geldbetrag wollen Sie einzahlen: 10000.00
Wie viel Zinsen bekommen Sie dafür   (%): 6
Wie viele Jahre wollen Sie sparen       : 8
 1. Jahr: 10000.00
 2. Jahr: 10600.00
 3. Jahr: 11236.00
 4. Jahr: 11910.16
 5. Jahr: 12624.77
 6. Jahr: 13382.25
 7. Jahr: 14185.19
 8. Jahr: 15036.30
```

C.6 Lösungen zum Kapitel 7

C.6.1 Lösung Level 1

1. Bei einer Vorwärts-Deklaration wird nur der Funktionskopf mit abschließendem Semikolon vor dem Aufruf deklariert. Dem Compiler reicht es hierbei aus, nur den Rückgabetyp, den Bezeichner und die Typen der formalen Parameter zu kennen. Bei einer Deklaration müssen Sie nicht den Anweisungsblock der Funktion definieren. Durch eine Vorwärts-Deklaration kann sich die Definition (wo Speicherplatz für die Funktion reserviert wird) irgendwo im Programm befinden.

2. Mit call-by-value werden Daten (Parameter) als Argumente an eine Funktion übergeben. Diese Daten werden dabei kopiert. Somit besteht keine Verbindung mehr zwischen dem Aufrufer der Daten und der Funktion. Eine Änderung der Daten in der Funktion hat damit keine Auswirkung auf die Daten des Aufrufers. Der Nachteil bei diesem Verfahren ist, dass bei umfangreichen Daten, die durch das Kopieren an die Funktion übergeben werden, das Laufzeitverhalten des Programms enorm gebremst wird. Das etwas bessere, aber auch komplexere Gegenstück zum call-by-value ist call-by-reference.

3. Einen Wert an den Aufrufer können Sie mit der `return`-Anweisung zurückgeben. Hierbei sollten Sie beachten, dass der mit `return` zurückgegebene Wert mit dem Rückgabewert der Funktionsdefinition übereinstimmt. Sie können also nicht einfach mit `return` eine Gleitpunktzahl zurückgeben, obwohl Sie als Prototypen der Funktion den Datentyp `char` als Rückgabewert vereinbart haben.

4. Für gewöhnlich kümmert sich das Stacksegment um die Funktionen. Wird eine Funktion aufgerufen, wird auf dem Stack ein Datenblock angelegt, in dem die Rücksprungadresse zum Aufrufen, die Funktionsparameter und die lokalen Variablen der Funktion gespeichert werden. Wird die Funktion wieder verlassen, werden diese Daten freigegeben und sind unwiderruflich verloren.

5. Eine Rekursion bezeichnet eine Funktion, die sich immer wieder selbst neu definiert und aufruft. Wichtig bei solchen sich selbst aufrufenden Funktionen ist eine Abbruchbedingung, die den Vorgang beendet. Nach Möglichkeit sollten Sie allerdings, wegen des enormen Aufwandes auf dem Stacksegment, auf Rekursionen verzichten und einen iterativen Lösungsansatz verwenden.

6. Trifft die `main`-Funktion am Ende des Anweisungsblocks nicht auf eine return-Anweisung, wird die Funktion implizit mit dem Rückgabewert 0 beendet.

C.6.2 Lösung Level 2

1. In dem Beispiel wurde die Vorwärts-Deklaration der Funktion `multi()` vergessen:

```
00  // kap007/loesung001.c
01  #include <stdio.h>
02  #include <stdlib.h>

03  float multi(float);

04  int main(void) {
05     float fval = multi(3.33);
06     printf("%.2f\n", fval);
07     return EXIT_SUCCESS;
08  }

09  float multi(float f) {
10     return (f*f);
11  }
```

2. In diesem Beispiel wurde vergessen, das Ergebnis der Berechnung mittels `return` zurückzugeben:

```
00  // kap007/loesung002.c
01  #include <stdio.h>
02  #include <stdlib.h>

03  float volumen_Rect(int l, int b, int h) {
04     float volumen = l*b*h;
05     return volumen;
06     // oder: return l*b*h;
07  }

08  int main(void) {
09     float vol = volumen_Rect(10, 10, 12);
10     printf("Volumen: %f\n", vol);
11     return EXIT_SUCCESS;
12  }
```

C.6.3 Lösung Level 3

1. Eine von vielen möglichen Musterlösungen: Im Beispiel wurde bei der Funktion intcmp() der Rückgabewert von 0 entfernt, der zurückgegeben wurde, wenn beide Werte gleich waren. Diese Überprüfung wurde stattdessen gleich in der main-Funktion (Zeile **(16)**) integriert.

```
00  // kap007/loesung003.c
01  #include <stdio.h>

02  int intcmp(int val1, int val2) {
03    if( val1 > val2 ) {
04      return val1;
05    }
06    else if (val1 < val2) {
07      return val2;
08    }
09  }

10  int main(void) {
11    int ival1, ival2, cmp;

12    printf("Wert 1 eingeben: ");
13    scanf("%d", &ival1);
14    printf("Wert 2 eingeben: ");
15    scanf("%d", &ival2);

16    if( ival1 != ival2 ) {
17      cmp = intcmp( ival1, ival2 );
18      printf("%d ist der höhere Wert\n", cmp);
19    }
20    else {
21      printf("Beide Werte sind gleich\n");
22    }
23    return 0;
24  }
```

2. Hierzu eine mögliche Lösung, die Fakultät ohne eine Rekursion zu berechnen:

```
00  // kap007/loesung003.c
01  #include <stdio.h>

02  long fakul( long n ) {
```

```
03    long val = n;
04    while( --val ) {
05      n*=val;
06    }
07    return n;
08 }

09 int main(void) {
10    printf("Fakultät von 6: %ld\n", fakul(6));
11    printf("Fakultät von 8: %ld\n", fakul(8));
12    return 0;
13 }
```

Oder in einer for-Schleife verpackt:

```
long fakul( long n ) {
  long val;
  for( val = n; --val; n*=val );
  return n;
}
```

C.7 Lösungen zum Kapitel 8

C.7.1 Lösung Level 1

1. Eine lokale Variable wird immer innerhalb eines Anweisungsblocks definiert und ist nach außen hin nicht sichtbar. Wird der Anweisungsblock beendet, verliert auch die lokale Variable ihren Wert. Globale Variablen hingegen werden außerhalb der Anweisungsblöcke und Funktionen definiert und sind im kompletten Programm sichtbar. Außerdem werden globale Variablen, im Gegensatz zu den lokalen Variablen, bei der Definition initialisiert.

2. Verwenden Sie den Speicherklassen-Spezifizierer static, ist eine Variable oder eine Funktion nur noch in der aktuellen Quelldatei sichtbar.

3. Entweder verwenden Sie eine globale Variable oder Sie kennzeichnen eine Variable im Funktionsblock mit dem Spezifizierer static.

4. Sie qualifizieren den Datentyp mit dem Schlüsselwort const. Datentypen, die mit const qualifiziert sind, können zur Laufzeit vom aktuellen Programm nicht mehr geändert werden. Allerdings müssen Sie solche Werte bei der Deklaration initialisieren.

C.7.2 Lösung Level 2

1. Hier wurde der klassische Fehler mit der globalen Variablen i gemacht. Die globale Variable wurde in zwei Funktionen als Schleifenvariable eingesetzt und verändert. Da i in der while-Schleife der Quelldatei hallo.h in den Zeilen **(05)** bis **(08)** verwendet und auch inkrementiert wurde, trifft bei der Rückkehr der Funktion print_was() zur main()-Funktion die Abbruchbedingung in der for-Schleife zu. Ein guter Ratschlag ist es daher, möglichst keine üblichen globalen Bezeichner wie i, j, c usw. zu verwenden. Sie werden generell gerne in Schleifen verwendet. Außerdem sollten Sie es grundsätzlich vermeiden, Schleifenvariablen global zu verwenden. In diesem Beispiel wäre es daher empfehlenswert, zwei lokale Schleifenvariablen zu verwenden.

2. In Zeile **(03)** wurde mit dem Qualifizierer const ein schreibgeschützter formaler Parameter definiert. Diese Readonly-Variable kann nicht innerhalb der Funktion verändert werden. Entweder verwenden Sie hier keinen Schreibschutz als formalen Parameter, oder Sie nutzen eine temporäre Variable in der Funktion, oder Sie ändern die Berechnung in der Funktion etwas.

C.8 Lösungen zum Kapitel 9

C.8.1 Lösung Level 1

1. Ist die Datei in einfachen Anführungszeichen (bspw. "datei.h") eingeschlossen, wird sie im aktuellen Verzeichnis (bzw. im eventuell angegebenen relativen oder absoluten Pfad) gesucht. Wird sie dort nicht gefunden, wird sie im Systemverzeichnis gesucht, wo sich die Headerdateien im Allgemeinen befinden. Das Verzeichnis zu den Headern kann aber auch mit speziellen Compilerflags (abhängig vom Compiler) angegeben werden. Wird die Datei hingegen mit spitzen Klammern eingebunden (bspw. <datei.h>) wird nur im Systemverzeichnis des Compilers nach den Headerdateien gesucht.

2. Mit der define-Direktive können Sie einen Text angeben, der vor der Übersetzung des Compilers vom Präprozessor durch den dahinterstehenden Ersetzungstext im Quellcode ersetzt wird. Dies wird bspw. sowohl für die Definition von symbolischen Konstanten als auch für die Definition von Makros (mit Parametern) verwendet.

3. Mit der undef-Direktive können Sie definierte symbolische Konstanten oder Makros jederzeit wieder aufheben. Alternativ können Sie auch nur die define-Direktive entfernen. Beachten Sie allerdings: Ab der Stelle, an der Sie mit undef eine Konstante oder ein Makro aufheben, beschwert sich der Compiler, dass ein ungültiger Bezeichner verwendet wird, wenn Sie diesen nach der Zeile mit undef trotzdem noch verwenden.

4. Die Entscheidung sollte in diesem Fall auf die Readonly-Variable mit dem Schlüsselwort const fallen. Würden Sie die symbolische Konstante mit define verwenden, würde nur an jeder Stelle im Programm, an der VAL verwendet wird, eine textuelle Ersetzung durchgeführt. Während der Programmausführung bedeutet dies, dass an dieser Stelle jedes Mal VAL neu berechnet wird. Bei einer const-Variablen hingegen findet die Berechnung nur einmal im Programm statt.

5. Mit einer bedingten Kompilierung können Sie die Übersetzung eines Programms von Präprozessor-Anweisungen und -Bedingungen abhängig machen. So können Sie bspw. entscheiden, auf welchem System ein Quellcode übersetzt wird und welche Headerdateien oder sonstiger Code inkludiert werden. Zusätzlich vermeiden Sie das Problem, dass ein Header mehrfach inkludiert wird. Eine weitere interessante Lösung für die bedingte Kompilierung dürfte das Debuggen sein.

C.8.2 Lösung Level 2

1. Den Fehler dürften Sie gar nicht so leicht gefunden haben. Im Beispiel wurde in der Zeile **(11)** überprüft, ob i größer gleich MAX ist. Allerdings wurde bei der if-Anweisung kein Anweisungsblock verwendet. Das ist im Grunde nicht falsch und wird von vielen Programmierern auch so verwendet, wenn dahinter eine Anweisung erfolgt. Aber betrachten Sie den Ersetzungstext von DEBUG_ERR in den Zeilen **(03)** und **(04)**, der an der Stelle von Zeile **(12)** ersetzt wird. Es handelt sich um zwei Anweisungen. Wo die printf-Anweisung noch korrekt ersetzt wird und Teil der if-Bedingung ist, steht die return-Anweisung alleine für sich und wird ohne Anweisung bei der ersten Ausführung der Schleife ausgeführt. Daher sollten Sie Makros, die aus mehreren Anweisungen bestehen, immer zu einem Anweisungsblock zusammenfassen.

```
00   // kap009/loesung001.c
01   #include <stdio.h>
```

```
02  #include <stdlib.h>
03  #define DEBUG_ERR { printf("Fataler Debug-Fehler\n"); \
04                     return EXIT_FAILURE; }
05  #define MAX 10

06  int main(void) {
07    int i = 0;
08    do {
09      printf("%d\n", i);
10      // Viel Code
11      if( ++i >= MAX )
12        DEBUG_ERR;
13    }while( 1 );

14    return EXIT_SUCCESS;
15  }
```

2. Wenn Sie die Parameter im Ersatztext des Makros in Zeile **(03)** in Klammern setzen, sind Sie immer auf der sicheren Seite.

```
00  // kap009/aufgabe002.c
01  #include <stdio.h>
02  #include <stdlib.h>
03  #define MULTI(a, b) ((a)*(b))

04  int main(void) {
05    int val1 = 10, val2 = 20;
06    printf("Multiplikation = %d\n", MULTI(val1, val2-10));
07    return EXIT_SUCCESS;
08  }
```

3. Die Schleife wird 5x durchlaufen. Die erste symbolische Konstante in Zeile **(03)** wird in Zeile **(06)** mit der undef-Direktive aufgehoben und in Zeile **(07)** auf den Wert 5 gesetzt. In Zeile **(08)** wird dieser Text dann vom Präprozessor ersetzt, sodass die Zeilen **(09)** und **(10)** auf diese Schleife keinen Effekt mehr haben. Hinter Zeile **(10)** hat allerdings die symbolische Konstante den Wert 20.

C.8.3 Lösung Level 3

1. Die Lösung ist einfacher, als Sie vielleicht vermutet haben. Hierzu ein möglicher Lösungsansatz:

C Lösungen der Übungsaufgaben

```
00  // kap009/mysyntax.h
01  #ifndef MYSYNTAX_H
02  #define MYSYNTAX_H
03  #include <stdio.h>
04  #include <stdlib.h>

05  #define MAIN    int main(void)
06  #define OPEN    {
07  #define CLOSE   }
08  #define END     return EXIT_SUCCESS;
09  #define _WRITE  printf(
10  #define WRITE_  );

11  #endif
```

2. Hier ein einfacher Lösungsansatz zu den beiden Makros, die mit dem ternären Operator realisiert wurden.

```
00  // kap009/loesung004.c
01  #include <stdio.h>
02  #include <stdlib.h>
03  #define MAX(a, b)  (((a) > (b)) ? (a) : (b))
04  #define MIN(a, b)  (((a) < (b)) ? (a) : (b))

05  int main(void) {
06    int val1 = 20, val2 = 30;
07    printf("Max. Wert: %d\n", MAX(val1, val2) );
08    printf("Min. Wert: %d\n", MIN(val1, val2) );
09    return EXIT_SUCCESS;
10  }
```

3. Auch hier ist die Lösung nicht schwer, weil alle Daten als vordefinierte Standard-Makros enthalten sind. Ein möglicher Lösungsansatz dazu:

```
00  // kap009/loesung005.c
01  #include <stdio.h>
02  #include <stdlib.h>
03  #define DEBUG_TIME printf("%s / %s\n", __DATE__,__TIME__);
04  #define DEBUG_LINE printf("%d / %s\n", __LINE__,__FILE__);
05  #define DEBUG_ALL { DEBUG_TIME DEBUG_LINE }

06  int main(void) {
07    DEBUG_ALL;
08    return EXIT_SUCCESS;
09  }
```

C.9 Lösungen zum Kapitel 10

C.9.1 Lösung Level 1

1. Arrays sind zusammengesetzte Datenstrukturen, in denen sich mehrere Werte eines bestimmten Typs als Folge abspeichern und bearbeiten lassen. Der Zugriff auf die Daten erfolgt über einen Index mithilfe des Indizierungsoperators [].

2. Zunächst mal sind Strings nichts anderes als Arrays vom Datentyp char (bzw. wchar_t). Allerdings sind die char-Arrays die einzige Möglichkeit, eine Folge von Zeichen, also einen String, auch Zeichenkette genannt, auszugeben. Einen eigenen Datentyp für Strings gibt es in C nicht. Wichtig bei einem char-Array: Damit Sie diesen auch wirklich als echten String verwenden können, ist das Null-Zeichen oder auch Stringende-Zeichen '\0' womit dieser abgeschlossen werden muss, erforderlich. Demnach muss die Länge eines Strings immer um ein Zeichen länger sein als die Anzahl der relevanten Zeichen, damit das Null-Zeichen am Ende auch noch Platz hat.

3. Die größte Gefahr geht davon aus, wenn Sie mehr Datenmengen in ein Array oder einen String schreiben, als Speicherplatz (oder auch Puffer) dafür vorhanden ist. Haben Sie bspw. ein Array mit 10 Elementen und schreiben 11 Elemente in das Array, weil Sie den Indexbereich versehentlich überschreiten, haben Sie einen Pufferüberlauf (zu engl. *Buffer Overflow*). Häufig verabschiedet sich das Programm dann mit einem Speicherzugriffsfehler. Ein solcher Fehler kann aber nur schwer gefunden werden und zu falschen Daten führen. In der Netzwerkprogrammierung kann dies ganz böse Folgen haben, weil sich solche Fehler dann ausnutzen lassen, um Schaden auf dem jeweiligen Rechner anzurichten. Dass C, im Gegensatz zu manch anderer Programmiersprache, keine automatische Überwachung von Bereichsüberschreitungen bietet, ist die Kehrseite der Medaille. Dafür haben Sie in C mehr Freiheiten in der Programmierung und können schnelleren Code erzeugen.

4. Ein beliebter Fehler von Anfängern ist es, zu vergessen, dass das erste Element eines Arrays bzw. Strings immer mit der Indexnummer 0 beginnt und das letzte Element immer die Indexnummer N-1 (N ist die angegebene Array-Größe) besitzt. Daher wird hier oft ein Pufferüberlauf erzeugt, weil auf die Indexnummer N anstatt auf N-1 zugegriffen wird. Bei Strings wird häufig vergessen, dass in N-1 das Null-Zeichen gespeichert werden muss.

C.9.2 Lösung Level 2

1. In der for-Schleife der Zeile **(06)** wurden gleich zwei Fehler gemacht. Da i mit dem MAX initialisiert wurde, wurde dem Array mit dem Index 10 ein Wert übergeben. Somit wäre dies ein Array-Überlauf, weil die Indexnummern nur von 0 bis 9 gehen. Des Weiteren würde durch die Überprüfung, ob i größer als 0 ist, das Array-Element mit dem Index 0 nicht initialisiert, aber bei der Ausgabe in den Zeilen **(09)** bis **(11)** verwendet. In der for-Schleife der Zeile **(06)** muss daher MAX-1 an i übergeben werden, und die Schleifenbedingung sollte auf größer-gleich 0 geprüft werden:

   ```
   06     for(i = MAX-1; i >= 0; i--) {
   ```

2. Außer einer anderen Verwendung haben alle vier Array-Definitionen anschließend die Werte 1, 2, 0, 0, 0 gespeichert. Folglich sind alle vier Definitionen gleichwertig.

3. Folgende Werte haben die Arrays mit Initialisierungsliste nach der Definition:

   ```
   a    = { 1, 0, 0, 0, 123, 678, 0, 0, 0, -1 };
   val  = { 0, 0, 0, 0, 123 };
   fval = 100 Werte mit 0.0 initialisiert
   ```

4. Dass das char-Array v in der Zeile **(05)** nicht mit \0 abgeschlossen wird, ist übrigens nicht der Fehler. Der Fehler wird erst in Zeile **(11)** des Programms gemacht. Dort wird dieses char-Array als String behandelt. Das sollte man nicht tun, wenn kein Stringende-Zeichen vorhanden ist. Sie haben folgende zwei Möglichkeiten, damit v als korrekter String angesehen werden darf:

   ```
   char v[6] = { 'A', 'E', 'I', 'O', 'U', '\0' };
   char v[6] = { "AEIOU" };
   ```

C.9.3 Lösung Level 3

1. Hier eine mögliche Musterlösung der Aufgabe:

   ```
   00  // kap010/loesung001.c
   01  #include <stdio.h>
   02  #include <stdlib.h>
   03  #include <string.h>

   04  int main(void) {
   ```

```
05      int iarr[]    = { 2, 4, 6, 4, 2, 4, 5, 6, 7 };
06      double darr[] = { 3.3, 4.4, 2.3, 5.8, 7.7 };
07      char str[]    = { "Hallo Welt"};

08      printf("iarr: %d Bytes\n", sizeof(iarr));
09      printf("iarr: %d Elemente\n", sizeof(iarr)/sizeof(int));
09      printf("darr: %d Bytes\n", sizeof(darr));
10      printf("darr: %d Elemente\n",
            sizeof(darr)/sizeof(double));
11      printf("str : %d Bytes\n", sizeof(str));
12      printf("str : %d Elemente (sizeof)\n",
            sizeof(str)/sizeof(char));
13      printf("str : %d Elemente (strlen)\n", strlen(str)+1);
14      return EXIT_SUCCESS;
15   }
```

Das Programm bei der Ausführung:

```
iarr: 36 Bytes
iarr: 9 Elemente
darr: 40 Bytes
darr: 5 Elemente
str : 11 Bytes
str : 11 Elemente (sizeof)
str : 11 Elemente (strlen)
```

2. Hierzu eine Musterlösung:

```
00   // kap010/loesung002.c
01   #include <stdio.h>
02   #include <stdlib.h>

03   int vergleich( int arr1[], int n1, int arr2[], int n2 ) {
04      int i;
05      if(n1 != n2) {
06         return -2; // Arrays unterschiedlich lang
07      }
08      for(i=0; i < n1; i++) {
09         if( arr1[i] != arr2[i] ) {
10            return i; // Indexnummer mit Unterschied
11         }
12      }
13      return -1; // Beide Arrays sind identisch
14   }
```

C Lösungen der Übungsaufgaben

```c
15  int main(void) {
16    int iarr1[] = { 2, 1, 4, 5, 6, 2, 1 };
17    int iarr2[] = { 2, 1, 4, 6, 6, 2, 1 };

18    int ret = vergleich( iarr1,(sizeof(iarr1)/sizeof(int)),
                           iarr2,(sizeof(iarr2)/sizeof(int)));

19    if( ret == -2 ) {
20      printf("Die Arrays sind unterschiedlich lang\n");
21    }
22    else if( ret == -1 ) {
23      printf("Beide Arrays sind identisch\n");
24    }
25    else {
26      printf("Unterschied an Pos. %d gefunden\n", ret);
27    }
28    return EXIT_SUCCESS;
29  }
```

3. Hierzu eine Musterlösung:

```c
// kap010/loesung003.c
#include <stdio.h>
#include <stdlib.h>
#include <string.h>
#define MAX 50

void ersetzen( char arr[], int n, char ch1, char ch2 ) {
  int i;
  for( i=0; i < n; i++ ) {
    if( arr[i] == ch1 ) {
      arr[i] = ch2;
    }
  }
}

int main(void) {
  char str[MAX];
  printf("Bitte Mustertext eingeben: ");
  fgets( str, MAX, stdin );
  // 'a' gegen 'x' ersetzen
  ersetzen( str, strlen(str), 'a', 'x');
```

```
    printf("%s\n", str);
    return EXIT_SUCCESS;
}
```

C.10 Lösungen zum Kapitel 11

C.10.1 Lösung Level 1

1. Einfache Zeiger erkennt man am Stern * in der Deklaration zwischen dem Datentyp und dem Bezeichner. Ein Zeiger wird dazu verwendet, Adressen als Wert zu speichern – um einen bestimmten Speicherbereich im Arbeitsspeicher zu referenzieren. Damit die Zeiger-Arithmetik auch richtig funktioniert, muss der Datentyp des Zeigers vom selben Typ sein, wie der, auf dessen Adresse dieser referenziert.

2. Bei falscher Initialisierung von Zeigern, bspw. das Vergessen des Adressoperators, kann es schnell passieren, dass ein Zeiger auf eine ungültige Adresse im Speicher verweist. Ein Zeiger kann quasi jede beliebige Adresse im Speicher referenzieren. Die meisten Betriebssysteme haben hier zwar einen Speicherschutz und lösen einen Speicherzugriffsfehler (Segmentation fault) aus, aber dies muss nicht überall so sein, und der Standard schreibt diesbezüglich auch nichts vor.

3. Mit einer Dereferenzierung können Sie direkt auf die Werte eines Speicherobjekts zugreifen, das Sie zuvor referenziert haben. Für den direkten Zugriff wird der Indirektionsoperator * vor den Bezeichner des Zeigers gestellt.

4. Um zu vermeiden, dass ein Zeiger auf eine ungültige Adresse verweist, sollte man diesen gleich bei der Deklaration mit dem NULL-Zeiger initialisieren und vor jeder Verwendung eine Überprüfung auf NULL durchführen. Gibt die Überprüfung NULL zurück, hat der Zeiger noch keine gültige Adresse, und Sie können im Programm darauf reagieren. Globale Zeiger und Zeiger mit dem Schlüsselwort static werden automatisch mit dem NULL-Zeiger initialisiert.

5. Gar nicht! Die Größe der Zeiger hängt nicht vom Datentyp ab. Sie belegen alle denselben Speicherplatz (die Wortgröße des Systems), den Sie mit sizeof(zeiger) überprüfen können. Trotzdem müssen die Datentypen angegeben werden, damit die Zeiger-Arithmetik korrekt funktioniert.

6. Als grundlegende Operationen mit Zeigern können Sie den Vergleich zweier Zeiger mit verschiedenen Vergleichsoperatoren, die Subtraktion zweier Zeiger und die Addition und Subtraktion eines Zeigers mit einer Ganzzahl durchführen.
7. Bei call-by-reference werden die formalen Parameter einer Funktion als Zeiger deklariert. Damit können Sie statt einer Kopie von Werten die Adressen der Variablen an die Funktionen übergeben.
8. Mit einem Zeiger-Array erstellen Sie ein Array mit n Zeigern als Elemente. Mit einem Zeiger auf Arrays hingegen erstellen Sie einen Zeiger, der auf ein Array mit n Speicherobjekten (Variablen) zeigt.
9. Der void-Zeiger ist ein typenloser Zeiger. Er wird vorwiegend verwendet, wenn der Datentyp eines Zeigers, auf dessen Adresse referenziert werden soll, noch nicht feststeht. Da Zeiger alle dieselbe Speichergröße haben, ist dies ohne große Probleme möglich. Allerdings sollten Sie bei der Verwendung von Zeiger-Arithmetiken darauf achten, dass dem void-Zeiger die Speichergröße des Datentyps, auf den dieser zeigt, nicht bekannt ist.
10. Steht const links vom Stern, handelt es sich um konstante Daten. Steht const hingegen auf der rechten Seite vom Stern, handelt es sich um einen konstanten Zeiger.

C.10.2 Lösung Level 2

1. In Zeile **(03)** wurde der Adressoperator vor ival vergessen. Also müsste Zeile **(03)** richtig lauten:

   ```
   03    ptr = &ival;
   ```

2. Beide Male wird der Wert 123456789 ausgegeben.
3. Die Ausgabe des Codeausschnitts lautet:

   ```
   56
   23
   3
   1
   0
   ```

   Eine kurze Erläuterung dazu: In Zeile **(03)** wird ptr1 die Anfangsadresse auf das erste Element von iarray übergeben. Diese Adresse wird in Zeile **(05)** um zwei Elemente vom Typ int erhöht. Daher verweist der Zeiger ptr1 in diesem Fall auf das dritte Element in iarray. Das ist der Wert 56, wie er in Zeile **(07)** ausgegeben wird. `ptr2` hingegen bekommt in Zeile **(04)** die Adresse von dem fünften Element in `iarray` zugewiesen. In Zeile **(06)** wird die Adresse mit dem Inkrement-Operator um 1 erhöht, womit `ptr2` jetzt auf die Adresse des sechsten Elements zeigt. In diesem Fall ist der Wert 23, wie die Ausgabe der Zeile **(08)** bestätigt. Dass in Zeile **(09)** die Subtraktion von `ptr2-ptr1` gleich den Wert 3 zurückgibt, liegt daran, dass die Anzahl der Elemente zwischen den beiden Adressen eben gleich drei ist. In Zeile **(10)** gibt der Ausdruck (ptr1 < ptr2) wahrheitsgemäß den Wert 1 zurück, weil die Adresse von `ptr1` kleiner als die Adresse von `ptr2` ist. Zur Demonstration wurde in Zeile **(11)** selbiges nochmals gemacht. Hier wurde allerdings der Indirektionsoperator verwendet. Damit haben Sie die beiden Werte von `ptr1` (=56) und `ptr2` (=23) miteinander verglichen. Aus diesem Grund wird jetzt auch 0 zurückgegeben.

4. Der Fehler liegt darin, dass die Funktion den lokalen String `buf` von Zeile **(06)** zurückgibt. Allerdings ist die Lebensdauer von lokalen Variablen in Funktionen nur zur Ausführung der Funktion gültig. Nach dem Rücksprung von der Funktion werden die Daten auf dem Stack wieder gelöscht, und `str` in der `main`-Funktion verweist auf einen undefinierten Speicherbereich. Das Problem können Sie entweder lösen, indem Sie einen statischen Puffer mit dem Schlüsselwort `static` verwenden, einen globalen String benutzen oder mit `malloc()` einen Speicher zur Laufzeit reservieren. Ein globaler String ist hier unschön, und die Kenntnisse von `malloc()` fehlen Ihnen bisher noch. Daher können Sie in Zeile **(06)** das Schlüsselwort `static` vor den String stellen. Dann klappt es auch mit der Funktion.

```
06    static char buf[MAX] = "";
```

5. Bei der ersten Version wird ein Speicher für den Zeiger reserviert, der auf die Anfangsadresse des Strings »Hallo Welt« verweist. Die Anfangsadresse von `str1` kann jederzeit verändert werden. Bei der zweiten Version hingegen wird ein Array angelegt, um den String »Hallo Welt« zu speichern. Die Anfangsadresse von `str2` kann nicht mehr verändert werden, weil diese bei Arrays immer konstant ist.

C.10.3 Lösung Level 3

1. Im Folgenden sehen Sie eine solche Musterlösung, bei der, falls eine größere Länge als vorhandene Ziffern angegeben ist, vorne mit Nullen

C Lösungen der Übungsaufgaben

gefüllt wird. In der Praxis wäre allerdings ein dynamisch zur Laufzeit reservierter Speicher besser geeignet als ein Puffer, der hier mit `static` gekennzeichnet wurde.

```
00   // kap001/loesung001.c
01   #include <stdio.h>
02   #include <stdlib.h>
03   #include <string.h>
04   #define MAX 255

05   char *int2string(int number, int n) {
06     static char buf[MAX];
07     int i;
08     if( n > MAX ) {
09       return ("Fehler n > MAX");
10     }
11     for( i=0; i < n; i++ ) {
12       buf[n-i-1] = (number % 10) + 48;
13       number = number / 10;
14     }
15     buf[n] = '\0';
16     return buf;
17   }

18   int main(void) {
19     int val1 = 1234, val2 = 456789;
20     char *ptr;

21     ptr = int2string(val1, 4);
22     printf("%s\n", ptr);
23     ptr = int2string(val2, 9);
24     printf("%s\n", ptr);
25     return EXIT_SUCCESS;
26   }
```

Das Programm bei der Ausführung:

```
1234
000456789
```

2. Hierzu eine Musterlösung:

```
00   // kap011/loesung002.c
01   #include <stdio.h>
02   #include <stdlib.h>
```

```
03  double Vquader(double *a, double *b, double *c) {
04    return ((*a) * (*b) * (*c));
05  }

06  int main(void) {
07    double d1 = 6.0, d2=4.1, d3=3.2;
08    printf("Quadervolumen: %lf\n", Vquader(&d1,&d2,&d3));
09    return EXIT_SUCCESS;
10  }
```

3. Eine mögliche Musterlösung zur Aufgabe:

```
00  // kap011/loesung003.c
01  #include <stdio.h>
02  #include <stdlib.h>
03  #include <string.h>
04  #define MAX 4096

05  int main(void) {
06    char buf[MAX];
07    char token[] = " ,.:!?\t\n";
08    char *ptr;
09    char *worte[MAX];
10    int i=0, j;

11    printf("Bitte den Text eingeben: ");
12    fgets(buf, MAX, stdin);
13    ptr = strtok(buf, token);
14    while(ptr != NULL) {
15      worte[i] = ptr;
16      ptr = strtok(NULL, token);
17      i++;
18    }
19    printf("Zerlegt in einzelne Wörter:\n");
20    for(j=0; j < i; j++) {
21      printf("%s\n", worte[j]);
22    }
23    return EXIT_SUCCESS;
24  }
```

Das Programm bei der Ausführung:
```
Bitte den Text eingeben: Hallo Welt. Wie geht es Dir?
Eine Frage: Gutes Programm, oder?!?
Zerlegt in einzelne Wörter:
Hallo
Welt
Wie
geht
es
Dir
Eine
Frage
Gutes
Programm
oder
```

C.11 Lösungen zum Kapitel 12

C.11.1 Lösung Level 1

1. Es gibt die Funktionen malloc(), calloc() und realloc(). Die einfachste Funktion ist malloc(). Mit ihr wird eine bestimmte Größe eines Speicherblocks reserviert. Die einzelnen Bytes haben dabei einen undefinierten Wert. calloc() hingegen initialisiert jedes Byte des reservierten Speicherblocks mit 0. realloc() kann neben der einfachen Möglichkeit wie malloc() einfache Speicherblöcke zu reservieren, zusätzlich den Speicherblock vergrößern, verkleinern oder komplett freigeben.

2. Alle drei Funktionen geben einen typenlosen Zeiger (void*) mit der Anfangsadresse des ersten Bytes auf den zugeteilten Speicherblock zurück. Ein Typecasting von void* ist nicht nötig, weil dieses vom C-Compiler implizit durchgeführt wird.

3. Nicht mehr benötigten Speicherplatz können Sie mit der Funktion free() oder realloc() wieder freigeben.

4. Ein Speicherleck (*Memory Leak*) haben Sie, wenn ein Speicherbereich dynamisch angefordert wurde, aber nicht mehr freigegeben wird oder werden kann, weil bspw. kein Zeiger mehr auf diesen Speicherbereich verweist. Speicherlücken (Fragmente) entstehen, wenn Speicher angefordert und wieder freigegeben wird. Die Lücke im Speicher entsteht gewöhnlich durch den freigegebenen Block. Wird dann erneut ein Spei-

cher angefordert, der größer als dieser Block ist, muss woanders ein zusammenhängender Speicher gesucht werden. Der leere Teil des Speichers bleibt unbenutzt, bis ein neuer Block mit passender Größe oder kleiner als dieser Block reserviert wird. Werden so viele Speicherblöcke angefordert und wieder freigegeben, kann es passieren, dass trotz genügend vorhandenem Speicher nicht mehr genügend **zusammenhängender** Speicher reserviert werden kann.

C.11.2 Lösung Level 2

1. Der Fehler, der bei beiden Speicheranforderungen gemacht wurde, ist, dass hierbei mit `sizeof(double*)` und `sizeof(ival)` nicht die Größe des Datentyps `double` angefordert wurde, sondern die Größe eines Zeigers. Auf einem 32-Bit-Rechner hat ein Zeiger gewöhnlich vier Bytes. Für `double`-Werte werden allerdings acht Bytes benötigt. Es kann sein, dass das Programm zunächst problemlos ausgeführt wird. Sobald aber ein anderer Wert diese Adresse verwendet, überlappen sich die Speicherbereiche, und der weitere Verlauf des Programms ist undefiniert.

2. Dieses Beispiel enthält ein klassisches *Memory Leak*. Hierbei wird ständig ein neuer Speicherbereich angefordert. Der alte Speicherbereich wird allerdings nie freigegeben. Im Laufe der Zeit wird der Speicher durch die Endlosschleife volllaufen und das Programm bzw. gar das System erheblich ausbremsen. Nachfolgend sehen Sie eine mögliche Lösung des Problems:

```
00 // kap012/loesung001.c
01 #include <stdio.h>
02 #include <stdlib.h>
03 #define free_null( x ) { free((x)); (x)=NULL; }

04 int *ivals( int n ) {
05   return calloc( n, sizeof(int) );
06 }

07 int main(void) {
08   int *iarray;
09   int vals, i, ges;
10   while( 1 ) {
11     printf("Wie viele Werte benötigen Sie: ");
```

```
12     scanf("%d", &vals);
13     iarray = ivals( vals );
14     for(i=0; i<vals; i++) {
15       printf("Wert %d eingeben: ", i+1);
16       scanf("%d", &iarray[i]);
17     }
18     ges = 0;
19     for(i=0; i<vals; i++) {
20       ges+=iarray[i];
21     }
22     printf("Summe aller Werte = %d\n", ges);
23     free_null(iarray);
24   }
25   return EXIT_SUCCESS;
26 }
```

3. Der Programmierer hat hier offensichtlich versucht, in den Zeilen **(08)** und **(09)** die Anfangsadressen der beiden dynamischen Arrays zu tauschen. Durch die Zuweisung von iarray1=iarray2 in Zeile **(08)** ist allerdings der zuvor reservierte Speicherplatz (bzw. die Adresse) von iarray1 für immer verloren. Es wurde ein weiteres *Memory Leak* erzeugt. Jetzt verweisen beide Zeiger auf die Adresse von iarray2. Da hilft auch die zweite Zuweisung von iarray2=iarray1 in Zeile **(09)** nichts mehr. Damit die Adressen tatsächlich getauscht werden können, benötigen Sie einen dritten temporären Zeiger, der sich die Adresse merkt. Im folgenden Codeausschnitt wurde dies behoben:

```
01   int *iarray1, *iarray2, i;
02   int *tmp;
03   iarray1 = malloc( BLK * sizeof(int) );
04   iarray2 = malloc( BLK * sizeof(int) );
05   for( i=0; i<BLK; i++) {
06     iarray1[i] = i;
07     iarray2[i] = i+i;
08   }
09   tmp = iarray1;
10   iarray1 = iarray2;
11   iarray2 = tmp;
```

C.11.3 Lösung Level 3

1. Hierzu eine Musterlösung:

```
00  // kap012/loesung002.c
01  #include <stdio.h>
02  #include <string.h>
03  #include <stdlib.h>
04  #define BUF 1024

05  int main(void) {
06     size_t len;
07     char *str = NULL;
08     char puffer[BUF];

09     printf("Text eingeben\n> ");
10     fgets(puffer, BUF, stdin);
11     str = malloc(strlen(puffer)+1);
12     if(NULL == str) {
13        printf("Kein virtueller RAM mehr vorhanden ... !");
14        return EXIT_FAILURE;
15     }
16     strcpy(str, puffer);
17     while(1) {
18        printf("Weiterer Text (Beenden mit ENDE)\n>");
19        fgets(puffer, BUF, stdin);
20        // Abbruchbedingung
21        if( strcmp(puffer,"ende\n")==0 ||
22            strcmp(puffer,"ENDE\n")==0) {
23           break;
24        }
25        // Aktuelle Länge von str zählen für realloc
26        len = strlen(str);
27        // Neuen Speicher für str anfordern
28        str = realloc(str,strlen(puffer)+len+1);
29        if(NULL == str) {
30           printf("Kein virtueller RAM mehr vorhanden ... !");
31           return EXIT_FAILURE;
32        }
33        // Hinten anhängen
34        strcat(str, puffer);
35        print_adress(str);
36     }
```

```
37    printf("Der gesamte Text lautet: \n");
38    printf("%s", str);
39    free(str);
40    return EXIT_SUCCESS;
41 }
```

2. Hierzu eine Musterlösung. Die Funktion dazu wurde in den Zeilen **(05)** bis **(11)** erstellt. Die main-Funktion dient nur dazu, die Funktion zu testen.

```
00  // kap012/loesung003.c
01  #include <stdio.h>
02  #include <string.h>
03  #include <stdlib.h>
04  #define BLK 64

05  void cmp_adress( int *adr1, int *adr2 ) {
06    if( adr1 != adr2 ) {
07      printf("realloc musste umkopieren\n");
08      printf("Alte Adresse: %p\n", adr1);
09      printf("Neue Adresse: %p\n", adr2);
10    }
11  }

12  int main(void) {
13    size_t len = BLK;
14    int val;
15    int *ivals, *iptr;
16    ivals = malloc(BLK * (sizeof(int)));
17    if(NULL == ivals) {
18      printf("Kein virtueller RAM mehr vorhanden ... !");
19      return EXIT_FAILURE;
20    }
21    iptr = ivals;
22    while(1) {
23      printf("Wie viel neuer Speicher > ");
24      scanf("%d", &val);
25      // Aktuelle Länge von str zählen für realloc
26      len += val;
27      // Neuen Speicher für str anfordern
28      ivals = realloc(ivals,len);
29      if(NULL == ivals) {
30        printf("Kein virtueller RAM mehr vorhanden ... !");
```

```
31        return EXIT_FAILURE;
32      }
33      cmp_adress( ivals, iptr );
34      iptr = ivals;
35   }
36   return EXIT_SUCCESS;
37 }
```

Das Programm bei der Ausführung:

```
Wie viel neuer Speicher > 55555
Wie viel neuer Speicher > 5555555
realloc musste umkopieren
Alte Adresse: 0xb78ef008
Neue Adresse: 0x8f30008
Wie viel neuer Speicher > 5555
realloc musste umkopieren
Alte Adresse: 0xb7393008
Neue Adresse: 0xb78ef008
Wie viel neuer Speicher > 5555
Wie viel neuer Speicher > 5555
Wie viel neuer Speicher > 5555555
Wie viel neuer Speicher > 5555555
realloc musste umkopieren
Alte Adresse: 0xb639c008
Neue Adresse: 0xb7393008
Wie viel neuer Speicher > ...
```

C.12 Lösungen zum Kapitel 13

C.12.1 Lösung Level 1

1. Mit Strukturen erstellen Sie einen neuen Datentyp, der mehrere Variablen mit gleichen und/oder unterschiedlichen Typen zu einem neuen Datentyp zusammenfassen kann. Bei der Deklaration wird das Schlüsselwort struct verwendet. Die gleichen oder unterschiedlichen Datentypen werden zwischen geschweiften Klammern zusammengefasst und als Strukturelemente (engl. *member*) bezeichnet. Abgeschlossen wird die Deklaration mit einem Semikolon. Zugreifen kann man auf die einzelnen Strukturelemente mit dem Punkt-Operator (.). Wenn es sich um einen Strukturzeiger mit reserviertem Speicherplatz handelt, nutzen Sie den Pfeil-Operator (->).

2. Unions sind den Strukturen recht ähnlich. Der Zugriff erfolgt genauso, allerdings mit dem Unterschied, dass bei Unions die einzelnen Elemente nicht hintereinander im Speicher liegen, sondern alle mit derselben Anfangsadresse beginnen. Das bedeutet, dass immer nur ein Element in einer Union mit einem gültigen Wert belegt werden kann. War ein anderes Element bereits mit einem Wert versehen, wird dieser Wert überschrieben. Eine Union ist also nur so groß wie das größte Element in der Union. Anstatt des Schlüsselwortes struct wird bei einer Union das Schlüsselwort union verwendet.

3. Bitfelder sind spezielle Einträge innerhalb von Strukturen und Unions. Mithilfe von Bitfeldern können Sie bei der Deklaration einer Struktur angeben, wie viele Bits von einem Element Sie benötigen. Damit können Sie innerhalb eines Bytes Bit für Bit arbeiten. Dies kann sinnvoll bei der Einsparung von Speicherplatz und bei dem Zugriff auf der Peripherie eines Controllers sein. Der Compiler möchte dabei meistens die einzelnen Bits in ein Maschinenwort zusammenfassen. Passt ein Bit nicht mehr in ein Maschinenwort, legt der Compiler automatisch ein neues Maschinenwort an. Ein Maschinenwort ist normalerweise sizeof(int)-Bytes groß. Ein Bitfeld wird hinter dem Elementnamen und einem Doppelpunkt angegeben.

C.12.2 Lösung Level 2

1. Die Strukturvariable in Zeile **(06)** erstellen Sie, indem Sie das Schlüsselwort struct davorstellen. Wollen Sie Zeile **(06)** trotzdem so verwenden, wie es im Beispiel angegeben ist, müssen Sie typedef verwenden. Hier ein Beispiel:

```
01  typedef struct artikel {
02    char schlagzeile[255];
03    int seite;
04    int ausgabe;
05  } Artikel;
...
06 Artikel artikel1;   // Jetzt klappt es auch damit
```

2. Der erste Fehler wurde in Zeile **(15)** gemacht. Dort wurde die Struktur sofort mit Werten initialisiert. Hierbei wurde die richtige Reihenfolge der einzelnen Strukturelemente nicht beachtet. Der zweite Fehler wurde in den Zeilen **(18)** bis **(20)** gemacht. Dort wurde mit einem Strukturzei-

ger auf Strukturelemente zugegriffen, obwohl gar kein Speicher für eine solche Struktur reserviert war. Im Beispiel wurde daher in der Zeile **(16)** ein dynamischer Speicher vom Heap reserviert. Zwar wurde hier auf eine Überprüfung verzichtet, in der Praxis sollten Sie das allerdings unterlassen. Den dritten und letzten Fehler finden Sie in den Zeilen **(21)** bis **(23)**. Dort wurde der Index-Operator ([]) des Struktur-Arrays an der falschen Position verwendet. Hierzu nochmals das Listing mit den ausgebesserten Fehlern:

```
00  // kap013/loesung001.c
01  #include <stdio.h>
02  #include <stdlib.h>
03  #include <string.h>

04  typedef struct artikel{
05    char schlagzeile[255];
06    int seite;
07    int ausgabe;
08  } Artikel;

09  void output( Artikel *a ) {
10    printf("%s\n", a->schlagzeile);
11    printf("%d\n", a->seite);
12    printf("%d\n\n", a->ausgabe);
13  }

14  int main(void) {
15    Artikel art1 = {"Die Schlagzeile schlechthin",244, 33};
16    Artikel *art2 = malloc(sizeof(Artikel));
17    Artikel artArr[2];

18    strncpy( art2->schlagzeile, "Eine Schlagzeile", 255);
19    art2->seite = 212;
20    art2->ausgabe = 43;

21    strncpy( artArr[0].schlagzeile, "Noch eine", 255);
22    artArr[0].seite = 266;
23    artArr[0].ausgabe = 67;

24    output( &art1 );
25    output( art2 );
26    output( &artArr[0] );
```

```
27    return EXIT_SUCCESS;
28 }
```

C.12.3 Lösung Level 3

Sehen Sie nachfolgend eine mögliche Musterlösung. Die Funktion gibt 0 zurück, wenn beide Strukturen gleich sind; ansonsten wird 1 zurückgegeben:

```
00 // kap013/loesung002.c
01 #include <stdio.h>
02 #include <stdlib.h>
03 #include <string.h>

04 typedef struct artikel{
05   char schlagzeile[255];
06   int seite;
08   int ausgabe;
09 } Artikel;

10 int ArtikelCmp( Artikel *art1, Artikel *art2 ) {
11    if( strcmp(art1->schlagzeile, art2->schlagzeile) ) {
12       return 1;
13    }
14    else if( art1->seite != art2->seite ) {
15       return 1;
16    }
17    else if( art1->ausgabe != art2->ausgabe ) {
18       return 1;
19    }
20    return 0;
21 }

22 int main(void) {
23    Artikel art1 = {"Die Schlagzeile schlechthin", 244, 33};
24    Artikel art2 = {"Die Schlagzeile schlechthin", 244, 33};
25    Artikel art3 = {"Die Schlagzeile_schlechthin", 244, 33};

26    if( ArtikelCmp( &art1, &art2 ) ) {
27       printf("art1 und art2 sind nicht gleich\n");
28    }
29    if( ArtikelCmp( &art2, &art3 ) ) {
30       printf("art2 und art3 sind nicht gleich\n");
```

```
31   }
32   return EXIT_SUCCESS;
33 }
```

C.13 Lösungen zum Kapitel 14

C.13.1 Lösung Level 1

1. Verkettete Listen werden dynamische Datenstrukturen genannt, in denen eine unbestimmte Anzahl von gleichen Speicherobjekten gespeichert wird. Das sind gewöhnlich Strukturen, die auch als Knoten bezeichnet werden. Die einzelnen Knoten werden mithilfe von Strukturzeigern vom selben Typ auf das jeweils nächste Speicherobjekt realisiert. Ein solcher Strukturzeiger wird innerhalb eines Knotens definiert. Dadurch wird sichergestellt, dass jedes Speicherobjekt einen solchen Zeiger enthält. Damit kann eine Struktur nach der anderen ein- oder angehängt werden.

2. Verkettete Listen müssen, im Gegensatz zu Arrays, nicht nacheinander im Speicher abgelegt sein. Der Vorteil daran ist, dass das Löschen und Einfügen von Elementen mit einer konstanten Zeit möglich ist. Besonders das Einfügen am Anfang oder Ende einer Liste ist unschlagbar schnell. Im Gegensatz zu den Arrays muss bei einer Liste nur der Verweis auf die Adresse geändert werden. Bei den Arrays müssten hier ganze Elemente verschoben werden, wenn Sie keine Speicherlücken haben möchten. Allerdings ist der Aufwand und auch der Speicherverbrauch für ein Element in der Liste etwas größer. Zum einen werden die Verweise auf die einzelnen Listenelemente gespeichert, und zum anderen muss die richtige Verkettung programmtechnisch sichergestellt werden. Der Nachteil von verketteten Listen ist aber auch, dass die Suche nach Daten zum Löschen oder Einfügen erheblich länger dauern kann, weil jedes einzelne Element durchlaufen (iteriert) werden muss. Auch das Einfügen des ersten und letzten Elements muss gesondert behandelt werden.

3. Bei den doppelt verketteten Listen hat jedes einzelne Element (Knoten) neben einem Zeiger auf den Nachfolger auch einen Zeiger auf den Vorgänger in der Liste. Der Vorteil ist, dass Sie eine Liste von Anfang bis Ende und umgekehrt durchlaufen können.

C.13.2 Lösung Level 2

Dabei handelt es sich um einen oft gemachten Fehler in Zeile **(15)**. Dort wurde der gefundene Knoten nicht richtig »ausgehängt«. hilfsZeiger1 zeigt hier auf die Adresse vom nächsten Element von hilfsZeiger2. Wenn Sie den Speicher mit free() freigeben, ist die verkettete Liste ab der Position hilfsZeiger2 zerrissen, und auf die dahinterliegenden Daten kann nicht mehr zugegriffen werden. Bildlich können Sie sich das bis zur Zeile nach free() folgendermaßen vorstellen:

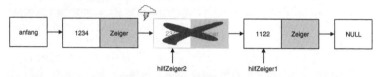

Abbildung C.1 Die verkettete Liste ist nicht mehr intakt. Der »next«-Zeiger nach dem ersten Knoten verweist auf einen nicht mehr gültigen Speicherbereich, der mit »free()« freigegeben wurde.

Hierzu der Codeausschnitt, jetzt mit fett hervorgehobener Korrektur:

```
10      ...
11      hilfZeiger1 = anfang;
12      while( hilfZeiger1->next != NULL ) {
13        hilfZeiger2 = hilfZeiger1->next;
14        if( hilfZeiger2->wert == val ) {
15          hilfZeiger1->next = hilfZeiger2->next;
16          free(hilfZeiger2);
17          break;
18        }
19        hilfZeiger1 = hilfZeiger2;
20      }
21      ...
```

C.13.3 Lösung Level 3

1. Sehen Sie nachfolgend eine Musterlösung der neuen Funktion einfuegenKnoten(), die jetzt sortiert eingefügt werden kann. Zugegeben, die Aufgabe war nicht einfach, aber am Anfang und Ende einfügen sollte zu machen gewesen sein. Schwieriger war da schon das Einfügen irgendwo in der Liste.

C.13 Lösungen zum Kapitel 14

```
01  void einfuegenKnoten( KnotenPtr_t neu ) {
02    KnotenPtr_t hilfZeiger;
03    KnotenPtr_t hilfZeiger2;
04    if( anfang == NULL ) {
05      anfang = neu;
06      neu->next = NULL;
07    }
08    else {
09      hilfZeiger = anfang;
10      while(hilfZeiger != NULL &&
            (neu->wert > hilfZeiger->wert) {
11        hilfZeiger = hilfZeiger->next
12      }
13      // Am Ende einfügen - Ende-Zeiger wäre sinnvoller
14      if(hilfZeiger == NULL) {
15        hilfZeiger = anfang;
16        while(hilfZeiger->next != NULL) {
17          hilfZeiger=hilfZeiger->next;
18        }
19        hilfZeiger->next = neu;
20        neu->next  = NULL;
21      }
22      // Auf doppelte Werte hin prüfen
23      else if( neu->wert == hilfZeiger->wert ) {
24        printf("Wert ist bereits vorhanden!!\n");
25      }
26      // Am Anfang einfügen
27      else if( hilfZeiger == anfang ) {
28        neu->next = hilfZeiger;
29        anfang    = neu;
30      }
31      // Irgendwo einfügen
32      else {
33        hilfZeiger2 = anfang;
34        while(hilfZeiger2->next != hilfZeiger) {
35          hilfZeiger2=hilfZeiger2->next;
36        }
37        neu->next = hilfZeiger2->next;
38        hilfZeiger2->next = neu;
39      }
40    }
41  }
```

C Lösungen der Übungsaufgaben

2. Die Aufgabe sollte Sie nicht unbedingt überfordert haben. Im Grunde ähnelt diese Funktion der Funktion knotenAuflisten(), in der alle Elemente ausgegeben wurden. Nur müssen Sie hier die Elemente überprüfen und dann ggf. einen Hinweis geben, ob das Element in der Liste vorhanden ist oder nicht. Hierzu die Musterlösung mit der main()-Funktion:

```
...
...
void sucheKnoten( int val ) {
  KnotenPtr_t hilfZeiger = anfang;
  while( hilfZeiger != NULL ) {
    if(hilfZeiger->wert == val ) {
      printf("Wert %d gefunden\n", hilfZeiger->wert);
      return;
    }
    hilfZeiger = hilfZeiger->next;
  }
  printf("%d ist in der Liste nicht vorhanden\n", val);
}

int main(void) {
  int wahl, val;
  do {
    printf(" -1- Neues Element hinzufügen\n");
    printf(" -2- Element löschen\n");
    printf(" -3- Alle Elemente auflisten\n");
    printf(" -4- Element suchen\n");
    printf(" -0- Programmende\n");
    printf(" Ihre Auswahl : ");
    scanf("%d", &wahl);
    switch( wahl ) {
      case 1 : neuerKnoten(); break;
      case 2 : printf("Wert zum Löschen : ");
               scanf("%d", &val);
               loescheKnoten( val );
               break;
      case 3 : knotenAuflisten(); break;
      case 4 : printf("Gesuchter Wert : ");
               scanf("%d", &val);
               sucheKnoten( val );
               break;
```

```
    }
  }while( wahl != 0 );
  return EXIT_SUCCESS;
}
```

C.14 Lösungen zum Kapitel 15

C.14.1 Lösung Level 1

1. Als Stream wird in C der Datenstrom bezeichnet. Hierbei unterscheiden einige Systeme zwischen Text-Streams und binären Streams. Ein neuer Stream wird gewöhnlich beim Öffnen einer Datei geöffnet und als Speicherobjekt vom Typ FILE dargestellt. Beim Schließen des Streams wird dieser auch wieder zerstört. Beim Start eines C-Programms stehen immer sofort die drei Standard-Streams stdin (Standardeingabe), stdout (Standardausgabe) und stderr (Standardfehlerausgabe) zur Verfügung.

2. Die Funktion fopen() öffnet eine Datei in einem bestimmten Modus zum Lesen und/oder Schreiben. Ähnlich ist die Funktion freopen(), nur kann hier zusätzlich noch ein Stream umgelenkt werden. In der Praxis werden mit diesen Funktionen Standard-Streams umgelenkt, sodass bspw. die Standardausgabe wiederum in eine Datei umgelenkt wird. Dann gibt es noch die Funktion tmpfile(), mit der Sie eine temporäre Datei im Modus "wb+" öffnen können. Die temporäre Datei ist nur zur Laufzeit des Programms gültig und wird bei Beendigung des Programms wieder gelöscht.

3. Zum Lesen einzelner Zeichen können die Funktionen fgetc(), getc() oder getchar() verwendet werden. Die Gegenstücke zum Schreiben lauten fputc(), putc() und putchar(). Die Version zum zeilenweisen Lesen aus einem Stream lautet fgets(), und die Gegenstücke zum Schreiben heißen fputs() und puts(). Ganze Blöcke können Sie mit den Funktionen fread() und fwrite() lesen oder schreiben.

4. Die scanf- und printf-Funktionen dienen der formatierten Ein- und Ausgabe. Die Funktionen für die formatierte Eingabe lauten scanf() für die Standardeingabe, fscanf() für das formatierte Einlesen von einem Stream und sscanf() zum formatierten Einlesen von einem String. Die printf-Funktionen für die Ausgaben heißen printf() für die Standardausgabe, fprintf() für die Ausgabe auf einem Stream und sprintf() bzw. snprintf() für die formatierte Ausgabe in einem String.

C Lösungen der Übungsaufgaben

C.14.2 Lösung Level 2

1. In Zeile **(05)** wurde die Datei zum Lesen mit dem Modus "w" geöffnet. Damit wird der komplette ursprüngliche Inhalt gelöscht. Diese Zeile sollten Sie mit dem Lesemodus (bspw. "r" oder "r+") öffnen. Hier ein Beispiel:
   ```
   05    fpr = fopen( FILENAME1, "r" );
   ```

2. Das Problem beim Listing ist, dass quasi 1.000 Streams auf einmal geöffnet werden. Der Standard garantiert aber nur FOPEN_MAX offene Streams. Viele Systeme können hier aber mehr Streams gleichzeitig geöffnet lassen. Daher kann das Beispiel auf dem einen System ohne Probleme laufen und auf dem anderen bereits nach FOPEN_MAX offenen Streams schlappmachen. Um hier ein einheitliches Bild zu schaffen, das auf jedem System funktioniert, sollten Sie nicht mehr benötigte Streams wieder mit fclose() schließen. Im Beispiel sollten Sie daher in jedem Schleifendurchlauf vor der Zeile **(21)** den Stream wieder schließen.

C.14.3 Lösung Level 3

1. Hier eine Musterlösung:
   ```c
   // kap015/loesung001.c
   #include <stdio.h>
   #include <stdlib.h>
   #define CSV "datei.txt"

   int main(void) {
     FILE *fp;
     char wochentag[20];
     int einnahmen, ausgaben;
     int ein_ges=0, aus_ges=0;

     fp = fopen(CSV, "r");
     if(fp == NULL) {
       fprintf(stderr, "Fehler beim Öffnen\n");
       return EXIT_FAILURE;
     }
     printf("%20s\t%5s\t%5s\n", "Tag", "+", "-");
     while( (fscanf(fp, "%[^;];%d;%d\n",
           wochentag, &einnahmen, &ausgaben)) != EOF) {
       printf("%20s\t%5d\t%5d\n", wochentag, einnahmen, ausgaben);
   ```

```
    ein_ges+=einnahmen;
    aus_ges+=ausgaben;
  }
  printf("\n%20s\t%5d\t%5d", "Durchschnitt", ein_ges, aus_ges);
  printf("\t = %+d\n", ein_ges-aus_ges);
  return EXIT_SUCCESS;
}
```

Das Programm bei der Ausführung:

```
              Tag  +   -
          Montag23452341
        Dienstag32451234
        Mittwoch33422341
      Donnerstag23132341
         Freitag21346298

    Durchschnitt1337914555= -1176
```

2. Sie löschen eine Datei ein für alle Mal, indem Sie den Inhalt zerstören. Hierbei müssen Sie natürlich zunächst wissen, wie groß die Datei ist. Das ist mithilfe des wahlfreien Zugriffs kein Problem. Anschließend können Sie den Inhalt bspw. mit \0 überschreiben. Im Beispiel wurde mit fwrite() die blockweise Methode verwendet. Ganz am Ende können Sie die Datei löschen. Hier eine Musterlösung für eine solche Funktion:

```
// Datei in rm wird gelöscht
void TotalRemove(char *rm) {
  unsigned long size;
  FILE *rem=fopen(rm, "w+b");
  if(rem != NULL) {
    fseek(rem, 0L, SEEK_END); // Stream an das Dateiende
    size=ftell(rem); // Größe in Bytes ermitteln
    // Kompletten Inhalt mit \0 überschreiben
    fwrite((char *)'\0', 1, size, rem);
    // damit die Datei gelöscht werden kann, schliessen
    fclose(rem);
    remove(rm); // Jetzt weg damit
  }
}
```

Index

--Operator (Minus) 52
-- 63
!=-Operator (Vergleich) 91
!-Operator (logisch) 100, 101
#define 167
#elif 173
#else 174
#endif 174
#error 177
#if 173
#if defined 173
#ifdef 173
#ifndef 173
#include 165
#line 177
#pragma 177
#undef 172
%-Operator (Modulo) 52
%p 210
& 44
& (Adressoperator) 209
&&-Operator (logisch) 100, 102
&-Operator (bitweise) 65
* (Indirektionsoperator) 212
*-Operator (Multiplizieren) 52
++ 63
+-Operator 52
. (Punkt-Operator) 266
/-Operator (Dividieren) 52
<<-Operator (bitweise) 65
<=-Operator (Vergleich) 91
<-Operator (Vergleich) 91
==-Operator (Vergleich) 91
-> (Pfeil-Operator) 271
>=-Operator (Vergleich) 91
>>-Operator (bitweise) 65
>-Operator (Vergleich) 91
?:-Operator 98
[] (Indizierungsoperator) 184
^-Operator (bitweise) 65
__cplusplus 178
__DATE__ 178
__FILE__ 178
__func__ 178
__LINE__ 178
__STD_HOSETD__ 178
__STD_VERSION__ 178
__STDC__ 178
__STDC_HOSTED__ 144
__TIME__ 178
_Bool 73
||-Operator (logisch) 100, 103
|-Operator (bitweise) 65
~-Operator (bitweise) 65
64-Bit 40

A

Adressoperator 44, 209
and 105
ANSI 17
ANSI-C 17
Anweisungen 88
Anweisungsblock 88
Arithmetik
  Zeiger 216
Arithmetische Operatoren 52
Arrays 183
  char 199
  contra 242
  definieren 183
  dynamisch 245

Arrays (Forts.)
  einlesen 191
  Funktionsparameter 192
  initialisieren 184
  Initialisierungsliste 187
  mehrdimensional 193
  Schreibschutz 189
  Strukturen 273
  Zeiger 193, 221
  Zugriff 184
Arrays → Felder
Arrays → Vektor
Aufzählungstyp 289
Ausgabe
  formatiert 327
auto 156

B

Backslash-Zeichen 26
BCD-Arithmetik 48
Bedingte Anweisung 88
Bedingte Kompilierung 173
Bedingungsoperator 98
Begrenzer 33
Bezeichner 30
Binärer Stream 310
Bitfelder 285
Bit-Operatoren 64
bool 73
Boolescher Datentyp 73
break 108, 122
BUFSIZ 342

C

C89-Standard 17
C99-Standard 17
Call-by-reference 192, 217
  Strukturen 270

Call-by-value 134
calloc() 246
case-Marke 106
Cast-Operator 84
Casts 76
char 39, 69
  Array 199
  vorzeichenbehaftet 70
  vorzeichenlos 70
  Zeiger 224
char-Array
  Zeiger 224
clearerr() 342
complex 51
complex.h 50
const 161, 162
  Zeiger 232
continue 124

D

Datei 311
  blockweise lesen 323
  blockweise schreiben 323
  Fehlerbehandlung 339
  formatiert lesen 333
  formatiert schreiben 327
  löschen 342
  öffnen 311
  schließen 315
  umbenennen 342
  wahlfreier Zugriff 335
  Zeichen zurückstellen 317
  zeichenweise lesen 316
  zeichenweise schreiben 317
  zeilenweise lesen 319
  zeilenweise schreiben 320
Datenstrom 309
default-Marke 106
define 167

Definition 37
Defragmentierung 256
Deklaration 37
Dekrement-Operator 63
Dereferenzierung 212
Doppelt verkettete Listen 306
double 46
double _Complex 50
do-while-Schleife 120
Dynamische Datenstrukturen 295
Dynamische Speicherverwaltung 242
Dynamisches Array 245

E

Eingabe
  formatiert 333
elif 173
else 174
else-if-Verzweigung 94
else-Verzweigung 92
endif 174
Endlosschleifen 125
enum
  Aufzählungstyp 289
EOF 340
ERANGE 62
errno 341
errno.h 341
error 177
EXIT_FAILURE 144
EXIT_SUCCESS 144
Explizite Typenumwandlung 84
extern 38, 157

F

false 73
fclose() 315
Fehlerbehandlung 339
Fehlervariable
  errno 341
Felder 183
feof() 340
ferror() 339
fflush() 343
fgetc() 316
fgetpos() 336
fgets() 319
FILE 310, 311
Fließkomma-Arithmetik 49
Fließkommazahlen 45
float 45
float _Complex 50
float.h 46
fopen() 312
FOPEN_MAX 315
for-Schleife 114
fprintf() 327
fputc() 318
fputs() 320
Fragmentierung 254
fread() 324
free() 250
Freestanding-Ausführungsumgebung 144
freopen() 314
fscanf() 334
fseek() 336
fsetpos() 337
ftell() 336
Funktionen 131
  Arrays 192
  aufrufen 132
  call-by-reference 217
  call-by-value 134
  definieren 131
  Inline 140
  main 143

Funktionen (Forts.)
  Parameter 134
  Prototyp 139
  Rekursionen 142
  Rückgabewert 136
  Strukturen 270
  Vorwärts-Deklaration 133
  Zeiger 217
  Zeiger als Rückgabewert 218
  Zeiger auf Funktionen 235
fwrite() 324

G

Ganzzahlen 39
Ganzzahl-Erweiterung 77
Garbage Collection 252
getc() 316
getchar() 316
Globale Variablen 151
Gültigkeitsbereich 154

H

Headerdateien 165
Heap 242
Heap-Fragmentierung 254
Hosted-Ausführungsumgebungen 144
HUGE_VAL 62

I

if 173
if defined 173
ifdef 173
ifndef 173
if-Verzweigung 88
Implizite Umwandlung 76
include 165

Indirektionsoperator 212
Indizierungsoperator 184
Inkrement-Operator 63
Inline-Funktionen 140
int 40
iso646.h 102, 105

K

K&R-Standard 17
Komplexe Gleitkommatypen 50
Konstanten
  define 167

L

Lebensdauer
  automatisch 155
  statisch 156
Lesen
  blockweise 323
  formatiert 333
  Zeichen zurückstellen 317
  zeichenweise 316
  zeilenweise 319
limits.h 40
line 177
Literale 31
Logische Operatoren 100
Lokale Variablen 150
long 40
long double 46
long double _Complex 50
long long 40

M

main-Funktion 24, 143
Makros
  define 170

Makros (Forts.)
undef 172
malloc() 243
math.h 55
Mathematische Funktionen 55
Memory Leaks 252

N

not (C99) 102
NULL 209, 214

O

offsetof-Makro 289
or 105

P

perror() 341
Pfeil-Operator 271
Pointer 208
pragma 177
Präprozessor-Direktiven 165
printf 25
printf() 327
 Umwandlungsvorgaben 327
ptrdiff_t 217
Pufferung 342
Punkt-Operator 266
putc() 318
putchar() 318
puts() 320

R

realloc() 247
register 160
Rekursionen 142
remove() 342

rename() 342
restrict 233
return 138
rewind() 338

S

scanf 44
scanf() 333
 Umwandlungsvorgaben 334
Schleifen 114
Schlüsselwörter 31
Schreiben
 blockweise 323
 formatiert 327
 zeichenweise 317
 zeilenweise 320
SEEK_CUR 337
SEEK_END 337
SEEK_SET 337
setbuf() 342
setvbuf() 342
short 39
signed 42
signed char 69, 70
size_t 324
sizeof 68
 Zeiger 216
snprintf() 327
Speicherklassen-Spezifizierer 156
Speicherlecks 252
sprintf() 327
sqrt 57
sscanf() 334
Standard-Stream 310
static 158
stdbool.h 73
stderr 310
stdin 310
stdint.h 43

stdio.h 26
stdout 310
Stream
  binärer 310
  Fehlerbehandlung 339
  Standard 310
  Text 309
  umlenken 314
Stream → Datenstrom
strerror() 341
String 199
  einlesen 202
  Funktionen 203
  initialisieren 200
  Zeiger 224
Stringende-Zeichen 200
strncat 203
strncmp 203
strncpy 203
strstr() 323
Strukturen 262
  Arrays 273
  Bitfelder 285
  call-by-reference 270
  definieren 264
  deklarieren 263
  Elementebezeichner 269
  erlaubte Operationen 270
  Funktionen 270
  initialisieren 268
  mit Zeigerelementen 279
  offsetof 289
  typedef 265
  Union 281
  vergleichen 270
  verschachteln 275
  Zeiger 271
  Zugriff 266
Strukturzeiger 271
switch-Fallunterscheidung 105

T

Text-Stream 309
tgmath.h 56, 58
true 73
typedef 291
  Strukturen 265
Typenumwandlung 76
Typ-Qualifizierer 160
  Zeiger 232

U

Umwandlungsvorgaben
  printf 327
  scanf() 334
undef 172
ungetc() 317
Union 262, 281
Union → Varianten
unsigned 42
unsigned char 69, 70

V

Variable 38
Varianten 281
Vektor 183
Vergleichsoperatoren 90
Verkettete Liste 295
Verzweigungen 88
void-Zeiger 230
volatile 161, 162
Vorzeichenbehaftet 41
Vorzeichenlos 41

W

Wahlfreier Dateizugriff 335
wchar_t 72

WEOF 317
while-Schleife 118
wint_t 317

Z

Zählschleife 114
Zeichen 69
Zeichenketten 199
Zeichensätze 28, 71
Zeiger 208
  Arithmetik 216
  Arrays 221
  auf Funktionen 235
  auf Zeiger 229
  char-Array 224
  const 232
  deklarieren 208
  Dereferenzierung 212

Zeiger (Forts.)
  Funktionsparameter 217
  initialisieren 209
  In-Strukturen 279
  NULL 209, 214
  readonly 232
  restrict 233
  Rückgabewert 218
  sizeof 216
  Speichergröße 216
  Strings 224
  Strukturen 271
  Typ-Qualifizierer 232
  void 230
  Zugriff 212
Zeiger auf Arrays 228
Zeiger → Pointer
Zeiger-Arrays 225
Zeigerzeiger 229

Alles zu C++ – für Studenten und professionelle Entwickler

1247 S., 2. Auflage 2009, mit CD, 39,90 €
ISBN 978-3-8362-1429-2

Galileo Press jetzt auch auf facebook

Galileo Computing
Wissen, wie's geht.